DROIT DU TRAVAIL SÉNÉGALAIS

Ouvrages du même auteur :

- *Négocier et rédiger au mieux ses contrats dans l'espace OHADA,* Paris, L'Harmattan, Paris, 2010, 186 pp.

- *Sécurité, hygiène et médecine du travail en Afrique noire francophone,* L'Harmattan, Paris, 2009, 233 pp.

- *L'action des syndicats professionnels en Afrique noire francophone*, L'Harmattan, Paris, 2006, 366 pp.

- *Une nouvelle vision syndicale : de la mondialisation des économies*, Ouvrage collectif sous la coordination de Francisco MONTEIRO, BIT, ACTRAV, Dakar, 2003, 62 pp.

Henri-Joël TAGUM FOMBENO

DROIT DU TRAVAIL SÉNÉGALAIS

L'Harmattan Sénégal

10 VDN, Sicap Amitié 3, Lotissement Cité Police, DAKAR

http://www.harmattansenegal.com
diffusion.harmattan@wanadoo.fr
senharmattan@gmail.com

ISBN : 978-2-343-13272-3
EAN : 9782343132723

À mon épouse Chantal,
À mes enfants Laurine et Enzo,
Pour tout le bonheur que vous me procurez.

AVANT-PROPOS

« *À l'origine il n'y avait pas de chemin, mais là où des gens ont marché, les uns après les autres, des chemins se sont tracés.* » Lu Xun

Ce livre, qui est le fruit d'un cours de droit du travail professé depuis dix-sept ans dans les universités et grandes écoles de commerce et de management, est l'aboutissement d'un travail de rédaction débuté en 2010. Il est le résultat de plusieurs années de recherches, enrichi par six années d'expérience pratique en entreprise au poste de Responsable en charge de la gestion du personnel dans une organisation internationale de plus de six mille employés.

Le droit du travail étant une discipline complexe et en constante évolution, avec des sources multiples, il fallait se donner un peu plus de temps pour faire le tri entre des règles éphémères qui relèvent de la conjoncture et celles qui ont une vocation plus durable. Ce temps était nécessaire pour analyser les nouvelles dispositions légales et réglementaires et l'importante jurisprudence rendue dans la matière.

C'est dans ce contexte que le livre a été rédigé avec pour objectif principal de mettre à disposition un manuel pédagogique, plus orienté vers la pratique que vers la théorie. Après une introduction générale consacrée aux sources du droit du travail, aux moments clés de son édification et aux institutions chargées de contrôler son application, l'ouvrage aborde les relations individuelles et collectives de travail. Il analyse les diverses problématiques liées à la vie du contrat de travail, de sa formation à sa résiliation. Il traite des délégués du personnel, des syndicats, des conflits collectifs et des conventions collectives.

En raison de son orientation pratique, certaines réflexions philosophiques ou idéologiques, sans impact sur le droit positif, ont été volontairement éludées de l'ouvrage. Toutefois, il est enrichi par de nombreuses références à la doctrine et à la jurisprudence récente. Une nette préférence a été donnée aux arrêts de la Cour suprême (ancienne Cour de cassation) du Sénégal ; les décisions des juges du fond, souvent porteuses d'innovation, ont été abordées lorsque cela était indispensable. Aussi, chaque fois que cela a été nécessaire, des références à la jurisprudence française ou africaine ont été citées.

Nous sommes vivement reconnaissants aux étudiants, consultants RH et praticiens du droit du travail, qui, nous ont vivement encouragés à rédiger cet ouvrage. Un grand merci au professeur Isaac Yankhoba NDIAYE, qui a contribué à nourrir notre passion pour cette matière si attachante, et qui, nous n'en doutons pas, restera une source d'inspiration. Notre vœu est que ce manuel apporte au plus grand nombre de lecteurs la connaissance nécessaire en vue de la mise en œuvre du droit du travail dans l'optique d'un travail décent.

Henri-Joël TAGUM FOMBENO
Docteur d'État en droit privé

PRÉFACE

Depuis 1987, année de publication d'un ouvrage de référence sur le droit du travail sénégalais, les réformes ont profondément changé le visage du droit du travail sénégalais. Les multiples réformes du droit du travail depuis les indépendances, ont permis au marché de l'emploi d'être flexible, à l'entreprise d'être compétitive et de s'adapter à la concurrence. Un nouveau code du travail a vu le jour le 1er décembre 1997. De nombreux textes, pris en application de ce code du travail, sont entrés en vigueur. Il était donc temps qu'un nouvel ouvrage soit publié.

Cet ouvrage nous fait pénétrer au cœur de cette discipline passionnante, en constance évolution. Il est construit en deux parties. Il dissèque méthodiquement l'ensemble des relations individuelles et collectives de travail. Il comprend les dispositions législatives et réglementaires les plus récentes du droit du travail sénégalais, notamment la réglementation sur les stages, le contrat d'apprentissage, le contrat d'usage, le travail à temps partiel, le travail temporaire, la représentativité syndicale, etc. Il est enrichi des notes de renvoi et de nombreuses références de la jurisprudence récente. L'auteur ouvre cette démonstration en présentant, dans une introduction générale, le domaine d'application du droit du travail sénégalais, son évolution historique et ses sources.

Le droit du travail est une matière par nature mouvante, étroitement liée aux contingences socio-économiques. C'est ce caractère instable et changeant qui rend la matière complexe. Mais, par son style simple et facile d'accès, l'auteur est arrivé à décomplexifier cette discipline. Il questionne le droit du travail sénégalais, analyse les textes récents et leurs apports, met en lumière les imperfections de la législation et les difficultés d'interprétation qu'elles suscitent dans la pratique. La compréhension de la matière est rendue encore plus aisée avec les illustrations et exemples pratiques, souvent utilisés par l'auteur.

C'est donc un ouvrage dense et riche, qui met en exergue l'ensemble de l'évolution du droit du travail sénégalais depuis une trentaine d'années, que je me réjouis de préfacer. Il constitue un ouvrage de référence pour les étudiants, magistrats, avocats et praticiens du droit, chefs d'entreprise, responsables de ressources humaines et syndicalistes, car il répond de manière simple et pratique à leurs principales préoccupations.

Isaac Yankhoba NDIAYE
Professeur titulaire des Universités
Ancien Doyen de la Faculté des Sciences juridiques et politiques de l'Université Cheikh Anta Diop de Dakar
Ancien Vice-président du Conseil constitutionnel du Sénégal

LISTE DES ABRÉVIATIONS

Act. dr. entr. : Actualités de droit de l'entreprise
Act. lég. Dalloz : Actualités législatives Dalloz
Adde : ajouter
Aj. : Ajouter
Al. : Alinéa
Ann. : Annexes
Ann. Afr. : Annales africaines, publiées par la Faculté des Sciences juridiques et économiques de Dakar (aujourd'hui scindée en deux Facultés : Faculté de sciences juridiques et politiques et Faculté de Sciences économiques et de gestion)
Art. : Article
Banque : Revue Banque
Bibl. dr. entr. : Bibliothèque de droit de l'entreprise (Litec)
Bibl. dr. privé : Bibliothèque de droit privé (L.G.D.J.)
BIT : Bureau International du Travail
Bull. civ. : Bulletin des arrêts de la Cour de cassation française (chambres civiles)
Bull. Inst. int. trav. : Bulletin de l'Institut interafricain du travail
C.A. : Cour d'Appel
Cah. dr. entr. : Cahiers de droit de l'entreprise (complément de JCP, éd. E.)
Cah. soc. : Cahiers sociaux du Barreau de Paris
Cass. ass. plén. : Cour de cassation, assemblée plénière
Cass. ch. Mixte : Cour de cassation, chambre mixte
Cass. civ. : Cour de cassation (chambre civile)
Cass. crim. : Cour de cassation (chambre criminelle)
Cass. soc. : Cour de cassation (chambre sociale)
CCNIS : Convention collective nationale interprofessionnelle du Sénégal
Cf. : Consulter
chron. : chronique
C. civ. : Code civil
C. fam. : Code de la famille
C. pén. : Code pénal
C. proc. civ. : Code de procédure civile

C. séc. soc. : Code de la sécurité sociale
C. trav. : Code du travail
COCC : Code des obligations civiles et commerciales
concl. : conclusion
Contra : En sens contraire
C.S. : Cour suprême
D. : Recueil Dalloz
D.H. : Recueil hebdomadaire Dalloz
D.-L. : Décret-Loi
D.P. : Recueil périodique et critique Dalloz
Dr. soc. : Revue Droit social
Dr. ouvr. : Revue Droit ouvrier
EDJA : Éditions juridiques africaines
G.A.J.A. : Grands arrêts de la jurisprudence administrative
Gaz. Pal. : Gazette du Palais
Ibid : Dans le même endroit
Infra : Ci-dessous
J.-Cl. : Juris-Classeur (Civil, Pénal, etc.)
J.C.P. : Juris-Classeur périodique (éd. E, G, N)
J.O. : Journal officiel
Liais. Sociales : Liaisons sociales
L. : Loi
Loc. cit. : À l'endroit précité
N° : Numéro (s)
Not. : Notamment
Obs. : Observations
OIT : Organisation Internationale du Travail
op. cit. : Opere citato (dans l'ouvrage précité)
Ord. : Ordonnance
Ouvr. Coll. : Ouvrage collectif
p. : Page
Penant : Recueil Penant
Petites affiches : Les petites affiches
pp. : Pages
préc. : précité (e)
Rappr. : Rapprocher
R.A.S.D.P. : Revue de l'Association sénégalaise de droit pénal
Rec. : Recueil
Rép. C.RE.D.I.L.A. : Répertoire du Centre de Recherches sur les Institutions et Législations Africaines de la Faculté des Sciences juridiques et économiques
Rev. int. trav. : Revue Internationale du Travail – B.I.T.

Rev. Lég. Comp. : Revue de législation comparée
Rev. soc. trav. : Revue de la sociologie du travail
Rev. trim. dr. civ. : Revue trimestrielle de droit civil
Rev. trim. dr. com. : Revue trimestrielle de droit commercial
Rev. prat. dr. soc. : Revue pratique de droit social
R.I.PA.S. : Revue des Institutions politiques et administratives du Sénégal
t. : Tome
T.P.O.M. : Travail et Professions d'Outre-Mer ; devenu Droit Africain du Travail depuis 1977
TGI : Tribunal de Grande Instance
TPI : Tribunal de Première Instance
trav. : Travail
Trib. : Tribunal
S. : Sirey
s. : suivant (es)
somm. : sommaire
supra : Ci-dessus
V. : voir
Vol. : Volume

INTRODUCTION GÉNÉRALE

Le droit du travail est au cœur des choix politiques, puisqu'il a vocation à s'appliquer à la plus grande partie de la population active de la société.[1] Il reflète les grandes orientations économiques et sociales. À cet effet, les relations de travail ne peuvent pas être saisies uniquement à travers les normes juridiques qui les régissent, à moins de tomber dans une sorte de fétichisme juridique.

Cette introduction pose les jalons nécessaires à une meilleure compréhension de l'étude du droit du travail. Elle présente l'objet et les caractères du droit du travail (**I**), retrace son évolution historique (**II**), passe au crible ses sources (**III**) et ses différentes instances de contrôle (**IV**).

I. L'OBJET ET LES CARACTÈRES DU DROIT DU TRAVAIL

La portée du droit du travail dépend à la fois de l'ampleur de son contenu, plus précisément de l'étendue de son champ d'application (**A**) et de son importance (**B**). Cette portée met en exergue la spécificité de la matière qui se distingue des autres disciplines juridiques également par ses caractères (**C**).

A. /L'objet du droit du travail

Le droit du travail est la branche du droit qui a pour objet de régler les relations entre les employeurs et les salariés, en établissant un équilibre entre ces deux parties. Sa définition (**1**) permet de préciser son domaine d'application qui est très large même si on note quelques exclusions (**2**).

1. La définition du droit du travail

Le droit du travail peut être défini comme l'ensemble des règles juridiques qui régissent les rapports individuels et

---

1 C'est une discipline aux implications sociétales majeures. Elle est souvent rendue difficile à cause de la multiplicité de ses sources, mais aussi et surtout, parce qu'elle est en constance évolution. Elle s'est construite par stratifications successives qui n'obéissent pas toujours à une conception cohérente des relations de travail.

collectifs résultant d'un contrat de travail. Il a pour objet le travail dépendant ou subordonné, c'est-à-dire celui qui s'exécute sous le pouvoir d'autrui, l'employeur. En d'autres termes, le droit du travail régit les rapports entre les employeurs, qui font travailler, et les salariés, qui travaillent pour eux.

Le droit du travail concerne toute relation née d'un contrat de travail. Au départ, le droit du travail avait pour objet de régir essentiellement les relations individuelles entre employeurs et salariés. Mais, son domaine s'est ensuite étendu aux rapports collectifs qui se nouent au sein des collectivités ou entre les groupements appelés à jouer un rôle dans l'entreprise.

2. Le domaine d'application du droit du travail

Le droit du travail, malgré sa dénomination, ne régit pas toutes les formes du travail. Sont exclus les travailleurs indépendants (**a**) et certains travailleurs du secteur public (**b**).

a) L'exclusion des travailleurs indépendants

Dans une acception large, le mot « travail » désigne une activité consciente et volontaire de l'homme accompagné d'un effort.[2] C'est une activité professionnelle qui procure à son auteur des moyens de subsistance. Toutefois, tout travail humain n'est pas régi par le droit du travail.

Pour bien cerner le domaine du droit du travail, il faut distinguer entre le travail indépendant et le travail au service d'autrui. Le travailleur indépendant qui occupe encore une large place dans la société échappe à l'emprise du droit du travail. Il en est ainsi du commerçant, de l'artisan, de l'avocat, du médecin, de l'agriculteur qui cultive lui-même sa terre, etc., dans la mesure où ces personnes travaillent pour leur propre compte. Ces activités sont régies par d'autres branches du droit.

En revanche, celui qui travaille moyennant une rémunération, pour le compte et sous l'autorité d'autrui, voit ses rapports avec son employeur régis en principe par le droit

---

2 Étymologiquement, le mot "travail" renvoie à l'idée de souffrance. Cette connotation négative est présente dans le mot latin *tripalium* dont il est issu, qui désignait à l'origine un instrument de torture à trois pieds avant de devenir "une machine servant à pratiquer des opérations chirurgicales". Le terme travail renvoie ainsi à l'idée de souffrance et de pénibilité, mais cette conception du travail a évolué.

du travail. C'est le cas d'un médecin qui travaille pour le compte d'autrui dans un cabinet médical. Cependant, la simple dépendance économique ne suffit pas pour déterminer l'application du droit de travail. Il faut en plus une dépendance juridique c'est-à-dire, l'exercice par l'employeur d'une autorité sur le travailleur.

b) L'exclusion de certains travailleurs du secteur public

Tous les travailleurs subordonnés ne sont pas régis par le droit du travail. En effet, le droit du travail n'est pas applicable aux relations entre l'État, certaines collectivités publiques et les agents qu'ils emploient. Sont exclus du domaine du droit du travail ceux qui travaillent pour l'État, des collectivités publiques ou établissements publics, et dont les relations de travail relèvent du droit de la fonction publique.

À ce titre, les fonctionnaires ne sont pas régis par le droit du travail, même s'ils subissent une subordination juridique avec l'administration. Ce lien de subordination ne découle pas d'un contrat de travail conclu avec un employeur, mais d'un statut spécifique organisé par la loi et les règlements. La situation de travail d'un fonctionnaire n'est donc pas régie par le Code du travail, ni par les conventions collectives, mais par le statut général des fonctionnaires.[3]

Toutefois, l'application du droit du travail n'est pas complètement exclue du secteur public. Dans le langage courant, le mot fonctionnaire désigne l'ensemble du personnel de l'administration. Mais au sens strict, les fonctionnaires ne représentent qu'une partie du personnel de l'administration qui emploie des agents publics titulaires (fonctionnaires et autres catégories) et des agents non titulaires (auxiliaires, agents contractuels, vacataires, volontaires).

L'article 2 du Code du travail exclut expressément de son domaine d'application les personnes nommées dans un emploi

---

[3] Voir Loi n° 61-33 du 15 juin 1961 relative au statut général des fonctionnaires (JO n° 3458 du 22 juin 1961, p. 913), modifiée et complétée à plusieurs reprises, notamment par les lois n° 68-01 du 4 janvier 1968 (JO n° 3937 du 20 janvier 1968, p. 43), n° 71-31 du 12 mars 1971 (JO n° 4154 du 22 mars 1971, p. 302), n° 97-14 du 7 juillet 1997 et n° 2015-8 du 13 avril 2015. *Adde*, Loi n° 90-02 du 2 janvier 1990 instituant un dispositif d'incitation au départ volontaire des agents de l'État et modifiant certaines dispositions de la loi n° 61-33 du 15 juin 1961 relative au statut général des fonctionnaires.

permanent d'un cadre d'une administration publique, c'est-à-dire les fonctionnaires au sens strict du terme. En revanche, les autres agents de la fonction publique ou des collectivités publiques qui sont liés par un contrat avec leur employeur (État, Collectivité publique...) sont régis par le droit du travail.[4] Dans les établissements publics à caractère industriel et commercial, le personnel est régi par les dispositions du Code du travail.

B. /L'importance du droit du travail

Le travail est l'un des moyens essentiels pour le développement du pays, la préservation de la dignité de l'homme et l'amélioration de son niveau de vie. Ainsi, le droit du travail remplit deux fonctions : une fonction sociale (**1**) et une fonction économique (**2**).

1. La fonction sociale

Le droit du travail de par son objet même, concerne le travail humain. Le travail permet à l'homme de s'intégrer dans la société. Il assure au salarié les conditions appropriées pour sa stabilité familiale et son développement social. L'importance du droit du travail tient d'abord du fait que ce droit détermine les conditions d'existence d'une importante catégorie de la population, à savoir les travailleurs subordonnés.

Le droit du travail est omniprésent dans la vie quotidienne des individus. Du droit du travail dépend en effet dans une large mesure le caractère humain ou inhumain de la vie de ces travailleurs. Tout en touchant à la vie quotidienne, il soulève aussi de grands problèmes de civilisation. La paix sociale n'est possible que si le droit du travail réalise une certaine justice sociale. Or, ce droit est par nature conflictuel. Les intérêts des employeurs et des salariés, même s'ils peuvent se rencontrer, restent marqués par un antagonisme originel.

Lorsque le droit se rapporte à une activité aussi spécifique que le travail, on peut logiquement concevoir qu'il donne naissance à des règles juridiques propres. Cela d'autant plus

---

[4] Voir Loi n° 2011-08 du 30 mars 2011 relative statut général des fonctionnaires des Collectivités locales, JO n° 6601 du 16 juillet 2011. – Décret n° 2012-284 du 17 février 2012 fixant le régime spécial applicable aux agents non fonctionnaires des Collectivités locales, JO n° 6565 du 26 mai 2012.

que le travail salarié s'exerce dans un état de subordination. Le droit du travail a pour vocation en principe de protéger une partie faible (le travailleur) contre une partie forte (l'employeur) sous la subordination duquel il se place. Son objectif est de rétablir, de corriger cette inégalité inhérente à la relation de travail.

En conclusion, on peut dire que le droit du travail permet de maintenir un certain ordre social en tentant de réaliser un équilibre, bien que précaire, entre les besoins des entreprises et l'impératif de protection des salariés. Il constitue un véritable outil de gestion des entreprises.

2. La fonction économique

Le droit du travail est profondément impliqué dans la vie économique. Il a une incidence sur les conditions de la production. L'activité économique est la mamelle nourricière du droit du travail.

Un droit du travail très rigide rend plus onéreux les coûts de la production ; les prix de revient deviennent pesants si les salaires sont très élevés. La demande va là où les prix sont les plus faibles, car les capitaux sont attirés par le coût du travail le plus faible. La protection juridique accordée aux travailleurs a donc un coût. Elle peut entraîner la fuite des capitaux et par ricochet la perte de l'emploi. Une protection trop rigide des salariés peut donc provoquer le chômage, ruiner le pays et même nuire à ceux-là que l'on voulait protéger.[5] Les phénomènes de délocalisation[6] et de dumping social[7] que l'on observe ces dernières années constituent de beaux exemples.

---

5 Emmanuel DOCKES, « Le droit du travail. Justifications et moyens d'un droit du travail mondial », in E. LOQUIN, C. KESSEDJIAN (dir.), *La mondialisation du droit*, Paris, Litec, 2000, pp. 463-479.

6 La délocalisation consiste pour une entreprise à transférer une partie de ses activités, de ses capitaux ou de ses employés vers un pays autre que celui dans lequel ils étaient précédemment présents. La délocalisation intervient souvent pour des raisons de coûts (salaires plus bas, meilleur accès aux ressources naturelles, fiscalité moins élevée...). Elle peut aussi intervenir pour des raisons stratégiques (accès à une main-d'œuvre plus qualifiée, proximité avec un marché difficile d'accès, environnement plus attrayant...).

7 Le dumping social est la pratique de certains pays et d'entreprises, qui consiste à employer des travailleurs étrangers à un salaire bien inférieur au salaire habituel, avec des conditions de travail moins contraignantes. Il a pour effet de porter atteinte à la libre concurrence, surtout lorsque les

À l'inverse, un droit du travail qui module le pouvoir d'achat peut être un stimulant à l'économie. Par ailleurs, du fait même qu'il favorise la paix sociale en réduisant les conflits, le droit du travail créé des conditions favorables au développement.

C'est pourquoi, conscient des incidences de ce droit sur l'économie, l'État s'en sert comme moyen pour orienter celle-ci. C'est ainsi qu'en modifiant lui-même ou en provoquant la modification des salaires, et donc des charges sociales, l'État modifie du coup les conditions de la production et la répartition du revenu national.

Sous ce rapport, toute réforme sociale doit tenir compte de l'incidence des modifications qu'elle induit sur l'économie. Il faut un savant dosage entre la finalité sociale de la réforme et les exigences du développement.

C. /Les caractères du droit du travail

Le droit du travail a des traits de caractère particuliers, pourtant, ce n'est pas un corps étranger au système juridique. C'est un droit jeune en perpétuelle évolution (**1**). C'est également un droit autonome et interdisciplinaire (**2**), un droit partisan et protecteur (**3**), un droit impératif de plus en plus négocié (**4**), mais aussi un droit répressif parfois inefficace (**5**).

1. Un droit jeune en perpétuelle évolution

Le droit du travail n'a commencé à s'affirmer comme un droit indépendant du droit civil qu'à la fin du XIXe siècle. C'est donc un droit jeune. L'expression « *droit du travail* » est encore plus récente puisqu'on ne connaissait que la législation industrielle et le droit ouvrier.

Le droit du travail a été enseigné pendant longtemps sous le titre de « *législation industrielle* »,[8] en raison de l'acuité des problèmes posés par la révolution industrielle et auxquels il fallait apporter des solutions. Par la suite, c'est la dénomination « *législation ouvrière* » voire celle de « *droit ouvrier* » qui a été employée à cause du rôle crucial qu'avait joué le mouvement ouvrier pour le développement de ce droit.

---

pratiques de dumping sont mises en œuvre par un pays pour inciter de nouvelles entreprises à s'installer sur son territoire.

8 Gérard COUTURIER, *Droit du travail, Les relations individuelles de travail,* Tome 1, Paris, PUF, 3e éd., p. 8.

Le droit du travail est également un *droit évolutif.* Le caractère évolutif ou dynamique signifie que le contenu du droit peut varier selon la nature de l'entreprise (publique ou privée), selon la nature du régime social (capitalisme libéral, socialisme) ou simplement selon la conjoncture économique du pays.

Le droit du travail est évolutif de par son implication dans les mécanismes économiques. En fait, on s'aperçoit que le droit du travail peut précéder l'évolution économique ou au contraire la suivre. Le droit du travail s'est étendu aux différents secteurs de l'économie : industries, commerces, professions libérales, activités artistiques, etc. La spécificité du droit maritime fait échapper, en grande partie, les marins à l'application du Code du travail, pour les soumettre aux dispositions du code de la marine marchande.[9]

La garantie des travailleurs contre les « risques sociaux » qui faisait, à l'origine, partie intégrante du droit du travail a été séparée de la matière pour être érigée en discipline autonome : le *droit de la sécurité sociale.* Cependant, la limite est souvent difficile à tracer entre les règles du droit du travail et celles de la sécurité sociale. En effet, le statut et les conditions des travailleurs salariés ne contiennent pas seulement les règles du droit du travail, mais aussi de nombreuses dispositions les garantissant contre les risques qui peuvent menacer leur force de travail.

Ces risques sociaux dont les plus importants sont la maladie, les accidents, la vieillesse font partie du domaine habituel de la sécurité sociale. C'est pourquoi, il a été jugé utile de regrouper le droit du travail et de la sécurité sociale sous le titre unique de *droit social.* Le droit social peut être défini comme l'ensemble des règles qui régissent le statut du travailleur salarié.

En ce sens, le droit du travail est un *droit progressiste* dans la mesure où il s'est développé avec l'idée d'améliorer continuellement les conditions de vie des travailleurs. À ce titre, les salariés bénéficient d'avantages dont les artisans et les commerçants ne bénéficient pas par exemple la sécurité sociale, la protection relative aux conditions de travail, etc.

---

[9] Loi n° 2002-22 du 16 août 2002 portant Code de la Marine Marchande, JO n° 6060 du 17 août 2002, pp. 1489-1595. Cependant, il convient de relever qu'un certain nombre de rapports mettant en cause des marins échappent à l'application du code de la marine marchande et laissent place au code du travail. Pour aller plus loin, voir Eoche DUVAL, « La crise du droit du travail maritime ou l'appel de la terre », Dr. soc. 1995, p. 896.

2. Un droit autonome et interdisciplinaire

Le droit du travail est un droit autonome. Il utilise des techniques juridiques qui lui sont propres. Il a ses propres concepts et surtout ses propres sources. Toutefois, il entretient des rapports importants avec les autres branches du droit. C'est un droit interdisciplinaire. Il bénéficie de l'apport des disciplines juridiques telles que le droit civil, le droit administratif et le droit pénal.

Les rapports du droit du travail avec le droit civil demeurent forts, même si celui-ci a gagné son indépendance. Historiquement, le droit du travail est l'enfant du droit civil, et même aujourd'hui le cordon ombilical est loin d'être coupé. En effet, les notions de relations contractuelles de travail reposent toujours largement sur la notion de contrat civil ; les grands principes civilistes tels que le droit de propriété, continuent de marquer le droit du travail. Le droit du travail reste bien sous l'influence du droit civil, même s'il s'est en partie construit en réaction contre ce droit pour mieux prendre en compte la particularité du travailleur subordonné.

Le droit administratif est également une branche du droit assez proche du droit du travail. Le contrôleur du travail est l'inspecteur du travail qui est un fonctionnaire. Les actes qu'il prend sont en général des actes administratifs qui peuvent faire l'objet de recours devant les juridictions administratives. Il en est ainsi de l'acte autorisant le licenciement d'un délégué du personnel.

Le droit pénal du travail entretient également des rapports avec cette discipline. Il s'agit de l'application de la responsabilité pénale dans le cadre des relations de travail. Si l'employeur ne respecte pas la législation en matière de santé et sécurité au travail, il peut voir mise en cause sa responsabilité pénale. En effet, plusieurs dispositions du Code du travail sont assorties de sanctions pénales.

Par ailleurs, les questions de santé, d'éthique prennent beaucoup d'ampleur dans les rapports de travail. Il en est ainsi de la médecine du travail, de la psychologie du travail.

3. Un droit protecteur et partisan

Le droit du travail est, pour l'essentiel, un droit de protection du salarié en raison de son état de subordination. C'est d'ailleurs la finalité première et historique du droit du travail. Il est destiné à réglementer les relations entre une personne présumée puissante économiquement et juridiquement, l'employeur, et une autre, le salarié, considéré comme partie faible et subordonnée.

À cet effet, le droit du travail émet souvent des règles visant à protéger le salarié contre les abus du patron. Cette protection consiste à assurer au salarié une sécurité de l'emploi et des conditions de travail ainsi qu'une participation à l'élaboration et à l'application du droit du travail.

Cela explique que les règles du droit du travail soient pour l'essentiel, des règles d'ordre public. À ce sujet, il faut distinguer les normes d'*ordre public social,* qui sont des règles auxquelles on ne peut renoncer que dans un sens plus favorable au salarié, des normes d'*ordre public absolu.* Il n'est pas possible de déroger à ces dernières normes.

Le droit du travail est un droit partisan en ce sens qu'il est élaboré essentiellement à destination du salarié. Le caractère partisan du droit du travail est aujourd'hui remis en cause par la théorie de la flexibilité de l'emploi caractérisée par une souplesse accrue au profit de l'employeur. Cette évolution est le signe d'une ambivalence de ce droit, désormais apte à prendre aussi en compte les intérêts de l'entreprise.

Le droit du travail veut concilier des intérêts contradictoires (intérêt des employeurs, des employés, de l'État). Le droit du travail est aussi le lieu où l'économique et le social s'opposent selon certains auteurs et se complètent selon d'autres.

4. Un droit impératif, de plus en plus négocié

Le droit du travail a un caractère impératif marqué. Les règles du droit du droit travail s'imposent à toutes les parties (employeur et salarié). Si une des deux parties ne l'observe pas, dans ce cas, elle risque de se voir infliger des sanctions. Le caractère impératif des règles du droit du travail exige d'ailleurs souvent l'édiction de sanctions pénales ou disciplinaires en cas de non-respect des règles. Cela a donné naissance à un véritable droit pénal du travail.

Dans un contexte de concurrence accrue, la relation de travail se définit de plus en plus par la négociation collective, qui vise à aboutir à des accords sur les conditions d'emploi et de travail des salariés. De plus en plus, la négociation collective a tendance à prendre le pas sur la règle générale : en effet, le législateur intervient pour donner force de loi à des textes élaborés par les partenaires sociaux. C'est une particularité du droit du travail qualifié de droit négocié.

5. Un droit répressif, parfois ineffectif

Le droit du travail est un droit répressif, car il est prévu des sanctions pénales (amendes, emprisonnement) ou disciplinaires, à l'encontre des employeurs ou des travailleurs, qui enfreignent la réglementation du travail. Le droit pénal vient sanctionner l'employeur qui ne respecte pas ses obligations.

L'ineffectivité du droit du travail peut être d'origine judiciaire. Les infractions ne sont pas toutes constatées ni poursuivies. La révélation de l'infraction est difficile pour le salarié lié par le contrat du travail. Il n'est pas aisé de faire un procès à son employeur. Il s'y ajoute la dispersion du contentieux social qui relève tantôt des juridictions judiciaires, sociales ou pénales, tantôt des juridictions administratives.

L'ineffectivité du droit du travail peut aussi être d'origine administrative. Cette ineffectivité est parfois observée lors de la violation de certaines règles du droit du travail. Les services du travail n'ont pas souvent les moyens nécessaires pour assurer le contrôle de l'application des textes. Par ailleurs, les inspecteurs du travail sont souvent mal acceptés dans les entreprises.

II. L'ÉVOLUTION HISTORIQUE DU DROIT DU TRAVAIL

Le droit du travail est né en Afrique, véritablement avec la colonisation. Cette naissance n'est pas le résultat d'une évolution interne propre de nos sociétés. L'empreinte du passé colonial sur toutes les institutions africaines en général, tout comme les relations privilégiées que continuent d'entretenir les pays d'Afrique avec la France, n'ont pas manqué d'influencer l'évolution du droit du travail sénégalais. Ainsi, deux périodes sont à considérer dans cette évolution : la période avant l'indépendance (**A**), et celle après l'indépendance (**B**).

A. /Le droit du travail avant l'indépendance

L'évolution du droit du travail au Sénégal est la même que celle de tous les pays de l'ex-Union française pour les grandes lignes et celles de l'Afrique-Occidentale Française (AOF) pour les réglementations particulières. Cette évolution s'est faite en deux étapes : c'est d'abord la période de la négation du droit du travail (**1**) et ensuite celle de la naissance du droit du travail dans les Territoires d'Outre-Mer (**2**).

1. Le degré zéro du droit du travail

Le degré zéro signifie la négation du droit du travail. C'est la période du travail asservi qui a emprunté successivement deux formes : l'esclavage (**a**) et le travail forcé (**b**).

a) L'esclavage

L'Afrique a connu la traite négrière telle qu'elle a existé dans la plupart des sociétés humaines. La recherche d'une main-d'œuvre abondante, peu coûteuse, apte à s'adapter au climat des Antilles, conduisit les puissances coloniales européennes à jeter leur dévolu sur l'Afrique et à pratiquer la traite des esclaves. L'esclavage est légalisé avec le Code noir de Colbert en 1685.[10]

L'esclave est un objet de transaction et non un sujet de droit. Son maître dispose d'un pouvoir absolu sur sa personne. Acheté ou vendu, le maître dispose d'un pouvoir absolu sur sa personne. Il est extrait de son milieu d'origine et perd ses liens de filiation, de conjugalité et de paternité.[11] Il ne peut revendiquer l'application de règles sociales protectrices.

L'esclave doit cependant être distingué du captif qui est pris à la guerre. À cet effet, l'échange et la vente du captif épousent en partie une logique guerrière. Le captif est destiné à être revendu à un prix nettement supérieur à celui d'un esclave. Lorsque le rachat échoue, le captif peut être vendu comme esclave, châtié ou mis à mort.

---

[10] Le *Code noir* est le nom qui sera donné au XVIIIe siècle à une ordonnance ou édit de mars 1685 pour les îles de l'Amérique française, par lequel le roi Louis XIV réglemente le sort des esclaves noirs vivant dans les colonies françaises. C'est un recueil d'une soixantaine d'articles qui rassemble toutes les dispositions réglementant la vie des esclaves noirs dans les colonies françaises. Il précise aussi la condition juridique des enfants procréés par des personnes de couleurs (noir ou blanc) et de situations juridiques (maître ou esclave) différentes. Il définit les droits du maître sur son esclave.

[11] Paul-Gérard POUGOUE, « Les enjeux du droit du travail en Afrique noire d'expression française », Bulletin de droit comparé du travail et de la sécurité sociale, COMPTRASEC, 1987/5, p. 5.

Ce qui caractérise le phénomène de l'esclavage en Afrique est sa durée, environ 400 ans, et son ampleur dans le cadre du commerce triangulaire. Ce fléau de migration massive, forcée et meurtrière n'a été aboli que très péniblement.

En effet, si la Convention nationale abolit l'esclavage dans les colonies le 4 février 1794, Bonaparte le rétablit le 10 mai 1802.[12] Il faut attendre l'avènement de la deuxième république en février 1848 et le décret d'abolition de Victor SCHŒLCHER du 27 avril 1848 pour que la France renonce définitivement à l'esclavage.[13]

Mais, l'effectivité de l'abolition de la traite interne ne fut effective qu'avec l'Acte général de la Conférence de Berlin du 28 février 1885 qui ferma le bassin du Congo à la traite négrière et l'Acte général de Bruxelles de 1889 qui organisa un contrôle rigoureux de ce négoce sur terre et sur mer.

Dans les territoires d'Afrique-Occidentale française et d'Afrique-Équatoriale Française, l'esclavage ne prit, officiellement, fin qu'avec les décrets du 12 décembre 1908 et du 8 août 1920. Au niveau international, c'est la convention du 26 septembre 1926 conclue sous l'égide de l'Organisation Internationale du Travail qui met fin définitivement à l'esclavage.

b) Le travail forcé

L'abolition de la traite des esclaves a mis un terme à l'exportation massive de la force de travail indigène, amenant l'administration coloniale à organiser la production sur place par l'impulsion des cultures d'exportation. Cette mutation s'est traduite par l'apparition dans les territoires de l'Afrique-Occidentale Française d'un nouveau régime de main-d'œuvre : le travail forcé déjà connu aux Indes néerlandaises. Le

12 Les États-Unis ont aboli l'esclavage le 18 décembre 1865.

13 Suivant les considérants du décret d'abolition du 27 avril 1848, « *l'esclavage est un attentat contre la dignité humaine ; [...] en détruisant le libre arbitre de l'homme, il supprime le principe naturel du droit et du devoir ; [...] il est une violation flagrante du dogme républicain : Liberté, Égalité, Fraternité.* » Le décret du 27 avril 1848 interdit absolument « *tout châtiment corporel, toute vente de personnes non libres* ». Il interdit à tout Français, même en pays étranger, de posséder, d'acheter ou de vendre des esclaves, et de participer, soit directement, soit indirectement, à tout trafic ou exploitation de ce genre. Toute infraction à ces dispositions entraînerait la perte de la qualité de citoyen français ». L'article 7 précise que « *le sol de France affranchit l'esclave qui le touche.* »

colonisateur avait besoin de main-d'œuvre pour ses plantations et chantiers.

Encore connu sous le nom de travail obligatoire, le travail forcé désigne tout travail ou service exigé d'un individu sous la menace d'une peine quelconque et pour lequel l'individu ne s'est pas offert de son plein gré.[14] Il se traduit par l'obligation faite aux populations indigènes d'exécuter des travaux, sans rétribution, au profit de la puissance publique, des chefs ou des notables.

L'administration coloniale réglementait le travail forcé en recourant à la contrainte. En Afrique-Occidentale Française, un arrêté du gouverneur général en date du 25 novembre 1912, paru au Journal officiel de la colonie du 11 janvier 1913, fixait le nombre de journées de travail que devaient accomplir les indigènes. Une réglementation analogue a été rétablie en Afrique-Équatoriale française par un arrêté du gouverneur général du 1er décembre 1919.

Pour mobiliser la main-d'œuvre sur les chantiers, il fallait recourir à la coercition administrative, ce qui entraînait inévitablement des abus. Cette situation a amené les populations indigènes à fuir tout travail proposé par le colonisateur. C'est ainsi qu'on a assisté au dépeuplement des villages, à la dispersion des populations et leur éloignement des centres économiques. Ces défauts et excès du travail forcé conduisirent à son interdiction.

Le 25 septembre 1926, la Société des Nations (SDN) adopte une convention préconisant notamment la répression de l'esclavage. Cette convention fait réference au travail forcé, sans le condamner vraiment, car il pouvait « être exigé pour des fins publiques ». En 1930, l'Organisation internationale du travail adopte une convention visant à supprimer le travail forcé sous toutes ses formes. Cette convention définit, d'une part, le travail forcé, et, d'autre part, les obligations de service qui ne rentraient pas dans le cadre du travail forcé[15].

---

[14] Article 2-1 de la Convention de l'OIT n° 29 du 26 juin 1930 sur le travail force adoptée lors de la 14ème session.

[15] Le travail forcé ne comprend pas : tout travail ou service exigé en vertu des lois sur le service militaire obligatoire et affecté à des travaux d'un caractère purement militaire ; tout travail ou service faisant partie des obligations civiques normales des citoyens d'un pays se gouvernant pleinement lui-même ; tout travail ou service exigé d'un individu comme conséquence d'une condamnation prononcée par une décision judiciaire, à la condition que ce travail ou service soit exécuté sous la surveillance et

La convention n° 29 de l'OIT qui interdit le travail forcé a été ratifiée par la France le 17 juin 1937, soit sept ans après son adoption. Cette convention a eu une application éphémère, car dès le début de la Seconde Guerre mondiale, elle fut suspendue par le décret du 2 mai 1939 portant extension aux territoires d'outre-mer de la loi du 11 juillet 1938 sur l'organisation de la nation. Il faudra attendre 1946 pour voir l'interdiction effective du travail forcé, avec l'adoption de la loi n° 46-645 du 11 avril 1946, dite loi « Houphouët-Boigny », tendant à la suppression du travail forcé dans les territoires d'outre-mer.[16]

2. La naissance du droit du travail dans les TOM

Les prémices du droit du travail remontent en 1930, avec l'émergence d'une réglementation partielle et progressive (**1**). Toutefois, il faut attendre 1952 pour assister à la naissance d'un droit de travail digne de ce nom (**2**).

a) Les prémices d'une législation du travail

De 1930 à la Seconde Guerre mondiale, il y a eu des législations éparses qui s'appliquaient au travailleur. Le principe de non-discrimination imposait à la France d'étendre à ses territoires d'outre-mer, la législation en vigueur en métropole, en procédant aux adaptations nécessaires inhérentes aux conditions locales.

C'est ainsi qu'en 1937, une série de décrets vinrent améliorer la législation du travail dans les territoires d'outre-mer.[17] Le décret du 20 mars 1937 introduisit les conventions collectives et l'élection des délégués du personnel dans les établissements occupant plus de dix salariés. Un autre décret rendit les dispositions métropolitaines relatives aux syndicats applicables

---

le contrôle des autorités publiques et que ledit individu ne soit pas concédé ou mis à la disposition de particuliers, compagnies ou personnes morales privées ; tout travail ou service exigé dans les cas de force majeure ; les menus travaux de village effectués dans l'intérêt de la collectivité par les membres de celle-ci.

16 En 1948, les Nations unies proclament dans l'article 4 de la Déclaration universelle des droits de l'homme que « Nul ne sera tenu en esclavage ni en servitude ; l'esclavage et la traite des esclaves sont interdits sous toutes leurs formes. »

17 Bien avant, un décret du 18 septembre 1936 réglemente le travail des femmes et des enfants.

à l'Afrique-Occidentale Française.[18] Un décret publié le 3 avril 1937 donna le pouvoir au gouverneur de chaque territoire de fixer par arrêté le salaire minimum obligatoire pour le travailleur africain, appelé salaire du manœuvre ordinaire. Ce salaire était complété par une ration alimentaire dont la valeur et la composition étaient fixées également par arrêté du gouverneur.

Le développement des grandes idéologies sur le plan international, en particulier de l'anticolonialisme, a entraîné la proclamation des grands principes concernant les territoires d'Outre-Mer. À la fin de l'année 1943, le Général De Gaule, chef du Comité français de la libération nationale, décide d'organiser une grande conférence pour janvier 1944 afin de déterminer le rôle et l'avenir de l'Empire colonial français.

Du 30 janvier au 8 février 1944, le gouvernement provisoire du général de Gaulle organise à Brazzaville, capitale de l'Afrique-Équatoriale Française, une réunion destinée à aborder l'ensemble des problèmes africains[19] et rétablir son autorité dans les colonies françaises d'Afrique. Au cours de cette conférence, le droit du travail connaît un triomphe avec la reconnaissance des principes fondamentaux tels que : la journée de huit heures, l'interdiction des retenues sur salaires, la liberté syndicale, etc. La Conférence africaine française de Brazzaville eut pour mérite, non seulement, de reconnaître indirectement « le droit des peuples à disposer d'eux-mêmes », un principe cher aux États-Unis et à tous ceux qui luttaient pour la liberté des peuples sous influence, mais de jeter les bases d'une législation du travail.

Après la Conférence de Brazzaville, une tentative de rassemblement des diverses réglementations dans un code unique concernant les travailleurs locaux est faite à travers le décret du 18 juin 1945. Ce texte aborde les questions portant sur la journée de huit heures, le repos hebdomadaire, le congé annuel payé, la gratuité des soins, les allocations familiales, les

---

[18] Décret du 11 mars 1937. Toutefois, cette réglementation n'était pas aux autres territoires, notamment à l'Afrique Équatoriale Française (AEF). C'est la Conférence de Brazzaville qui fera évoluer la situation.

[19] *Cf.* Discours d'ouverture du Général De Gaulle à la Conférence de Brazzaville : « En Afrique française comme dans tous les autres territoires où des hommes vivent sous notre drapeau, il n'y aurait aucun progrès qui soit un progrès, si les hommes, sur leur terre natale, n'en profitaient pas moralement et matériellement, s'ils ne pouvaient s'élever peu à peu jusqu'au niveau où ils seront capables de participer chez eux à la gestion de leurs propres affaires. C'est le devoir de la France de faire en sorte qu'il en soit ainsi ».

pensions de retraite, les conventions collectives, le règlement des conflits du travail. Ce code qui n'était pas en harmonie avec l'évolution qui se dessinait au lendemain de la Seconde Guerre mondiale ne fut pas promulgué.

La législation du travail a également connu une sorte de « prototype » de code du travail dit « Code Moutet » du nom de son auteur, Marius Moutet, alors ministre des colonies. Le code Moutet, objet du décret du 17 octobre 1947, rencontra l'opposition farouche des groupes de pression patronaux qui conduisirent son successeur à suspendre son application.[20] Il ne contenait pas certains thèmes sensibles comme les syndicats, la durée du travail, la sécurité sociale, etc. Son champ d'application était, en outre, limité aux populations indigènes.

b) L'essor du droit du travail

Après la grève générale des syndicats de l'AOF (chemin de fer Dakar-Niger)[21], conséquence des tergiversations du colonisateur à sortir un code du travail propre à l'Afrique d'expression française, l'Assemblée nationale française finit par entamer la discussion d'un projet de code du travail pour l'Outre-Mer. Une longue gestation allait se produire de 1948 à 1952 au travers divers propositions et projets de lois.

Le 3 novembre 1952, l'ensemble des syndicats de l'Afrique-Occidentale Française observent une grève générale de vingt-quatre (24) heures pour que le Parlement mette un terme à soixante-deux (62) mois de discussions sur le projet de code du travail. C'est dans ce contexte qu'est adopté le Code du travail des territoires d'Outre-mer de 1952.[22]

En dix (10) titres et deux cent quarante et un (241) articles, le code de 1952 a jeté quelques bases élémentaires du droit du travail dans les territoires relevant des ministères de la France

20 Décret du 25 novembre 1947, JO du 11 janvier 1948.

21 La grève des cheminots du Dakar – Niger (11 octobre 1947 – 19 mars 1948) a commencé comme un simple conflit du travail, mais s'est vite transformée en conflit politique dans le cadre des luttes africaines pour l'indépendance.

22 Loi n°52-1322 du 15 décembre 1952 instituant un code du travail dans les territoires et territoires associés relevant des ministères de la France d'Outre-Mer.

d'Outre-Mer.[23] On peut citer le principe de non-discrimination, l'interdiction du travail forcé, la réglementation du contrat de travail et des conventions collectives, l'introduction de la semaine de 40 heures, du repos hebdomadaire, des congés payés, du repos de maternité, ainsi que la mise en place des méthodes de détermination des salaires et d'une procédure rapide et gratuite du règlement des litiges de travail.

L'avènement de ce code constitue l'acte de naissance d'un véritable droit du travail africain. Il pose les fondations définitives d'un droit du travail. Pour la première fois, les travailleurs africains étaient soumis à un corpus de règles déterminant leurs conditions de travail, leur statut en tant que salariés. La stabilité de l'emploi semble mieux assurée dans ce code que dans le Code du travail métropolitain. Pour légitimer le licenciement, par exemple, le code exige la faute lourde et non la faute grave.

Mais, en dépit des avantages consacrés, le code de 1952 renfermait au moins deux inconvénients majeurs. Il était à la fois partiel et partial. D'abord, ce code était *partiel* parce que des pans entiers du travail n'avaient pas été réglementés, notamment la situation de la femme ou de l'enfant au travail ou encore les droits collectifs des salariés. Par ailleurs, il n'avait pas réglementé les questions relatives à l'hygiène et à la sécurité au travail.

Ensuite, le code de 1952 était *partial*, parce que discriminatoire. Il ne s'appliquait qu'aux travailleurs autochtones. Même si l'article 1er dudit code ne faisait pas de distinction entre le travailleur indigène et le travailleur européen, les travailleurs d'origine européenne étaient soumis au Code du travail métropolitain. En dépit de ce double

---

23 Le champ d'application territorial du code du travail des TOM concernait, d'une part, les Territoires d'Outre-mer proprement dits (au sens juridique que lui donnait la Constitution de 1946) à savoir sur le continent africain l'AOF, l'AEF et la Côte française des Somalis, Madagascar, Comores, Saint-Pierre et Miquelon, la Nouvelle Calédonie, la Polynésie Française, les Terres Australes et Antarctiques, les Établissements Français de l'Inde rattachés par la suite à l'Inde, d'autre part, les ex-territoires sous tutelle ou associés, à savoir le Togo et le Cameroun, pays aux statuts différents : « le Togo était doté de facultés pour réglementer le code, tandis que le Cameroun pouvait modifier non seulement la réglementation, mais également la partie législative » et le Condominium franco-anglais des Nouvelles Hébrides. Voir not. Raymond-Marin LEMESLE, *Le droit du travail en Afrique francophone*, EDICEF, Collections universités francophones, Paris, 1989, sp. p. 28.

inconvénient, ce code est resté en vigueur dans les pays africains jusqu'à l'indépendance.

B. /Le droit du travail après l'indépendance

La période postcoloniale inaugure une nouvelle ère dans l'histoire du droit du travail sénégalais. Cette période débute avec l'adoption d'une législation nationale qui consacre un droit du travail sénégalais (**1**). Ce droit, en raison de la crise, a pris de nouvelles orientations (**2**).

1. La consécration du droit du travail sénégalais

Dès l'accession du Sénégal à l'indépendance[24], les discussions autour d'un nouveau code du travail ont été engagées en septembre 1960, c'est-à-dire moins d'un mois après l'éclatement de la Fédération du Mali. Le 2 juin 1961, le projet de Code du travail est débattu à l'Assemblée Nationale et adopté le 15 juin 1961.[25]

Ce code, qui s'est largement inspiré du code de travail des TOM, est caractérisé par une omniprésence du nouvel État au niveau économique et social. Seules quelques modifications de fond avaient été apportées au nouveau Code du travail. Celles-ci avaient trait :

- à la disjonction du Code du travail proprement dit de tous les éléments de sécurité sociale contenus dans l'ancien code ;
- à la refonte de la matière des contrats ;
- à la refonte de la matière des privilèges et garanties de la créance de salaires ;
- à la refonte de la procédure de règlement des différends individuels et collectifs du travail ;
- au renforcement très marqué des pénalités, qu'il s'agisse de la sanction des délits ou de celle des contraventions de simple police.

Le code de 1961 a subi plusieurs révisions, sans que celles-ci ne bouleversent son économie générale. Ces réformes étaient rendues nécessaires par les difficultés économiques de l'époque.

---

[24] 4 avril 1960

[25] Loi n° 61-34 du 15 juin 1961 instituant code du travail de la République du Sénégal, JO numéro spécial 3462 du 3 juillet 1961.

Dans le courant des années quatre-vingt, la conclusion de Programmes d'Ajustement Structurel (PAS) a accéléré la libéralisation économique et la privatisation des entreprises publiques.[26] Ces programmes demandent une plus grande flexibilité dans la gestion des droits des travailleurs et une libération des normes de travail.[27]

Pour juguler la crise de l'emploi, il faut inciter à une véritable politique contractuelle et à l'harmonisation du droit du travail. C'est l'entreprise qui génère l'emploi et par conséquent sans entreprise, il ne peut y avoir d'emploi. Donc, pour préserver les emplois, il faut protéger les entreprises qui les créent. Il faut alléger les charges de l'entreprise ou les règles du droit du travail constituant des contraintes pour l'employeur.

Dans l'intérêt de tous, travailleurs et employeurs, il fallait rendre les règles du droit du travail, jugées trop rigides, moins contraignantes, plus simples et en un mot plus flexibles. Dans cette hypothèse, il faut adapter le droit du travail aux exigences de tous les partenaires sociaux, mais toujours dans le cadre d'une meilleure survie de l'entreprise et de ses composantes.

C'est dans ce contexte que le Code du travail de 1961 a subi des révisions avec pour objectifs essentiels de limiter le rôle de l'État, en introduisant une plus grande flexibilité. Ceci s'est traduit notamment par l'élargissement des possibilités de recours à des contrats de travail précaires[28] et par l'assouplissement de la procédure de licenciement pour motif économique[29].

---

26 Ce sont des programmes de réformes économiques que le Fonds monétaire international (FMI) ou la Banque mondiale (BM) mettent en place pour permettre aux pays touchés par de grandes difficultés économiques de sortir de leur crise économique.

27 Isaac Yankhoba NDIAYE & Moussa SAMB, « Ajustement structurel et neutralisation du droit du travail : de l'ajustement économique à l'ajustement juridique », in Ajustement structurel et Emploi, CODESRIA 1998, p. 112.

28 Voir Décret n° 89-1122 du 15 septembre 1989 fixant les conditions particulières d'emploi du travailleur engagé en complément d'effectif et du travailleur engagé pour assurer un remplacement (JO n° 5309 du 19 septembre 1989, p. 375). – Décret n° 90-126 du 1er février 1990 rectifiant l'article 2 du décret n° 89-1122 du 15 septembre 1989 fixant les conditions particulières d'emploi du travailleur engagé en complément d'effectif et du travailleur engagé pour assurer un remplacement (JO n° 5346 du 28 avril 1990, p. 219).

29 Voir l'exposé des motifs de la loi 94-80 du 8 décembre 1994 modifiant l'article 47 du code du travail de 1961 qui a supprimé l'autorisation préalable avant tout licenciement pour motif économique.

2. Les orientations contemporaines du droit du travail

Le premier décembre 1997 marque l'adoption de la loi 97-17 portant code du travail du Sénégal. L'adoption de ce code était devenue presque incontournable.[30] Il résulte de la nécessité imposée par la nouvelle donne économique mondiale.

Les principales innovations introduites dans le code portent sur :

- l'affirmation du droit du travail, l'instauration d'un dialogue social dans les entreprises ;
- la refonte de certaines procédures et leur allégement ;
- l'institution d'une indemnité pour non-respect des formes du licenciement, l'institution légale du chômage technique ;
- la restauration de l'apprentissage et l'instauration légale de la formation professionnelle ;
- l'accroissement des pouvoirs des partenaires sociaux en matière de salaire ;
- l'amélioration de la condition de la femme en couche ;
- la flexibilité de la durée du travail ;
- l'accroissement des compétences des délégués du personnel ;
- la protection des personnes travaillant pour les entreprises de travail temporaire ;
- la création d'un référé au niveau du tribunal du travail ;
- le renforcement des pénalités.

Cette évolution du droit du travail a rendu l'entreprise tributaire de son environnement socio-économique. Les multiples réformes du droit du travail depuis les indépendances, ont permis au marché de l'emploi d'être flexible, à l'entreprise d'être compétitive et de s'adapter à la concurrence.

C'est dans ce contexte qu'a été adopté le Code du travail de 1997 qui a, pour le moins, entériné ces objectifs. Et cela apparaît très clairement dans l'exposé des motifs de la loi 97-17 portant code du travail du Sénégal. Aux termes de l'exposé des motifs de cette loi, il faut moderniser les relations de travail, pour assurer le bon fonctionnement de l'entreprise, notamment sa croissance.

---

[30] Après 36 ans de « protection rapprochée » du travailleur, le patronat ne cessait de réclamer le toilettage du code du travail, d'abord pour des raisons historiques et ensuite parce que les réalités avaient changé. La situation socio-économique n'était guère reluisante.

Dans le Traité fondateur de l'Organisation pour l'Harmonisation en Afrique du Droit des Affaires (OHADA)[31], le droit du travail figure expressément à l'article 2 parmi la liste des matières rentrant dans le champ de l'harmonisation. En février 2002, le Conseil des ministres de l'Organisation a affirmé la nécessité d'adopter un acte uniforme en matière de droit du travail. Le 24 novembre 2006, l'avant-projet d'acte uniforme relatif au droit du travail est élaboré à Douala au Cameroun.[32]

Mais, force est de constater que cet acte uniforme peine à voir le jour. Son adoption est sans cesse repoussée.[33] La finalisation de cet acte uniforme s'avère beaucoup plus délicate, en comparaison aux autres actes uniformes.[34] Il faut, en effet, trouver un compromis entre les positions de l'État, des employeurs et des travailleurs, ce qui est loin d'être évident.

Or, l'aboutissement de ce projet d'élaboration d'un droit de travail commun constituera une étape majeure dans le processus d'intégration engagé par les États membres de l'OHADA. Il faudra pour cela trouver un compromis entre les législations actuelles des différents États dont certaines sont assez protectrices des salariés. L'avant-projet d'Acte uniforme relatif au droit du travail aurait peut-être déjà été adopté s'il n'avait concerné que le contrat de travail individuel. La dimension collective des relations de travail, par nature « conflictuelle », est celle qui pose dans la pratique le plus de difficultés lorsqu'il s'agit d'harmonisation.[35]

III. LES SOURCES DU DROIT DU TRAVAIL

Il est important pour les travailleurs et les employeurs de connaître les textes qui définissent leurs droits et obligations.

---

31 Traité de l'OHADA signé à Port Louis (île Maurice) le 17 octobre 1993.

32 Il comporte 10 titres et 299 articles.

33 Lors de la 29ème réunion du Conseil des Ministres de l'OHADA tenu à Yamoussoukro en Côte d'Ivoire du 10 au 12 juin 2015, le Secrétaire Permanent de l'OHADA a informé le Conseil de l'évolution des consultations sur ce sujet. Les experts des États de la CEMAC se sont réunis du 25 au 28 novembre 2015 à Malabo en Guinée Equatoriale et ont convenu de l'opportunité de poursuivre les travaux relatifs à l'harmonisation du droit du travail dans l'espace OHADA.

34 L'Acte uniforme relatif au droit des contrats constitue avec l'Acte uniforme relatif au droit du droit du travail les deux textes manquants pour une couverture entière de l'entreprise par le droit OHADA.

35 Patrice REIS, « Le droit du travail dans le droit OHADA », Revue de l'ERSUMA, 2012, Etudes (1), chapitre 13, p. 9.

Ces textes sont nombreux. Mais, on distingue classiquement les sources internationales (**A**) et les sources internes (**B**). La multiplicité des sources du droit du travail pose le problème de leur hiérarchisation (**C**).

A. /Les sources internationales

Les sources internationales forment un véritable droit international du travail. On distingue à ce niveau les conventions internationales de l'Organisation internationale du travail (**1**), les accords multilatéraux (**2**) et les traités bilatéraux (**3**). Les traités et accords internationaux n'ont d'effet dans l'ordre étatique interne que s'ils sont régulièrement ratifiés ou approuvés et publiés.[36]

1. Les conventions internationales de l'OIT

L'Organisation Internationale du Travail, dont le siège est à Genève, joue un rôle important en droit du travail. Cette institution a été créée en 1919 par le Traité de Versailles, au lendemain de la Première Guerre mondiale, avant même l'élaboration d'un droit du travail digne de ce nom. Elle a été créée dans le but de « poursuivre une vision basée sur le principe qu'il ne saurait y avoir une paix universelle et durable sans un traitement décent des travailleurs ».

L'OIT a survécu à la disparition de la Société des Nations (SDN) pour devenir, en 1946, une institution spécialisée des Nations Unies (NU). Sa mission est de rassembler gouvernements, employeurs et travailleurs de ses États membres dans le cadre d'une institution tripartite, en vue d'une action commune pour promouvoir les droits au travail, encourager la création d'emplois décents, développer la protection sociale et renforcer le dialogue social dans le domaine du travail.

La remarquable longévité de l'OIT tient sans doute à sa structure tripartite prémonitoire qui comprend des

---

[36] *Cf.* articles 77 et 79 de la Constitution. C.S. Sénégal, 23 avril 1980, n° 15, Bulletin des arrêts de la Cour suprême du Sénégal : « attendu que l'État du Sénégal est signataire de la Convention n° 111 de l'OIT concernant la discrimination en matière d'emploi et de profession, adoptée le 25 mai 1961, convention ratifiée et publiée au Journal Officiel de la République du Sénégal du 3 août 1968, ce qui confère à ces dispositions un caractère de loi nationale sénégalaise... »

représentants des États, des organisations nationales représentatives d'employeurs et de salariés. Les partenaires sociaux sont en effet directement associés à l'élaboration des textes.

La mission de l'OIT est accomplie grâce à la coordination de trois organes : la Conférence internationale du travail, le Conseil d'administration et le Bureau international du travail (BIT).

La *Conférence internationale du travail* est l'instance suprême de l'organisation. Elle détermine les normes internationales du travail et les grandes orientations de l'OIT. C'est une sorte de parlement de l'organisation qui réunit chaque année, au mois de juin à Genève, les délégués de 187 États. Chaque État y envoie au moins quatre délégués : deux issus du gouvernement, un issu des organisations patronales et un issu des syndicats de salariés.

Le *Conseil d'administration* est l'organe exécutif de l'organisation. Il se réunit trois fois par an à Genève. Il prend les décisions concernant la politique du BIT, fixe l'ordre du jour de la Conférence internationale du Travail, adopte le programme et le budget de l'organisation avant sa soumission à la Conférence et élit le Directeur général. Il est composé de 56 membres titulaires (28 représentants gouvernementaux, 14 représentants travailleurs et 14 représentants employeurs).

Le *Bureau international du travail* est l'organe qui assure le secrétariat permanent de l'organisation. Il met en œuvre des activités sous le contrôle du Conseil d'administration et sous la direction d'un directeur général. Il prépare les conférences, réalise des études les plus diverses sur les questions liées au travail.

Les instruments juridiques utilisés par l'OIT pour définir les droits fondamentaux sont :

- Les *conventions* qui sont des traités internationaux juridiquement contraignants à condition qu'ils aient été ratifiés par les États membres. Lorsqu'un État ratifie une convention de l'OIT, celle-ci s'applique directement en droit interne. Elle porte sur des matières diverses : libertés fondamentales, emploi et chômage, conditions de travail, relations professionnelles, inspection du travail, travailleurs migrants, sécurité sociale, etc. À ce jour, sur trente-huit (38) conventions ratifiées par le Sénégal, quatre (4) conventions ont été dénoncées.
- Les recommandations qui visent souvent à préciser une convention en indiquant la manière dont un principe doit

être appliqué. Ce sont des propositions visant à orienter si possible la politique des États. Elles ont un caractère non contraignant.

Des procédures générales obligent les États à adresser régulièrement des rapports sur l'application des normes. Des procédures particulières de contrôle sont mises en œuvre à la suite de réclamations ou plaintes.

2. Les accords multilatéraux

Les accords multilatéraux engagent plusieurs parties contractantes à la fois. En raison de leur caractère multilatéral, ils sont généralement initiés par des organisations internationales constituées d'un grand nombre d'États, dont le Sénégal.

Le rêve panafricain s'est modelé par des dynamiques d'intégration régionale actives sur le continent. Il a conduit à la création des organisations régionales et sous-régionales dont les relations ont été établies par des accords multilatéraux. Certains de ces accords contiennent des dispositions relatives au droit du travail. De même, le développement d'organismes d'intégration régionale et sous-régionale facilite l'élaboration du droit communautaire, avec une place faite aux questions sociales.

Ce regain d'intérêt vers le régionalisme se caractérise par le nombre de plus en plus accru d'accords multilatéraux conclus sous l'égide d'organismes régionaux et sous-régionaux. Au titre des accords régionaux, on peut citer la convention générale relative à la situation des personnes et aux conditions d'établissement. Elle a été signée à Antananarivo le 8 septembre 1961 et modifiée à Kinshasa le 28 janvier 1965 et à Kigali le 10 février 1977 dans le cadre de l'organisation commune africaine et mauricienne (OCAM)[37] en matière de droit du travail. L'OCAM a également donné naissance à une convention générale en

[37] L'OCAM a été créée dans le but de renforcer la coopération et la solidarité entre les États africains et malgache, afin d'accélérer leur développement dans les domaines politique, économique, social, technique, et culturel. Suivant l'article 3 de sa charte, l'Organisation s'efforce d'harmoniser l'action de ses membres dans les domaines économique, social, technique et culturel, de coordonner leurs programmes de développement et de faciliter entre eux dans le respect de la souveraineté et des options fondamentales de chaque État membre, des consultations en matière de politique extérieure.

matière de sécurité sociale signée à Fort-Lamy (devenue N'Djamena) le 29 janvier 1971 entre les pays francophones.[38]

Sur le plan sous-régional, des accords multilatéraux ont été signés dans le cadre de la Communauté Économique des États de l'Afrique de l'Ouest (CEDEAO)[39] et de l'Union Économique Monétaire Ouest africains (UEMOA)[40]. L'article 91, paragraphe 1, du Traité de l'UEMOA consacre la liberté de circulation et d'établissement. Il abolit entre les ressortissants des États membres toute discrimination fondée sur la nationalité, en ce qui concerne la recherche et l'exercice d'un emploi, à l'exception des emplois de la fonction publique. C'est dans ce cadre régional qu'il faut placer l'Acte Uniforme OHADA relatif au droit du travail qui est en chantier.

Le Protocole de la CEDEAO sur la libre circulation des personnes, le droit de résidence et d'établissement (1979)[41] instaure un espace de libre circulation des personnes entre les États signataires. Ce Protocole permet aux ressortissants de ces États de circuler librement et d'exercer librement leurs activités professionnelles. Les protocoles additionnels qui ont été adoptés vont dans le même sens.[42]

---

[38] Voir Loi n° 72-91 du 29 novembre 1972 (JO n° 4264 du 2 décembre 1972, p. 2009) autorisant la ratification de cette convention. *Adde*, Joseph ISSA-SAYEGH, et Otto KAUFMANN, « Les conventions interafricaines de la sécurité sociale dans les pays francophones du nord du Sahara (OCAM et CEPGL) », Penant 1986.

[39] La CEDEAO, après le retrait de la Mauritanie en 1999, se compose désormais de quinze pays : Bénin, Burkina Faso, Cap Vert, Côte d'Ivoire, Gambie, Ghana, Guinée, Guinée Bissau, Libéria, Mali, Niger, Nigéria, Sénégal, Siéra Léone et Togo.

[40] Créée par le Traité de Dakar du 10 janvier 1994, l'Union Economique et Monétaire Ouest Afrique est une organisation sous-régionale qui a comme pour mission la réalisation de l'intégration économique des États membres, à travers le renforcement de la compétitivité des activités économiques dans le cadre d'un marché ouvert et concurrentiel et d'un environnement juridique rationalisé et harmonisé.

[41] Protocole conclu à Dakar le 29 mai 1979 et entré en vigueur en 1984

[42] Voir : Protocole additionnel modifiant et complétant le dispositif l'article 7 du Protocole sur la libre circulation des personnes, le droit d'établissement et de résidence de 1984. – Protocole additionnel portant code de conduite pour l'application du Protocole de la libre circulation des personnes, le droit d'établissement et de résidence de 1982. – Protocole additionnel relatif à l'exécution de la deuxième étape (droit de résidence) du Protocole sur la libre circulation des personnes, le droit de résidence et d'établissement de 1986. – Protocole additionnel relatif à l'exécution de la troisième étape (droit d'établissement) du Protocole sur la libre circulation des personnes et des biens de 1990.

3. Les accords bilatéraux

Parmi les sources internationales figurent les accords bilatéraux conclus entre le Sénégal et un pays étranger. Les dispositions de ces traités intéressent la condition juridique des salariés de ces pays lorsqu'ils viennent travailler au Sénégal, et inversement celle des salariés sénégalais travaillant dans ces pays étrangers.

Le fondement constitutionnel de cette source de droit est l'article 96 alinéa 4 de la Constitution. Aux termes de cet article, « La République du Sénégal peut conclure avec tout État africain des accords d'association ou de communauté comprenant abandon partiel ou total de souveraineté en vue de réaliser l'unité africaine ».

Dans ce cadre, le Sénégal a conclu plusieurs accords avec la France et de nombreux États africains. Ces accords portent sur les questions de main-d'œuvre dans le sens de leur régulation, de coopération entre les institutions sociales des différents pays. Certains de ces accords visent à adapter les conventions multilatérales.

À ce titre, plusieurs accords bilatéraux relatifs soit à la sécurité sociale, soit à la main-d'œuvre, soit aux deux questions ont été conclus avec le Mali[43], le Congo[44], le Gabon[45], et avec Djibouti dans le cadre du renforcement de l'enseignement et la formation dans ce dernier pays. La signature de ces accords participe du souci de faciliter non seulement la circulation des ressortissants, mais aussi leur établissement dans les États contractants.

Le Sénégal a également conclu plusieurs conventions d'établissement avec un certain nombre de pays. Il en est ainsi de la convention d'établissement signée le 25 mai 2000 avec le

---

43 Voir Convention générale entre le gouvernement de la République du Sénégal et le gouvernement de la République du Mali, sur la Sécurité sociale, signée à Bamako, le 13 décembre 1979.

44 Voir l'Accord relatif à la circulation, à l'emploi et au séjour des travailleurs congolais au Sénégal et sénégalais en République populaire du Congo (1974).

45 Voir Convention sur la circulation des personnes entre le Gouvernement de la République du Sénégal et le Gouvernement de la République Gabonaise, signée à Libreville le 30 mars 1979. – Protocole d'Accord en matière de Sécurité Sociale entre le Gouvernement de la République du Sénégal et le Gouvernement de la République Gabonaise, signé à Libreville le 10 décembre 1981.

Gouvernement de la République française. [46] Des conventions ont également été signées avec le Maroc[47], le Gabon[48], la Mauritanie[49]. La convention d'établissement ne doit pas être confondue avec l'accord collectif d'établissement du travail. La convention d'établissement est un traité qui détermine l'entrée et la condition des ressortissants d'une des parties contractantes sur le territoire de l'autre.

En général, ces accords énumèrent les droits reconnus aux étrangers en ce qui concerne l'exercice des professions libérales et commerciales, leur statut en matière sociale ou fiscale, etc. La conclusion de ces accords permet de procéder à l'assimilation des nationaux de chacune des parties à ceux de l'autre partie tant en ce qui concerne l'accès au salariat, aux professions libérales, qu'aux emplois publics, dans le respect des conditions déterminées par chacun des États concernés.

B. /Les sources internes

Les sources d'ordre interne sont celles qui ont une incidence purement nationale. Elles sont de deux ordres : les sources nationales (**1**) et les sources professionnelles (**2**).

1. Les sources nationales

Les normes étatiques constituent l'essentiel des sources du droit du travail. Elles sont multiples : la constitution (**a**), les lois

---

[46] Article 5 de cette convention : « Les nationaux de chacune des deux Parties contractantes peuvent exercer sur le territoire de l'autre Partie des activités commerciales, agricoles, industrielles ou artisanales ainsi que des activités salariées, sauf dérogation justifiée par la situation économique et sociale de cette Partie.
Les nationaux de chacune des deux Parties contractantes peuvent être autorisés sur le territoire de l'autre Partie à exercer une profession libérale selon les modalités définies par la législation. »

[47] C*onvention* d'*établissement* entre le Royaume du *Maroc* et la République du *Sénégal*, signée à Dakar le 27 mars 1964.

[48] Convention d'établissement entre le Gouvernement de la République du Sénégal et le Gouvernement de la République Gabonaise, signée à Libreville le 30 mars 1979

[49] Accord entre le Gouvernement de la République Islamique de Mauritanie et le Gouvernement de la République du Sénégal, relatif à l'emploi et au séjour en Mauritanie des travailleurs sénégalais et au Sénégal des travailleurs mauritaniens, signé le 3 octobre 1972 à Nouakchott ; Accord du 22 avril 1992 entre le Sénégal et la Mauritanie sur la circulation des personnes et des biens.

et règlements (**b**) et la jurisprudence (**c**). À côté de ces normes, il faut ajouter la doctrine (**d**) qui est une source non négligeable.

a) La Constitution

La Constitution est un ensemble de règles écrites qui déterminent la forme de l'État, la dévolution et l'exercice du pouvoir. Elle est, en général, assez laconique sur le droit du travail et renvoie à des principes fondamentaux. La Constitution du Sénégal instituée par la loi référendaire n° 2001-03 du 22 janvier 2001 (JO n° 5963 du 22 janvier 2001, pp. 27-42)[50] ne déroge pas à cette règle. Elle proclame ou reconnaît dans son préambule et ses articles 8 et 25 un certain nombre de droits sociaux fondamentaux intéressant le droit du travail. Il en est ainsi des principes relatifs au droit de grève, à la liberté syndicale et au droit syndical, à l'égalité de traitement entre les hommes et les femmes, à la non-discrimination en fonction des origines, opinions ou croyance des salariés, etc.

L'affirmation de ces principes dans la Constitution, précisément dans le titre consacré aux libertés publiques, aux droits économiques et sociaux, constitue une mesure de protection pour les travailleurs. Cette affirmation oblige non seulement le législateur, mais les gouvernements à édicter des lois et règlements conformes auxdits principes protecteurs des travailleurs, sous peine d'inconstitutionnalité.

b) Les lois et règlements

Le droit de travail, de source législative[51], est essentiellement composé du Code du travail, du code de la marine marchande[52] et des statuts législatifs applicables aux agents non-fonctionnaires du secteur public. Le Code du travail du Sénégal, institué par la loi 97-17 du 1er décembre 1997 portant code du

[50] Modifiée par la loi constitutionnelle n° 2016-10 du 5 avril 2016 portant révision de la Constitution, JO n° 6926 du 7 avril 2016.

[51] Dans son sens technique et précis, le terme « loi » désigne toute règle de droit votée par le parlement. Conformément à l'article 67 de la Constitution, la loi détermine les principes fondamentaux du droit du travail.

[52] Loi n° 2002-22 du 16 août 2002 portant Code de la Marine Marchande, JO n° 6060 du 17 août 2002, pp. 1489-1595.

travail de la République du Sénégal[53], recense l'ensemble des dispositions constituant la réglementation du travail.

Toutefois, il convient de préciser que toutes les dispositions applicables en droit du travail ne sont pas intégrées dans le Code du travail. Il y a, en dehors du Code du travail, des dispositions qui vont s'appliquer au droit du travail, aux relations du travail.[54] Par ailleurs, certains aspects de la relation de travail demeurent soumis aux autres branches du droit.

Le règlement désigne tout texte qui émane du pouvoir exécutif[55], un décret ou un arrêté par exemple. Il joue un rôle classique vis-à-vis de la loi en droit du travail. En effet, dans le Code du travail qui est une loi, de nombreuses dispositions renvoient à des décrets le soin de fixer les conditions et les modalités d'application de la loi sociale. À cet effet, les règles de droit relatives aux relations du travail trouvent essentiellement leurs sources dans les lois et les règlements. À côté de ces règles, la jurisprudence occupe une place discrète, mais bien réelle.

c) La jurisprudence

La jurisprudence est l'œuvre de l'autorité judiciaire. C'est l'ensemble des décisions rendues par les juridictions sur un point de droit litigieux. La place de la jurisprudence comme source de droit a suscité quelques controverses. Certains auteurs ont essayé de récuser le rôle de la jurisprudence en tant que source de droit, en avançant trois arguments.

Le premier argument est tiré du *principe de la séparation des pouvoirs.* Conformément à ce principe, il est interdit au juge de s'immiscer dans la fonction législative en édictant des règles de droit. En raison de ce principe, le juge doit se borner à appliquer une règle préexistante.

Le deuxième argument contre la jurisprudence est lié au fait que le juge ne peut pas rendre des *arrêts de règlement.* Cette interdiction aboutit à empêcher la décision juridictionnelle d'avoir le caractère général et impersonnel qui est la

---

53 JO n° 5776 du 13 décembre 1997, pp. 504-537.

54 Il en est ainsi du code de l'aviation civile, objet de la loi n° 2015-10 du 4 mai 2015 (JO n° 6872 du 22 août 2015) qui comporte des exigences particulières à certaines catégories de personnel. On y trouve des dispositions relatives au contrat de travail du personnel navigant professionnel (art. 204 à 210), à la discipline du personnel aéronautique (art. 183 à 189), etc.

55 Voir article 57 de la Constitution.

caractéristique de la règle de droit. En effet, la décision de justice ne vaut que pour un cas unique, elle ne peut avoir une portée générale.

Le troisième argument est d'invoquer *le principe de l'autorité relative de la chose jugée.* Le caractère relatif de l'autorité de la chose jugée est inconciliable avec le caractère général et impersonnel de la règle de droit.

Malgré la force de ces arguments, on est obligé de constater que le juge a parfois un pouvoir normatif. Le rôle de la jurisprudence en tant que source du droit n'est pas négligeable. Bien qu'invisibles, les juges n'en conditionnent pas moins la création des règles de droit.

La jurisprudence crée du droit dans le sens où elle interprète les lois, parfois obscures. Elle comble les lacunes de la loi, qui ne prévoit pas forcément tous les cas de figure. En effet, lorsqu'une règle de droit est ambiguë, susceptible de plusieurs interprétations, ou tout simplement prête à confusion, le risque de conflit est grand entre employeur et salarié qui ont chacun leur position. Si le conflit persiste, il y a de fortes chances qu'une action judiciaire soit intentée. Il reviendra donc au juge la tâche de trancher et de prendre position. On parle de jurisprudence prétorienne.

Lorsque le juge est saisi, il ne peut pas refuser de juger. Il ne peut se retrancher derrière le silence, l'obscurité ou les lacunes de la loi pour refuser de trancher le conflit. S'il le faisait, il commettrait un *déni de justice.* Donc, lorsque la loi est obscure ou incomplète, le juge se référera aux principes généraux du droit, à l'équité et au bon sens. La décision judiciaire qui sera prise fera évoluer le droit.

Ainsi, les tribunaux interprètent, éclairent ou suppléent les dispositions de la loi ou des règlements dans les litiges qui leur sont soumis. C'est la jurisprudence de la chambre sociale de la Cour suprême qui est déterminante en droit du travail. Elle joue un rôle important dans l'unification de l'interprétation de la règle de droit.

Certes, les juridictions de fond ne sont pas tenues de suivre l'interprétation donnée par la Cour suprême. Mais, dans la pratique, elles suivent cette interprétation, car elles craignent de voir leurs décisions censurées. Les décisions de la Cour suprême apparaissent, ainsi, comme une pièce constitutive de l'ordre juridique. De ce fait, la jurisprudence occupe une place importante parmi les sources du droit du travail. Par son dynamisme, elle apporte un nécessaire complément aux textes de loi, tout comme la doctrine.

d) La doctrine

La doctrine est l'ensemble des opinions émises par les juristes dans leurs travaux et études sur différents problèmes de droit du travail. Elle est publiée dans des ouvrages ou des revues juridiques sous forme d'articles ou de commentaires sur des décisions prises par les tribunaux.

La doctrine est une source indirecte du droit de travail. En effet, elle ne s'impose pas au juge, mais peut parfois l'influencer dans sa prise de décision. Elle donne une interprétation du droit à un moment donné, et permet de la faire évoluer en montrant certaines imperfections du droit par rapport à l'évolution de la société.

Les solutions dégagées par la doctrine pourront être reprises par la jurisprudence future ou influencer certaines réformes législatives. Les textes doctrinaux se trouvent dans les revues et dans les ouvrages juridiques spécialisés.

2. Les sources professionnelles

Les sources d'origine professionnelle contribuent pour beaucoup au particularisme du droit du travail. Ce sont principalement les accords issus des négociations collectives (**a**), les usages (**b**), le règlement intérieur (**c**), les actes unilatéraux de l'employeur (**d**) et les chartes professionnelles (**e**).

a) Les accords issus des négociations collectives

Ce sont des normes d'origine professionnelle qui font l'objet d'une négociation, c'est-à-dire les conventions collectives, mais aussi les accords collectifs du travail. Il existe une différence entre convention collective et accord collectif. La convention collective traite de l'ensemble des conditions de travail et des garanties sociales des salariés. L'accord collectif se limite à en traiter une partie ou un point particulier.

Les conventions collectives et accords collectifs peuvent être conclus à différents niveaux : interprofessionnel, professionnel, entreprise ou établissement. Les conventions collectives et accords collectifs ne peuvent, en principe, contenir que des dispositions plus favorables au salarié que celles des lois en vigueur.

b) Les usages

En droit du droit du travail, il existe deux sortes d'usages : les usages professionnels qui sont propres à la profession (***b.1***) et les usages institués dans les entreprises (***b.2***).

b.1 – Les usages professionnels

Les usages professionnels (usages externes à l'entreprise) sont le résultat d'une pratique de longue durée régulièrement appliquée par un milieu professionnel ou dans une localité donnée. Ainsi, l'usage se caractérise par la réunion de deux éléments : un élément objectif ou matériel consistant en une pratique longtemps et librement suivie par les employeurs et les salariés ; un élément subjectif ou psychologique consistant en la croyance des partenaires dans la force obligatoire de l'usage. À ce titre, les usages se rapprochent de la coutume.

Les usages professionnels sont en voie de disparition du fait de la dislocation de la notion de métier, et de l'importance prise par d'autres sources du droit du travail. Ils ne s'appliquent qu'à défaut de conventions collectives, or ces dernières se sont multipliées.

b.2 – Les usages d'entreprise

Les usages d'entreprise (usages internes à l'entreprise) constituent une pratique habituellement suivie dans l'entreprise, qui permet aux salariés de bénéficier, à l'initiative de l'employeur, d'un avantage supplémentaire par rapport à ce qu'ils peuvent prétendre en vertu de la loi, de la convention collective ou de leur contrat de travail.[56] À force d'être répétée,

---

[56] L'usage supplée à la loi. *Cf.* Cass. soc., 24 décembre 1997, n° 14, *TRAORE El Hadji c./ SONAM,* Bulletin des arrêts de la Cour suprême du Sénégal : « ...l'article 257 du Code des Obligations Civiles et Commerciales dispose que les règles applicables aux différents contrats résultent de la convention des parties, de la loi et des usages, l'article 259 du même Code dispose que les usages constants dans chaque région, sur chaque place et dans les diverses professions ont la valeur de règles supplétives; que ces principes étant applicables en droit du travail, la règle légale, conventionnelle ou contractuelle triomphe sur l'usage ».

la pratique finit par devenir obligatoire. Cette force obligatoire peut être expliquée par la théorie de l'engagement unilatéral de l'employeur.

Pour qu'un usage d'entreprise ait une force obligatoire, il doit avoir trois caractéristiques : généralité, fixité et constance.

- *Généralité* : l'usage doit s'appliquer à une catégorie abstraite de salariés. Il ne doit pas être réservé nommément à un salarié.
- *Fixité* : l'avantage octroyé ne doit pas dépendre du pouvoir discrétionnaire de l'employeur. Il est attribué suivant les mêmes critères constants et objectifs.
- *Constance* : il faut une répétition et une continuité (acte isolé insuffisant) : une prime annuelle versée pendant 3 ans sera un usage, mais pas une prime mensuelle versée pendant 3 mois.

Exemple : on a une prime de fin d'année versée en décembre depuis 3 ans (constance), elle est versée à tout le personnel de la direction commerciale (généralité) et elle représente 1 % du chiffre d'affaires (fixité.)

L'employeur peut toujours dénoncer unilatéralement un usage interne, mais il devra alors avertir individuellement chaque salarié (pas de dénonciation implicite), et respecter un préavis suffisant. Une dénonciation, même régulière, n'emporte pas de modification du contrat de travail, car l'usage n'est pas incorporé au contrat de travail. De plus, le salarié ne peut invoquer aucun droit acquis.

c) Le règlement intérieur

Le règlement intérieur est un document par lequel le chef d'établissement fixe les règles générales en matière d'organisation technique du travail, d'hygiène de sécurité et de discipline dans son entreprise, son établissement ou son atelier.[57]

Le règlement intérieur est obligatoire dans les entreprises qui emploient au moins 11 salariés. Il constitue l'expression du pouvoir réglementaire du chef d'entreprise, responsable de l'organisation et du fonctionnement de l'entreprise.

---

[57] Le règlement intérieur se rapproche des notes de service et des circulaires d'une part, et d'autre part des recommandations patronales et des référendums d'entreprise. Les notes de service et les circulaires sont des actes individuels, collectifs ou réglementaires de l'employeur et extérieurs au règlement intérieur.

d) Les actes unilatéraux de l'employeur

Les actes unilatéraux de l'employeur font partie des sources du droit du travail, même s'ils sont souvent oubliés dans l'étude de celles-ci. Les actes unilatéraux de l'employeur résultent de toute manifestation de volonté de l'employeur à l'égard des salariés : notes de service, circulaires, recommandations, etc.

En pratique, ce sont des décisions prises par l'employeur dans le cadre de son pouvoir de direction. Ces décisions traduisent des ordres que l'employeur donne, ordres manifestement justifiés par l'état de subordination, d'une part, et par le pouvoir d'une bonne administration, d'autre part.[58] Les ordres de caractère général, comme les notes de service et circulaires, épousent le même régime que celui du règlement intérieur.

e) Les chartes professionnelles

Les chartes éthiques ou codes de conduite, au carrefour du droit et de l'éthique, se multiplient aujourd'hui dans le cadre du développement de la responsabilité sociale des entreprises. Certaines de ces chartes comportent des dispositions liées à la discipline. Quelle est la valeur juridique de ces chartes ? Les dispositions disciplinaires qui y sont contenues ont-elles une force contraignante ?

Pour rendre les règles de conduite figurant dans ces chartes opposables aux salariés, certaines conditions sont nécessaires. Il faut faire figurer ces règles dans le règlement intérieur ou le contrat de travail signé par le salarié, ou faire de la charte une annexe du contrat du travail ou du règlement intérieur.

Ainsi, le simple fait de publier une charte ou de remettre un exemplaire au salarié lors de la signature de son contrat de travail ne suffit pas à la rendre opposable au salarié. Par conséquent, l'employeur ne peut pas s'en prévaloir pour justifier des sanctions en cas de non-respect par le salarié.

---

58 Gérard LYON-CAEN, Jean PELISSIER et Alain SUPIOT, *Droit du travail*, Paris, Précis Dalloz, 1998, p. 70.

C. /La Hiérarchie des sources en droit du travail

Il est important de comprendre la façon dont les sources du droit du travail s'articulent entre elles afin d'identifier la source qui va s'imposer en cas de conflits. À côté du principe traditionnel de la hiérarchie des normes juridiques (**1**), s'est développé le principe de faveur (**2**).

1. Le principe traditionnel de la hiérarchie des normes juridiques

La hiérarchie des normes juridiques a été théorisée par Hans KELSEN, éminent juriste autrichien du XXe siècle.[59] Il choisit de représenter cette hiérarchie sous la forme d'une pyramide pour mieux montrer l'importance des différents étages qui la composent. Selon KELSEN, toute norme juridique reçoit sa validité de sa conformité à une norme supérieure, formant ainsi un ordre hiérarchisé.

Pour comprendre la hiérarchie des normes, il faut connaître l'ordre dans lequel elles se déclinent : Constitution, Traités internationaux, Lois, Règlements, Conventions et accords collectifs, Règlement intérieur, Contrat de travail. C'est la pyramide des normes juridiques.

D'après le principe de la hiérarchie des normes juridiques, chaque norme ne tire sa force que d'une norme de niveau supérieur. Ainsi, une norme de niveau inférieur doit respecter une norme de niveau supérieur. En cas de conflit de normes de niveau différent, c'est la norme supérieure qui s'applique.

Ainsi, le contrat de travail doit respecter les conventions collectives qui elles-mêmes dépendent des lois et règlements.

---

[59] Voir l'important ouvrage publié par cet auteur : Hans KELSEN, *Théorie pure du droit,* Paris, LGDJ, coll. La pensée juridique, 1999, 367 p.

Hiérarchie des normes en droit du travail
(Inspiration : Hans KELSEN (1881 - 1973))

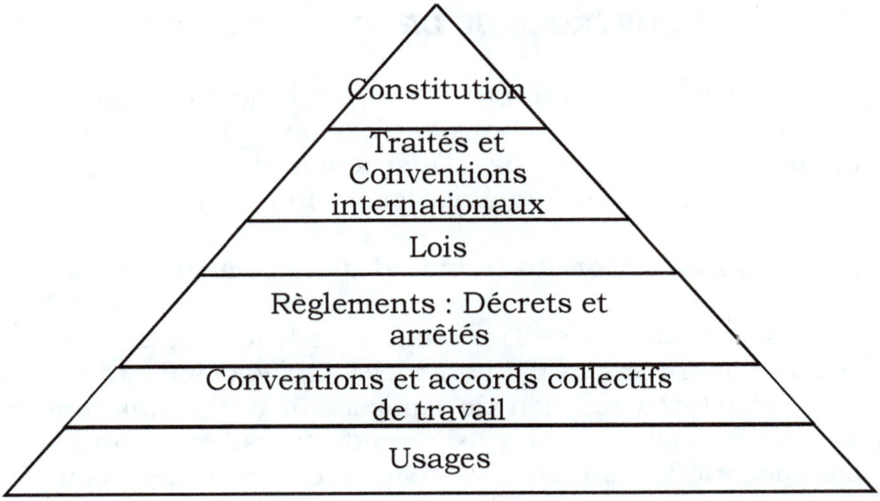

2. Le principe de faveur

La mise en œuvre de la traditionnelle gradation des normes juridiques est compliquée du fait que le but du droit du travail est toujours d'assurer la meilleure protection possible au salarié. Chaque règle fixe seulement un minimum au-dessous duquel il n'est en aucun cas permis de descendre, mais au-delà duquel une autre règle peut toujours aller, même si elle se situe à un échelon inférieur de la hiérarchie, afin d'accorder des avantages supplémentaires au travailleur. C'est le *principe de faveur*.

Selon le principe de faveur qui constitue en quelque sorte l'âme du droit du travail, une convention collective peut comporter des stipulations contraires aux lois et aux règlements si celles-ci sont favorables aux salariés. Il existe donc une possibilité de dérogation dans un sens plus favorable.

C'est pourquoi on dit que le droit du travail édicte un ordre public relatif. Malgré tout, il existe un ordre public absolu auquel il est impossible de déroger, peu importe que la disposition puisse être plus favorable aux travailleurs (compétence des juridictions du droit du travail...).

Par ailleurs, la diversité et la complexité des sources en droit du travail conduit souvent à ce qu'une même situation juridique puisse être régie par des normes différentes. Ainsi, lorsque deux normes sont applicables à une même relation de travail, il faut, en principe, retenir la norme la plus favorable au salarié.

IV. LE CONTRÔLE DU DROIT DU TRAVAIL

Le contrôle a pour but d'assurer l'effectivité du droit du travail. Deux types de contrôle coexistent : un contrôle d'ordre administratif effectué par l'inspection du travail (**A**) et un contrôle judiciaire effectué par les tribunaux du travail (**B**).

A. /L'inspection du travail et de la sécurité sociale

Les attributions de l'inspection du travail et de la sécurité sociale sont précisées par les articles L. 194 et suivants du Code du travail.[60] La mission de l'inspection du travail consiste à assurer le respect de la législation du travail et de constater, le cas échéant, les infractions à celle-ci. Les inspecteurs du travail assurent, en outre, un rôle de conseil et de conciliation en vue de la prévention et du règlement des conflits. Ainsi, les inspecteurs du travail assurent trois missions essentielles : contrôle (**1**), études et conseils (**2**), conciliation (**3**).

1. La mission de contrôle

L'inspection du travail est chargée de s'assurer du respect de la réglementation du travail par les employeurs occupant du personnel salarié. C'est la fonction principale de l'inspecteur du travail. Cette mission consacrée par l'article L. 197 du Code du travail est très vaste. Elle confère à l'inspecteur du travail deux pouvoirs : le pouvoir de contrôle (**a**) et le pouvoir de coercition (**b**).

a) Le pouvoir de contrôle

L'inspecteur du travail exerce ce pouvoir dans les établissements publics ou privés, laïcs ou religieux assujettis au contrôle de l'Inspection du travail. Cette mission recouvre plusieurs aspects : droit d'entrée, droit de visite, droit de prélèvement, droit de communication.[61]

---

[60] Voir Convention n° 81 de l'OIT sur l'Inspection du travail

[61] Voir aussi les articles 12 et suivants de la Convention n° 81 de l'OIT sur l'inspection du travail.

- **Droit d'entrée dans l'entreprise**

L'inspecteur du travail dispose d'un droit d'entrée dans l'entreprise de jour comme de nuit. Il n'est pas obligé d'informer l'employeur de sa venue. Toutefois, l'inspecteur du travail doit informer ou faire informer la direction de l'entreprise de sa présence dès qu'il arrive dans l'entreprise. Le chef d'entreprise doit prendre toutes les dispositions pour assurer le libre accès dans l'entreprise.

L'employeur n'a aucune obligation d'être présent et de consacrer du temps à l'inspecteur ou au contrôleur qui peut entrer dans l'entreprise même si l'employeur est absent. Il est cependant recommandé en pratique que le chef d'entreprise ou son représentant accompagne l'inspecteur pendant sa visite pour répondre à ses questions.

L'employeur est en droit de demander à l'inspecteur, s'il ne le connaît pas, de lui présenter sa carte professionnelle. L'obstacle mis à l'accomplissement de la mission des Inspecteurs ou des Contrôleurs du Travail est sanctionné pénalement.

- **Droit de visite**

L'inspecteur du travail dispose d'un droit de visite général à l'intérieur des établissements soumis à son contrôle. Il peut accéder à tout local, quelle que soit sa destination, dès lors que des salariés sont appelés à y travailler ou à y être occupés (point de vente, cabines de soins, vestiaires, cantine ou salle de repas).

Il peut procéder à des enquêtes et entendre des témoins. À l'occasion de sa visite dans l'entreprise, l'inspecteur du travail peut se faire accompagner d'interprètes officiels assermentés, de médecins, d'experts ou de techniciens, des délégués du personnel, de l'employeur ou de son représentant. Il peut interroger, avec ou sans témoin, l'employeur ou le personnel de l'établissement, demander des renseignements à toute personne dont le témoignage ou les informations lui semblent nécessaires. L'employeur qui s'oppose à cette audition commet un délit d'entrave passible de sanctions pénales.

L'inspecteur du travail peut également demander aux personnes occupées dans l'établissement de justifier de leur identité et de leur adresse. L'inspecteur du travail est seul juge de la fréquence de ses visites.

- **Droit de prélèvement**

En tant qu'agent de contrôle, l'inspecteur du travail peut procéder à tous prélèvements portant sur les matières mises en œuvre et les produits distribués ou utilisés afin de faire effectuer des analyses en vue de connaître leur composition et les effets sur l'organisme. Ces prélèvements permettront de constater les éventuelles infractions qui seraient commises par l'employeur.

Les inspecteurs du travail peuvent emporter aux fins d'analyse des échantillons, des matières et substances utilisées ou manipulées. Ils doivent le faire en présence du chef d'entreprise ou du chef d'établissement ou de son suppléant, et contre reçu.

- **Droit de communication**

Au cours de ses visites, l'inspecteur du travail peut se faire présenter l'ensemble des livres, registres et documents (quel que soit le support) rendus obligatoires par le Code du travail. Ce sont : le double des bulletins de paie, le registre des paiements, le registre de l'employeur, les pièces justificatives de l'inscription au registre du commerce et du crédit mobilier ou au registre des métiers, etc. (voir art. L. 116, 204 et 221 C. trav.)

Ces registres ou documents devront être présentés immédiatement, même en cas d'absence du chef d'établissement. En tout état de cause, l'employeur doit avoir pris les mesures pour que la communication puisse être effective.

b) Le pouvoir de coercition

Les visites de l'inspecteur du travail dans les entreprises ont pour but d'amener les employeurs à respecter la réglementation. Si l'inspecteur du travail constate des irrégularités ou des infractions au Code du travail ou à la convention collective, il dispose de moyens de contrainte vis-à-vis de l'employeur : observations, mises en demeure, procès-verbaux.

- **Observations**

L'inspecteur du travail qui constate une infraction peut formuler une observation à destination de l'employeur. Il lui rappelle la règle méconnue et lui demande d'en tenir compte à l'avenir. Les observations peuvent être écrites ou verbales.

- **Mises en demeure**

Dans certains cas, aucun procès-verbal d'infraction ne peut être dressé sans que l'employeur ait été préalablement mis en demeure de porter remède à la situation constatée et ce, avant l'expiration du délai nécessaire pour la mise en conformité. La mise en demeure est prévue par les textes relatifs à la santé et à la sécurité des travailleurs.

La mise en demeure doit être faite par écrit sur le registre de l'employeur ou par lettre recommandée avec accusé de réception. Elle est datée et signée. Elle précise la nature des manquements ou des dangers constatés et fixe le délai dans lequel ils devront avoir disparu. Ce délai ne pourra pas être inférieur à 4 jours francs, sauf urgence indiquée par l'inspecteur du travail et de la sécurité sociale. Les mises en demeure peuvent faire l'objet de recours.

- **Procès-verbaux**

Dès lors que la mise en demeure préalable n'est pas obligatoire, l'inspecteur du travail peut dresser directement un procès-verbal de l'infraction commise. Les procès-verbaux font foi jusqu'à preuve du contraire. Le procureur de la République juge, à réception du procès-verbal, de l'opportunité de poursuites.

Avant la transmission du procès-verbal au procureur de la République, l'inspecteur du travail doit informer l'employeur des faits susceptibles de constituer une infraction pénale ainsi que des sanctions encourues. À peine de nullité des poursuites à intervenir, cette remise doit être effectuée dans la quinzaine de la constatation de l'infraction, soit par lettre recommandée avec accusé de réception, la date du récépissé délivré par la poste tenant alors lieu de la date de notification, soit par tout autre moyen permettant de donner date certaine à la notification effectuée.

Un exemplaire du procès-verbal est déposé au parquet, un second envoyé au Directeur général du travail et de la sécurité sociale, un troisième est classé aux archives de l'inspection régionale. L'inspecteur du travail est tenu informé par l'autorité judiciaire, de la suite réservée aux procès-verbaux.

2. La mission de conseil et d'information

L'inspecteur a pour mission de conseiller (**a**) et d'informer (**b**) aussi bien les travailleurs que les employeurs sur leurs droits et leurs devoirs.

a) La mission de conseil

Lorsqu'il est consulté par un employeur ou un salarié, l'inspecteur du travail doit être à même d'expliquer ou de préciser la signification de dispositions législatives ou réglementaires. Il peut faire des recommandations à l'employeur sur l'application de la réglementation ou sur l'élaboration du règlement intérieur.

La mission de conseil de l'inspection du travail s'étend dans le domaine de la législation, de l'emploi et de la formation professionnelle. L'inspecteur du travail intervient comme conseil dans la prévention et le règlement des conflits. Il participe à l'animation des relations sociales et au développement de la négociation collective entre les partenaires sociaux. Pour les litiges individuels mettant en œuvre l'accord collectif, l'inspecteur ne peut que rappeler la règle du droit applicable.

L'inspecteur du travail doit normalement faire preuve d'impartialité, quel que soit son interlocuteur dans l'exercice de sa mission. Les inspecteurs du travail n'ont pas le droit d'avoir un intérêt quelconque direct ou indirect dans les entreprises placées sous leur contrôle (convention OIT 81, art. 15).

C'est pour cette raison que les inspecteurs et contrôleurs du travail et de la sécurité sociale sont tenus aux obligations :

- d'intégrité et d'impartialité,
- de discrétion qui leur interdit notamment de révéler l'origine des plaintes,
- au secret professionnel quant aux procédés de fabrication.

b) La mission d'information

L'information à caractère général sur le droit du travail peut être obtenue par téléphone ou par visite auprès des agents du service de renseignements de la Direction du travail.

Si la demande porte sur une question complexe nécessitant la connaissance de l'entreprise ou une intervention dans celle-ci, il convient de s'adresser à l'inspecteur ou au contrôleur qui assure le suivi de cette entreprise. Ceux-ci reçoivent généralement le public sur rendez-vous et assurent des permanences.

À cet effet, les coordonnées de l'inspecteur du travail doivent être, en principe, affichées dans les locaux de l'entreprise par l'employeur.

3. La mission de conciliation

L'inspecteur du travail assure un rôle de conciliation en vue de la prévention et du règlement des conflits individuels ou collectifs. Il convient de présenter les modalités (**a**) et l'issue (**b**) de la conciliation.[62]

a) Les modalités de la conciliation

La conciliation *est un accord ou un accommodement entre des personnes ayant des prétentions contradictoires, pour mettre fin à un litige*. La tentative de conciliation devant l'Inspecteur du travail permet généralement d'aboutir au règlement rapide du conflit et évite ainsi d'alourdir le volume des affaires traitées devant le tribunal du travail dont le jugement est plus long.

Avec le Code du travail de 1997, la tentative de conciliation devant l'inspecteur du travail, avant la saisine du tribunal du travail, n'est plus obligatoire, *elle est facultative*. Nonobstant son caractère facultatif, il peut arriver qu'une des parties décide de passer par cette tentative. Dans la pratique, la demande de règlement amiable peut être présentée indifféremment par le travailleur ou l'employeur, mais c'est généralement le travailleur qui est le requérant.

La saisine de l'inspecteur du travail dans le cadre de la procédure de conciliation se fait obligatoirement par écrit. La

---

62 La conciliation en matière des conflits collectifs est traitée dans le chapitre 1er du titre deuxième de l'ouvrage consacré au droit de grève.

requête doit comporter les mentions essentielles à sa compréhension et son exploitation par l'Inspecteur du travail telles que l'identité et l'adresse précise de chacune des parties, l'objet de la requête, un exposé sommaire des faits, l'énumération complète des réclamations, la signature du ou des requérants.

La demande qui doit être écrite est adressée à l'Inspecteur du travail territorialement compétent, à son délégué ou à son suppléant. Lorsque l'inspecteur reçoit la demande, il convoque les parties. En cas de non-comparution le dossier est transmis au tribunal.

L'inspecteur du travail ne peut obliger les parties à se concilier, il les incite tout simplement à le faire. Aussi, il doit refuser d'entériner un accord portant atteinte à des droits incontestables du travailleur, notamment un droit dont le principe est reconnu par la loi, la convention collective ou le contrat du travail.

b) L'issue de la conciliation

L'inspecteur du travail dresse à l'issue de la tentative de conciliation un *procès-verbal de conciliation totale* ou *partielle* ou de *non-conciliation*, dans les formes prévues par la loi.

Lorsque la conciliation est partielle, le procès-verbal doit mentionner les points sur lesquels l'accord est intervenu. Si la tentative de conciliation échoue, l'inspecteur du travail établit le procès-verbal de non-conciliation en y indiquant les motifs de l'échec. L'établissement du procès-verbal de non-conciliation est suivi de la saisine du tribunal du travail.[63]

Le procès-verbal de clôture du préliminaire de conciliation est un *acte solennel* (parce que sa validité est subordonnée à la rédaction d'un écrit) *et conventionnel* qui peut avoir force exécutoire immédiate ou différée. Dans ce dernier cas il n'acquiert force de loi qu'après ordonnance du président du tribunal du travail, rendue sur requête de la partie la plus diligente, à savoir celle qui est lésée.

---

[63] Article L. 242 du code du travail

B. /Le tribunal du travail

Le tribunal du travail est une juridiction spécialisée composée d'un Président et de deux assesseurs.[64] Le tribunal du travail *est une juridiction spécialement et exclusivement compétente pour régler des différends individuels nés à l'occasion du contrat de travail.* Il convient de présenter l'organisation du tribunal du travail (**1**), ses compétences (**2**) et le déroulement de la procédure (**3**).

1. L'organisation du tribunal du travail

Le tribunal du travail est composé d'un personnel (**a**) qui exerce dans ses différentes sections (**b**).

a) Le personnel du tribunal

Le tribunal du travail comprend : un président, un assesseur employeur, un assesseur travailleur et un greffier.

Le *Président* est un magistrat professionnel qui préside la juridiction et les audiences. Il assure l'administration du tribunal et la gestion des crédits de fonctionnement. Il cite les parties à comparaître, les interroge et les confronte, fait comparaître les témoins qu'il peut citer lui-même, décide de toutes mesures d'instruction.

En raison du volume des affaires, le président du tribunal du travail est assisté de plusieurs autres magistrats professionnels. En cas d'absence ou d'empêchement de tous les magistrats du tribunal du travail, la présidence est assurée par le président du tribunal de grande instance ou par un magistrat du siège désigné par lui.

Pour chaque affaire, le président désigne autant que possible l'assesseur employeur et l'assesseur travailleur appartenant à la catégorie intéressée.[65] Lorsque le tribunal du travail est

---

[64] Article 9 de la Loi n° 2014-26 du 3 novembre 2014 abrogeant et remplaçant la loi n° 84-19 du 2 février 1984 fixant l'Organisation judiciaire, JO n° 6818 du lundi 10 novembre 2014, p. 1359.

[65] C.S. Sénégal, 8 août 2007, n° 51, *Wack CISSE c./ Crédit Lyonnais,* Bulletin des arrêts de la Cour suprême du Sénégal : « N'a pas violé les dispositions de l'article L 233 du code du travail, le président du tribunal du travail qui a statué seul après avoir constaté la carence des assesseurs employeurs et travailleurs aux différentes audiences, la juridiction étant valablement composée est en mesure de siéger aux termes de l'article L 277 du même

subdivisé en sections professionnelles, les assesseurs sont pris parmi ceux désignés au titre de la section concernée par le secteur professionnel dont relèvent les parties en cause.

Lorsque le tribunal du travail est subdivisé en sections professionnelles et qu'il s'avère impossible de composer une section en raison de l'empêchement prolongé de tous les assesseurs, employeurs ou travailleurs, le président de la juridiction, par ordonnance motivée, peut décider que les assesseurs d'une autre section seront habilités à siéger dans la section empêchée de se réunir. L'ordonnance n'est susceptible d'aucune voie de recours.

Les *assesseurs titulaires et suppléants* apportent leurs expériences des usages et particularités du monde du travail à ces magistrats. Ils sont nommés par arrêté du ministre du Travail sur les listes présentées par les organisations syndicales. *Les assesseurs ou leurs suppléants doivent exercer effectivement l'activité professionnelle qui motive leur désignation ou l'avoir exercée pendant trois ans au moins. Leur mandat est de trois ans renouvelable*s.

Toutefois, lorsque la durée du mandat est expirée, les assesseurs titulaires ou suppléants restent en fonction jusqu'à la nomination des nouveaux assesseurs. Les assesseurs ou leurs suppléants doivent savoir lire et écrire le français. Ils doivent en outre justifier de la possession de leurs droits civils et n'avoir subi aucune des condamnations qui aux termes des lois électorales en vigueur, entraînent la radiation des listes électorales. Sont déchus de leur mandat, les assesseurs qui ne remplissent pas toutes les conditions énumérées ci-dessus.

L'assesseur titulaire est remplacé, en cas d'empêchement, par l'assesseur suppléant.

Un *greffier* désigné par arrêté du ministre de la Justice est attaché au tribunal. Il procède notamment à la rédaction, à la conservation, à la signification des jugements, enregistre et conserve les conventions collectives et les règlements intérieurs déposés au tribunal du travail. Il tient également le plumitif des audiences ainsi que le rôle des affaires.

---

code. » – C.S. Sénégal, 13 juin 2007, n° 27, *Seyba KEÏTA La Sénégalaise des Eaux (SDE)*, Bulletin des arrêts de la Cour suprême du Sénégal.

b) Les sections du tribunal

Le tribunal du travail est divisé en sections professionnelles présidées par des magistrats assistés par deux assesseurs. Le nombre de sections varie en fonction du volume du contentieux.

Le tribunal du travail de Dakar compte plus d'une dizaine de sections : section des services publics, section de l'agriculture, section du commerce, section professions libérales, section banques et assurances, section bâtiments et travaux publics, section des industries diverses, section hôtellerie, section transports, etc. Ces sections ne sont pas des juridictions propres, et n'ont aucune compétence attributive autonome.

2. La compétence du tribunal du travail

Le champ de compétence du tribunal du travail est délimité par les articles L. 229 et 232 du Code du travail. On distingue la compétence d'attribution ou « *ratione materiae* » (**a**) et la compétence territoriale ou « *ratione loci* » (**b**).

a) La compétence d'attribution

Le tribunal est compétent en raison de la nature du litige, mais aussi en raison du taux du litige. Il n'est pas compétent pour trancher un différend collectif du travail. Le tribunal du travail est compétent pour régler les litiges individuels nés entre travailleurs et employeurs dans le cadre d'un contrat de travail, d'un contrat d'apprentissage, des conventions collectives, ou pour un litige relatif aux conditions de travail, d'hygiène et de sécurité et au régime de sécurité sociale.

Les différends entre travailleurs et entre employeurs pris séparément relèvent de la compétence du tribunal du travail. Il en est de même en cas de litige entre les institutions de prévoyance sociale (CSS et IPRES) et leurs bénéficiaires et assujettis. Le tribunal du travail est également compétent lorsqu'une collectivité locale ou un établissement public est en cause, sans qu'il soit besoin d'observer les préalables prescrits en matière de procès contre ces personnes morales.

Les actions récursoires des entrepreneurs contre les tâcherons relèvent également de la compétence de cette juridiction. Il en est ainsi lorsque le montant des salaires et autres indemnités dus par les tâcherons insolvables a été acquitté par les entrepreneurs conformément aux prescriptions de l'article L. 78 du Code du travail.

Le tribunal du travail statue en premier et dernier ressort, sauf du chef de la compétence et *lorsque le taux du litige ne dépasse pas* dix fois le montant mensuel du salaire interprofessionnel garanti ou *lorsque la demande a pour objet la remise de pièce par l'employeur.*[66] Il statue à charge d'appel lorsque le montant excède cette somme.

Les différends collectifs[67] sont exclus de la compétence du tribunal du travail. Ils sont réglés suivant la procédure prévue par les articles L. 272 et suivants du Code du travail.

b) La compétence territoriale

Le tribunal territorialement compétent est, en principe celui du lieu d'exécution du travail. Ainsi, le travailleur n'est pas obligé de s'éloigner du ressort de son lieu de travail. C'est là un avantage par rapport à la règle du droit commun, règle selon laquelle le tribunal compétent est celui du domicile du défendeur. Cet avantage existe indifféremment que le travailleur soit défenseur ou demandeur.

Cependant, en cas de résiliation du contrat de travail, le travailleur a le choix entre le tribunal du lieu du travail et celui de sa résidence habituelle.[68] Il faut toutefois que la résidence invoquée par le travailleur soit effective, le travailleur doit

---

[66] Voir C. trav., art. L. 262.

[67] Le code du travail ne donne pas une définition du différend collectif. Toutefois on peut retenir qu'un conflit est dit collectif lorsqu'un certain nombre de travailleurs sont impliqués à titre collectif. Le différend collectif ou conflit collectif du travail est un désaccord entre les travailleurs organisés ou non en syndicat (s) et, leur (s) employeur (s) appartenant ou non à un groupement patronal, portant sur une ou plusieurs questions mettant en jeu l'intérêt collectif des travailleurs sur leur lieu de travail. Le différend collectif porte sur les intérêts collectifs communs à tous les travailleurs concernés par le litige tandis que le différend individuel met en jeu un intérêt personnel du salarié. Ainsi, en l'absence d'intérêt commun, le litige reste individuel, même si plusieurs salariés se plaignent simultanément des mesures identiques qui leur créent personnellement un préjudice. C'est le cas des mesures de licenciement frappant un grand nombre de salariés d'une même entreprise.

[68] C.S. Sénégal, ch. soc., 10 juin 2009, n° 57, *La société TROPICASEM c./ Camile NIAKH*, Bulletin des arrêts de la Cour suprême du Sénégal.

notamment établir qu'il a dans cette résidence habituelle des intérêts familiaux, moraux et matériels.[69]

C. /La procédure devant le tribunal du travail

La particularité de la procédure devant le tribunal du travail est sa simplicité, sa gratuité et sa rapidité. La procédure commence par la saisine (**1**), suivie par la phase de conciliation (**2**) et jugement (**3**). Le jugement peut faire l'objet de voies de recours (**4**). Dans certains cas, le référé social est privilégié (**5**).

1. La saisine du tribunal du travail

Le Code du travail 1997 a introduit une nouveauté en matière de saisine. En effet, jusqu'à l'avènement de ce texte, l'ancien article 211 du Code du travail posait comme préalable obligatoire à la saisine du tribunal du travail, la tentative de conciliation devant l'inspecteur du travail.

L'article L. 241 du Code du travail pose une simple faculté pour la tentative de conciliation devant l'inspecteur du travail. Tout travailleur ou employeur peut directement saisir le tribunal du travail par requête écrite adressée au président de cette juridiction. La requête doit être datée et signée.

La saisine du tribunal du travail *doit être écrite* ; elle suspend le délai de prescription de l'article L. 126 du Code du travail. La demande, appelée requête introductive d'instance, doit être déposée au secrétariat du tribunal du travail (dans les délais ouverts pour les réclamations, par exemple, 5 ans pour les salaires) : se renseigner auprès du secrétariat du tribunal du travail.

Le président du tribunal cite les parties à comparaître dans les cinq jours à compter de la réception de la requête, dimanche et jours fériés non compris. Les parties sont tenues de se rendre au jour et à l'heure fixés par le Président du Tribunal. Elles peuvent se faire assister ou représenter :

- soit par les salariés et employeurs appartenant à la même branche d'activité ;

---

69 C.S. Sénégal, ch. soc., 5 juillet 1978, n° 12, *SORARAF c./ PIN*, Bulletin des arrêts de la Cour suprême du Sénégal : En fin de contrat, la résidence habituelle est une question de fait laissée à l'appréciation souveraine des juges du fond.

- soit par un représentant des organisations syndicales auxquelles les parties sont affiliées ; la preuve de l'affiliation doit être apportée. L'employeur peut en outre être représenté par le Directeur ou un salarié de l'entreprise ;
- soit par un avocat.

Sauf en ce qui concerne les avocats, le mandataire des parties doit, pour chaque affaire, être constitué par écrit et agréé par le président du tribunal. Le mandat donné sous réserve pour un différend déterminé, s'il n'est révoqué, de même que l'agrément, s'il n'est retiré, demeurent valables pour l'exercice des voies ordinaires devant la Cour d'Appel. Il est également valable pour l'exécution des décisions à l'exclusion de la perception du montant des condamnations. Lorsqu'un mandataire est constitué au cours d'une procédure, il doit être agréé par le Président du tribunal saisi.

2. La phase de conciliation

Lorsque les parties comparaissent devant le président du tribunal du travail, il est procédé à une tentative de conciliation. Le président leur rappelle les dispositions de l'article L. 230 du Code du travail et il est fait mention de cet avertissement, par le secrétaire, sur le registre des délibérations du tribunal.

En cas d'accord, un procès-verbal, rédigé séance tenante sur le registre des délibérations du tribunal, consacre le règlement à l'amiable du litige. Un extrait du procès-verbal de conciliation, signé du président et du greffier, vaut titre exécutoire.

En cas de conciliation partielle, un extrait du procès-verbal signé du président et du greffier vaut titre exécutoire pour les parties sur lesquelles un accord est intervenu et procès-verbal de non-conciliation pour le surplus de la demande.

En cas de non-conciliation, pour tout ou pour la partie contestée de la demande, le président déclare ouverte la phase contentieuse de la procédure et avertit les parties de la date de l'audience, s'il estime que l'affaire peut être jugée en l'état. S'il est nécessaire, le président met le dossier en état.

À cette fin, il ordonne, même d'office, toute expertise, toute enquête, toute production de document et, plus généralement, toute mesure d'information utile. Dans les cas urgents, le président peut, à tous les stades de la procédure, ordonner par provision telles mesures nécessaires, notamment pour empêcher que les objets qui donnent lieu à une réclamation ne soient enlevés, ou déplacés ou détériorés. Quand il estime que l'affaire est en état d'être jugée, le président du tribunal renvoie la cause devant la juridiction et cite les parties pour la première audience utile (art. L. 253 C. trav.).

3. La phase de jugement

Lors de l'audience de jugement, les parties doivent comparaître en personne. Elles peuvent toutefois se faire représenter ou assister. Après les débats (**a**), le tribunal doit rendre son jugement (**b**).

a) Les débats

Le président donne connaissance aux assesseurs de l'objet d'un litige ainsi que des arguments de parties et, plus généralement, de tous les éléments du dossier. Il dirige les débats.

Le tribunal peut, par jugement motivé, ordonner, même d'office, toute enquête, descente sur les lieux, comparution personnelle des parties, ainsi que tout constat ou expertise. Il peut déléguer le président pour exécuter les enquêtes ou les descentes sur les lieux, ordonnées par lui-même ou par le président.

Le tribunal juge en appréciant les arguments et preuves avancés. Il est donc indispensable pour les parties d'apporter la preuve de leurs allégations.

L'ensemble des réclamations découlant d'un même contrat de travail doit faire l'objet d'une seule instance. Cependant, la requête introductive d'instance peut être complétée par de nouvelles demandes procédant du contrat de travail, à tout stade de la procédure (même en appel).

Il est conseillé de prévoir des demandes qui permettront de garantir l'exécution du jugement. Chaque partie de la demande doit être précisément chiffrée. Le demandeur doit joindre à celle-ci les pièces justificatives à l'appui de sa demande (bulletins de salaire, lettre de licenciement...).

Après échanges de conclusions et des pièces, l'affaire est mise en délibéré à la demande d'une des parties.

b) Le jugement

Dès la clôture des débats, le tribunal délibère immédiatement en secret. Le jugement est rédigé sur l'heure et l'audience reprise pour sa lecture. Lorsque l'affaire nécessite un délibéré prolongé, le président doit donner son avis aux parties de la date à laquelle le jugement sera rendu. Cette date doit être celle de la prochaine audience de la même section, sans que la durée du délibéré puisse excéder quinze jours.

Les jugements sont pris à la majorité des membres présents. En cas de radiation d'un assesseur, la voix du Président est prépondérante. Les jugements doivent être motivés en audience publique.

Une copie du jugement signée par le président et le greffier doit être remise aux parties sur demande. Mention de cette délivrance, de sa date et de son heure, est faite par le greffier en marge de la minute du jugement.

L'exécution des jugements devant le tribunal du travail suppose que soient réunies certaines conditions. Le jugement doit être notifié. La signification est faite dans les formes prévues par le Code de procédure civile. Les jugements par défaut sont signifiés sans frais à la partie défaillante, à personne ou à domicile par le greffier du tribunal ou par agent administratif spécialement commis par le président ou par lettres recommandées avec accusé de réception.

L'exécution provisoire des jugements en premier ressort doit être ordonnée par le tribunal. En principe, les jugements rendus en premier ressort ne sont pas exécutoires. Toutefois, le tribunal peut ordonner l'exécution immédiate, nonobstant opposition ou appel et par provision, avec dispense de caution, *jusqu'à une somme ne pouvant excéder vingt fois le montant mensuel du salaire minimum interprofessionnel garanti.*

Pour le surplus, l'exécution provisoire peut être ordonnée à charge de fournir caution. Cependant l'exécution provisoire pourra jouer sans limites, nonobstant toute voie de recours, et sans versement de caution, lorsqu'il s'agira de salaires non contestés et reconnus comme étant dus.

4. Les voies de recours

Le jugement peut ordonner l'exécution immédiate, nonobstant opposition ou appel et par provision, avec dispense de caution, jusqu'à une somme qui ne peut excéder vingt fois le montant mensuel du salaire minimum interprofessionnel garanti. Pour le surplus, l'exécution provisoire peut être ordonnée à charge de fournir caution. Les voies de recours sont : l'opposition (**a**), l'appel (**b**) et le pouvoir en cassation (**c**).

a) L'opposition

L'opposition est la voie de recours ouverte contre les jugements par défaut. C'est une voie de rétraction destinée à faire respecter le principe du contradictoire. Elle consiste, pour une partie défaillante, à demander au tribunal qui a rendu une décision par défaut à son encontre de recevoir ses moyens de défense et de modifier sa sentence.

L'opposition est faite par déclaration écrite faite au greffier du tribunal du travail. Elle *est recevable dans le délai de dix jours, non compris les délais de distance.* Le délai court de la date de signification, si elle a été faite à personne ou, dans le cas contraire, du jour où la partie défaillante a pu avoir connaissance du jugement, ou à compter du premier acte d'exécution.

Dans le cas où la signification n'a été faite à personne, le jugement est néanmoins exécutoire, à défaut d'opposition ou d'appel, à l'expiration du délai de dix jours, augmenté des délais de distance suivant la signification. Le jugement rendu sur l'opposition *n'est pas susceptible de nouvelle opposition.* Il est exécutoire par provision, nonobstant appel

b) L'appel

L'appel est la seule voie de recours ouverte contre les décisions contradictoires ou réputées contradictoires rendues en premier ressort. Mais, l'appel est également possible contre les jugements rendus par défaut. Les parties peuvent faire appel si la demande excède dix fois le montant mensuel du salaire interprofessionnel garanti ; sinon le jugement du Tribunal du Travail est rendu en dernier ressort.

Le *délai d'appel est de quinze jours.* Il court du prononcé du jugement si celui-ci est contradictoire et en cas d'itératif défaut. Toutefois, le délai court à compter du lendemain de la signification à personne ou à domicile contre les parties non représentées ou non assistées qui n'étaient pas présentes au prononcé du jugement rendu contradictoirement, lorsque celles-ci n'ont pas été avisées de la date à laquelle le jugement sera prononcé.[70] À l'égard des jugements par défaut, le délai d'appel court du jour où l'opposition n'est plus recevable.

L'appel est transmis dans la huitaine de la déclaration d'appel à la cour d'appel avec une expédition du jugement et des lettres, mémoires et documents, déposés par les parties ou par l'inspection du travail et de la sécurité sociale.

Lorsque l'appel est formé hors délai, ou contre un jugement qualifié en dernier ressort, le dossier sera transmis dans les quarante-huit heures à la Cour, sous bordereau spécial. Celle-ci devra enrôler l'affaire à sa première audience utile. L'appel est jugé sur pièces. Toutefois les parties peuvent demander à être entendues en ce cas, la représentation des parties obéit aux règles fixées devant le tribunal de travail.

La Cour dispose des mêmes pouvoirs que ceux qui sont reconnus au premier juge. Elle peut, notamment, procéder à toute audition utile ou comparution personnelle des parties. L'arrêt d'appel doit être rendu dans les trois mois de la transmission de la déclaration d'appel à la Cour d'appel.

Si elle estime l'appel dilatoire ou abusif, la Cour d'Appel peut condamner l'appelant à l'amende prévue par l'article 278 du code de procédure civile, quelle que soit la nature du jugement confirmé, sans préjudice des dommages-intérêts alloués à l'intimé sur sa demande. L'amende est toujours prononcée en cas de confirmation du jugement rendu susceptible d'appel dans les conditions fixées par le dernier alinéa de l'article L. 264.

c) Le pouvoir en cassation

Le pourvoi en cassation peut être formé sur le seul plan du droit et non sur celui des faits. Est irrecevable le moyen qui invoque la violation d'une loi sans préciser en quoi la loi a été

---

[70] C.S. Sénégal, ch. soc., 13 juin 2012, n° 39, *La société SATTAR c./ Samba THIAM et 214 autres*, Bulletin des arrêts de la Cour suprême du Sénégal : Ne justifie pas sa décision, au regard des dispositions de l'article L. 265 du code du travail, « une Cour d'Appel qui, pour déclarer irrecevable un appel interjeté onze mois après le jugement, se borne à énoncer que le délai pour interjeter appel est de 15 jours et il court à compter du prononcé du jugement et que le jugement a été prononcé contradictoirement, sans préciser si les parties étaient régulièrement représentées ou assistées ou ont été avisées de la date à laquelle le jugement querellé a été rendu et alors que l'appelant a contesté le caractère contradictoire du jugement. »

violée.[71] La Cour suprême connaît des recours contre les jugements rendus en dernier ressort et les arrêts de la Cour d'Appel dans les formes et conditions prévues par la procédure en vigueur devant la Cour suprême.[72] Elle est juge, en premier et dernier ressort, de l'excès de pouvoir des autorités administratives ainsi que de la légalité des actes des collectivités territoriales.[73]

Le pourvoi est formé par déclaration au greffe de la juridiction qui a rendu la décision attaquée, ou au greffe de la Cour suprême, *dans les quinze (15) jours à compter de la notification de la décision attaquée* personne ou à domicile. La déclaration peut être faite soit par le demandeur en personne, soit par son avocat, soit par un mandataire agréé. Le pourvoi introduit pour le compte d'un travailleur sans production d'un mandat écrit de ce dernier et d'un agrément est irrecevable.[74]

Lorsque la Cour suprême rejette le pourvoi, la procédure s'achève avec l'arrêt de rejet, la partie qui l'avait formée ne pouvant plus se pourvoir en cassation, sous quelque prétexte ou quelque moyen que ce soit. Si elle casse la décision attaquée, elle renvoie le fond aux juridictions qui doivent en connaître.

Lorsque la décision attaquée est cassée pour violation des règles de compétence, l'affaire est renvoyée devant la juridiction compétente. Si elle l'a été pour violation de la loi, la Cour suprême indique les dispositions qui ont été violées et renvoie

---

71 Cass. soc., 9 juin 2004, n° 49, *Bourama DIEME c./ Restaurant LE DARGONE*, Bulletin des arrêts de la Cour de cassation du Sénégal.

72 C.S. Sénégal, ch. soc., 25 novembre 2015, n° 60, *Société ALANAU PETROLEUM c./ Pierre Marie SAMBOU*, Bulletin des arrêts de la Cour suprême du Sénégal : « Selon les qualités de l'arrêt, les parties, informées par avis reçus, n'ont ni comparu ni déposé des conclusions en appel malgré les renvois. Dès lors, après avoir relevé que l'appelant n'a pas soutenu son appel malgré plusieurs invites à le faire, ce dont il résulte qu'il n'a pas demandé à être entendu, la cour d'appel a pu, jugeant sur pièces en application de l'article L. 265 du même code, confirmer en toutes ses dispositions, par adoption de motifs, le jugement entrepris. »

73 Article 1er de la loi organique n° 2017-09 du 17 janvier 2017 abrogeant et remplaçant la loi organique n° 2008-35 du 08 août 2008 sur la Cour suprême, JO n° 6986 du mercredi 18 janvier 2017.

74 C.S. Sénégal, ch. soc., 26 février 2014, n° 09, *Pape Ibra FAYE c./ La Société SOGIS*, Bulletin des arrêts de la Cour suprême du Sénégal. – C.S. Sénégal, ch. soc., 13 novembre 2013, n° 48, *Mamadou SECK c./ Yengoulène Voyage Loisirs*, Bulletin des arrêts de la Cour suprême du Sénégal : « Est irrecevable le pourvoi introduit par un mandataire syndical qui n'a produit ni mandat écrit du travailleur, ni agrément du président de la chambre sociale. »

l'affaire, soit devant la même juridiction autrement composée, soit devant une autre juridiction du même ordre.

Si après cassation d'un premier arrêt ou jugement rendu dans la même affaire et entre les mêmes parties procédant en la même qualité, le second arrêt ou jugement est attaqué par les mêmes moyens que pour le premier, la section compétente à qui l'affaire est distribuée saisit les sections réunies par un arrêt de renvoi. Un magistrat appartenant à une autre chambre que celle qui a rendu l'arrêt de renvoi est chargé par le premier président du rapport devant les chambres réunies.

5. Le référé social

Chaque tribunal du travail comporte une formation de référé commune à toutes les éventuelles sections. La formation de référé est composée du président du tribunal du travail et d'un greffier. Le référé social est une procédure rapide dont il convient de préciser le domaine (**a**) et la procédure (**b**).

a) Le domaine du référé social

Dans tous *les cas d'urgence*, la formation de référé peut, dans la limite de la compétence des tribunaux du travail, ordonner toutes les mesures qui ne se heurtent à aucune contestation sérieuse ou que justifie l'existence d'un différend. Ainsi, viole les dispositions de l'article L. 257 du Code du travail et outrepasse ses pouvoirs, une Cour d'Appel qui, statuant en référé, condamne une société au paiement d'une prime sur la base d'un document produit par le salarié et dont la validité et la sincérité sont contestées par les organes administratifs et de contrôle de ladite société.[75]

L'urgence est une notion de fait qui s'apprécie dans la demande du salarié. Il en est ainsi de la réintégration d'un délégué du personnel licencié sans l'autorisation de l'inspecteur du travail. Tel n'est pas le cas s'il s'agit d'un salarié non protégé.[76]

---

[75] C.S. Sénégal, ch. soc., 25 juillet 2012, n° 48, *Société GEODIS WILSON Sénégal c./ Vincent MARTY*, Bulletin des arrêts de la Cour suprême du Sénégal.

[76] C.S. Sénégal, ch. soc., 25 mars 2015, n° 24, *Entente CADAK-CAR c./ Khaly NIANG*, Bulletin des arrêts de la Cour suprême du Sénégal : « Viole les articles L 257, L 56 et L 105 du code du travail, la cour d'appel qui, statuant en référé, ordonne la réintégration d'un travailleur et le paiement

La formation de référé peut toujours, même en présence d'une contestation sérieuse, prescrire les mesures conservatoires ou de remise en état qui s'imposent, soit pour prévenir un dommage imminent, soit pour faire cesser un trouble manifestement illicite. Comme exemple de trouble manifestement illicite, on peut citer le cas où une règle de droit n'est pas respectée. Il en est ainsi du licenciement d'une femme pendant son congé de maternité.

Dans le cas où l'existence de l'obligation n'est pas sérieusement contestable, le juge de référé peut accorder une provision au créancier ou ordonner l'exécution de l'obligation, même s'il s'agit d'une obligation de faire. Ainsi, la formation de référé peut prendre immédiatement des mesures pour prévenir un danger imminent ou faire cesser un trouble manifestement illicite. Exemple : remise de bulletins de paie, du certificat de travail ou de provision sur salaire.

Dans un arrêt du 8 mars 2017, la chambre sociale de la Cour de cassation française a admis la possibilité pour des salariés sous contrat de travail à durée déterminée de demander en référé la poursuite provisoire des relations de travail pendant le temps de la procédure de requalification devant le Conseil de prud'hommes.[77] Toutefois, cette possibilité est limitée aux seuls cas où le contrat de travail à durée déterminée du salarié qui a saisi le Conseil de prud'hommes d'une demande de requalification en contrat de travail à durée indéterminée est toujours en cours au jour où la formation des référés statue.

b) La procédure de référé social

La demande de référé est introduite par simple requête écrite adressée au président du tribunal du travail. Celui-ci fixe

---

des salaires, aux motifs que son emploi de cadre administratif, chef de département, visé par la société dans le certificat de travail, ne figure pas sur la liste des emplois éligibles ou indifférents énumérés à l'annexe de l'accord interprofessionnel national sur la retraite à soixante ans dans le secteur privé et qu'il a droit à l'allongement de la retraite à soixante ans et que la mise à la retraite illégale ne peut faire obstacle ni à la demande de réintégration ni au paiement de salaires impayés, alors que la formation des référés se borne, dans les cas d'urgence, à ordonner toutes les mesures qui ne se heurtent à aucune contestation sérieuse ou que justifie l'existence d'un différend et que la rupture abusive du contrat de travail n'ouvre droit au travailleur non protégé qu'à une action en paiement de dommages et intérêts. »

[77] Cass. soc., 8 mars 2017, n°15-18.560.

immédiatement par ordonnance le jour, l'heure et le lieu de l'audience à laquelle la demande sera examinée. Il peut assigner, d'heure à heure, soit en son cabinet soit à l'audience soit à son domicile.

L'ordonnance de référé doit être motivée, c'est-à-dire comporter un exposé clair et précis des motifs ayant conduit à la décision. Elle ne peut préjudicier au fond et a un caractère provisoire. L'ordonnance de référé est une décision provisoire et n'a donc pas, au principal, autorité de chose jugée ; le juge au principal n'est donc pas lié par l'ordonnance de référé. On peut donc dire que le principal prime le référé. Mais l'ordonnance de référé a autorité de chose jugée au provisoire. Elle ne peut donc être modifiée ou rapportée en référé qu'en cas de circonstances nouvelles. Elle ne peut faire l'objet d'opposition.

L'ordonnance de référé est susceptible d'appel. Le délai d'appel est de quinze (15) jours francs à compter du prononcé ou de la signification de l'ordonnance lorsque l'une des parties n'a pas comparu. L'acte d'appel est transmis au greffe de la Cour d'Appel en même temps que l'ordonnance attaquée ou un extrait de son dispositif délivré par le greffe du tribunal du travail. Le président de la Cour d'Appel est compétent pour connaître des appels interjetés contre les ordonnances de référé rendues par les présidents des tribunaux du travail.

Les minutes de l'ordonnance de référé sont signées par le président et le greffier. Elles sont conservées pendant dix ans et reliées chaque année à la diligence du président.

*

*   *

Le droit du travail présente la particularité de réglementer à la fois les relations individuelles de travail et les relations collectives. Sous ce rapport, cet ouvrage est bâti autour de deux grandes parties. Une première partie est consacrée aux relations individuelles de travail qui s'établissent entre chaque travailleur et son employeur (**Première Partie**) et une seconde, aux relations collectives de travail qui s'établissent dans le cadre de l'entreprise et de la branche professionnelle (**Deuxième Partie**).

PREMIÈRE PARTIE

LES RELATIONS INDIVIDUELLES DE TRAVAIL

Les relations individuelles de travail sont des relations contractuelles. Elles ont pour cadre juridique le contrat de travail qui lie l'employeur au salarié.

La place faite au contrat dans le Code du travail et les références constantes de la jurisprudence au mécanisme contractuel conduisent à voir dans le contrat du travail le cadre juridique des relations individuelles de travail. L'existence et la validité du contrat de travail conditionnent l'application du droit du travail tout entier, en ses dispositions légales, réglementaires ou conventionnelles relatives aux rapports de travail.

Ces dispositions relatives aux relations individuelles visent à protéger la santé et la sécurité du travailleur, à limiter la durée et l'intensité de son travail, à lui assurer une rémunération minimale et à stabiliser son emploi. Cela justifie qu'on consacre une place importante à l'établissement (**titre 1**), au déroulement (**titre 2**) et à la fin (**titre 3**) de la relation de travail.

TITRE 1

L'ÉTABLISSEMENT DE LA RELATION DE TRAVAIL

La relation de travail est utilisée pour désigner le lien légal entre un employeur et un salarié. Elle existe quand une personne exerce une activité ou fournit des services sous certaines conditions et en échange d'une rémunération. L'existence d'une relation de travail fait naître des droits et des obligations réciproques entre l'employeur et le salarié.

Les relations de travail se nouent et se développent à partir du contrat de travail qui en est la base. L'employeur et le travailleur ne peuvent établir un contrat de travail valide que s'ils satisfont à certaines conditions. La relation de travail suppose donc l'existence d'un contrat de travail conclu après l'embauche d'un salarié par un employeur, dans le respect de certaines règles, quel que soit le type de contrat.

Le contrat de travail revêt une importance fondamentale, car il permet de déterminer la nature et la portée des droits et des obligations des employeurs envers leurs salariés. Ainsi, il importe de procéder à l'analyse conceptuelle du contrat de travail (**chapitre 1**), avant d'aborder les conditions d'embauche (**chapitre 2**) et la typologie des contrats de travail (**chapitre 3**).

CHAPITRE 1 : LA NOTION DE CONTRAT DE TRAVAIL

Le contrat de travail est la pièce maîtresse du droit du travail dans la mesure où il fait acquérir au travailleur la qualité de salarié. En l'absence de cette qualité, les règles du droit du travail ne sont pas applicables. Or, le contrat de travail n'est pas le seul contrat qui met en œuvre le travail de l'homme. Il peut en effet y avoir travail pour autrui sans pour autant qu'il y ait contrat travail.

Le contrat de travail est donc différent de certains contrats voisins. Dès lors, pour éviter toute confusion, il importe de définir le contrat de travail (**section 1**) et de présenter ses caractères (**section 2**).

SECTION 1 : LA DÉFINITION DU CONTRAT DE TRAVAIL

Le Code du travail ne donne pas de définition du contrat de travail, malgré la place prépondérante qu'occupe le contrat de travail dans le droit du travail. Cependant, il existe dans ce code des dispositions qui permettent d'identifier les éléments constitutifs du contrat de travail **(§ 1)** et de le distinguer des contrats voisins (**§ 2**).

§1 – Les critères du contrat de travail

Aux termes de l'article L. 2 du Code du travail, est considéré comme travailleur, quel que soit son sexe et sa nationalité, toute personne qui s'est engagée à mettre son activité professionnelle, moyennant rémunération, sous la direction et l'autorité d'une autre personne, physique ou morale, publique ou privée. À partir de cet article, on peut admettre que l'existence du contrat du travail est caractérisée par trois éléments : la prestation de travail (**A**), la rémunération (**B**) et le lien de subordination (**C**).[78]

A. /La prestation de travail

La prestation de travail est l'activité physique, intellectuelle ou artistique que le travailleur s'engage à mettre au service de l'employeur.[79] Elle consiste essentiellement à une obligation de faire qui représente *ce pourquoi le travailleur a été engagé.*

Le travailleur met sa capacité de travail à la disposition de son employeur. La prestation de travail doit être l'objet fondamental du contrat. Elle ne doit pas être confondue, par exemple, avec stage de formation. Ainsi, l'accomplissement de tâches professionnelles au sein d'une entreprise dans le cadre d'un stage pédagogique ne saurait s'analyser à l'exécution d'une prestation de travail, sauf si les conditions relatives au stage ne sont pas remplies.

La prestation de travail est un élément du caractère bilatéral du contrat de travail. Sans la prestation de travail, la rémunération pourrait être assimilée à une libéralité. Le travailleur qui revendique l'existence d'un contrat de travail doit prouver qu'il a effectivement réalisé une prestation pour le compte de l'employeur présumé.

La prestation de travail présente de nombreux caractères. Elle doit être accomplie *volontairement*, sinon elle relève du travail forcé qui est interdit. Elle peut émaner d'un cadre (ingénieur, juriste...) ou d'un employé subalterne.

La prestation de travail est *personnelle.* À cet effet, le travailleur embauché s'engage à fournir lui-même les tâches professionnelles convenues avec l'employeur. Il ne peut se faire remplacer, dans l'exécution de son obligation, par une tierce personne en raison du caractère *intuitu personae* du contrat de travail. Par ailleurs, le contrat d'équipe est interdit (art. L. 30 C. trav.).

La prestation du travail doit par ailleurs *être exécutée de manière loyale et consciencieuse.* Ainsi, le travailleur doit

---

[78] C.S. Sénégal, ch. soc., 28 octobre 2015, n° 59, *Ndèye Rokhaya DIEYE c./ LEAD AFRIQUE FRANCOPHONE,* Bulletin des arrêts de la Cour suprême du Sénégal : Dans cet arrêt, la Cour rappelle les éléments constitutifs du contrat de travail.

[79] En général, la prestation d'un enseignant est intellectuelle, celle d'un ouvrier ou manœuvre physique (manuelle), du musicien ou du peintre, artistique.

s'abstenir de faire des actes qui entraveraient la bonne exécution de son contrat. Il est astreint, par exemple, à l'obligation de non-concurrence, au secret professionnel.

La prestation de travail se retrouve dans beaucoup d'autres types de contrats. Par conséquent, elle n'est pas décisive dans la caractérisation du contrat de travail.

B. /La rémunération

La prestation de travail est accomplie moyennant une rémunération ou salaire. Sous un angle économique, le salaire est un élément du coût de production. Sous un angle sociologique, le salaire est le moyen de subsistance du travailleur et de sa famille.

Sous une perspective juridique, le salaire est la contrepartie de la prestation de travail. En l'absence de rémunération, il n'y aura donc pas de contrat de travail, mais juste un contrat bénévole, car il n'y a pas de contrat de travail à titre gratuit. Le contrat de travail est, à cet effet, un contrat à titre onéreux.

L'entraide professionnelle ou familiale exclut en principe le contrat de travail. Ainsi, l'aide à titre amical entre voisins en milieu agricole ne peut être qualifiée de contrat de travail. De même, le travail domestique de l'un des deux conjoints constitue de l'entraide conjugale, et ne peut être qualifié de contrat de travail, même s'il y a versement d'une somme d'argent. En effet, l'entraide conjugale découle des obligations nées du mariage, lesquelles imposent, notamment, un devoir d'assistance entre époux, une contribution aux charges du mariage.

Toutefois, lorsque les prestations sont durables et/ou répétées, cela peut induire l'existence d'une relation de travail. Ainsi, lorsque l'un des conjoints participe à l'exploitation d'un fonds de commerce appartenant au couple, il faut éviter que cette participation excède les limites du raisonnable. Si ce conjoint y consacre l'essentiel de son temps, le risque d'une requalification juridique de l'entraide conjugale en relation de travail est proche. Quand les époux s'aiment, il est peu probable que cette problématique soit soulevée. Mais, il n'est pas exclu qu'elle surgisse au moment du relâchement du lien conjugal ou du divorce.

Même si la rémunération du travail effectué est une condition nécessaire de l'existence du contrat de travail, il reste qu'elle est insuffisante pour le qualifier. En effet, les modes possibles de rémunération de la prestation de travail sont également employés dans d'autres contrats (contrat d'entreprise, de gérance, etc.).

C. /Le lien de subordination

Le lien de subordination est la clé de voûte du contrat de travail. Même s'il est évident que la subordination devient plus difficile à cerner, il n'en demeure pas moins qu'elle n'a jamais été aussi présente. Il convient donc de définir la notion (**1**) avant de déterminer les indices (**2**) du lien de subordination.

1. La définition du lien de subordination

Le lien de subordination est l'une des conditions d'existence d'un contrat de travail. Il caractérise la relation juridique existant entre un employeur et un salarié. L'état de subordination dans lequel se trouve le travailleur vis-à-vis de l'employeur apparaît comme le critère décisif qui permet d'établir l'existence d'un contrat du travail.

Aux termes de l'article L. 2 du Code du travail, le lien de subordination se définit par trois caractéristiques : l'autorité d'une personne physique ou morale, la soumission d'un travailleur et l'exécution d'une prestation. En raison du travail subordonné, *l'employeur a autorité sur le travailleur, il dirige son travail, il donne des ordres auxquels il faut obéir sous peine d'être le cas échéant sanctionné.* Concrètement, l'employeur a le pouvoir de donner des ordres et des directives, le pouvoir de contrôler l'exécution de ces ordres et directives et le pouvoir de sanctionner les éventuels manquements du subordonné.[80]

2. Les indices du lien de subordination

La détermination de l'existence d'un rapport de subordination ne dépend ni de la volonté exprimée par les parties ni de la dénomination qu'elles ont donnée à leur convention.[81] La subordination s'apprécie par le recours à un *faisceau d'indices* qui touche spécialement aux conditions

---

[80] Alain SUPIOT, « Les nouveaux visages de la subordination », Dr. soc., février 2000, p.133.

[81] C.S. Sénégal, ch. soc., 9 mars 2011, n° 21, *La Société COUNTERPART INTERNATIONAL c./ Fatima KANE SARR,* Bulletin des arrêts de la Cour suprême du Sénégal.

d'exécution du travail.[82] Parmi les éléments d'appréciation, on peut citer l'autorité de l'employeur (**a**), l'intégration dans un service organisé (**b**), l'absence de risque économique (**c**).

a) L'autorité de l'employeur

L'autorité et le contrôle de l'employeur constituent assurément l'élément décisif du lien de subordination caractérisant le contrat de travail.[83] L'appréciation de l'autorité de l'employeur varie en fonction de la nature de la profession exercée, de la qualité du travailleur et des conditions matérielles d'exercice de l'activité. Plusieurs éléments de fait permettent de caractériser cette autorité.

L'autorité de l'employeur se détermine par la constatation de faits réduisant ou supprimant l'indépendance par le biais de contraintes imposées par l'employeur. Il en est ainsi de la fixation par l'employeur de la durée et des horaires de travail, de la fixation du lieu où le travail doit être exécuté, de la surveillance et du contrôle du travail effectué, de la possibilité de sanction.

Ainsi, même si l'employeur est celui qui a formellement conclu le contrat de travail, il reste que cette qualité ne se limite pas à ce critère formel. Elle peut être établie en déterminant celui qui a l'autorité sur le salarié, qui donne les ordres et contrôle le travail. Cette situation peut se présenter lorsqu'en violation de la réglementation sur le travail temporaire un salarié est utilisé par une entreprise par le biais d'une entreprise de travail temporaire.

b) L'intégration dans un service organisé

Le travail au sein d'un service organisé peut constituer un indice du lien de subordination. Le service organisé implique l'existence d'un cadre de travail prédéterminé, de sorte que

---

[82] CS Sénégal, ch. soc., 11 février 2015, n° 06, *Complexe le Paradis c./ Abdoulaye NDIAYE*, Bulletin des arrêts de la Cour suprême du Sénégal : « Ne met pas la Cour en mesure d'exercer son contrôle au regard de l'article L. 2 du code du travail, une cour d'appel, qui pour qualifier les relations entre les parties de contrat de travail, énonce que le contrat de gérance n'épouse pas les contours de la location-gérance sans préciser les éléments qui lui permettent de retenir le lien de subordination. »

[83] CS Sénégal, ch. soc., 6 août 2003, n° 70, *Abdoulaye DIENG c./ Modou DIOUF*, Bulletin des arrêts de la Cour suprême du Sénégal.

l'organisation matérielle du travail échappe à la personne qui s'y insère. Un service organisé nécessite un minimum de contraintes liées à l'organisation du travail : mise à disposition de locaux, fourniture du matériel, des matières premières et des produits, détermination des horaires de travail, etc. Dans le salariat, les éléments nécessaires à l'exécution de la prestation de travail sont fournis par l'employeur.[84]

Ainsi, un médecin qui n'a pas de cabinet propre, ne choisit pas librement ses malades, et dispense ses soins dans une clinique, avec un matériel et du personnel fourni par l'établissement, et qui est soumis à des horaires et au règlement intérieur de la clinique, a été considéré comme un salarié, peu importe qu'il reçoive des honoraires reversés par la clinique.[85] L'appartenance à un service organisé peut être également révélée par la soumission au règlement intérieur de l'entreprise.

Il demeure, toutefois, que la frontière entre le travail subordonné et le travail indépendant n'est pas souvent facile à tracer. Il y a une zone grise où l'on passe insensiblement d'un travail subordonné à un travail indépendant. À cet effet, l'intégration à un service organisé n'est qu'un indice de la subordination juridique, il ne se suffit pas à lui-même.[86] Pour que l'existence d'un lien de subordination soit caractérisée, l'intégration à un service organisé, ajoutée à d'autres indices, doit être réalisée dans des conditions que l'intéressé n'a pas à négocier ou à aménager. Il en est ainsi lorsque l'employeur détermine unilatéralement les conditions d'exécution du travail.

---

84 CS Sénégal, ch. soc., 27 mai 2015, n° 41, *Centre Ouest et Centre-Africain pour l'Agriculture c./ Dogo SECK*, Bulletin des arrêts de la Cour suprême du Sénégal : Dans cette affaire, la Cour a considéré que le fait d'obliger le sieur SECK à n'utiliser que les outils de travail mis à sa disposition, de lui délivrer un ordre de mission pour participer à un séminaire permet de retenir l'existence d'un lien de subordination entre les parties.

85 Voir jurisprudence française : Cass. soc., 7 décembre 1983, n° 81-41.626. Il en est de même pour un avocat (CA Montpellier 6 mai 1996).

86 C'est d'ailleurs la position adoptée par la jurisprudence française dans l'arrêt dit « Société Générale » (Cass. soc., 13 novembre 1996, n° 94-13.187, *Société Générale c./ URSSAF Haute Garonne*, Bull. civ. V, n° 386). Il ressort de cet arrêt que : "Le lien de subordination est caractérisé par l'exécution d'un travail sous l'autorité d'un employeur qui a le pouvoir de donner des ordres et des directives, d'en contrôler l'exécution et de sanctionner les manquements de son subordonné." La Cour de cassation ajoute que le travail au sein d'un service organisé peut constituer un indice permettant de révéler l'existence d'un lien de subordination. Voir également l'arrêt du 3 juin 2009, n° 08-40.981, dit arrêt Ile de la Tentation (requalification d'un « contrat de téléréalité » en contrat de travail).

c) L'absence de risque économique

Le risque économique est l'antithèse de la notion de lien de subordination juridique. Il est caractérisé lorsqu'une personne fait siens les pertes et les déficits d'exploitation, ce qui n'est pas le cas d'un salarié qui ne court pas les risques.

Selon le Professeur Gérard Lyon-Caen, « Profits et risques sont étroitement liés à la notion d'entreprise : le salarié n'est pas un entrepreneur, il participe à l'entreprise d'autrui, alors que le non-salarié est un entrepreneur, un chef d'entreprise, même si celle-ci est individuelle ; on dit qu'il est "'à son compte"'. »[87] Ainsi, en l'absence de risque économique peut-être un indice de travail subordonné. Cette absence de risque peut être combinée à celui de l'intégration dans un service organisé pour établir la preuve de la subordination.

Pour établir le critère relatif à l'absence de risque, il faut rechercher si la personne concernée participe ou non aux charges d'exploitation, si elle a une rémunération garantie ou un revenu qui fluctue en fonction des bénéfices générés par l'entreprise. En effet, il peut arriver qu'un travailleur indépendant ait un revenu nul, ce qui n'est pas le cas d'un salarié. En tout état de cause, la preuve tenant à l'absence de risque économique doit nécessairement être complétée par un autre indice. Elle est insuffisante seule, car la subordination économique ne se confond pas avec la subordination juridique. Être dépendant économiquement ne constitue pas une condition suffisante pour prétendre à la qualité de salarié.[88]

En définitive, même si le lien de subordination est décisif, il n'en demeure pas moins qu'il s'appuie sur un faisceau d'indices qui attestent de l'existence du contrat de travail.[89] En cas de

---

87 Gérard LYON-CAEN, *Le droit du travail non-salarié*, Paris, Ed. Sirey, 1990, p. 5.

88 La dépendance économique est caractérisée lorsque le salarié tire du travail qu'il exécute pour le compte de l'employeur, l'essentiel de ses moyens d'existence.

89 C.S. Sénégal, 12 mai 2010, n° 33, *Ousmane CISS c./ La société SOSSENCO,* Bulletin des arrêts de la Cour suprême du Sénégal : Conformément aux dispositions de l'article L. 32 du code du travail, la preuve du contrat de travail peut être rapportée par tous moyens. Par conséquent, viole ce texte une Cour d'appel qui retient que de simples copies de bulletins de salaires versés au dossier non certifiés conformes aux originaux ne peuvent établir la preuve de l'existence d'un lien contractuel entre les parties alors que ces documents constituent un commencement de preuve par écrit du contrat de travail.

litige, le juge s'attache au particularisme de chaque contrat. En conclusion, le lien de subordination est l'élément déterminant qui permet de distinguer le contrat de travail des contrats voisins ou d'en attester de la réalité du contrat de travail.

§2 – La distinction du contrat de travail des contrats voisins

Avec la complexité réelle de certaines situations particulières, à la difficulté de conférer à une convention « marginale » une étiquette correspondant à la volonté sincère des intéressés, viennent s'ajouter l'ingéniosité et parfois la fraude des parties, singulièrement de l'employeur, soucieuses, en évitant la dénomination de contrat de travail, d'échapper à une législation protectrice, gênante ou coûteuse. Il appartiendra donc au juge de restituer à l'opération, indûment baptisée, sa dénomination véritable.

Ainsi, le contrat de travail doit être distingué d'autres contrats par lesquels une personne transmet ses services à autrui et avec lesquels il peut être confondu ou associé. Il en est ainsi notamment du contrat d'entreprise (**A**), du contrat de mandat (**B**), du contrat de société (**C**) et du contrat de tâcheronnat (**D**).

A. /Contrat de travail et contrat d'entreprise

Le contrat d'entreprise est celui par lequel, une personne, l'entrepreneur, s'oblige à effectuer un travail pour le maître de l'ouvrage, sans créer entre les parties un lien de subordination.[90] Exemple : artisan chargé d'aménager une maison d'habitation.

Dans le contrat d'entreprise, le client donnera parfois des instructions très précises et contrôlera de près l'exécution du travail, mais l'entrepreneur conserve son indépendance quant aux moyens d'exécution du travail (horaires du travail, personnel à embaucher), ces ordres ne concernant que l'orientation générale du travail et le but à atteindre. Au contraire dans le contrat de travail, les ordres portent directement sur l'exécution du travail, dont les méthodes et les moyens ne sont pas abandonnés à l'initiative du salarié.

---

[90] Article 434 COCC

La différence fondamentale entre ces deux contrats se trouve dans la liberté reconnue à l'entrepreneur quant aux modalités de son intervention. Ce dernier conserve toute son indépendance, ce qui n'est pas le cas du salarié qui est sous dépendance. C'est le cas par exemple d'un artisan chargé de rénover une maison d'habitation.

En résumé, le travailleur contracte une obligation de moyens, alors que l'entrepreneur a une obligation de résultat. Il reste maître du choix des moyens pour parvenir à ce résultat.

B. /Contrat de travail et contrat de mandat

Le contrat de mandat est un contrat en vertu duquel une personne, le mandant donne à un autre, le mandataire, le pouvoir de faire, en ses lieu et place, un ou plusieurs actes juridiques déterminés (art. 457 COCC). Exemple : mandat donné par un client à son avocat, mandat donné à une agence immobilière de louer sa maison. Il arrive souvent que des instructions très précises soient données par le mandant au mandataire lors de l'accomplissement de sa mission qui peut parfois être rémunérée. Ce qui peut créer la confusion avec le contrat de travail.

La première différence entre le mandat et le contrat de travail se situe au niveau de leurs domaines respectifs. Le contrat de mandat a un domaine limité aux actes juridiques : conclusion d'actes juridiques au nom et pour le compte d'autrui par le mandataire alors que le contrat de travail peut avoir pour objet l'exécution d'une tâche matérielle et intellectuelle en plus des actes juridiques.

Mais la difficulté provient en pratique du pouvoir fréquemment reconnu au salarié en contact avec les tiers ou les clients, de parler au nom de l'entreprise et de l'engager *ès qualités*, c'est-à-dire comme représentant doté de prérogatives l'autorisant à négocier et conclure au nom de l'entreprise. C'est le cas, par exemple, d'un directeur commercial chargé de représenter l'entreprise dans des négociations commerciales. Le problème se pose surtout si cette activité de représentation constitue le quotidien du salarié. C'est le critère de la subordination qui permettra de distinguer le salarié représentant du mandataire, professionnel indépendant.

Ainsi, la deuxième différence se situe au niveau du lien de subordination. Le contrat de mandat se distingue du contrat de travail en ce que le mandataire représente autrui, il accomplit des actes juridiques pour le compte du mandant. Le mandat est révocable *ad nutum*, c'est-à-dire à tout moment tandis que le contrat de travail est protégé contre la rupture brutale.

Enfin, le juge peut apprécier les honoraires du mandataire, il peut même y avoir compensation entre les dettes du mandataire et ses honoraires. Le salaire, par contre, est protégé à l'égard de l'employeur et des créanciers du travailleur. En cas de cumul, le juge apprécie en tout état de cause en se fondant sur le critère de la subordination juridique.[91] Le cumul de fonctions sociales avec un contrat de travail paraît *a priori* moins suspect quand il découle de la promotion d'un salarié directeur au rang de mandataire social.

C. /Contrat de travail et contrat de société

Le contrat de société est celui par lequel deux ou plusieurs personnes mettent en commun des apports (en numéraire, nature ou industrie) et constituent une personne morale dans le but de partager les bénéfices ou de profiter de l'économie qui pourra en résulter. Les associés s'engagent aussi à contribuer aux pertes.[92]

Dans le contrat de société, l'associé fournit un apport qui peut être en industrie, c'est-à-dire un savoir-faire, des connaissances qu'il met à la disposition de la société. Le salarié, quant à lui, fournit une prestation de travail, ce qui peut créer une certaine confusion.

Mais, les deux contrats diffèrent sur le plan juridique. Le contrat de société suppose l'égalité professionnelle entre les associés, ce qui est incompatible avec le lien de subordination qui place le salarié dans des rapports hiérarchiques. Ainsi en constatant que le contrat intervenu entre deux frères, loin de

---

91 C.A. Dakar, 6 novembre 2007, n° 472, *ELTON S.A. c/ S.*, Revue EDJA n° 76, janvier - février - mars 2008, p. 80. Note Me Doudou NDOYE : Monsieur S. n'est pas fondé à évoquer l'existence d'un contrat de travail dans la mesure où il n'a eu à accomplir que les fonctions de Directeur Général. Il n'exerçait aucun autre emploi effectif distinct des tâches qui lui étaient dévolues en sa qualité de Directeur Général, et ne percevait autre salaire que celui de Directeur Général. Voir aussi cas de cumul possible fonction de Directeur Général et contrat de travail : C.A. Dakar, 14 juin 2005, n° 263, *BANK OF AFRICA c/ BONNEAU*, Revue EDJA n° 76, janvier – février – Mars 2008, p. 75.

92 Article 4 de l'Acte uniforme révisé relatif au droit des sociétés commerciales et du groupement d'intérêt économique (adopté le 30 janvier 2014 à Ouagadougou au Burkina Faso)

faire apparaître une subordination de l'un à l'autre, manifeste au contraire leur égalité, les juges de fond en déduisent à bon droit qu'il s'agit d'une association en participation.[93]

Par ailleurs, il faut noter que les deux contrats peuvent parfaitement coexister, l'associé d'une société pouvant être également lié à celle-ci par un contrat de travail. À ce sujet, la Cour de cassation a jugé que le statut de membre de GIE n'est pas incompatible avec la qualité de salarié.[94]

Enfin, dans le contrat de société, les associés contribuent aux pertes contrairement au cas des salariés.

D. /Contrat de travail et contrat de tâcheronnat

Le contrat de tâcheronnat est celui par lequel, une personne physique s'engage vis-à-vis d'une autre à exécuter une tâche ou à réaliser un ouvrage en recrutant elle-même la main-d'œuvre nécessaire à cette fin.[95] Le tâcheron est un maître ouvrier inscrit au registre des corps et métiers qui recrute à titre occasionnel des ouvriers, et qui leur fournit l'outillage et les matières premières en vue de la réalisation d'un ouvrage déterminé. La réalisation de cet ouvrage se fait soit directement pour le maître de l'ouvrage, soit pour le compte de l'entrepreneur (article L. 77 C. trav.).

Le contrat de tâcheronnat peut être assimilé au contrat d'entreprise, car le tâcheron à l'égard de l'entrepreneur se trouve dans la même situation que l'entrepreneur vis-à-vis du maître d'ouvrage. Il ne reçoit pas des ordres, mais des directives ; il est rémunéré forfaitairement et peut avoir des salariés propres payés par lui-même.

Le Code du travail a expressément réglementé la conclusion du contrat de tâcheronnat et imposé des obligations au tâcheron et à l'entrepreneur (art. L. 78 et 79 C. trav.). Le tâcheron ou sous-traitant est considéré comme employeur vis-à-vis du personnel qu'il emploie. Il est soumis aux mêmes obligations que tout employeur en ce qui concerne l'application

---

93 Voir jurisprudence française : Cass. soc., 5 février 1959, Bull. civ. IV. 160 : La contribution aux pertes sociales exclut nécessairement tout lien de subordination entre deux collaborateurs ainsi associés aux risques des affaires.

94 Cass. soc., 12 mai 2004, n° 46, *IFP c./ Allé GUEYE, Ousmane DIOUF et Ibrahima MBODJ,* Bulletin des arrêts de la Cour de cassation du Sénégal.

95 Arrêté ministériel n° 30 du 7 janvier 2005 fixant les modalités d'application du contrat de tâcheronnat, JO n° 6204 du 5 février 2005.

de la législation en matière de travail, de main-d'œuvre et de sécurité sociale. Il est interdit au tâcheron de sous-traiter, en tout ou partie, ses contrats de tâcheronnat. L'exploitation des ouvriers par le tâcheron, ou marchandage, est interdite.

Quand les travaux sont exécutés ou les services fournis dans les ateliers, magasins ou chantiers de l'entrepreneur, ce dernier est, en cas d'insolvabilité du tâcheron, substitué à celui-ci en ce qui concerne l'ensemble de ses obligations à l'égard des travailleurs.

Pour ce qui est de l'action en responsabilité, si les travaux sont exécutés dans les magasins ou sur les chantiers de l'entrepreneur, ce dernier, en cas d'insolvabilité du tâcheron, est substitué à celui-ci en ce qui concerne l'ensemble de ses obligations à l'égard des travailleurs. Quand les travaux sont exécutés ou les services fournis dans un lieu autre que les ateliers, magasins ou chantiers de l'entrepreneur, ce dernier est, en cas d'insolvabilité du tâcheron, responsable du paiement des salaires et de l'allocation de congés payés dus aux travailleurs occupés par celui-ci. Il assume de même, dans ce cas, les obligations de l'employeur en matière de sécurité sociale.

SECTION 2 : LES CARACTÈRES DU CONTRAT DE TRAVAIL

Le contrat de travail existe dès l'instant où une personne – le salarié – s'engage à travailler, moyennant rémunération, pour le compte et sous la direction d'une autre personne, l'employeur. Il est avant tout un acte juridique entre les parties. Cet acte présente les caractères suivants : synallagmatique (**§ 1**), onéreux (**§ 2**), à exécution successive (**§ 3**) et *intuitu personae* (**§ 4**). Il a les traits d'un contrat d'adhésion (**§ 5**).

§1 – Un contrat synallagmatique

Le contrat de travail appartient à la catégorie des contrats dits synallagmatiques. Un contrat synallagmatique est un contrat qui contient des obligations réciproques et interdépendantes. Cela signifie que les obligations de chaque partie sont liées si étroitement que si l'une d'elles disparaît, l'autre perd son fondement. Dans le contrat de travail, l'une des parties s'engage à fournir une prestation de travail, tandis que l'autre s'engage à verser un salaire.

La contrepartie du contrat de travail qui est la rémunération peut se présenter sous la forme financière, c'est-à-dire de l'argent versé, et/ou en nature. Par exemple, la nourriture donnée gratuitement ou le logement accordé gratuitement. Cette contrepartie est obligatoire. À cet effet, l'accomplissement de la prestation doit impérativement donner lieu à rémunération.

§2 – Un contrat à titre onéreux

Un contrat exercé à titre gratuit n'est pas un contrat de travail. L'activité bénévole n'est pas soumise aux règles du travail, car l'absence de rémunération caractérise une absence de subordination. L'absence de rémunération peut tout simplement être le signe de l'absence de contrat : on est dans le cadre de l'entraide.

Toutefois, le fait qu'une personne ne soit pas rémunérée n'est pas un obstacle à la requalification de son contrat en contrat de travail. Les juges examineront les conditions de fait dans lesquelles le travail est exécuté.

§3 – Un contrat à exécution successive

Les obligations découlant du contrat de travail sont échelonnées dans le temps, qu'il soit à durée déterminée ou à durée indéterminée. Sous ce rapport, le contrat de travail est un contrat à exécution successive et non un contrat instantané. Le travailleur et l'employeur sont tenus à l'exécution de leurs obligations respectives durant une période de temps comprise comme durée de vie du contrat.

Le caractère successif influence considérablement le régime juridique du contrat de travail, particulièrement en ce qui concerne l'absence de rétroactivité de la nullité dudit contrat. Si le contrat de travail est annulé, l'annulation n'a pas d'effet rétroactif. Le contrat peut être résilié dans certaines conditions (et non pas résolu). Aussi, si le contrat peut être suspendu, seules les obligations principales sont suspendues. Les obligations accessoires, notamment l'obligation de loyauté, demeurent.

§4 - Un contrat intuitu personae

Le contrat de travail est un contrat intuitu personae. Cette personnalisation du contrat est beaucoup plus forte du côté du salarié que du côté de l'employeur.

Du côté du salarié, le contrat de travail comporte des obligations personnelles intransmissibles. Le salarié ne peut pas faire accomplir ses prestations par une autre personne sans l'accord de l'employeur. En conséquence, si le salarié décède, le contrat est automatiquement rompu. Les droits et obligations du salarié ne sont pas transmis. Cette relation personnelle du côté du salarié est particulièrement visible lors du recrutement.

Par contre, du côté de l'employeur, le contrat en règle générale n'est pas conclu intuitu personae, même si la personnalité de celui-ci peut avoir une incidence sur l'exécution du contrat de travail. Ainsi, en cas de changement dans la personne de l'employeur, notamment en cas de cession de l'entreprise, le Code du travail prévoit que les contrats de travail sont transférés. Le salarié a donc un nouvel employeur. Le caractère intuitu personae du contrat de travail est donc absent.

§5 - Un contrat d'adhésion

Le contrat d'adhésion est celui dont les clauses sont imposées par la partie économiquement ou socialement la plus forte.[96] Cela semble le cas du contrat de travail qui est préétabli par l'employeur. La liberté de discussion des contractants est de plus en plus restreinte par la loi, les conventions et accords collectifs.

Dans les faits, le contrat de travail se rapproche très souvent d'un contrat d'adhésion. Le travailleur ne fait qu'y adhérer sans en discuter les clauses. L'accord des parties, précisément du salarié, porte sur la décision de contracter. Le contrat de travail, sauf cas exceptionnel, n'est donc pas un contrat de gré à gré.

Le contrat de travail n'est pas non plus un contrat d'adhésion au sens strict du terme. Même si les clauses du contrat de travail sont imposées par l'employeur, il n'en demeure pas moins que le contenu de ces clauses est en général

---

96 Juridiquement, on distingue le contrat d'adhésion du contrat de gré à gré où les parties contractantes peuvent librement discuter des clauses du contrat.

déterminé par la loi et les conventions collectives. Le contrat de travail est donc un contrat d'adhésion imparfait.

Mais la liberté de discussion des contractants est de plus en plus restreinte par la loi, les conventions et accords collectifs, pression économique. Le contrat de travail, dans les faits, est très souvent un contrat d'adhésion.

CHAPITRE 2 : L'EMBAUCHE

L'embauche est un processus qui démarre par les opérations de recrutement et se termine par la conclusion d'un contrat du travail. Le recrutement est l'opération effectuée par le chef d'une entreprise qui consiste à rechercher les personnes susceptibles de tenir les emplois disponibles dans l'entreprise et à sélectionner celles qui semblent les plus aptes.

L'issue normale du processus de recrutement est la formation du contrat de travail.[97] La formation d'un contrat de travail est importante dans la mesure où ce contrat va régir la relation d'un salarié envers son employeur et de l'employeur envers son salarié. C'est le contrat de travail qui va déterminer les droits et les obligations de chacune des parties à l'acte.

Sous ce rapport, l'embauche est entourée par les règles impératives qui encadrent le fonctionnement du marché du travail et par un processus spécifique de formation progressive du contrat de travail. Ces règles peuvent être observées aussi bien au niveau du recrutement du salarié (**section 1**) que de la formation du contrat de travail (**section 2**).

SECTION 1 : LE RECRUTEMENT DU SALARIÉ

Le recrutement d'un salarié s'apparente à une opération de greffe d'organe. C'est un acte aussi important qu'incertain.[98] Il faut trouver les personnes les plus compétentes, afin de rentabiliser le coût important que représente la masse salariale. Par conséquent, toutes les causes de rejet sont à rechercher et à éliminer, d'où la nécessité de bien organiser le recrutement (**§ 1**) qui peut déboucher sur une promesse d'embauche (**§ 2**).

---

97 Gilles AUZERO et Emmanuel DOCKES, *Droit du travail*, Précis Dalloz, 29e éd., Paris, 2015, p. 159.

98 Jean Emmanuel RAY, *Droit du travail, Droit vivant*, Ed. Liaisons, 17e éd., Paris 2008, p. 64. Toute erreur en matière de recrutement « coûte cher, immédiatement et à terme (coût financier, mais également psychologique) ». Il s'y ajoute qu'il n'existe pas de formule miracle en la matière.

§ 1 – L'organisation du recrutement

Le processus de recrutement est un élément clé de la gestion des ressources humaines, puisqu'il constitue l'un des principaux leviers de régulation de la main d'œuvre, alimentant ainsi l'entreprise des compétences nouvelles dont elle a besoin. L'employeur a donc intérêt à mieux organiser cette opération (**A**), en veillant à ne pas dépasser certaines limites (**B**).

A. /L'opération de recrutement

Le recrutement peut prendre la forme directe ou indirecte. Le recrutement direct peut se faire par petite annonce, sur conseil d'un tiers ou par internet, car de nombreux sites de demandeurs d'emploi se sont créés. Le recrutement indirect se fait par l'intermédiaire d'agent de placement. L'opération de recrutement comprend deux phases importantes : l'offre d'emploi (**1**) et la sélection (**2**) des candidats.

1. L'offre d'emploi

L'offre d'emploi est une expression du besoin de l'entreprise sur le marché du travail. Elle matérialise l'engagement que l'entreprise prend sur ce qu'elle offre et recherche, d'où l'intérêt de préciser le contenu (**a**) et le mode de diffusion (**b**) des offres d'emploi.

a) Le contenu des offres d'emploi

La définition de l'offre d'emploi permet de mettre en adéquation le marché du travail avec ses candidats et le monde de l'entreprise avec ses postes de travail vacants. C'est un processus d'analyse qui se situe en amont de l'embauche.

La loi ne fixe pas de contenu obligatoire à l'annonce d'offre d'emploi. Le contenu et la forme de l'offre sont laissés à l'appréciation de l'employeur ou de son intermédiaire. Cependant, certaines mentions sont interdites, notamment des mentions discriminatoires. Sauf si l'appartenance à l'un ou l'autre sexe est la condition déterminante pour l'exercice de l'emploi, l'employeur ne saurait mentionner dans l'offre le sexe ou la situation familiale du candidat recherché. De même, il est interdit de mentionner dans une offre des considérations liées à l'appartenance syndicale des candidats recherchés.

La rédaction de l'offre d'emploi est une retranscription de la définition du poste et du profil recherché. En pratique, elle se fait en intégrant quatre points essentiels : les informations concernant l'entreprise, la description du poste à pouvoir[99], le profil du candidat recherché[100] et les avantages liés au poste[101]. La présentation de l'entreprise donne une idée du secteur dans lequel elle évolue, de sa taille et de son positionnement sur le marché.[102]

L'employeur doit s'abstenir d'insérer dans l'annonce des allégations fausses ou susceptibles d'induire en erreur. Par exemple, aucune mention relative à la rémunération, au lieu de travail, aux horaires n'est exigée. Mais, lorsque l'employeur décide de les insérer dans l'offre, ces mentions doivent être exactes.

b) Le mode de diffusion des offres d'emploi

Le recrutement peut s'effectuer par l'insertion de l'offre d'emploi dans une publication ou tout autre moyen de communication accessible au public. Le choix du support est fonction de plusieurs facteurs, particulièrement le profil recherché et le niveau de rareté de la ressource. Il revient à l'employeur de choisir le canal de diffusion pertinent. Il peut combiner plusieurs méthodes pour obtenir un résultat optimal.

La publication de l'offre d'emploi peut intervenir notamment par voie de presse. Le chef d'entreprise peut faire insérer cette offre dans un journal. Aux termes de l'article L. 227 du Code du travail, l'employeur qui fait insérer dans la presse une offre anonyme d'emploi est tenu de faire connaître son nom ou sa raison sociale et son adresse au directeur de publication. Le directeur de publication est tenu de faire connaître au service de l'emploi les offres d'emploi simultanément à leur parution et dans des conditions qui seront fixées par arrêté du ministre chargé de l'emploi.[103]

---

99 Intitulé, objectifs et évolutions possibles du poste

100 Formation, expérience professionnelle...

101 Rémunération, avantages en nature (logement de fonction, mise à disposition d'un véhicule, d'un téléphone portable, ...)

102 Il n'est pas nécessaire de révéler le nom ou la raison sociale de l'employeur si on veut éviter d'alerter la concurrence. Le code du travail n'en fait d'ailleurs pas une obligation.

103 Arrêté Ministériel n° 11513 MFPTEOP-DTSS du 11 décembre 2009, fixant les conditions dans lesquelles le directeur de publication fait connaître au

Pour chaque offre ou demande d'emploi qu'il diffuse, le directeur de publication du Journal ou le responsable de l'écrit périodique ou du moyen de diffusion est tenu de faire connaître au Directeur de l'Emploi pour la région de Dakar et à l'Inspecteur régional du travail dans les autres régions, simultanément à sa parution, un certain nombre de renseignements. Il en est ainsi de :

- la raison sociale ou le nom, l'adresse et le secteur d'activité ou la profession de l'auteur de l'insertion ;
- la nature et la description de l'emploi ;
- la durée, la date et le lieu d'exécution de l'emploi offert ;
- la qualification ou le profil professionnel du postulant ou du demandeur ;
- la rémunération et les avantages[104] ;
- le cas échéant, la précision que la demande d'insertion émane d'une entreprise de travail temporaire d'un service public ou d'une entreprise de placement de main-d'œuvre ;
- la durée et les dates de parution de l'insertion.

Ces renseignements sont transmis par cahier de transmission, par courrier postal ou par tout autre moyen permettant de donner date certaine à leur communication. Les auteurs d'infraction aux prescriptions ci-dessus seront punis des peines prévues par les lois et règlements en vigueur, notamment à l'article L. 279-c, d, e, f, h du Code du travail.

2. La sélection des candidats

La sélection débute par une pré-sélection, qui consiste à analyser les dossiers des candidats qui ont postulé. Elle débouche souvent sur des entretiens d'embauche (**a**) et se termine par le choix du futur salarié (**b**).

a) Les entretiens d'embauche

L'entretien d'embauche est l'ultime étape du processus de sélection. Elle a pour but de vérifier le profil, la motivation et l'adéquation entre le profil du candidat et le poste proposé. Les

---

service de l'emploi les offres d'emploi, JO n° 6526 du samedi 15 mai 2010, p. 576.

[104] Dans la pratique, la rémunération et les avantages ne sont souvent connus du salarié que lors de la signature du contrat de travail.

renseignements demandés dans ce cadre doivent avoir pour seul but d'apprécier les qualités professionnelles des candidats.

Toutes les questions qui n'entrent pas dans ce cadre ne sauraient être acceptées et rendraient le recruteur fautif. Ainsi, il est interdit au recruteur de demander par exemple au candidat de préciser son appartenance syndicale, religieuse ou tout autre élément de sa vie privée, etc.

b) Le choix du futur salarié

À la liberté de l'individu de travailler pour le compte de l'employeur de son choix fait face la liberté des chefs d'entreprise de choisir leurs collaborateurs. Toutefois, s'il est vrai que tout employeur peut librement décider de l'embauche d'un salarié, il reste que ce principe supporte des exceptions.

En effet, aucun candidat à un emploi ne peut être écarté d'une procédure de recrutement par l'employeur en raison de son appartenance syndicale ou de l'exercice d'une activité syndicale (art. L. 29 C. trav.). De même, l'employeur ne peut refuser d'embaucher une personne en raison de son origine, de son sexe, de ses mœurs, de sa situation de famille, de son appartenance ethnique, de ses convictions religieuses ou sous certaines réserves de son état de santé ou de son handicap.

C. /Les limites à la liberté de recrutement

En vertu de la liberté du travail, toute personne peut mettre à la disposition d'autrui sa force de travail et tout employeur peut recruter librement ses salariés. Cette liberté d'embauche est limitée par certaines restrictions. On distingue deux types de restrictions : les restrictions légales (**1**) et les restrictions conventionnelles (**2**).

1. Les restrictions légales

Les restrictions légales se rapportent à l'interdiction de débaucher (**a**), à la priorité d'emploi (**b**) et aux interdictions d'emploi (**c**).

a) L'interdiction de débaucher

La première limite à la liberté de recrutement est constituée par l'interdiction de débauchage. Le *débauchage qui consiste à inciter un travailleur à quitter son emploi pour se mettre au service d'un autre employeur est interdit.* Lorsque deux employeurs mènent des activités professionnelles concurrentes, la pratique du débauchage est qualifiée de concurrence déloyale. Cette pratique contribue, notamment, à priver son concurrent de ses meilleurs salariés, avec pour conséquence la perte de savoir-faire.

L'offre d'emploi de l'entreprise concurrente n'est pas en elle-même constitutive d'une faute. Le débauchage doit résulter de manœuvres déloyales ayant causé un préjudice à la victime (désorganisation de l'entreprise, obtention d'informations privilégiées). Ainsi, l'employeur qui recrute un salarié chez un concurrent engage sa responsabilité s'il l'a incité à quitter son ancienne entreprise dans un but de récupérer la clientèle ou s'il a commis des actes de concurrence loyale. En revanche, la responsabilité de l'employeur ne sera pas retenue s'il ignore l'existence d'une telle clause.

Aux termes des articles L. 57 et L. 279 du Code du travail, le débauchage peut être considéré aussi bien comme un délit civil ou pénal. La victime du débauchage (l'employeur) peut donc obtenir la réparation de son préjudice moral, matériel ou commercial. Le préjudice résultera souvent d'une perte de clientèle, d'un trouble commercial.

b) Les priorités d'emploi

Le législateur a créé, au profit de certains salariés dont le contrat de travail a été rompu, une priorité d'embauche dans leur ancienne entreprise. La liberté contractuelle de l'employeur se trouve ainsi légalement réduite puisque dans l'hypothèse où il entend recruter, il n'a plus le libre choix de son contractant. Il doit en effet préférer ces salariés à tout autre candidat.

C'est le cas du travailleur licencié pour motif économique.[105] Il bénéficie dans son ancienne entreprise et pendant deux ans d'une priorité d'embauche dans la même catégorie. La violation de cette règle ne peut donner lieu qu'à des dommages et intérêts.

[105] Voir article L. 62 C. trav.

c) Les interdictions d'emploi

La liberté d'embauche qui découle de la liberté du travail a été restreinte par des règles législatives dans un certain nombre de cas. Ces interdictions concernent le contrat à durée déterminée, le cumul d'emplois, le travail des femmes et des enfants, le travail des étrangers.

- **Les contrats de travail à durée déterminée**

Le contrat à durée déterminée ne doit pas avoir pour but de pourvoir durablement un emploi lié à l'activité normale et permanente de l'entreprise. Son usage est strictement réglementé. De même, l'article L. 46 du Code du travail interdit de recourir à un contrat à durée déterminée dans les six mois qui suivent un licenciement pour motif économique en ce qui concerne les postes supprimés à la suite de ce licenciement, sauf si la durée du contrat non susceptible de renouvellement n'excède pas trois mois.

- **Le cumul d'emplois**

Le cumul d'emplois se traduit par l'exercice de deux ou plusieurs emplois sous forme de contrat de travail à durée déterminée ou indéterminée. Dans le but de favoriser le plein emploi, cette pratique est rigoureusement encadrée.

Par dérogation aux dispositions du deuxième alinéa de l'article L. 35 du Code du travail, il est fait interdiction à tout travailleur d'exécuter pendant son congé payé légal, fractionné ou non, des travaux rétribués. L'employeur, quel qu'il soit, qui aura occupé en toute connaissance de cause un travailleur bénéficiaire d'un congé payé, sera sanctionné dans les mêmes conditions que le travailleur qu'il aura occupé en violation de l'interdiction de travail pendant les congés payés.

L'employeur qui occupera un travailleur de son entreprise pendant la période fixée pour son congé payé, à une besogne rémunérée, même en dehors de l'établissement où le travailleur est habituellement occupé, sera considéré comme ne donnant pas le congé payé légal. Il sera, en outre, sanctionné comme le travailleur qu'il aura employé en violation de l'interdiction de travail pendant les congés payés (art. L. 62 C. trav.).

Dans certains secteurs d'activités, la réglementation restreint ou interdit l'exercice d'une autre activité. Ainsi, un travailleur relevant des professions industrielles, commerciales ou artisanales, ne peut exercer, pour son propre compte, cumulativement avec son emploi, une profession industrielle, commerciale ou artisanale.

La problématique du cumul d'emploi ne touche pas que les salariés du secteur privé. Un employeur peut être confronté à la situation où la personne qu'il souhaite embaucher est fonctionnaire. Il est interdit à tout fonctionnaire civil ou militaire en activité ou en service détaché, et à tout agent des services publics et de tous organismes même privés assurant la gestion d'un service public ou constituant le complément d'un tel service, d'occuper un emploi rétribué ou d'effectuer à titre privé un travail quelconque moyennant rémunération.

Le cumul d'emploi, lorsqu'il est permis, doit être conciliable avec la durée du travail. Un travailleur ne peut effectuer pour son employeur des travaux rémunérés au-delà de la durée maxima du travail[106] fixé pour l'entreprise qui l'emploie. De même, un travailleur relevant des professions industrielles, commerciales ou artisanales, soumis à un horaire hebdomadaire de travail égal ou supérieur à la durée légale, ne peut effectuer pour un autre employeur, des travaux rémunérés relevant des professions industrielles, commerciales ou artisanales.

L'article L. 166 du Code du travail prévoit que l'exercice de certaines activités n'est pas soumis à interdiction. Ainsi, sont exclus des interdictions :

- les travaux d'ordre scientifique, littéraire, artistique et les concours apportés aux œuvres d'intérêt général notamment d'enseignement, d'éducation et de bienfaisance ;
- les travaux effectués pour son propre compte ou à titre gratuit ;
- les travaux d'extrême urgence dont l'exécution immédiate est nécessaire pour prévenir un danger imminent ou pour organiser des mesures de sauvetage ;
- les travaux à temps partiel de ceux qui font métier de louer leurs services à plusieurs employeurs pour des horaires inférieurs à la durée légale sans que le nombre d'heures de travail cumulées puisse être supérieur à celui de la durée maximale de travail telle qu'elle résulte

---

106 Durée hebdomadaire légale plus maximum d'heures supplémentaires autorisées par la loi.

des articles L. 135 à L. 139 et des arrêtés ministériels prévus pour son application.

Les décrets prévus par l'article L. 224 du Code du travail peuvent instituer, tant que de besoins, d'autres dérogations à ces interdictions.

- **Le travail des femmes et des enfants**

Dans le souci de protéger la santé de la femme et des enfants, le législateur interdit de les affecter à certains travaux, en raison notamment de leur caractère dangereux.[107] On en déduit donc que l'employeur ne peut les embaucher exclusivement pour accomplir ces travaux.

Il est interdit d'employer la femme pendant une période de 8 semaines au total avant et après l'accouchement et, en aucun cas pendant les 6 semaines suivant l'accouchement. De même, aucun employeur ne peut embaucher un enfant avant l'âge minimum requis pour travailler, lequel est fixé à 15 ans par l'article L. 145 du Code du travail.[108] Cette fixation de l'âge professionnel obéit au souci de protéger l'enfant et de favoriser son éducation en ce sens qu'en deçà de l'âge professionnel, l'enfant est censé être à l'école.

- **Le travail des étrangers**

Les étrangers qui séjournent au Sénégal avec un visa touristique ne peuvent être autorisés à y travailler en qualité de salariés.[109] En vue du plein emploi de la main d'œuvre nationale, des décrets peuvent interdire ou limiter l'embauchage de travailleurs étrangers, pour certaines professions ou certains

---

[107] La réglementation sur le travail des femmes et des enfants repose sur la volonté de protéger deux catégories de travailleurs au nom d'une commune faiblesse supposée. Voir la convention n° 182 de l'OIT, sur les pires formes du travail des enfants.

[108] La convention n° 138 de l'OIT fixe à 15 ans l'âge minimum d'admission à l'emploi avec une approche progressive et souple du problème.

[109] Loi n° 71-10 du 25 janvier 1971 relative aux conditions d'admission, de séjour et d'établissement des étrangers, JO n° 4148 du 20 février 1971, p. 158 ; Loi n° 78-12 du 28 janvier 1978 abrogeant et remplaçant l'article 11 de la loi n°71-10 du 25 janvier 1971 relative aux conditions d'admission, de séjour et d'établissement des étrangers ; Décret n° 71-860 du 28 juillet 1971 relative aux conditions d'admission, de séjour et d'établissement des étrangers, JO n° 4184, p. 861.

niveaux de qualification professionnelle (art. L. 224 alinéa 1, C. trav.).

Le contrat de travail du travailleur, dont l'autorisation est révoquée, est résilié de plein droit. L'exercice de certaines professions ou activités lucratives peut être interdit aux étrangers ou faire l'objet de limitations par décret. Le travailleur étranger qui continue à exercer une activité malgré une interdiction ou après la révocation de son autorisation encourt des sanctions pénales, tout comme son employeur lorsque celui-ci a reçu la notification de la révocation de l'autorisation de son employé.

2. Les restrictions conventionnelles : la clause de non-concurrence

La clause de non-concurrence est une disposition écrite figurant au contrat de travail dont l'objet est d'interdire à un ancien salarié, après son départ de l'entreprise, l'exercice d'une activité professionnelle concurrente qui porte atteinte aux intérêts de son ancien employeur. L'idée pour l'employeur est que le salarié ne puisse pas faire un usage portant atteinte aux intérêts de l'entreprise, de toute l'expérience qu'il aura pu acquérir au sein de celle-ci pendant la durée de son contrat de travail. La mise en œuvre de la clause de non-concurrence (**b**) est soumise à des conditions de validité (**a**).

a) Les conditions de validité de la clause de non-concurrence

Les conditions de validité de la clause de non-concurrence sont énoncées par l'article L. 35 alinéa 2 du Code du travail qui prévoit deux conditions : la nature de l'activité concurrente, d'une part, et la limitation dans le temps et dans l'espace, d'autre part. Il ressort de la jurisprudence une troisième condition liée à la protection des intérêts légitimes de l'entreprise.

La clause de non-concurrence doit laisser au salarié la possibilité d'exercer une activité qui lui est propre. À cet effet, *l'interdiction ne peut porter que sur une activité de nature à concurrencer l'employeur*. Une interdiction générale viendrait à mettre en péril, au-delà de la liberté du travail, la liberté du commerce et de l'industrie. Ainsi, la mise en application d'une clause de non-concurrence ne doit pas empêcher le salarié de retrouver une activité professionnelle conforme à sa formation et à son expérience professionnelle qui ne concurrence pas l'activité de son ancien employeur.

La clause de non-concurrence doit être *limitée dans l'espace et dans le temps.* Aux termes de l'article L. 35 alinéa 2 du Code du travail, la limitation ne peut dépasser un rayon de *50 kilomètres* autour du lieu du travail. La durée de la période pendant laquelle le salarié ne peut avoir d'activité concurrente ne doit pas dépasser *un an.* Cette limitation temporelle permet de garantir le principe de la liberté du travail.

Le juge sénégalais, s'inspirant de la jurisprudence française, estime que la clause de non-concurrence doit être indispensable à la protection des intérêts légitimes de l'employeur. Ce dernier doit pouvoir protéger son entreprise contre une concurrence anormale que pourrait développer l'ancien salarié. À cet égard, il revient à l'employeur de spécifier en quoi cette clause est nécessaire. La particularité des fonctions exercées par le salarié peut être une raison. Lorsqu'un salarié est, par exemple, en contact avec la clientèle, il est à craindre que cette clientèle le suive s'il rejoint une entreprise concurrente. C'est le cas par exemple d'une maquilleuse dans un salon d'esthétique.

De même, une clause de non-concurrence ne saurait être inscrite dans le contrat de travail d'un salarié dont la nature de l'emploi n'est pas susceptible de lui donner accès à des informations stratégiques. L'objet de la clause est donc d'interdire le développement d'un commerce concurrent, réellement préjudiciable pour l'entreprise.

b) La mise en œuvre de la clause de non-concurrence

La clause de non-concurrence ne s'applique pas pendant l'exécution du contrat de travail ; le salarié étant soumis à une obligation de loyauté. Elle prend effet en cas de rupture du contrat de travail du *fait du travailleur* ou d'une *faute lourde* de sa part. À cet effet, un salarié licencié pour motif économique ou pour faute légère ne peut se voir opposer le respect d'une clause de non-concurrence.

Les dispositions insérées dans la clause de non-concurrence s'appliquent dès la date de cessation effective des fonctions du salarié dans l'entreprise. Toutefois, rien n'interdit à l'employeur de renoncer à l'application de la clause. En pratique, la mise en œuvre d'une telle renonciation résulte souvent d'une négociation entre l'employeur et le salarié.

Si le salarié ne respecte pas la clause de non-concurrence, il peut voir sa responsabilité engagée. Il peut aussi se voir interdire en référé et sous astreinte la poursuite de l'activité professionnelle. Par ailleurs, le nouvel employeur qui a embauché un salarié tout en connaissant l'existence d'une clause de non-concurrence le liant à son précédent employeur peut voir sa responsabilité engagée sur le fondement de la concurrence déloyale.

§ 2 – La promesse d'embauche

La promesse d'embauche est une étape facultative, qui intervient juste avant la signature du contrat de travail. Elle permet à l'employeur de s'assurer que le candidat ne lui fera pas faux bon au moment de signer le contrat de travail. Il convient de préciser les conditions de validité (**A**) et le régime juridique de la promesse d'embauche (**B**).

A. /Les conditions de validité de la promesse d'embauche

La promesse d'embauche constitue un engagement de l'employeur au recrutement d'un candidat à une offre d'emploi. Pour être considéré comme une promesse d'embauche, l'engagement de l'employeur doit contenir certaines mentions (**1**) et respecter certaines conditions de forme (**2**).

1. Le contenu de la promesse d'embauche

En général, la promesse d'embauche est faite lorsque l'employeur ne peut pas engager le salarié immédiatement. Il en est ainsi souvent lorsque le travailleur est sous contrat de travail dans une autre entreprise et doit observer la période de préavis. Pour le rassurer, il faut, non seulement, que l'employeur s'engage à le recruter le moment venu, mais plus important, il doit connaître les conditions d'embauche.

À cet effet, la promesse d'embauche doit être *ferme et précise*. Elle doit mentionner les éléments essentiels du contrat de travail, c'est-à-dire la rémunération, la qualification, le statut, la date d'entrée en fonctions et la durée de la période d'essai éventuelle.

La promesse d'embauche peut également, à titre facultatif, préciser d'autres éléments comme les avantages salariaux. En l'absence de toutes ces mentions, l'offre n'est pas considérée comme une promesse d'embauche, mais comme une simple offre d'emploi, qui n'engage pas l'entreprise en cas de rétractation. En cas de doute, il revient au juge de préciser si l'engagement de l'employeur constitue une promesse d'embauche ou une offre d'emploi.

2. La forme de la promesse d'embauche

La promesse d'embauche peut être *écrite ou orale*. Pour des raisons de preuve, la promesse d'embauche écrite est souhaitable. La promesse d'embauche peut être une lettre, une attestation ou même un courriel. Le courriel a la même force probante qu'un écrit. Il suffit que l'employeur soit identifié comme l'auteur.

La promesse d'embauche ne doit pas être confondue avec de simples pourparlers (entretiens, discussions non abouties, etc.) qui ne constituent pas une promesse d'embauche et n'engagent donc pas l'employeur. Il en est ainsi lorsqu'un employeur propose au salarié de conserver sa candidature à l'issue d'un contrat de travail à durée déterminée.

B. /Les conséquences du non-respect de la promesse d'embauche

Elles peuvent résulter d'une modification de la promesse d'embauche (**1**) ou de la rétraction de l'une des parties (**2**).

1. La modification de la promesse d'embauche

La promesse d'embauche ne vaut pas contrat de travail.[110] Mais, la promesse engage l'employeur de manière définitive (art. 83 COCC). Celui-ci est donc tenu de fournir au salarié l'emploi promis. Ainsi, le travailleur peut refuser de signer un contrat de travail différent de la promesse d'embauche. Il en est ainsi lorsque la rémunération prévue dans le contrat de travail proposé est inférieure à celle de la promesse d'embauche.

---

[110] CS Sénégal, 2e sect., 3 juillet 1963, TPOM n° 143, Rec. législ. jurispr. 1962. Cet arrêt avait même conclu à l'incompétence du tribunal du travail à connaître de la demande d'un travailleur en dommages et intérêts à la suite de la rupture des pourparlers, ce qui est discutable.

Toutefois, rien n'empêche les parties de se mettre d'accord pour modifier le contrat de travail par rapport à la promesse d'embauche. Il suffit qu'elles y trouvent un intérêt commun.

2. La rétractation

La rupture par l'employeur d'une promesse d'embauche constitue une rupture abusive des pourparlers génératrice, pour le salarié, d'un préjudice qui doit être réparé. Si l'employeur se rétracte, il peut être condamné à verser au salarié des dommages et intérêts. Le montant des dommages et intérêts sera d'autant plus élevé que le préjudice causé est important.

De son côté, le candidat qui accepte une promesse d'embauche est lié envers son futur employeur. Par conséquent, s'il décide finalement de renoncer au poste, il peut voir sa responsabilité engagée. Il peut être condamné à verser à l'employeur des dommages et intérêts.

Par ailleurs, il peut arriver que la promesse d'embauche soit assortie d'une condition suspensive. C'est le cas lorsque le recrutement du candidat est subordonné à l'obtention d'un diplôme. La promesse sera caduque si cette condition ne se réalise pas. L'employeur pourra donc décider de ne pas embaucher le candidat sans avoir à lui verser d'indemnités de dommages et intérêts.

SECTION 2 : LA FORMATION DU CONTRAT DE TRAVAIL

La formation du contrat de travail est dominée par le principe de la liberté contractuelle consacré par le droit civil. Toutefois, des dérogations aux principes du droit civil existent pour tenir compte du particularisme du droit du travail. Elles concernent aussi bien les conditions de validité du contrat de travail (**§ 1**) que la sanction du non-respect des conditions de formation (**§ 2**).

§ 1 – Les conditions de validité du contrat de travail

Le contrat de travail est avant tout un contrat, par conséquent il doit respecter les dispositions du code des obligations civiles et commerciales du Sénégal.[111] À ce titre, le contrat de travail doit respecter des conditions de fond (**A**) et de forme (**B**), même s'il n'en demeure pas moins que certaines formalités spécifiques au contrat de travail doivent être accomplies.

A. /Les conditions de fond

Les conditions de fond exigées pour la validité du contrat de travail sont celles exigées pour la validité du contrat civil. Ce sont : le consentement (**1**), la capacité (**2**), l'objet (**3**) et la cause (**4**).

1. Le consentement

La validité du contrat de travail suppose *l'existence du consentement*. Le consentement est l'acceptation libre et sans contrainte des clauses du contrat. Nul ne peut se trouver engagé dans une relation de travail sans l'avoir voulu. En cas d'erreur (**a**), de dol (**b**) ou de violence (**c**), le contrat de travail peut être annulé, si ces vices ont joué un rôle déterminant dans la conclusion du contrat de travail.

a) L'erreur

L'erreur résulte d'une conception inexacte de la réalité. Elle peut porter sur l'objet de la convention (nature du contrat de travail : contrat de travail à durée indéterminée, contrat de travail à durée déterminée, poste à occuper, temps partiel...) ou sur la personne du salarié ou de l'employeur, puisqu'il s'agit d'un contrat *intuitu personae*.

L'erreur est une cause de nullité du contrat de travail si elle porte sur la substance même de la chose qui en est l'objet. Elle n'est point une cause de nullité si elle porte sur la personne avec laquelle on a contracté, à moins que la considération de la personne ne soit la cause principale de la convention.

Ce principe est une conséquence du caractère intuitu personae du contrat de travail. En effet, le contrat de travail est conclu en considération de la personne du travailleur.

L'erreur doit être substantielle. Elle doit porter sur un élément qui a déterminé l'autre partie à contracter. Cela veut

[111] Voir article 47 et s. COCC.

dire que sans cet élément, les parties n'auraient pas conclu le contrat de travail.

b) Le dol

Le dol est une tromperie provoquée par des manœuvres que l'un des contractants a pratiquées à l'encontre de l'autre pour l'amener à donner son consentement (art. 63 COCC). C'est une tromperie par des manœuvres tendant à provoquer une erreur. Il consiste en des manœuvres passives ou actives qui ont pour objectif d'inciter l'autre partie à contracter. C'est le cas par exemple lorsque le salarié s'attribue des diplômes, une expérience qu'il n'a pas.

Le dol comprend un élément matériel, la manœuvre, le mensonge, voire même la réticence et un élément psychologique, l'intention de nuire à l'autre partie. Il est une cause de nullité du contrat de travail, lorsque les manœuvres pratiquées par l'une des parties sont telles, qu'il est évident que, sans ces manœuvres, l'autre partie n'aurait pas contracté. Il ne se présume pas et doit être prouvé.

La jurisprudence française, considère néanmoins que, même en cas de renseignement inexact, il n'y a pas dol si le salarié a fait la preuve de sa compétence[112] ou si les renseignements, même imprécis étaient susceptibles d'une interprétation erronée[113].

---

[112] Cass. soc., 30 mars 1999, n° 96-45565, Bull. n° 142, 1999, p. 102 : L'employeur avait licencié une salariée engagée comme assistante car elle n'était pas en possession des diplômes mentionnés dans son CV. Pour justifier le licenciement, l'employeur, a invoqué l'inexactitude des informations fournies. La Cour de cassation va considérer que la fourniture de renseignements inexacts par le salarié n'est un manquement à son obligation de loyauté susceptible d'entraîner la nullité du contrat de travail que si elle constitue un dol, et qu'elle ne constitue un fait susceptible de justifier le licenciement que si il est avéré que le salarié n'avait pas les compétences effectives pour exercer les fonctions pour lequel il a été recruté. La Cour de cassation française semble tolérer le mensonge et les manœuvres dolosives lorsqu'il est constaté au cours de la relation contractuelle que le salarié avait les compétences pour exercer ces fonctions.

[113] Cass. soc., 16 février 1999, n° 96-45565, Bull. n° 361, 1999, p. 55 : Mention dans le CV d'une expérience en tant qu'assistante de la responsable de formation linguistique alors qu'en réalité il ne s'agissait que d'un stage de quatre mois.

c) La violence

Il y a violence lorsque le consentement a été donné sous la contrainte. La violence peut être physique[114], mais le plus souvent, elle est morale. Si la contrainte économique peut être retenue comme vice de consentement, en revanche, le chantage envers l'employeur ne l'est pas.

La violence doit être injuste, illégitime. N'est pas considérée comme violence la menace d'user légitiment d'un droit (art. 64 COCC). Les tribunaux considèrent qu'il y a également violence lorsque l'une partie exploite abusivement la situation de précarité financière de son partenaire pour le pousser à signer. C'est la violence dite « économique ».

2. La capacité de contracter

Le travailleur est obligatoirement une personne physique, contrairement à l'employeur qui peut être une personne physique ou morale. En outre, pour contracter valablement, le travailleur doit avoir atteint l'âge de 15 ans, sauf dérogation du ministre chargé du travail. À cet effet, l'article L. 145 du Code du travail dispose que les enfants ne peuvent, en effet, sauf dérogation du ministre chargé du travail, être employés dans aucune entreprise, même comme apprentis, avant l'âge de quinze ans.

L'article 274 du code de la famille permet aux majeurs incapables de conclure un contrat de travail. Ils peuvent le faire directement en dehors des règles de protection légale, c'est-à-dire sans solliciter l'intervention d'un tuteur, d'un mandataire ou d'un curateur. En ce qui concerne la situation de la femme mariée, celle-ci peut exercer une profession, même séparée de celle de son mari. Elle n'a pas besoin d'obtenir l'accord de son mari pour s'engager dans une relation de travail.

3. L'objet de l'engagement

L'objet du contrat de travail – ou plus exactement les obligations auxquelles il a pour objet de donner naissance – consiste dans l'accomplissement de la prestation de travail convenue moyennant une rémunération. Pour le salarié, l'objet

---

114 Par exemple, main tenue lors de la signature du contrat de travail

c'est la prestation de travail, pour l'employeur c'est le versement du salaire.

L'exigence du caractère déterminé de l'objet du contrat perd de son importance en ce qui concerne le contrat de travail puisque la spécificité de celui-ci permet de ne pas préciser l'objet de la prestation. Si l'objet ne doit pas être déterminé, il doit cependant être déterminable. À cet effet, le travail doit être déterminable, ce qui n'est pas le cas du contrat à la demande, en vertu duquel un travailleur peut être tenu d'exécuter à tout moment des prestations sans que la durée ni l'étendue ne soient précisées.

Le contrat de travail doit avoir un objet licite, c'est-à-dire non contraire à l'ordre public et aux bonnes mœurs. Ainsi, doit être frappé de nullité tout contrat de travail conclu en vue d'accomplir des travaux ou des actes condamnés par la morale.

4. La cause de l'engagement

La cause, au sens subjectif, *c'est le mobile déterminant des parties*. C'est la raison pour laquelle les parties ont contracté. Le contrat de travail doit avoir une cause licite, c'est-à-dire permise par la loi. La cause du contrat ne doit pas être contraire à l'ordre public ni aux bonnes mœurs.

Tel est le cas d'une femme de chambre embauchée dans une maison de tolérance. Le contrat de travail ne peut porter sur l'exploitation du corps humain. C'est justement pour cette raison que la chambre sociale de la Cour de cassation française a considéré que cette femme de chambre est mal fondée à se prévaloir d'un contrat de travail, car la cause est contraire aux bonnes mœurs. En effet, le contrat de travail tend à favoriser l'exploitation des charmes de cette femme, même si l'objet du contrat de travail n'est en soi ni illicite ni immoral.[115]

B. /Les conditions de forme

Les conditions de forme sont importantes, dans la mesure où elles peuvent avoir une incidence sur la qualification du contrat. Elles sont relatives à l'écrit (**1**), au visa d'approbation (**2**) et aux formalités administratives (**3**).

---

[115] Cass. soc., 8 janvier 1964, *Demoiselle Monge c/ Veuve Minart*, BC IV n° 25 ; Dr. Soc. 1964, p. 578

1. L'écrit

Le contrat de travail est un *contrat consensuel*. Il peut être constaté dans les formes qu'il convient aux parties contractantes d'adopter. L'établissement d'un écrit n'est donc pas, en règle générale, une condition de validité ; l'engagement verbal est, en principe, efficace. La relation de travail peut donc se nouer sans avoir matériellement recours à un contrat écrit. Le droit du travail semble avoir englouti le contrat.[116]

Toutefois, certains contrats de travail sont solennels : contrat à l'essai, contrat à durée déterminée, contrat journalier, contrat saisonnier, contrat de remplacement provisoire, contrat d'apprentissage, etc. Pour ces contrats, l'écrit est exigé à peine de nullité. De même, tout contrat, y compris à durée indéterminée, nécessitant l'installation du travailleur hors de sa résidence habituelle doit être constaté par écrit.

Lorsque l'écrit est exigé, le contrat de travail est rédigé en langue française et établi en quatre exemplaires.[117]

2. Le visa d'approbation

L'autorisation administrative préalable (visa d'approbation du contrat) n'est exigée que pour les contrats nécessitant l'installation du travailleur en dehors de la résidence habituelle.[118] Tout contrat de travail nécessitant l'installation du travailleur hors de sa résidence habituelle doit être, après visite médicale du travailleur, constaté par écrit et visé par la direction générale du travail et de la sécurité sociale (art. L. 33 C. trav.).

La direction générale du travail et de la sécurité sociale appose le visa après avoir, notamment :

- vérifié les conditions de travail consenties ;
- constaté l'identité du travailleur, son libre consentement et la conformité du contrat de travail aux dispositions applicables en matière de travail ;

---

116 Antoine LYON-CAEN, « Actualité du contrat de travail », Dr. Soc. 1988, p. 540.

117 Décret n° 63-00118/MFPT/DTSS du 19 février 1963 fixant les formes et modalités d'établissement du contrat et de l'engagement à l'essai, JO n° 3586 du 9 mars 1963, p. 3345.

118 C'est notamment le cas du travailleur expatrié. On considère comme « expatrié » une personne ayant conclu un contrat de travail dans son pays d'origine et qui exerce ce travail au Sénégal.

- vérifié que le travailleur est libre de tout engagement ;
- donné aux parties lecture et, éventuellement, traduction du contrat.

La demande de visa incombe à l'employeur. Si le visa est refusé, le contrat est nul de plein droit. L'éventuel refus de visa doit être motivé.

3. Les formalités administratives

Certaines formalités sont imposées à l'employeur consécutivement à l'embauche d'un nouveau salarié. Il s'agit de la remise d'un exemplaire du contrat de travail au salarié (**a**), de son inscription au registre de l'employeur (**b**), de l'information de l'inspection du travail (**c**), de l'affiliation du salarié à la Caisse de la Sécurité Sociale (**d**), à l'Institution de Prévoyance Retraite du Sénégal (**e**), à l'Institution de Prévoyance Maladie (**f**) et de la visite d'embauche (**g**).

a) La remise d'un exemplaire de contrat du travail

En théorie, le contrat de travail à durée indéterminée peut être écrit ou verbal. Toutefois, pour diminuer les risques de litige et constituer une véritable preuve, il est fortement conseillé d'établir un contrat de travail écrit.

Lorsque le contrat de travail est établi par écrit, l'employeur a l'obligation de remettre au travailleur un exemplaire du contrat de travail contre récépissé daté signé. Le récépissé est annexé à l'exemplaire du contrat conservé par l'employeur et doit être communiqué sans déplacement aux agents dûment habilités de l'inspection du travail, à la première réquisition, dans les mêmes conditions que le registre d'employeur, sous peine de sanctions.[119]

b) L'inscription du salarié au registre de l'employeur

Dès l'embauche, l'employeur doit inscrire le nouveau salarié sur le registre de l'employeur (art. L. 221 C. trav.). Toute personne physique ou morale, publique ou privée, laïque ou religieuse, employant plus de dix travailleurs au sens de l'article

[119] Art. 7 du décret n° 63-00118/MFPT/DTSS du 19 février 1963, précité.

L. 2 du Code du travail doit tenir constamment à jour, au lieu d'exploitation, un registre dit « registre d'employeur ». [120]

Sont dispensés de la tenue du registre d'employeur les personnes employant uniquement des gens de maison et pour leurs besoins personnels. Les travailleurs embauchés à l'heure ou à la journée pour une occupation de courte durée, qui sont effectivement payés en fin de travail ou au plus tard en fin de journée, ne font pas obligatoirement l'objet d'une inscription sur le registre d'employeur.

Le registre de l'employeur est un document qui doit mentionner, par ordre d'embauchage, tous les salariés occupés par l'établissement. Ainsi sont concernés les salariés recrutés sous contrat à durée indéterminée ou à durée déterminée, mais aussi les travailleurs intérimaires ou les salariés mis à disposition.

Le registre de l'employeur contient, notamment, les informations suivantes :

- les nom et prénom du salarié embauché
- sa nationalité
- sa date de naissance
- son sexe
- son emploi
- sa qualification
- la date de son entrée dans l'établissement
- et éventuellement, la date de l'autorisation d'embauche.

Des mentions particulières sont exigées pour certaines catégories de travailleurs : par exemple, « le type et le numéro d'ordre du titre valant autorisation de travail » pour les travailleurs étrangers, « travail à durée déterminée » pour les salariés recrutés en CDD, etc.

La non-tenue du registre de l'employeur ou la non-inscription du salarié embauché sur ce registre peut être sanctionnée pénalement.

---

120 Arrêté ministériel n° 11514 MFPTEOP-DTSS en date du 11 décembre 2009, abrogeant et remplaçant les arrêtés du 3 septembre 1953 n° 6554 IGTLS-AOF créant un registre dit « registre d'employeur » et n° 6555 IGTLS-AOF portant dérogations à la tenue du registre d'employeur, JO n° 6526 du 15 mai 2010, p. 576.

c) L'information de l'inspecteur du travail

Tout travailleur embauché fait l'objet d'une déclaration établie par l'employeur et adressée par ce dernier à l'inspection du travail et de la sécurité sociale (art. L. 222 C. trav.).[121]

Cette déclaration mentionne notamment :

- le nom et l'adresse de l'employeur,
- la nature de l'entreprise et de l'établissement,
- tous renseignements utiles sur l'état civil, l'identité et la nationalité du travailleur, sa profession, les emplois qu'il a précédemment occupés, éventuellement le lieu de sa résidence d'origine et la date d'entrée au Sénégal, la date d'embauche et le nom du précédent employeur, la nature du contrat, la classification professionnelle et l'emploi tenu, et un certificat médical.

Cette déclaration plus connue sous le nom de *déclaration de mouvement des travailleurs*, est établie en cinq (5) exemplaires et est accompagnée : d'un certificat de visite et contre-visite du travailleur embauché, du contrat de travail en quatre (4) exemplaires au moins et du NINEA[122]. Elle est déposée auprès de l'inspection du travail qui y *appose un visa* et *délivre un numéro d'identification.*

Tout travailleur quittant un établissement doit faire l'objet d'une déclaration établie dans les mêmes conditions, mentionnant en outre la date de départ de l'établissement.

d) L'affiliation à la Caisse de Sécurité Sociale (CSS)

L'affiliation permet aux salariés de bénéficier de prestations familiales, et en cas d'accident de travail ou de maladie professionnelle, d'obtenir réparation sous forme de prise en charge et de remboursement des frais. Les cotisations sont entièrement supportées par l'employeur.

Pour s'affilier, l'employeur doit remplir un formulaire de demande d'immatriculation à rapporter à la Caisse avec les pièces suivantes :

- Photocopie des statuts de la société,

---

[121] Arrêté ministériel n° 7301/MFPT/DTSS/TMO du 17 mai 1963 déterminant en application de l'article 193 du code du travail les modalités des déclarations de mouvements de travailleurs, JO n° 3610 du 22 juin 1963, p. 835.

[122] Numéro d'identification national des entreprises et des associations.

- Photocopie d'inscription au Registre du Commerce et du Crédit Mobilier (si entreprise individuelle),
- Déclaration d'ouverture d'établissement visée par l'Inspection du travail,
- Déclaration de « mouvement des travailleurs » visée par le service de la Main d'œuvre,
- Livret de paie (paraphé par le Greffe du Tribunal Régional),
- Numéro d'identification national de l'entreprise (NINEA).

La CSS *lui attribue un numéro d'affiliation*, valable pour tout le personnel déclaré, qui devra être rappelé à chaque intervention auprès de la Caisse.

e) L'affiliation à l'Institution de Prévoyance Retraite du Sénégal

Les cotisations reversées par l'entreprise à l'Institution de Prévoyance Retraite du Sénégal (IPRES) permettent au salarié déclaré de percevoir des allocations retraite. Elles sont supportées par l'employeur et le salarié. À cet effet, dès l'embauche d'un salarié, une demande d'immatriculation en qualité d'employeur auprès de l'IPRES doit être faite.[123]

Pour adhérer, l'entreprise doit fournir :

- Photocopie de l'Inscription au Registre du Commerce et du Crédit Mobilier ou acte notarié et photocopies de statuts,
- Déclaration d'établissement visée par l'Inspection du Travail,
- Registre de paie paraphé par le greffier du Tribunal,
- Registre de l'employeur lorsque l'entreprise utilise plus de 10 salariés,
- Contrat de travail de chaque employé, s'il est à durée déterminée,
- Numéro NINEA,

[123] CS Sénégal, ch. soc., 3 juillet 2013, n° 28, *Sabino MENDES c./ Centre social Keür BARKEL*, Bulletin des arrêts de la Cour suprême du Sénégal : Le défaut d'affiliation est source pour le travailleur d'un préjudice susceptible d'être réparé. Par conséquent, viole l'article 24 de la loi n° 75-50 du 3 avril 1975 relative aux institutions de prévoyance sociale, la Cour d'Appel qui a débouté un travailleur de sa demande de dommages et intérêts pour défaut d'affiliation aux institutions sociales aux motifs que celles-ci disposent de voies d'exécution pour recouvrer les cotisations.

- Photocopie légalisée de la carte d'identité de l'employeur et des employés, si l'employeur est une personne physique,
- Déclaration du « mouvement du travailleur » visée par le Service de la Main d'œuvre.

Un imprimé récapitulatif de l'effectif du personnel dit « *État de recensement* » est remis à l'entreprise.

f) L'affiliation à l'Institution de Prévoyance Maladie

Les Institutions de Prévoyance Maladie sont régies par le décret 75-895 du 14 août 1975[124] portant organisation des institutions de prévoyance maladie d'entreprises ou inter-entreprises. Ce texte a été pris dans le cadre de la loi-cadre n° 75-50 du 3 avril 1975, relative aux institutions de prévoyance sociale.

Les IPM sont des mutuelles indépendantes qui couvrent les soins liés à des maladies non professionnelles. Elles sont gérées par un conseil d'administration composé d'un président, un secrétaire général et un trésorier. Les adhérents sont issus des entreprises et des professions libérales. On ne peut y adhérer de façon individuelle.

Une entreprise de plus de 100 travailleurs a le choix entre adhérer à une IPM préexistante ou créer sa propre IPM. Lorsqu'elle comporte moins de 100 employés, elle doit se grouper avec d'autres entreprises pour atteindre le chiffre de 100 au sein d'une IPM inter-entreprises.

Les syndicats revendiquent la création d'une nouvelle branche maladie à la Caisse de Sécurité Sociale qui prendrait en charge toutes les maladies professionnelles ou extra professionnelles. Les cotisations sont versées par l'entreprise à l'IPM à raison de 3 % pour l'employeur et 3 % pour l'employé. La liste des IPM est disponible à la Chambre de Commerce, d'Agriculture et de l'Industrie de Dakar.

g) La visite médicale d'embauche

Avant l'admission d'un travailleur à toute activité salariée, ou au plus tard, *avant la fin de la période d'essai*, l'employeur

[124] JO n° 4447 du 27 septembre 1975, p. 1360.

doit le soumettre à une visite médicale.[125] La visite médicale a pour but :

1. de rechercher si le salarié n'est pas atteint d'une affection dangereuse pour les autres travailleurs ;
2. de s'assurer qu'il est médicalement apte au poste de travail auquel le chef d'entreprise envisage de l'affecter ;
3. de proposer éventuellement les adaptations du poste ou l'affectation à d'autres postes.

Le salarié ne peut pas refuser de se présenter à cette visite médicale d'embauche. À défaut, son refus constitue un motif légitime de licenciement, voire une faute lourde.

Toutefois, dans certaines situations, cette visite médicale n'est pas obligatoire. Il en est ainsi dans l'une des situations suivantes :

- le salarié change d'entreprise moins de trois mois après une visite médicale à l'issue de laquelle aucune inaptitude n'a été reconnue ;
- le salarié est appelé à occuper un emploi similaire : dans ce cas, il communique au médecin du travail du nouveau service, la fiche médicale établie afin qu'il apprécie s'il doit procéder à un nouvel examen médical.

Le délai de trois mois est porté à six mois dans le cas où le salarié qui change d'entreprise reste sous la surveillance du même médecin du travail ou du même service inter-entreprises de médecine du travail.

§ 2 – La sanction du non-respect des conditions de formation

Lorsqu'une condition de formation du contrat fait défaut, l'accord de volonté ne peut valablement créer des effets de droit, car il n'est apte à donner naissance à des obligations que dans les limites prévues par la loi. Cette carence est alors sanctionnée par la nullité du contrat de travail qui est la sanction classique (**A**). Mais, en droit du travail, une autre sanction plus originale est envisageable : c'est la requalification du contrat de travail à travers la technique de la conversion par majoration (**B**).

---

[125] Article 38 du décret n°2006-1258 du 15 novembre 2006 fixant les missions et les règles d'organisation et de fonctionnement des Services de Médecine du Travail, JO n° 6347 du 19 mai 2007, p. 2855.

A. /La nullité du contrat de travail

La violation de certaines conditions entraîne la nullité du contrat de travail. Les effets de la nullité du contrat de travail (**2**) sont identiques, quel que soit le type de nullité encouru, relative ou absolue (**1**).

1. Le type de nullité encouru

La nullité peut frapper une clause du contrat de travail ou le contrat de travail en entier. Conformément aux principes civilistes, si l'une des conditions impératives de validité d'un contrat fait défaut, la sanction est la nullité dudit contrat. La nullité du contrat de travail ne s'opère pas de plein droit. Elle doit faire l'objet d'une action en nullité du contrat de travail devant le tribunal du travail.[126] Cette nullité peut être relative ou absolue.

La *nullité relative* est une nullité de protection. Elle protège un intérêt particulier dans ce sens qu'elle ne peut être invoquée que par la personne qui est protégée par la règle de droit transgressée. Il y a donc des causes de nullité que seul le salarié peut invoquer. C'est notamment le cas de l'absence ou de l'omission de visa parce qu'il s'agit d'obligation qui incombe à l'employeur.

En cas d'absence de contrat écrit ou si l'omission du visa est due au fait de l'employeur, le travailleur a droit de faire constater par le tribunal compétent la nullité du contrat et pourra, s'il y a lieu, réclamer des dommages-intérêts. Si la direction générale du travail et de la sécurité sociale n'a pas fait connaître sa décision dans les quinze jours qui suivent la demande de visa, ce visa est réputé avoir été accordé. Si l'une des parties ne respecte pas les obligations éventuellement prescrites à l'occasion du visa, l'autre partie peut demander au tribunal compétent de déclarer la nullité du contrat comme dans le cas d'omission de visa, et réclamer, s'il y a lieu, des dommages-intérêts.

La *nullité absolue* peut être invoquée aussi bien par l'employeur que par le travailleur. En outre, elle doit être soulevée d'office par le juge. Il en est ainsi lorsqu'il y a atteinte à l'ordre public. La notion d'ordre public repose sur l'idée qu'il

---

126 Dans la pratique, le contrat de travail donne rarement lieu à des recours judiciaires sur le fondement des vices de consentement.

est primordial de respecter l'intérêt général, celui-ci ne pouvant en aucun cas être compromis par des intérêts particuliers. Il en est ainsi lorsque l'objet du contrat (ou même la cause) est illicite.

De même, il peut arriver qu'un contrat de travail soit conclu avec un travailleur qui ne dispose pas l'autorisation nécessaire à l'exercice de son activité. Si cette autorisation est édictée dans le but de la protection de l'ordre public social, le contrat conclu sera nul. Il en est ainsi des médecins, des avocats, etc.[127]

2. Les effets de la nullité

La nullité devrait provoquer l'anéantissement rétroactif du contrat. Contrairement au droit commun et en raison de la nature du contrat de travail, la nullité ne rétroagit pas, elle ne produit ses effets que pour l'avenir, car le contrat de travail est un contrat à exécution successive.[128] En effet, il est impossible de rendre à l'employeur la prestation qu'il a reçue, puisqu'il ne peut restituer le travail du salarié. Il est impossible de retourner au *statu quo ante*, de procéder à la répétition des prestations fournies.

La nullité peut être totale ou partielle. La nullité totale entraîne la disparition du contrat de travail en entier. Il en est ainsi en cas de vice du consentement, d'incapacité, de défaut d'objet, de défaut de cause. Les effets produits par le contrat dans le passé subsistent malgré la nullité. Ainsi le salarié pourra prétendre à conserver la rémunération pour le travail déjà exécuté.

Par contre, en cas de nullité partielle, seule une partie du contrat est annulée, le reste du contrat restant valable. On appliquera le contrat sans tenir compte de la clause illicite. La nullité peut, en effet, frapper uniquement une ou certaines clauses du contrat de travail. La clause illicite ou irrégulière sera simplement supprimée du contrat. Il en est ainsi d'une clause de non-concurrence illicite insérée dans le contrat de travail, le contrat reste valable, mais la clause ne sera pas appliquée. C'est aussi le cas d'une clause prévoyant que le mariage du salarié met fin au contrat de travail.

La clause abusive peut également être remplacée par une clause conforme au droit positif. C'est notamment le cas

---

127 CA Dakar, 9 février 1979, TPOM 514, p. 301 : rupture du contrat de travail d'un infirmier qui se révèle n'avoir pas le diplôme requis.

128 Voir art. 91 COCC

lorsqu'on est en présence d'une norme impérative. Ainsi si les parties ont stipulé une rémunération inférieure à la rémunération minimale prévue par la convention collective de travail, elle est remplacée par le montant déterminé par la convention.

B. /La requalification du contrat de travail

La requalification est une sanction spécifique qui vise à faire respecter le caractère exceptionnel du recours à certains types de contrats de travail. C'est l'opération par laquelle le juge restitue à un acte ou un fait son exacte qualification.[129] Certains contrats, comme le contrat de travail à durée déterminée ou le contrat de travail temporaire, ne peuvent avoir ni pour objet ni pour effet de pourvoir durablement un emploi lié à l'activité normale et permanente de l'entreprise.

Le législateur a voulu limiter et encadrer le recours à certains types de contrats qui placent le salarié dans une situation de précarité. Ainsi, lorsque ces contrats sont conclus en violation des dispositions spécifiques qui leur sont applicables, le contrat irrégulier n'est pas nul ; il subsiste, mais change de nature. C'est notamment le cas lorsque le contrat à durée déterminée n'a pas fait l'objet d'écrit, ou lorsqu'il a été renouvelé plus d'une fois.

La sanction de cette irrégularité est de faire du contrat irrégulier un contrat à durée indéterminée.[130] Le salarié quitte un statut précaire pour un statut permanent. C'est une mutation qui s'opère. C'est ce que l'on appelle la *conversion par majoration* qui permet non seulement de régulariser un acte irrégulier, mais aussi d'en faire un acte supérieur.

Le contrat de travail à durée déterminée irrégulier devient un contrat de travail à durée indéterminée. C'est en cela que la requalification du contrat de travail est originale, car la conversion par majoration maintient l'emploi contrairement à l'annulation du contrat. La requalification a été instituée dans un souci de protection du salarié.

Des motifs de fond ou de forme peuvent entraîner la requalification du contrat de travail. Il peut s'agir du non-

---

[129] CORNU (G.), *Vocabulaire Juridique*, Association Henri CAPITANT, 1987, 2e éd., p. 695.

[130] C.S. Sénégal, ch. soc., 14 novembre 2012, n° 59, *La Société Sénégal Bois c./ Jacques DIOUF*, Bulletin des arrêts de la Cour suprême du Sénégal.

respect des motifs de recours aux contrats de travail dits précaires, du non-respect des dispositions relatives à la durée de ces contrats de travail ou de l'absence d'écrit. Ainsi, en l'absence d'écrit, un contrat de travail à durée déterminée sera requalifié en contrat de travail à durée indéterminée.

En cas de requalification pour absence d'écrit, le salarié supposé sous contrat de travail à durée déterminée sera rétroactivement considéré comme lié à l'employeur par un contrat de travail à durée indéterminée depuis le début, c'est-à-dire depuis le premier contrat de travail à durée déterminée litigieux. Par conséquent, si l'employeur venait à rompre le contrat de travail, cette rupture constituerait un licenciement.

CHAPITRE 3 : LA TYPOLOGIE DES CONTRATS DE TRAVAIL

Le monde du travail a énormément changé. On assiste à un recul de l'emploi à temps plein et à une forte croissance du nombre d'emplois atypiques. Jusqu'aux années quatre-vingt, l'évolution générale tendait vers un modèle : l'emploi « régulier », à temps plein sous contrat à durée indéterminée. L'objectif de stabilité de l'emploi était l'une des caractéristiques les plus marquantes du droit du travail.[131] C'est sur la base de cet objectif que s'est progressivement édifié le régime des relations individuelles du travail.

Malheureusement, les mutations économiques qui ont suivi les années quatre-vingt ont mis fin à cette dynamique. Si le contrat à durée indéterminée est resté la norme sociale et juridique, les politiques d'emploi des entreprises ont joué sur la différenciation des statuts. Contrats à durée déterminée, travail temporaire, tâcheronnat, sous-traitance, se sont multipliés. Désormais, différents types de contrat de travail coexistent sur le marché du travail.

La conclusion d'un contrat de travail constitue naturellement une étape essentielle pour accéder à la qualité de salarié. Mais de plus en plus souvent l'engagement est précédé d'une phase transitoire au cours de laquelle l'emploi n'est pas vraiment assuré. Il convient donc de distinguer les contrats préfigurant la relation de travail (**section 1**) des contrats matérialisant la relation de travail (**section 2**).

SECTION 1 : LES CONTRATS PRÉFIGURANT UNE RELATION DE TRAVAIL

Les contrats préfigurant une relation de travail permettent de préparer la conclusion du contrat définitif en faisant naître des obligations à la charge d'une ou plusieurs parties. Au cours

[131] Voir les développements effectués dans la partie introductive de l'ouvrage sur les caractères du droit du travail.

de cette période dite de pré-emploi, l'emploi n'est pas acquis, mais on s'y prépare. C'est, notamment, le cas de la période d'essai, de la période d'apprentissage ou de la période de stage. Ces périodes se matérialisent par la conclusion d'un contrat d'engagement à l'essai (**§ 1**), d'un contrat d'apprentissage (**§ 2**) ou d'un contrat de stage (**§ 3**).

§ 1 – Le contrat d'engagement à l'essai

L'engagement définitif d'un salarié est souvent précédé par une période d'essai pendant laquelle l'employeur et le salarié se réservent la possibilité de mettre fin à tout moment aux engagements pris, et ce sans préavis ni indemnités.[132] Il convient d'examiner d'une part, la nature juridique de la période d'essai (**A**) et d'autre part, son régime juridique (**B**).

A. /La nature juridique de la période d'essai

La nature juridique de la période d'essai a donné lieu à de nombreuses controverses doctrinales. Ainsi, la définition de la période d'essai (**1**) permettra de mieux l'appréhender et de la distinguer des concepts voisins (**2**).

1. La définition de la période d'essai

Étymologiquement, le mot « essai » vient du latin « *exagium* » qui signifie pesée, pesage, mesure. Ainsi, la période d'essai, comme des « fiançailles », donne à l'employeur et au travailleur un délai de réflexion avant l'engagement définitif. La période d'essai n'est pas obligatoire, mais assez fréquente. Elle permet à l'employeur de tester les aptitudes du salarié et à ce dernier de vérifier que les conditions de travail de l'entreprise lui conviennent.

Compte tenu de cette finalité, l'employeur ne peut prévoir une période d'essai lorsqu'il a déjà été en mesure de connaître les capacités professionnelles du salarié. C'est le cas lorsque l'embauche fait suite à un contrat de travail à durée déterminée

---

[132] Voir articles L. 36 et suivants du code du travail. Adde Décret n° 63-00118/MFPT/DTSS du 19 février 1963 fixant les formes et modalités d'établissement du contrat et de l'engagement à l'essai, JO n° 3586 du 9 mars 1963, p. 3345.

ou à un stage. Toutefois, ces périodes d'activités antérieures ne doivent pas pour autant être imputées à la période d'essai.[133]

La période d'essai peut faire l'objet d'un contrat distinct du contrat de travail ou être incluse dans le corps d'un contrat définitif. En pratique, elle est incluse dans le corps d'un contrat. En général, l'employeur et le salarié concluent dès le départ un contrat de travail unique comportant une phase initiale durant laquelle celui-ci peut être rompu à tout moment par l'une ou par l'autre des parties sans préavis.

2. La distinction de la période d'essai avec les concepts voisins

La période d'essai doit être distinguée de la période de test professionnel (**a**) et de la période probatoire (**b**).

a) La période de test professionnel

La période d'essai n'est pas un *test professionnel.* Elle fait partie du contrat de travail. Or, le test professionnel précède le contrat de travail et constitue un procédé de sélection destiné à vérifier les aptitudes techniques du candidat à l'emploi. Il se déroule sur une très brève durée et n'est pas rémunéré. Il en est ainsi d'une secrétaire soumise à un test de dactylographie avant son embauche.

Mais, *attention aux employeurs peu scrupuleux qui peuvent être tentés d'utiliser cette épreuve pour faire réaliser à des candidats un travail non rémunéré.* L'essai professionnel ne doit pas être détourné de son objectif sous peine d'être requalifié en contrat de travail. L'essai professionnel n'est pas une période d'emploi. À cet effet, l'employeur doit éviter de tirer profit de la prestation fournie pendant cette période.

Ainsi, une personne qui, sous le prétexte d'essai professionnel, accompagne le gérant d'une société tout au long d'une journée de travail pour la livraison de colis, avec l'usage du véhicule de l'entreprise, sera considérée comme salariée dans la mesure où elle s'est tenue à la disposition de l'employeur, écoutant ses directives et ne pouvant pas librement vaquer à ses propres affaires. L'essai professionnel est un test

---

[133] Cass. soc., 9 déc. 1998, n° 96-43.512. – Cass. soc., 7 mars 2000, n°98-40.198.

technique, qui doit se dérouler sur une très courte durée et l'employeur ne doit pas tirer profit de la prestation du postulant.

L'essai professionnel, même s'il est effectué en entreprise, ne doit pas placer le postulant dans des conditions normales d'emploi, c'est-à-dire dans une situation réelle d'exécution de son futur travail. À défaut, l'employeur court le risque de voir l'essai professionnel requalifié en véritable prestation de travail, donc en contrat de travail.

b) La période probatoire

La période d'essai doit également être distinguée de la période probatoire. La *période probatoire* intervient au cours de l'exécution normale du contrat de travail, notamment à l'occasion d'une mutation ou d'une nouvelle nomination du salarié, exigeant de nouvelles compétences.

Elle permet de valider le changement de poste du salarié. Par conséquent, la rupture de la période probatoire doit se traduire par la réintégration du salarié à son ancienne fonction.[134] Dans le cas contraire, il s'agit d'un licenciement qui devra respecter les règles prévues en la matière.

B. /Le régime juridique de la période d'essai

La période d'essai est strictement encadrée par le Code du travail et les conventions collectives. L'étude du régime juridique renvoie aux conditions de validité (**1**), d'exécution (**2**) et de rupture (**3**) de la période d'essai.

1. Les conditions de validité de la période d'essai

Ces conditions sont relatives à l'écrit (**a**) et à la durée (**b**) de la période d'essai.

a) L'écrit

La période d'essai ne se présume pas ; elle *doit être obligatoirement constatée par écrit à peine de nullité*. À défaut, le salarié est présumé être engagé définitivement dès son

[134] Voir notamment l'article 13 de la Convention collective nationale interprofessionnelle du Sénégal ou l'article 12 de la Convention collective nationale des industries hôtelières

embauche. Par conséquent, la période d'essai doit être expressément stipulée dans le contrat de travail au plus tard au moment de l'entrée en service du salarié.

Lorsque la convention collective applicable à l'entreprise contient une disposition établissant que le contrat de travail de chaque salarié nouvellement embauché sera précédé obligatoirement d'une période d'essai, l'inscription de la clause d'essai au sein du contrat de travail individuel n'est pas requise. Toutefois, l'employeur ne peut s'en prévaloir que si le salarié a été informé au moment de son embauche de l'existence de cette disposition conventionnelle et mis en mesure d'en prendre connaissance.

En revanche, lorsque la convention collective envisage la possibilité d'une période d'essai sans toutefois l'imposer, l'employeur ne peut s'en prévaloir que si cette période d'essai est expressément prévue dans le contrat de travail. Par conséquent, si le contrat de travail se limite à faire référence à la convention collective, cette simple référence ne permet pas d'établir l'existence d'une période d'essai convenue entre les parties.[135]

b) La durée

L'engagement à l'essai ne peut être conclu pour une durée supérieure au délai nécessaire pour mettre à l'épreuve le personnel engagé, compte tenu de la technique et des usages de la profession.[136] En tout état de cause, *cette durée ne peut dépasser 6 mois, renouvellement compris.*

La période d'essai commence à courir à compter de la date effective du commencement du travail par le salarié. Les parties ne peuvent en aucun cas se mettre d'accord pour différer la date

---

[135] Voir Cass. soc., 24 janvier 1996, n° 8, *Hôtels NGOR-DIARAMA c./ MACUET Didier Francis*, Bulletin des arrêts de la Cour de cassation du Sénégal.

[136] Cass. soc., 10 juin 1998, n° 93, *Mamadou SIDIBE c./ La société Textile Kaolackoise (SOTEXKA)*, Bulletin des arrêts de la Cour de cassation du Sénégal : « MAIS ATTENDU qu'en vertu des dispositions combinées des articles 41, 42 du code du travail et 11 de la Convention Collective Nationale Interprofessionnelle, l'engagement à l'essai peut être inclus dans le corps d'un contrat définitif à durée déterminée ou indéterminée; qu'il ne peut être conclu pour une durée supérieure à 8 jours pour les ouvriers et que la prolongation des services du travailleur après l'expiration du délai légal du contrat d'engagement à l'essai autorise le travailleur à se prévaloir d'un contrat à durée déterminée ou indéterminée selon que le contrat définitif est à durée déterminée ou indéterminée ; »

de début de la période d'essai. La période d'essai se décompte en jours calendaires et non en jours travaillés. Elle inclut donc les jours fériés et les jours de repos. Ainsi, une période d'essai de 3 mois qui démarre le 2 juillet se termine le 1er octobre à minuit.

La période d'essai peut être renouvelée *si ce renouvellement correspond à une réelle nécessité de tester plus longuement les aptitudes du salarié.* Aux termes de l'article 11 de la convention collective nationale interprofessionnelle du Sénégal, la partie qui souhaite renouveler l'essai doit en informer l'autre avant l'échéance de la première période d'essai. Il doit le faire 5 jours au moins avant la fin de la période d'essai lorsqu'elle est d'un mois, 15 jours au moins si elle est de 3 mois. *Un nouvel écrit est obligatoire.* À cet effet, il est vivement conseillé d'éviter les formules de reconduction tacite.[137]

L'acceptation par le salarié du renouvellement de la période d'essai ne peut résulter de l'absence de réaction de sa part sur le contenu d'une lettre l'avisant du renouvellement. De même, l'acceptation ne peut résulter de la seule poursuite du travail. Il en est ainsi lorsque le salarié continue de travailler sans formuler la moindre réserve après que la décision de prolonger sa période d'essai lui ait été notifiée. En pratique, il est conseillé d'adresser au salarié une lettre recommandée avec accusé de réception contenant deux exemplaires, dont un est à renvoyer signé.

Le consentement pour le renouvellement de la période d'essai ne peut être donné à l'avance lors de l'embauche. De même, il n'est pas possible de convenir d'un renouvellement une fois que la période d'essai initiale est expirée. Ainsi, doit être déclaré nul le renouvellement d'un engagement à l'essai inclus dans un contrat à durée indéterminée, au-delà du délai fixé à cet effet.[138]

---

137 Cass. soc., 12 avril 2006, n° 19, *Meïssa FALL c./ TOP INTER*, Bulletin des arrêts de la Cour de cassation du Sénégal.

138 C.S. Sénégal, ch. soc., 23 mai 2012, n° 37, *Compagnie Sucrière Sénégalaise (CSS) c./ Papa Youssoupha MALL*, Bulletin des arrêts de la Cour suprême du Sénégal : Le contrat à durée indéterminée en date du 14 février 2007 conclu entre Mall et la CSS comportait une période d'essai de trois mois. L'employeur a renouvelé la période d'essai par lettre du 15 mai 2007, soit au-delà du délai fixé à cet effet.

Durée maximale de la période d'essai

Norme applicable	Catégorie professionnelle	Durée maximale de la période d'essai
Convention Collective Nationale Interprofessionnelle du Sénégal	Salariés payés à l'heure ou à la journée.	Huit (8) jours
	Salariés payés au mois, agents de maîtrise, techniciens et assimilés.	Un (1) mois
	Ingénieurs, Cadres et Assimilés.	Trois (3) mois
Décret n° 70-185 du 20 février 1970 fixant les conditions particulières d'emploi du travailleur journalier et du travailleur saisonnier (JO n° 4091 du 9 mars 1970, p. 253)	Salariés dont la rémunération est fixée à l'heure, à la journée, à la semaine ou à la quinzaine, mais payée chaque semaine, chaque quinzaine ou chaque mois.	Huit (8) jours
	Salariés dont la rémunération est fixée à l'heure ou à la journée, mais payés chaque jour.	Une (1) heure
	Salariés dont la rémunération est fixée au mois et payés chaque mois.	Un (1) mois

2. L'exécution de la période d'essai

La période d'engagement à l'essai consiste nécessairement en une période de *travail effectif* et d'exécution normale des obligations réciproques. Le salarié commence donc à acquérir tous les droits liés à sa présence dans l'entreprise, à son ancienneté, dès le début de la période d'essai.

Le salarié bénéficie de tous les droits liés à son statut dès le début de son contrat, c'est-à-dire des mêmes droits et avantages que les salariés qui ne sont pas en période d'essai. Aucune distinction ne peut être faite sur ce critère.

Le Code du travail et la CCNIS n'envisagent pas expressément l'hypothèse de la suspension de la période d'essai du fait de l'accident ou de la maladie. Logiquement, ces périodes de suspension du contrat devraient entraîner la suspension de la période d'essai. La période d'essai devrait être prolongée pour une durée égale à la durée de la suspension. Par exemple, si le salarié est absent pour maladie pendant 3 jours, sa période d'essai est prolongée de 3 jours par rapport à la date initialement fixée dans le contrat de travail.

En application de l'article L. 39 du Code du travail, lorsque l'essai se prolonge au-delà de la durée légale sans pour autant qu'il y ait établissement d'un autre contrat, les parties sont désormais liées par un contrat à durée indéterminée avec effet à la date du début de l'essai. Par conséquent, en cas de prolongation, et pour éviter toute équivoque sur la date de la fin de la période d'essai, il est indispensable de matérialiser cette prolongation par écrit.

3. La rupture de la période d'essai

La période d'essai peut être rompue à tout moment, à la discrétion de l'une ou l'autre partie. Cette rupture ne nécessite aucune formalité ni préavis et n'a pas à être motivée.[139] En outre, aucune indemnité ne doit être versée.

La rupture de l'essai n'obéit à aucune règle de procédure. Elle peut être donnée verbalement ou par écrit. Mais, il est conseillé, pour des raisons de preuve et pour fixer la date de rupture, de la matérialiser par écrit. Toutefois, la rupture du contrat de travail pendant la période d'essai est considérée

---

[139] CA Dakar, 23 janvier 1974, TPOM 392, p. 134. – CA Dakar, 29 janvier 1968, TPOM 244, p. 5397.

comme abusive si l'une des deux parties manifeste une intention de nuire à l'autre partie, mieux si la décision de rompre la période d'essai n'est pas motivée par une raison professionnelle.

En pratique, la rupture de la période d'essai est abusive, notamment si la décision de l'employeur n'est pas liée aux compétences du salarié, mais à des motifs discriminatoires ou économiques. Par exemple : rompre la période d'essai d'une femme parce qu'on a découvert qu'elle est enceinte. De même, une rupture qui intervient peu de temps après le début de la période d'essai dans la mesure justement où ce laps de temps n'a pas réellement permis à l'employeur d'apprécier les capacités professionnelles du salarié peut être qualifiée d'abusive.

§ 2 – Le contrat d'apprentissage

L'apprentissage, qui est une pratique courante dans plusieurs secteurs d'activité, fait l'objet d'une réglementation dans le but d'empêcher les pratiques abusives. L'article L. 73 du Code du travail définit le contrat d'apprentissage comme celui par lequel l'employeur s'engage, moyennant le versement d'une allocation d'apprentissage, à donner ou à assurer une formation professionnelle, méthodique et complète, à un jeune travailleur appelé apprenti, qui en retour s'engage à travailler pour le compte de cet employeur pendant la durée du contrat.[140] Il convient d'examiner les conditions de formation (**A**), d'exécution (**B**) et les modalités de rupture (**C**) du contrat d'apprentissage.

A. /La formation du contrat d'apprentissage

La conclusion du contrat d'apprentissage implique le respect d'un certain nombre de conditions. Celles-ci sont relatives aux conditions de fond (**1**) et de forme (**2**).

1. Les conditions de fond

Ces conditions concernent le maître d'apprentissage (**a**), l'apprenti (**b**) et la durée (**c**) du contrat d'apprentissage.

---

[140] Décret n° 2016-263 du 22 février 2016 fixant les règles applicables au contrat d'apprentissage, JO n° 6932 du 30 avril 2016.

a) Le maître d'apprentissage

Le maître d'apprentissage est le chef d'entreprise ou le préposé spécialement désigné et chargé de la formation de l'apprenti. Il doit disposer de connaissances et d'aptitudes dans le métier qu'il est censé transmettre à l'apprenti.

Le maître-apprenti doit avoir au moins 21 ans. À défaut, il ne peut recevoir des apprentis. En outre, il ne peut loger en son domicile personnel ou dans son atelier des apprentis s'il ne vit en famille ou en communauté. Les personnes qui ont fait l'objet d'une condamnation définitive, soit pour crime, soit pour délit contre les mœurs, ou pour quelque délit que ce soit, à une peine d'au moins trois mois d'emprisonnement ferme ne peuvent recevoir des apprentis.

b) L'apprenti

Peuvent être admises comme apprentis les jeunes personnes qui ont atteint l'âge de 15 ans. L'âge est constaté par la production d'un acte de naissance.

c) La durée du contrat d'apprentissage

La durée du contrat d'apprentissage est fixée en tenant compte des usages de la profession, des conventions collectives ou des règlements s'y rapportant. Elle ne peut toutefois être supérieure à quatre ans, renouvellement compris.

Lorsque l'entreprise est dans l'obligation de tenir le registre d'employeur prévu par le Code du travail, elle y fait mention du contrat d'apprentissage.

2. Les conditions de forme

Elles sont relatives à l'écrit (**a**) et à la formalité de dépôt du contrat d'apprentissage à l'inspection du travail (**b**).

a) L'écrit

Le contrat d'apprentissage doit être constaté par écrit. À défaut, il est considéré comme un contrat de travail à durée indéterminée.

Le contrat d'apprentissage doit contenir un certain nombre de mentions. Il fait obligatoirement mention :

- des noms, prénoms, âge, profession et domicile du maître, ou de la raison sociale de l'entreprise qui engage l'apprenti ;
- des noms, prénoms, âge et domicile de l'apprenti ;
- des noms, prénoms, professions et domicile du père, de la mère, du tuteur ou du représentant légal de l'apprenti ;
- de la date de prise d'effet et de la durée du contrat ;
- des conditions de rémunération, de nourriture, de logement et de toute autre condition arrêtée par les parties ;
- de l'indication de la profession ou du métier qui sera enseigné à l'apprenti ;
- éventuellement, de l'indication des cours professionnels que le chef d'entreprise s'engage à faire suivre à l'apprenti, soit dans l'établissement, soit en dehors.

b) La formalité de dépôt

Dans un délai d'un mois suivant sa date de prise d'effet, le contrat d'apprentissage doit être déposé à l'Inspection du Travail et de la Sécurité sociale dans le ressort de laquelle se trouve le lieu d'apprentissage. Lorsque cette formalité n'est pas respectée, *le contrat d'apprentissage est considéré comme un contrat à durée indéterminée.*

Le contrat d'apprentissage, dont un exemplaire est déposé par le maître ou son préposé à l'Inspection du travail et de la Sécurité sociale dans le ressort de laquelle se trouve le lieu de l'apprentissage, est établi conformément au modèle annexé au décret précité[141]. Il est accompagné d'un acte de naissance et d'un certificat médical d'aptitude de l'apprenti.

Il est signé d'une part, par le représentant légal de l'apprenti s'il est mineur ou par l'apprenti lui-même s'il est majeur et par le maître ou le représentant de l'entreprise d'autre part. Si le maître, les parents, le tuteur, leur représentant ou l'apprenti ne savent pas signer, mention en est faite dans le contrat d'apprentissage.

Après dépôt, l'Inspecteur du travail procède aux vérifications et formalités qui lui incombent. Il établit le dossier de l'apprenti qui comprend : un acte de naissance, une copie du contrat et

[141] Décret n° 2016-263 du 22 février 2016 fixant les règles applicables au contrat d'apprentissage, précité.

un certificat médical d'aptitude à suivre l'apprentissage du métier.

B. /L'exécution du contrat d'apprentissage

Le contrat d'apprentissage crée des obligations que le maître d'apprentissage (**1**) et de l'apprenti (**2**) doivent respecter. Le contrôle de l'exécution du contrat d'apprentissage est assuré par l'inspecteur du travail (**3**).

1. Les obligations du maître d'apprentissage

Le maître d'apprentissage a l'obligation de fournir à l'apprenti une formation pratique (**a**), de lui verser une allocation d'apprentissage (**b**) et de respecter un effectif d'apprentis par catégories d'entreprise (**c**).

a) La formation pratique

L'entreprise ou le maître s'engage à enseigner à l'apprenti méthodiquement, progressivement et complètement le métier ou la profession qui fait l'objet du contrat. À cet effet, il doit tenir à jour un livret individuel d'apprentissage où seront mentionnées les différentes compétences acquises.

L'entreprise ou le maître doit observer toutes les prescriptions légales et réglementaires relatives au travail des femmes et des enfants, notamment, celles concernant la durée et l'amplitude de travail ainsi que les prescriptions en matière d'hygiène, de santé et de sécurité au travail.

Le maître avertit immédiatement les parents de l'apprenti mineur ou leur représentant légal en cas de maladie, d'absence ou de tout fait de nature à motiver leur intervention, en particulier, en cas de fautes graves commises par l'apprenti. Il ne doit occuper l'apprenti qu'aux travaux et services se rattachant à l'exercice du métier ou de la profession enseignée.

Si, dans le cadre de l'organisation de l'enseignement professionnel, des cours sont dispensés aux apprentis dans le métier ou la profession, l'entreprise ou le maître laissera à l'apprenti le temps et la liberté de les suivre. Il s'assurera de son assiduité à ces cours.

Si l'apprenti ne sait pas lire, écrire ou compter, le maître lui accorde, à sa demande, le temps nécessaire pour poursuivre son instruction. Ce temps ne pourra excéder deux heures par jour.

b) L'allocation d'apprentissage

Dans le cadre de l'exécution du contrat d'apprentissage, l'entreprise ou le maître alloue à l'apprenti une allocation mensuelle à titre de participation aux frais de transport et de restauration.

Cette indemnité tient compte, d'une part, des avantages que l'apprenti tire de l'enseignement du métier et, d'autre part, des soins et sujétions que cet enseignement représente pour le maître.

c) L'effectif des apprentis

Le maître, qui emploie plus de dix ouvriers, ne peut recevoir un nombre d'apprentis supérieur à la moitié de l'effectif de ses salariés dans le métier objet de l'apprentissage. Le maître qui emploie moins de dix ouvriers, ne peut accueillir plus de cinq apprentis.

2. Les obligations de l'apprenti

L'apprenti doit suivre les enseignements et les activités pédagogiques dispensés par l'établissement de formation d'apprentis dans lequel il a été inscrit en vue de se préparer à l'examen correspondant à la formation prévue dans le contrat d'apprentissage.

Il est tenu d'effectuer le travail qui lui est confié par le maître d'apprentissage. L'apprenti se conforme aux instructions qu'il reçoit et exécute les ouvrages qui lui sont confiés dans le cadre de son apprentissage.

L'apprenti doit loyauté à l'employeur et est tenu au respect du secret professionnel. Il ne peut exercer des activités qui sont de nature à concurrencer l'entreprise ou à empêcher la bonne exécution du contrat d'apprentissage.

3. Le contrôle de l'inspecteur du travail

L'inspecteur du travail et de la sécurité sociale est chargé du contrôle de l'exécution du contrat d'apprentissage. Il s'assure du respect des dispositions législatives et réglementaires relatives à la rémunération, à la durée du travail, au travail de nuit, au repos hebdomadaire, au travail des femmes et des enfants, au congé, à l'hygiène et à la sécurité au travail.

L'inspecteur du travail contrôle, en relation avec les services du Ministère chargé de l'apprentissage, la formation professionnelle des apprentis. Il peut, lorsque la formation professionnelle donnée par un chef d'entreprise à ses apprentis est manifestement insuffisante, comme en cas d'abus dont l'apprenti est victime, demander à la juridiction compétente de limiter le nombre des apprentis dans l'établissement. L'inspecteur du travail peut aussi suspendre, pour un temps, le droit pour le chef de cet établissement de former des apprentis.

Les litiges nés de l'exécution du contrat d'apprentissage sont de la compétence du tribunal du travail. Les dispositions du code de la sécurité sociale relatives aux accidents du travail et maladies professionnelles sont applicables aux apprentis.

C. /La fin du contrat d'apprentissage

Plusieurs causes peuvent être à l'origine de la fin du contrat d'apprentissage (**1**). Cette cessation a des conséquences (**2**).

1. Les causes de cessation du contrat d'apprentissage

Le contrat d'apprentissage prend fin de plein droit :

- à l'expiration de la durée prévue au contrat ;
- en cas de décès du maître ou de l'apprenti ;
- lorsque le maître ou l'apprenti vient d'être frappé d'une condamnation définitive, soit pour crime, soit pour délit contre les mœurs, ou pour quelque délit que ce soit, à une peine d'au moins trois mois d'emprisonnement ferme ;
- si l'apprenti ou le maître sont appelés au service militaire.

Exceptionnellement, le contrat d'apprentissage peut être rompu à l'initiative de l'une des parties :

- par accord des parties ;
- dans le cas où l'une des parties manquerait aux stipulations du contrat ;
- pour cause d'infraction grave ou habituelle aux prescriptions légales relatives à la rupture des contrats de travail ou aux autres dispositions légales ou réglementaires concernant les conditions de travail des apprentis ;

- dans les cas d'inconduite de la part de l'apprenti ;
- lorsque le maître transfère de sa résidence hors de l'unité administrative où il habitait lors de la signature du contrat d'apprentissage ;
- lorsque le maître ou l'apprenti encourt une condamnation définitive comportant un emprisonnement de plus d'un mois.

Toute rupture du contrat d'apprentissage doit, à la diligence de l'entreprise ou du maître, être notifiée à l'inspection du travail et de la sécurité sociale du ressort.

2. Les conséquences de la cessation du contrat d'apprentissage

À l'issue de l'apprentissage, l'employeur doit délivrer à l'apprenti un certificat attestant de la formation reçue. L'apprenti dont le temps d'apprentissage est terminé peut passer un examen devant l'organisme désigné par arrêté conjoint du ministre chargé du Travail et celui de la Formation professionnelle.

La réussite à cet examen donne droit à la délivrance d'un certificat d'aptitude professionnelle. C'est ce certificat qui devrait en principe ouvrir les portes du travail.

§ 3 – Le contrat de stage

Le contrat de stage est une convention par laquelle une entreprise s'engage à assurer à un stagiaire, l'acquisition d'une expérience professionnelle dans le but de faciliter son accès à l'emploi et son insertion dans le milieu professionnel.[142] Il convient d'examiner les conditions de formation (**A**), d'exécution (**B**) et les modalités de rupture (**C**) du contrat de stage.

---

[142] Le contrat de stage a fait l'objet d'une nouvelle réglementation introduite par la loi n° 2015-04 du 12 février 2015 modifiant le code du travail (JO n° 6835 du jeudi 19 février 2015, p. 19.), et son décret d'application n° 2015-777 du 2 juin 2015 (JO n° 6856 du samedi 20 juin 2015). Ce texte comble un vide juridique, car le chapitre du code du travail consacré à la formation professionnelle et au stage concernait les travailleurs déjà en activité.

A. /La formation du contrat de stage

La conclusion du contrat de stage implique le respect de deux types de conditions : les conditions de fond (**1**) et les conditions de forme (**2**).

1. Les conditions de fond

Les conditions de fond se rapportent à la capacité du stagiaire (**a**) et à la durée (**b**) du contrat de stage.

a) La capacité du stagiaire

Le stagiaire doit être diplômé et âgé de 16 ans au minimum. Les types de diplômes éligibles sont : le diplôme d'enseignement moyen ou secondaire, le diplôme de la formation professionnelle et technique ou titre professionnel, le diplôme de l'enseignement supérieur.

L'article 1er du décret du 2 juin 2015 exclut expressément du champ d'application de la loi n° 2015-04 du 12 février 2015, les personnes admises en stage pédagogique et les travailleurs en activité placés en position de stage.

b) La durée du contrat de stage

Le contrat de stage ne peut être conclu pour une durée supérieure à deux ans, renouvellement compris. La continuation des services au-delà de la durée visée à l'alinéa précédent constitue de plein droit l'exécution d'un contrat de travail à durée indéterminée.

2. Les conditions de forme

Les conditions de forme se rapportent aux formalités et à la procédure à respecter pour que le contrat puisse être valable. Elles se rapportent à l'exigence de l'écrit (**a**) et aux formalités de dépôt (**b**).

a) L'écrit

Le contrat de stage doit être constaté par écrit. À défaut, il est réputé être un contrat de travail à durée indéterminée.

Le contrat de stage doit comporter certaines mentions obligatoires. Il s'agit des mentions suivantes :

- la raison sociale et le siège de l'entreprise d'accueil, ainsi que les noms, prénoms et qualité de la personne investie du pouvoir de signer le contrat au nom et pour le compte de la personne morale. Si l'employeur est une personne physique, les noms, prénoms, profession et domicile ;
- les noms, prénoms, sexe, date et lieu de naissance, filiation et adresse du stagiaire ;
- le diplôme obtenu par le stagiaire ;
- l'emploi ou le métier pour lequel le stagiaire recevra une formation et la catégorie de l'emploi de référence ;
- la date de prise d'effet et la durée du contrat ;
- le montant de l'allocation de stage ;
- la référence aux textes applicables.

b) La formalité de dépôt à l'inspection du travail

Le contrat de stage doit être obligatoirement déposé en quatre exemplaires à l'inspection du travail territorialement compétente. Toutefois, le texte ne précise ni le délai de dépôt ni la sanction encourue en cas de non-accomplissement de cette formalité.

B. /L'exécution du contrat de stage

Le Code du travail prévoit quatre types de contrat de stage (**1**). L'exécution de ces contrats fait naître des obligations à la charge de l'entreprise d'accueil (**2**) et du stagiaire (**3**).

1. Les types de contrat de stage

L'article L. 76 bis du Code du travail distingue quatre types de stage : le contrat de stage d'incubation, le contrat de stage d'adaptation, le contrat de stage de pré-embauche et le contrat de stage de requalification.

Le contrat de stage d'incubation est celui par lequel, par le biais de l'encadrement, de l'assistance et du parrainage, l'entreprise d'accueil prépare le stagiaire à mener une activité professionnelle comme entrepreneur. Le contrat de stage d'adaptation est celui par lequel l'entreprise d'accueil assure au stagiaire l'acquisition d'une expérience pratique en rapport avec sa formation.

Le contrat de stage pré-embauche est celui par lequel l'entreprise accueille le stagiaire en vue d'une embauche définitive à l'issue du stage. Le contrat de stage de requalification est celui par lequel l'entreprise d'accueil assure à un jeune diplômé formé pour un métier donné, une qualification supplémentaire lui permettant d'exercer un autre métier.

2. Les obligations de l'entreprise d'accueil

L'entreprise d'accueil doit verser au stagiaire une allocation mensuelle. Cette allocation ne peut, en aucun cas, être inférieure au salaire minimum de la catégorie de l'emploi de référence. Dans la pratique, cette allocation est fonction du type de stage et de la qualification du stagiaire.

Le stagiaire bénéficie d'un congé annuel dans les mêmes conditions définies par le Code du travail en faveur du travailleur salarié.

En application des dispositions de l'article 36 du code de la sécurité sociale, le stagiaire en entreprise bénéficie d'une protection sociale en matière d'accidents de travail et de maladies professionnelles sous réserve qu'il ne bénéficie pas déjà d'un autre régime de protection plus favorable. L'employeur n'est pas tenu de l'affilier à l'IPRES ou auprès d'une IPM.

Aucune entreprise ne peut recevoir un nombre de stagiaires supérieur au quart de l'effectif de ses travailleurs dans chaque catégorie d'emploi objet d'un stage. Tout employeur recevant plus de dix (10) stagiaires est admis au bénéfice d'allégement de charges.[143]

3. Les obligations du stagiaire

Le stagiaire doit respecter les clauses du contrat de stage. Il doit accomplir les tâches qui lui sont confiées avec loyauté.

Le stagiaire doit respecter les règles de l'entreprise en matière de discipline, de sécurité et de santé au travail. Il en est ainsi des dispositions du règlement intérieur de l'entreprise et des ordres de la hiérarchie. Il est astreint aux obligations de confidentialité et de secret professionnel.

---

[143] Un arrêté conjoint du Ministre chargé du Travail et du Ministre chargé des Finances fixe les modalités suivant lesquelles lesdits allègements sont consentis.

C. /La fin du contrat de stage

Plusieurs évènements peuvent entraîner la rupture du contrat de stage (**1**). Cette rupture emporte des conséquences (**2**).

1. Les causes de cessation du contrat de stage

Le contrat de stage prend fin normalement à l'arrivée du terme. Toutefois, il peut prendre fin avant le terme dans les conditions suivantes :

- d'accord parties constaté par écrit ;
- en cas de force majeure ;
- en cas de faute ;
- à l'initiative de l'une des parties.

La rupture d'accord parties peut intervenir, par exemple, si le stage n'est pas exécuté dans de bonnes conditions. Le stagiaire, comme l'entreprise d'accueil, peut prendre l'initiative de la rupture du contrat de stage. Toute rupture à l'initiative de l'une des parties est subordonnée à l'observation d'un délai préalable de quinze jours. Pour des raisons de preuve, il est souhaitable de matérialiser cette notification par écrit.

Le contrat de stage peut aussi être rompu en cas de faute du stagiaire. En l'absence de précision sur la nature de la faute, le contrat peut donc être rompu même pour faute légère.

2. Les conséquences de la cessation du contrat de stage

À l'issue du stage, l'employeur doit délivrer au stagiaire une attestation de fin de stage. Cette attestation servira de preuve en cas de besoin, si le stagiaire n'est pas recruté à l'issue du stage, dans le cadre de la recherche d'un emploi.

SECTION 2 : LES CONTRATS MATÉRIALISANT UNE RELATION DE TRAVAIL

Les contrats matérialisant la relation de travail sont multiples. On distingue le contrat à durée indéterminée qui est le contrat de droit commun (**§ 1**), le contrat de travail à durée déterminée (**§ 2**) et d'autres types de contrat de travail (**§ 3**) qui ont pour particularité leur précarité.

§ 1 – Le contrat de travail à durée indéterminée

Le contrat de travail à durée indéterminée (CDI) constitue la forme normale et générale de la relation de travail. L'employeur doit donc avoir recours à ce type de contrat, sauf s'il peut justifier d'une situation autorisant le recours à un autre type de contrat. Le contrat de travail à durée indéterminée peut être conclu pour un temps plein ou pour un temps partiel. Il importe de présenter les caractéristiques (**A**) et les conditions de fin du contrat de travail à durée indéterminée (**B**).

A. /Les caractéristiques du contrat de travail à durée indéterminée

Le contrat à durée indéterminée n'a pas été défini par le législateur. L'article L. 49 du Code du travail s'est contenté tout simplement de dire que doit être considéré comme tel, tout contrat qui ne répond pas aux définitions du contrat à durée déterminée, du contrat d'apprentissage, du contrat de stage ou du contrat d'engagement à l'essai.[144] Toutefois, plusieurs éléments caractérisent le contrat de travail à durée indéterminée. Ils renvoient au formalisme (**1**) et au contenu (**2**) du contrat de travail à durée indéterminée.

1. Le formalisme du contrat de travail à durée indéterminée

Aucun formalisme n'est exigé pour la validité du contrat de travail à durée indéterminée. Il peut être conclu aussi bien par écrit que verbalement. Mais, il est indiqué de le matérialiser par écrit pour des raisons de preuve.

2. Le contenu du contrat de travail à durée indéterminée

Le contrat de travail à durée indéterminée pouvant être verbal, il appartient à l'employeur et au salarié de déterminer le contenu du contrat de travail et les clauses particulières qui devront éventuellement y figurer en fonction des circonstances (clause de mobilité, clause de non-concurrence...). Toutefois, ils doivent veiller à ne pas inclure dans leur contrat des clauses

---

[144] Cass. soc., 10 février 1999, n° 29, *TOUBA Entreprise c./ Ama Ndoumbé FALL*, Bulletin des arrêts de la Cour de cassation du Sénégal.

contraires à l'ordre public. Il en est ainsi de la clause de célibat, des clauses discriminatoires qui sont interdites.

L'essentiel des règles de droit du travail est élaboré par référence au contrat de travail à durée indéterminée. Et c'est pour cela qu'on le qualifie généralement de contrat de droit commun.

B. /La fin du contrat de travail à durée indéterminée

Par définition, le contrat à durée indéterminée ne prévoit pas la date à laquelle il prend fin. L'employeur, en dehors de la période d'essai, ne peut mettre fin au contrat que pour un motif légitime, ce qui garantit au salarié la stabilité de l'emploi.

Le contrat de travail à durée indéterminée peut être rompu sur décision unilatérale soit de l'employeur (licenciement pour motif personnel ou pour motif économique, mise à la retraite), soit du salarié (démission, départ à la retraite), ou encore pour une cause extérieure aux parties (cas de force majeure). Sa rupture peut aussi résulter d'un accord des deux parties élaborées dans le cadre du dispositif de départ négocié en application de l'article L. 64 du Code du travail.

§ 2 – Le contrat de travail à durée déterminée

Aujourd'hui, il est de plus en plus difficile d'échapper au recrutement en contrat à durée déterminée (CDD), surtout en début de carrière. Le contrat de travail à durée déterminée obéit à une réglementation spécifique, visant à éviter que les salariés ne soient lésés dans leurs droits individuels et collectifs. Le contrat de travail à durée déterminée présente certaines caractéristiques (**A**) et sa rupture est assujettie à certaines conditions (**B**).

A. /Les caractéristiques du contrat de travail à durée déterminée

Le contrat à durée déterminée est conclu pour une certaine période, à l'inverse du contrat de travail de droit commun qui, quant à lui, fixe uniquement la date d'embauche et non celle de la fin des relations de travail. Aux termes de l'article L. 45 du Code du travail « *le contrat de travail à durée déterminée ne peut avoir pour objet de pourvoir durablement à un emploi lié à l'activité normale et permanente de l'entreprise* ». Les caractéristiques du CDD se rapportent à sa définition (**1**), à ses contions de validité (**2**) et à son renouvellement (**3**).

1. La définition du contrat de travail à durée déterminée

Le contrat à durée déterminée est un contrat dont la durée est fixée à l'avance.[145] L'article L. 41 du Code du travail distingue en deux types : le contrat à durée déterminée par nature (**a**) et le contrat à durée déterminée par assimilation (**b**).

a) Le contrat à durée déterminée par nature

Le terme du contrat de travail à durée déterminée peut être une date précise lorsque *la fin de ce contrat est prévue de façon certaine et fixée dès sa conclusion.* C'est un contrat de date à date ; il est conclu pour quelques jours, semaines, mois ou années. C'est le *contrat à durée déterminée par nature.*

Exemple : Le contrat est conclu pour une durée de trois mois, du 1er juillet 2017 au 30 septembre 2017. Il en est ainsi, d'un contrat à durée déterminée de trois mois conclu dans l'attente de l'entrée en fonction d'un salarié recruté en contrat de travail à durée indéterminée qui doit observer un préavis chez son ancien employeur. Le contrat prend fin à la date prévue même si le salarié nouvellement recruté n'a pas pris fonction.

b) Le contrat à durée déterminée par assimilation

Par extension, le contrat de travail à durée déterminée peut être conclu pour l'exécution d'un ouvrage déterminé ou pour la réalisation de travaux dont la durée ne peut être évaluée avec précision. Exemple : un contrat conclu pour l'exécution des travaux sur un chantier de construction.[146]

Dans ce type de contrat, ce n'est pas la durée, mais l'objet qui doit être pris en compte. *Il n'y a pas de durée maximale*, le

[145] C.S. Sénégal, ch. soc., 23 octobre 2013, n° 43, *Fodé Mamadou MANE c./ La société ALTAMAR SA*, Bulletin des arrêts de la Cour suprême du Sénégal : Le contrat de travail avait été constaté par écrit précisant le point de départ (1er octobre 2003) et non le terme (10 novembre 2004). La Cour suprême a affirmé qu'un tel contrat ne répond pas à la définition du contrat de travail à durée déterminée.

[146] Une entreprise qui démarre un chantier de construction peut recruter des salariés pour la durée du chantier et s'en séparer sans difficulté le terme échu.

terme est donc incertain. Il est incertain en raison de l'impossibilité dans laquelle l'employeur se trouve de prévoir un calendrier précis pour la réalisation des travaux qui nécessitent la collaboration temporaire du travailleur à l'entreprise. Ce contrat n'est pas renouvelable.

Le terme du contrat de travail à durée déterminée peut être subordonné à la survenance d'un évènement futur et certain, dont la réalisation ne dépend pas exclusivement de la volonté des deux parties, mais qui est indiqué avec précision.[147] Ici, la date de fin du contrat n'est pas exactement connue, elle est liée à la réalisation de l'évènement. *L'essentiel est que sa durée n'excède pas deux ans.*

Il en est ainsi du contrat de travail à durée déterminée conclu pour remplacer un salarié absent pour cause de maladie jusqu'à ce qu'il reprenne son travail. Ce contrat a pour terme la fin de l'absence du salarié. Toutefois, il faut veiller à ce que la durée du contrat ne dépasse pas deux ans.

Dans l'un ou l'autre des cas ci-dessus, on est en présence d'un *contrat de travail à durée déterminée par assimilation.*

2. Conditions de validité

Le contrat de travail à durée déterminée doit être constaté par écrit (**a**). Sa durée est également encadrée (**b**).

a) La nécessité d'un écrit

Le contrat à durée déterminée doit être constaté par *écrit*. À défaut, il est réputé conclu pour une durée indéterminée. Il doit indiquer un certain nombre de mentions, comme le prévoit le décret n° 63-118 du 14 février 1963.[148] Ce sont notamment :

- les nom, raison sociale et adresse de l'employeur ;
- les nom et prénom du travailleur, sa date de naissance, le lieu de sa résidence habituelle, sa nationalité, la composition de sa famille ;
- la date de l'engagement ;
- la durée du contrat ;

---

[147] Voir l'article 69 du code des obligations civiles et commerciales du Sénégal

[148] Décret n° 63-00118/MFPT/DTSS du 19 février 1963 fixant les formes et modalités d'établissement du contrat et de l'engagement à l'essai, JO n° 3586 du 9 mars 1963, p. 3345.

- le poste de travail occupé par le salarié (et le cas échéant qu'il figure sur la liste des postes de travail présentant des risques particuliers pour la santé et la sécurité de cette catégorie de salariés) ;
- l'intitulé de la convention collective applicable ;
- la hiérarchie professionnelle du travailleur ;
- la durée de la période d'essai éventuellement prévue ;
- le montant de la rémunération et de ses différentes composantes (y compris primes et accessoires de salaire) ;
- le nom et l'adresse de la caisse de retraite complémentaire et le cas échéant, ceux de l'organisme de prévoyance.

Une *copie de ce contrat doit être transmise à l'inspection du travail et de la sécurité sociale* du ressort avant tout commencement d'exécution lorsque sa *durée est supérieure à trois (3) mois.*

b) La durée

La durée maximale d'un contrat à durée déterminée est de deux (2) ans. Toutefois, le contrat à durée déterminée conclu pour la réalisation d'un ouvrage déterminé n'est pas soumis à la limite maximale précitée. *Cependant, il convient de rappeler que dans ce cas, il ne peut être renouvelé.*

Il en est ainsi du contrat signé dans le cadre de la réalisation d'un projet dont on ignore la durée exacte de réalisation. La loi permet dans ce cas la possibilité de conclure un contrat à durée déterminée qui couvre toute la durée du projet et quelle que soit cette durée. Dans la pratique d'ailleurs, les entreprises insèrent une clause indiquant que le contrat durera le temps de la réalisation du projet.

En outre, dans les établissements ayant procédé à un licenciement pour motif économique, et dans les six (6) mois qui suivent ce licenciement, aucun salarié ne peut être embauché pour le même poste sur la base d'un contrat de travail à durée déterminée sauf si la durée du contrat, non susceptible de renouvellement, n'excède pas trois (3) mois. Le point de départ de cette période est la date de la notification du licenciement au salarié concerné.

3. Renouvellement

Le travailleur ne peut conclure avec le même employeur plus de deux contrats à durée déterminée ni le renouveler plus d'une fois.[149] En d'autres termes, le contrat de travail à durée déterminée entre les mêmes parties ne peut faire l'objet que d'un seul renouvellement.[150]

Il s'ensuit, en tout état de cause, que le troisième contrat se transforme automatiquement en contrat à durée indéterminée. C'est ce qu'on appelle la *conversion par majoration.* La conversion par majoration est la technique qui permet de maintenir le lien contractuel, en transformant sa nature, malgré l'irrégularité qui affecte le contrat. En outre, la prolongation d'un contrat à durée déterminée au-delà de la durée maximale légale ou conventionnelle équivaut à sa transformation en contrat à durée indéterminée.

Les dispositions ci-dessus ne s'appliquent pas :

- au travailleur engagé à l'heure ou à la journée pour une occupation de courte durée n'excédant pas une journée ;
- au travailleur saisonnier engagé pour la durée d'une campagne agricole, commerciale, industrielle ou artisanale ;
- au docker engagé pour des travaux de manutention à exécuter à l'intérieur de l'enceinte des ports ;
- au travailleur engagé en complément d'effectif pour exécuter des travaux nés d'un surcroît d'activité de l'entreprise ;
- au travailleur engagé pour assurer le remplacement provisoire d'un travailleur de l'entreprise en suspension légale de contrat de travail, telle que définie par l'article L.70, à l'exception des cas prévus par les points 1 et 6 de cet article. Les articles L. 70-1 et 70-2 ont trait, respectivement, au cas de fermeture de l'établissement par suite du départ de l'employeur sous les drapeaux ou pour une période obligatoire d'instruction militaire et à la

---

[149] Cass. soc., 23 octobre 1998, n° 100, *Les Cours Privés Madièye SALL c./ DIOUF Moussa,* Bulletin des arrêts de la Cour de cassation du Sénégal.

[150] Exceptionnellement, l'article 19-b de la loi n° 2004-6 du 6 février 2004 portant code des investissements (JO n° 6152 du 13 mars 2004, p. 461) prévoit la possibilité pour tout investisseur lors de la réalisation de l'investissement ou lors de la phase de réalisation du projet de conclure avec les travailleurs recrutés, à compter de la date d'agrément, des contrats de travail à durée déterminée, pendant une période limitée à cinq ans.

grève ou le lock-out, si ceux-ci ont été déclenchés dans le respect de la procédure de règlement des conflits collectifs du travail.

B. /La fin du contrat de travail à durée déterminée

Le contrat de travail à durée déterminée peut prendre fin par l'arrivée du terme (**1**) ou en cas de rupture anticipée (**2**).

1. L'arrivée du terme

L'arrivée du terme marque la fin du contrat à durée déterminée. Toutefois, elle ne provoque pas automatiquement la rupture du contrat. En effet si les parties poursuivent les relations de travail au-delà du terme, sans pour autant dénoncer le contrat, celui-ci est d'office converti en contrat à durée indéterminée.[151]

Lorsque dans le cadre d'un contrat de travail à durée déterminée les relations contractuelles de travail ne se poursuivent pas à l'issue d'un contrat de travail à durée déterminée, *le travailleur a droit à une indemnité de fin de contrat à titre de complément de salaire qui est égale à 7 % de la rémunération totale brute due au travailleur pendant la durée du contrat.*[152] Cette indemnité est soumise aux charges sociales et supporte l'impôt sur le revenu.

Toutefois, cette indemnité n'est pas due :

- en cas de refus par le travailleur d'accepter la conclusion d'un contrat de travail à durée indéterminée pour occuper le même emploi ou un emploi similaire assorti d'un salaire au moins égal ;
- en cas de rupture anticipée du contrat due à l'initiative du travailleur ou à sa faute lourde153 ;

---

151 C.S. Sénégal, ch. soc., 9 janvier 2013, n° 02, *APIX c./ MOHAMED TALL*, Bulletin des arrêts de la Cour suprême du Sénégal.

152 L'indemnité de fin de contrat est destinée à atténuer la précarité de la situation du travailleur.

153 C.S. Sénégal, ch. soc., 25 novembre 2015, n° 62, *Valentin FAYE et 30 autres c./ Société SIMES*, Bulletin des arrêts de la Cour suprême du Sénégal : « N'a pas justifié sa décision au regard de l'article L 47 du code du travail, la cour d'appel qui a débouté les travailleurs de leur demande portant sur l'indemnité compensatrice de fin de contrat au motif que le contrat a été rompu avant l'arrivée du terme, comme en attestent les déclarations des intimés eux-mêmes... », sans rechercher si la rupture était due à l'initiative des travailleurs ou du fait d'une faute lourde. »

- lorsque le salarié est un journalier, un docker ou un saisonnier engagé pour la durée d'une campagne agricole, industrielle ou commerciale ;
- lorsque le salarié est engagé pour assurer le remplacement provisoire d'un autre travailleur en suspension légale de contrat ;
- lorsque le salarié est engagé en complément d'effectif pour effectuer des travaux nés d'un surcroît d'activité de l'entreprise.

Exemple :

Un salarié, sous contrat à durée déterminée de 5 mois, perçoit un salaire mensuel de 200.000 F CFA. Si les relations contractuelles ne se poursuivent pas à l'issue de ce contrat, son employeur ne lui ayant pas proposé un contrat de travail à durée indéterminée, quel sera le montant de l'indemnité de fin de contrat (IF) qui lui sera due ?

IFC : (200.000 x 5 x 7)÷ 100 = 70.000 F CFA

2. La rupture anticipée

En ce qui concerne la rupture anticipée du contrat de travail à durée déterminée, il faut retenir qu'aux termes de l'article L. 48 du Code du travail, *sauf accord des parties exprimé par écrit*, le contrat de travail ne peut être rompu avant l'échéance du terme qu'en cas de faute lourde ou de force majeure.

La faute lourde peut être définie comme une faute qui rend intolérable, voire impossible, le maintien des relations contractuelles jusqu'à l'échéance fixée. Sous peine de devoir verser des dommages-intérêts en réparation du préjudice subi par le salarié, l'employeur qui envisage la rupture anticipée du contrat de travail à durée déterminée pour faute lourde doit observer la procédure disciplinaire, en procédant notamment à la notification de la rupture.

La force majeure est un évènement à la fois *imprévisible, irrésistible, extérieur aux parties* et rendant impossible l'exécution du contrat de travail de façon définitive ou durable : incendie entraînant destruction de l'équipement de l'entreprise. Le décès de l'employeur n'est pas un cas de force majeure. Ainsi, à défaut de l'accord des parties, la rupture anticipée non justifiée par une faute lourde ou par un cas de force majeure ouvre droit à des dommages et intérêts.[154]

§ 3 – Les autres types de contrats de travail

À côté du contrat à durée déterminée qui constitue le prototype de contrat de travail précaire, il existe plusieurs autres types de contrats de travail précaires. Ainsi, en dehors du travail temporaire (**A**), du travail à temps partiel (**B**), il existe d'autres formes d'emplois précaires (**C**).

A. /Le travail temporaire

Le recours au travail temporaire n'est autorisé que pour assurer des tâches précises et temporaires appelées « missions ». Il doit s'agir d'un travail d'appoint et non d'un emploi permanent de l'entreprise. Le travail temporaire est régi par l'article L. 226 du Code du travail. Il implique deux contrats : un contrat de mise à disposition (**1**) et un contrat de travail temporaire (**2**).

1. Le contrat de mise à disposition

Le contrat de mise à disposition est celui conclu entre l'entreprise de travail temporaire et l'entreprise utilisatrice. Il doit être constaté par écrit avant tout début d'exécution et déposé en cinq exemplaires par l'entreprise de travail temporaire à l'Inspection du travail du ressort de sa conclusion, pour enregistrement.

Le contrat de mise à disposition comporte obligatoirement les mentions suivantes :

- le nom ou la raison sociale et l'adresse précise des deux parties contractantes,
- le nombre, la nature, la classification et la rémunération des emplois concernés,
- la date, la durée et le lieu d'exécution du contrat de mise à disposition.

---

[154] Cass. soc., 22 décembre 1999, n° 17/1999, *Hôtel Méridien Président c./ Pierre Alain METRAILLER*, Bulletin des arrêts de la Cour de cassation du Sénégal.

Après enregistrement, l'Inspecteur du travail adresse un exemplaire à chacune des deux entreprises, au Service des Statistiques du Travail, à l'Inspecteur du travail du lieu d'exécution et conserve un exemplaire dans les archives de son service.

Avant la conclusion du contrat de mise à disposition, l'entreprise de travail temporaire est tenue de présenter à l'entreprise utilisatrice une attestation de régularité vis-à-vis des organismes de sécurité sociale.

Toute clause visant à interdire l'embauche du salarié par la société utilisatrice au terme de la mission est réputée non écrite (nulle et non avenue). Il est formellement interdit de recourir à des travailleurs temporaires pour remplacer le personnel en grève licite d'une entreprise.

2. Le contrat de travail temporaire

Le contrat de travail temporaire (CTT) est un contrat de travail conclu entre un salarié et une entreprise de travail temporaire[155] par lequel le salarié va exécuter, pour le compte de cette agence, un travail au sein d'une entreprise.

Il convient d'envisager le régime du contrat de travail temporaire (**a**), les relations entre le salarié intérimaire et l'entreprise de travail temporaire (**b**) et les relations entre l'entreprise de travail temporaire et l'entreprise utilisatrice (**c**).

a) Le régime du contrat de travail temporaire

Le contrat de travail temporaire doit être constaté par écrit ; à défaut il est présumé conclu pour une durée indéterminée. Il comporte obligatoirement les mentions suivantes :

- la raison sociale ou les prénoms et nom et l'adresse précise de l'employeur ;
- les prénoms et nom, date et lieu de naissance, filiation, profession, situation de famille et domicile du travailleur ;

---

[155] Est réputée entreprise de travail temporaire toute personne physique ou morale dont l'activité exclusive est d'embaucher des travailleurs temporaires qu'elle met à la disposition provisoire d'une entreprise utilisatrice. Toute activité de travail temporaire s'exerçant en dehors d'une telle entreprise est interdite. Article 1er du décret n° 2009-1412 du 23 décembre 2009 fixant la protection particulière des travailleurs employés par des entreprises de travail temporaire et les obligations auxquelles sont assujetties ces entreprises, JO n° 6518 du 27 mars 2010, p. 326.

- les nature, durée, date d'effet et lieu d'exécution du contrat ;
- l'emploi tenu par le travailleur et sa classification professionnelle dans la convention collective applicable ;
- le salaire et les accessoires de salaire à verser au travailleur ;
- la référence aux textes réglementaires et à la convention collective applicables.

Les règles concernant la durée du travail temporaire sont identiques à celles du contrat de travail à durée déterminée. En effet, le contrat de travail temporaire ne peut être conclu pour une durée supérieure à deux ans. Lorsqu'il est conclu pour la réalisation d'un ouvrage déterminé, il n'est pas soumis à cette limitation.

Le contrat de travail temporaire ne peut être rompu, avant son terme, qu'en cas de faute lourde, de force majeure ou d'accord des parties constaté par écrit. En dehors de ces cas, lorsqu'il survient une rupture non imputable au travailleur, l'entreprise de travail temporaire peut lui proposer un autre emploi au moins équivalent ; à défaut, elle est tenue de lui verser l'indemnité de fin de contrat. La rupture du contrat de mise à disposition du personnel signé entre l'entreprise de travail temporaire et l'entreprise utilisatrice ne peut justifier la rupture du contrat de travail du salarié mis à disposition.[156]

À l'expiration du contrat, le travailleur temporaire a droit, à charge de l'entreprise de travail temporaire, à une indemnité de fin de contrat égale à sept pour cent (7 %) des rémunérations totales brutes dues depuis le début du contrat, compte non tenu des sommes ayant le caractère de remboursement des frais. Cette indemnité n'est pas due :

- au travailleur engagé à l'heure ou à la journée pour une occupation de courte durée n'excédant pas une journée ;
- au travailleur saisonnier engagé pour la durée d'une campagne agricole, commerciale, industrielle ou artisanale ;
- au docker engagé pour des travaux de manutention à exécuter à l'intérieur de l'enceinte des ports ;

---

[156] C.S. Sénégal, ch. soc., 13 janvier 2011, n° 03, *La Société Sénégal Intérim Sécurité c./ René Rose VIDAL NDOYE*, Bulletin des arrêts de la Cour suprême du Sénégal : Le contrat de travail liant l'entreprise de travail temporaire au salarié intérimaire était un contrat à durée déterminée. Dans ce cas, il ne peut être rompu qu'en cas de faute lourde, de force majeure ou d'un commun accord constaté par écrit.

- au travailleur engagé par une entreprise relevant d'un secteur d'activité dans lequel il est d'usage de ne pas recourir au contrat à durée indéterminée, le même emploi ou un emploi similaire assorti d'un salaire au moins égal ;
- en cas de licenciement du travailleur pour faute lourde ou de rupture anticipée du contrat à son initiative.

b) La relation entre l'entreprise de travail temporaire et le travailleur temporaire

L'entreprise de travail temporaire est réputée employeur du travailleur temporaire. À ce titre, elle remplit toutes les obligations légales, réglementaires et conventionnelles découlant du contrat de travail.

L'entreprise est tenue par exemple de verser le salaire du travailleur temporaire. Le travailleur temporaire est rémunéré sur la base de la convention collective, de l'accord d'établissement ou du texte applicable à l'entreprise utilisatrice. Son salaire comprend le salaire de base, les indemnités et les accessoires de salaire perçus par un travailleur permanent de l'entreprise utilisatrice ayant la même qualification professionnelle et occupant le même emploi.

L'entreprise de travail temporaire est aussi tenue de lui octroyer les congés payés et le déclarer auprès des différents organismes sociaux (IPRES, CSS, IPM, ...). Elle est en droit d'infliger des sanctions disciplinaires au salarié sur proposition motivée de l'entreprise utilisatrice.

Le travailleur temporaire est sous la direction et l'autorité de l'entreprise de travail temporaire. Il ne peut exercer ses droits collectifs qu'au sein de l'entreprise de travail temporaire notamment en ce qui concerne la désignation des délégués du personnel et syndicaux.

c) La relation entre l'entreprise utilisatrice et le travailleur temporaire

L'entreprise utilisatrice est bénéficiaire direct de la prestation de travail accomplie par le salarié intérimaire. À cet effet, elle est tenue de se substituer à l'entreprise de travail temporaire en cas de défaillance de celle-ci dans le paiement du salaire de l'intérimaire ainsi que les cotisations sociales et des impôts sur les salaires.[157]

C'est pour cette raison que la réglementation impose à l'entreprise de travail temporaire de souscrire, à titre de garantie financière, une caution auprès d'une banque, d'une compagnie d'assurances ou d'un établissement financier habilité à cet effet.

Cette caution permet d'assurer, en cas de défaillance, le paiement des salaires, indemnités et accessoires de salaire, ainsi que le versement des cotisations obligatoires dues aux institutions de prévoyance sociale. Elle ne peut être inférieure à dix pour cent (10 %) du chiffre d'affaires, certifié par un expert-comptable, réalisé par l'entreprise de travail temporaire au cours de l'exercice précédent.

L'Inspecteur du travail et de la Sécurité sociale peut, à tout moment, requérir de l'entreprise de travail temporaire la production de la garantie financière. L'entreprise de travail temporaire peut embaucher le travailleur temporaire en cas de cessation définitive du contrat de travail le liant à l'entrepreneur.

Il revient à l'entreprise utilisatrice de fixer les conditions de travail. À ce titre, il doit fournir le matériel et les outils nécessaires à l'exécution du travail.

Le travailleur temporaire est tenu de se conformer aux instructions et directives de l'entreprise utilisatrice, de respecter le règlement intérieur de l'entreprise. À défaut de respect, l'utilisateur peut faire des propositions de sanctions à l'encontre du salarié à son employeur qui n'est pas en revanche tenu de suivre.

---

157 Art. 13 du décret n° 2009-1412 du 23 décembre 2009, précité.

Schéma du mécanisme de travail temporaire

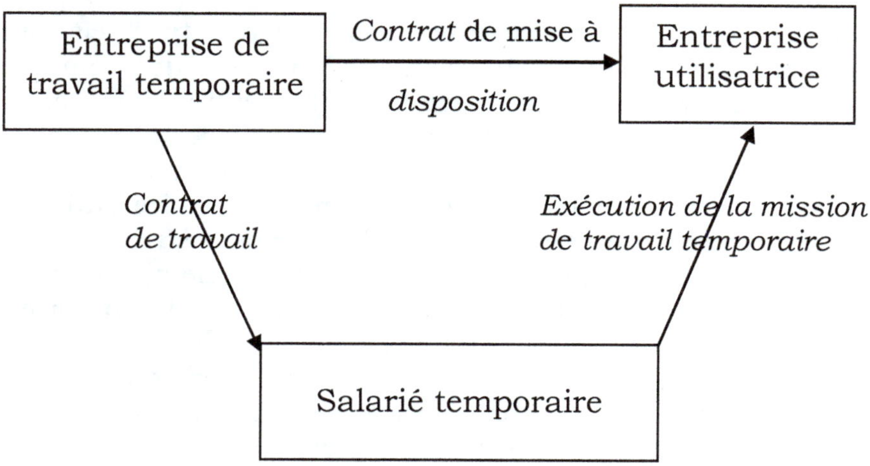

B. /Le travail à temps partiel

Le travail à temps partiel est prévu par l'article L. 137 du Code du travail. Il constitue un élément de flexibilité pour l'entreprise ; pour les salariés, il peut constituer un choix, mais il est le plus souvent subi. Pour éviter des abus, le législateur[158] est intervenu pour encadrer les conditions de validité du contrat de travail à temps partiel (**1**), d'exécution (**2**) et de rupture (**3**) du contrat de travail à temps partiel.

1. Les conditions de validité du contrat de travail à temps partiel

Le travail à temps partiel peut être décidé dès l'embauche, mais en respectant la procédure de recours à ce type de contrat de travail (**a**). Le contrat de travail doit être constaté par écrit (**b**) en respectant les règles relatives à la durée (**c**).

158 Voir Arrêté ministériel n° 11100 MFPTEOP-DTSS en date du 3 décembre 2009 déterminant les modalités d'application du travail à temps partiel, JO n° 6523 du 1er mai 2010, p. 431.

a) Le recours au travail partiel

L'employeur peut recourir au contrat de travail à temps partiel sous réserve, au préalable, de recueillir l'avis des délégués du personnel et d'en informer l'Inspecteur du Travail du ressort. Les délégués saisis doivent donner leur avis dans les huit jours. Cet avis a un caractère consultatif. En l'absence de délégués du personnel, la seule information de l'Inspecteur du Travail suffit.

Le contrat de travail à temps partiel peut être conclu pour une durée déterminée ou indéterminée. Un salarié peut également passer du temps plein au temps partiel à son initiative ou sur demande de son employeur dans le respect des dispositions de l'article L. 67 du Code du travail.

b) L'écrit et la formalité de dépôt

Le contrat de travail à temps partiel doit être passé par écrit. À défaut d'écrit, ce contrat est réputé être un contrat à durée indéterminée à temps plein.

Il comporte obligatoirement les mentions suivantes : l'emploi tenu, la catégorielle professionnelle, les éléments de rémunération, la durée hebdomadaire, mensuelle ou annuelle prévue et la répartition de cette durée de travail à l'intérieur de la semaine, du mois ou de l'année, le lieu d'exécution du contrat.

Il doit être établi en quatre exemplaires et déposé à l'Inspection du Travail du ressort avant son début d'exécution. L'employeur est tenu d'informer, par voie d'affichage sur les lieux de travail, les travailleurs de l'établissement de l'existence de postes de travail à temps partiel à pourvoir.

c) La durée du contrat

Est considéré comme travail à temps partiel *tout travail dont l'horaire est inférieur d'au moins un cinquième à la durée légale du travail* ou à la durée fixée conventionnellement pour la branche ou l'établissement.

La durée du travail à temps partiel peut, après information de l'Inspecteur du Travail du ressort, être prolongée par des heures complémentaires, qui correspondent aux heures de travail comprises entre la durée du contrat à temps partiel et la durée légale du travail ou la durée équivalente.

Les heures complémentaires donnent lieu à majoration proportionnelle de salaire. Les heures complémentaires ne peuvent avoir pour effet de porter la durée du travail accomplie par un travailleur à temps partiel à la durée légale du travail ou à la durée fixée conventionnellement. *Les heures complémentaires sont les heures effectuées au-delà de la durée fixée par le contrat ; ce ne sont pas des heures supplémentaires.*

Ainsi, le salarié peut demander en justice la requalification de son temps partiel en temps plein. C'est le cas par exemple lorsqu'il n'a pas signé de contrat écrit ou qu'il accomplit des heures complémentaires au-delà des limites prévues par la loi.

2. L'exécution du contrat de travail à temps partiel

Le travailleur engagé sous contrat à temps partiel jouit de tous les droits reconnus par la législation du travail et de la sécurité sociale au travailleur engagé à temps plein.

Compte tenu de la durée de son travail et de son ancienneté dans l'établissement, le travailleur à temps partiel bénéficie d'une rémunération proportionnelle à celle du travailleur qui, à qualification égale, occupe à temps plein un emploi équivalent dans l'établissement ou l'entreprise. La période d'essai du travailleur à temps partiel ne peut avoir une durée supérieure à celle du travailleur à temps plein.

Pour la détermination des droits liés à l'ancienneté, la durée de celle-ci est décomptée pour le travailleur employé à temps partiel dans les mêmes conditions que celles du travailleur occupé à temps plein.

Conformément aux dispositions du deuxième alinéa, de l'article L. 35 du Code du travail, il est loisible au travailleur à temps partiel d'exercer, en dehors de son temps de travail, une activité à caractère professionnel non susceptible de concurrencer l'entreprise ou de nuire à la bonne exécution des prestations convenues.

3. La rupture du contrat de travail à temps partiel

La rupture du contrat de travail à temps partiel s'opère dans les mêmes conditions et suivant les mêmes modalités que celles prévues pour le contrat de travail à temps plein.[159] Ainsi, un contrat de travail à temps partiel conclu pour une durée

---

[159] Il en est de même de la suspension du contrat.

déterminée ne peut être rompu que dans le respect des dispositions de l'article L. 48 du Code du travail. De même, le travailleur à temps partiel, sous contrat de travail à durée indéterminée, qui démissionne doit respecter la période de préavis.

B. /Les autres formes d'emplois précaires

Sous cette rubrique, on peut classer les autres types de contrats précaires qui n'offrent pas au salarié une rémunération assez importante pour lui permettre de vivre décemment. Ce sont : le contrat de remplacement provisoire (**1**), le contrat pour surcroît exceptionnel d'activités (**2**), le contrat de travail journalier (**3**), le contrat de travail saisonnier (**4**) et le contrat d'usage (**5**).

1. Le contrat de remplacement provisoire

Le contrat de remplacement provisoire est celui conclu pour assurer le remplacement provisoire d'un salarié absent ou dont le contrat de travail est suspendu, ou dans l'attente de l'entrée effective en service du salarié recruté en contrat de travail à durée indéterminée appelé à le remplacer.

La durée du remplacement ne doit pas excéder le temps nécessaire pour assurer le remplacement du travailleur en suspension de contrat dans les cas prévus par le 5e alinéa de l'article L. 42 du Code du travail.

Au moment de l'engagement, l'employeur *doit faire connaître par écrit* au travailleur la durée exacte ou à défaut, la durée approximative ainsi que la nature des tâches auxquelles il sera occupé. Une copie de cet engagement est transmise à l'Inspecteur du travail du ressort. En cas de non-respect de ces conditions, le contrat est assimilé à un contrat de travail à durée déterminée.

2. Le contrat pour surcroît d'activités

Au sens de l'article 1er du décret n ° 89-1122 du 15 septembre 1989 fixant les conditions particulières d'emploi du travailleur engagé en complément d'effectif et du travailleur engagé pour assurer un remplacement[160], *le travailleur engagé*

[160] JO n° 5309 du 19 septembre 1989, p. 375.

en complément d'effectif, est un travailleur engagé pour une occupation temporaire en vue d'exécuter des travaux nés d'un surcroît exceptionnel d'activités de l'entreprise.

En d'autres termes, le surcroît d'activités correspond à un accroissement exceptionnel, mais aussi temporaire de l'activité de l'entreprise. Pour qu'il y'ait surcroît d'activités, deux conditions doivent donc être réunies : le caractère exceptionnel et le caractère temporaire de l'activité. Il s'agit d'un emploi d'appoint.

Au moment de l'engagement, l'employeur *doit faire connaître par écrit* au travailleur la durée exacte ou à défaut, la durée approximative des travaux qu'il aura à accomplir. À ce sujet, la Cour suprême a rappelé dans une affaire récente qu'au moment de l'engagement d'un travailleur en complément d'effectif en cas de surcroît d'activité de l'entreprise, l'employeur doit lui faire connaître par écrit la durée exacte ou à défaut, la durée approximative des travaux à accomplir.[161]

Le chef d'établissement qui désire engager un travailleur en complément d'effectif doit en informer sans délai l'Inspecteur du travail du ressort en lui transmettant le contrat de travail. Depuis le décret n° 90-126 du 1er février 1990[162], le chef d'établissement n'est plus tenu de justifier à l'Inspecteur du travail du ressort qu'il bénéficie déjà d'une dérogation en vue de maintenir ou d'accroître la production. Avant ce décret, l'employeur avant tout recrutement devait justifier l'inefficience des heures supplémentaires effectuées par le personnel pour faire face à la surcharge de travail.

---

161 C.S. Sénégal, ch. soc., 25 février 2015, n° 14, *Modou Moustapha LO c./ SIPS,* Bulletin des arrêts de la Cour suprême du Sénégal : Viole les dispositions des articles L. 42-4° du code du travail, 1er et 2 du décret n° 89-1122 du 15 septembre 1989 fixant les conditions particulières d'emploi du travailleur engagé en complément d'effectif, « une cour d'appel qui, pour qualifier les relations de travail de contrat à durée déterminée, énonce que pour les relations de travail du 1er mars 2000 au 1er mars 2008, il résulte du dossier que, contrairement au motif relevé par le premier juge, le motif de surcroît d'activités, la production d'articles scolaires pour la rentrée, figure bien dans les contrats conclus, alors que les relations de travail ont duré de façon continue pendant huit ans, ce qui exclut le caractère temporaire de l'engagement et le surcroît exceptionnel des activités. » ; 161 Cass. soc., 10 mars 2004, n° 30, *Établissements Gora ATHIE c./ Ousmane DIAW,* Bulletin des arrêts de la Cour de cassation du Sénégal.

162 Décret n° 90-126 du 1er février 1990 rectifiant l'article 2 du décret n° 89-1122 du 15 septembre 1989 fixant les conditions particulières d'emploi du travailleur engagé en complément d'effectif et du travailleur engagé pour assurer un remplacement, JO n° 5346 du 28 avril 1990, p. 219.

Il n'a plus à justifier avant tout recrutement l'inefficiente des heures supplémentaires effectuées par le personnel pour faire face à la surcharge de travail.

3. Le contrat de travail journalier

Le travailleur journalier est un travailleur engagé à l'heure ou à la journée, pour une occupation de courte durée n'excédant pas une journée et payé chaque jour avant la fin du travail. Un certain nombre de conditions de forme et de fond doivent être respectées, avant l'engagement d'un journalier.[163] À défaut, son contrat sera assimilé à un contrat de travail à durée indéterminée.[164]

Au moment de l'engagement du travailleur journalier, *l'employeur doit lui faire connaître par écrit*, soit la durée exacte de l'engagement, soit la nature de l'entreprise ou de l'ouvrage et la durée approximative de son exécution.

Le travailleur journalier « ouvrier » réengagé pendant six jours ouvrables consécutifs *et* totalisant 40 (autres professions) ou 48 (professions agricoles) heures de travail selon le secteur d'activité considéré *est assimilé à un travailleur engagé pour une durée indéterminée.* Il en est de même du travailleur journalier « employé » réengagé sans interruption pendant un mois totalisant 173, 33 heures ou 208 heures de travail selon le secteur d'activité.

Le travailleur journalier perçoit son allocation de congé en même temps que le salaire acquis sous forme d'une indemnité compensatrice égale au seizième de son salaire. Les heures de travail qu'il effectue en sus de la durée réglementaire journalière de travail (6 heures 40 pour les autres professions, 8 heures pour les professions agricoles) sont rémunérées au tarif majoré conventionnel ou, à défaut, réglementaire des heures supplémentaires.

---

[163] Décret n° 70-180 du 20 février 1970 fixant les conditions particulières d'emploi du travailleur journalier et du travailleur saisonnier, JO n° 4091 du 9 mars 1970, p. 253, modifié en son article 8 par le décret n° 72-170 du 29 février 1972, JO n° 4213 du 13 mars 1972, p. 406.

[164] C.S. Sénégal, ch. soc., 12 octobre 2011, n° 57, *Assane THIOUNE et Mamadou COULIBALY c./ La société SOSETRAF*, Bulletin des arrêts de la Cour suprême du Sénégal ; C.S. Sénégal, ch. soc., 9 mai 2007, n° 21, *La Société ISENCO c./ Fabourama SADIO,* Bulletin des arrêts de la Cour suprême du Sénégal.

4. Le contrat de travail saisonnier

Le travail saisonnier est régi par le décret n° 70-180 du 20 février 1970 fixant les conditions particulières d'emploi du travailleur journalier et du travailleur saisonnier. Il convient d'examiner ses caractéristiques (**a**) et sa fin (**b**).

a) Les caractéristiques du contrat de travail saisonnier

Selon l'article 6, alinéa 1er du décret suscité, « le travailleur saisonnier est un travailleur qui engage ses services pour la durée d'une campagne agricole, commerciale, industrielle, artisanale dont le terme est indépendant de la volonté des parties.

Aussi, l'expression « travail saisonnier » implique que les contrats peuvent ne pas couvrir l'intégralité de la saison. Il doit s'agir de *contrats correspondant à l'exécution de travaux normalement appelés à se répéter chaque année à date à peu près fixe en fonction du rythme des saisons ou des modes de vie collectifs et qui sont effectués pour le compte d'une entreprise dont l'activité obéit aux mêmes variations.*

Ces variations doivent être indépendantes de la volonté de l'employeur et du salarié. Pour apprécier le caractère saisonnier ou non de tout ou partie de l'activité de l'entreprise, l'inspecteur du travail procède à un examen des tableaux concernant l'effectif du personnel d'une entreprise.

Il convient de garder à l'esprit que le *surcroît d'activités n'est pas une activité saisonnière.* À cet effet, ne constitue pas un contrat saisonnier le contrat de travail à durée déterminée conclu entre un employeur et un salarié occasionnel afin de faire face à un *surcroît d'activité se renouvelant chaque année à une date prévisible.*[165]

De même l'*accroissement temporaire d'activité n'est pas une activité saisonnière.* Ainsi, n'est pas saisonnier le contrat qui est conclu pour faire face à l'accroissement temporaire d'activité

---

[165] Une société d'édition qui écoule la quasi-totalité de sa production lors des fêtes de Noël et de Pâques n'a pas une activité saisonnière. "Mais attendu que le conseil de prud'hommes, appréciant souverainement les éléments de preuve qui lui étaient soumis, a retenu, d'une part, que l'activité de vente par correspondance de la société d'édition des APBP se poursuivait pendant toute l'année, d'autre part, que l'emploi de la salariée n'avait pas de caractère saisonnier ; que par ces seuls motifs, il a justifié sa décision. Cass. soc., 22 juin 1994, *Société APBP c/ KOHLER.*

que connaît l'entreprise, durant une durée déterminée, cyclique et répétée.[166]

Le contrat de travail saisonnier doit nécessairement être constaté par *écrit* au moment de l'engagement. À défaut d'écrit, il est présumé conclu pour une durée indéterminée.

Il est conclu soit pour une durée fixée à l'avance, soit pour une saison ou campagne. Dans ce cas, l'employeur doit tout de même fixer la durée approximative de la campagne selon que celle-ci est fixée ou n'est pas fixée exactement.

Le contrat indique alors, par exemple, que vous êtes embauché « pour la durée de la saison et au minimum pour une durée de trois mois à compter du 1er juillet ».

Même si le Décret suscité ne l'affirme pas expressément, il n'en demeure pas moins que le contrat doit mentionner obligatoirement l'emploi, sa durée, la période d'essai éventuelle, la durée du travail, votre salaire, les primes auxquelles vous avez droit, le lieu de travail, la convention collective dont vous relevez, la retraite complémentaire et l'organisme de prévoyance.

Les branches d'activités visées par le Décret suscité sont : l'agriculture, le commerce, l'industrie et l'artisanat. Dans l'agriculture et les industries agro-alimentaires, il s'agit généralement de travaux liés à la récolte ou au conditionnement des différents produits (par exemple, cueillette des fruits et légumes, la moisson ou la mise en conserve de légumes ou de fruits).

Dans le commerce ou l'industrie, on peut retrouver le tourisme. Dans ce secteur, les travaux saisonniers sont le fait à la fois d'entreprises dont l'activité est étroitement liée aux saisons.

b) La fin du contrat de travail saisonnier

Le contrat de travail saisonnier peut prendre fin par l'arrivée du terme. En cas de rupture avant terme, le préavis du travailleur saisonnier engagé pour une durée indéterminée est fixé à huit jours pour les ouvriers et à un mois pour les employés.

---

166 La distinction entre le travail saisonnier et le simple accroissement d'activité repose sur le caractère régulier, prévisible, cyclique de la répétition de l'activité ou du travail en question. Cass. Soc. 16 mars 1995, n° 92-20.757.

En raison du caractère intermittent de son emploi, le travailleur saisonnier est admis, quelle que soit la nature de son contrat, au bénéfice de la prime d'ancienneté et de l'indemnité de départ à la retraite fixées par la convention collective ou le texte réglementaire en tenant lieu. S'il est appelé à servir dans la même entreprise à la suite de plusieurs embauchages, il lui sera appliqué les dispositions de la branche d'activité s'il réunit les conditions nécessaires.

Le travailleur saisonnier qui cesse ses services en fin de la campagne conserve pendant un an la priorité d'embauchage dans la même entreprise et dans la même catégorie d'emploi saisonnier. À la fin de la saison, un certificat de travail sera remis au salarié.

5. Le contrat d'usage

Aux termes de l'article L. 43 du Code du travail, le contrat d'usage est un contrat de travail utilisé dans certains secteurs spécifiques parce qu'il est d'usage constant de ne pas recourir au contrat de travail à durée indéterminée en raison de la nature de l'activité exercée et du caractère par nature temporaire de ces emplois. C'est en quelque sorte un contrat à durée déterminée de type particulier.

Le contrat d'usage doit nécessairement être constaté par écrit. Il peut être reconduit sans limitation. En dehors de ces dérogations, tout contrat d'usage doit être conforme aux dispositions légales et réglementaires relatives au contrat à durée déterminée, en ce qui concerne sa conclusion, son exécution et sa cessation.

Le contrat d'usage ne peut avoir ni pour objet ni pour effet de pourvoir durablement à un emploi lié à l'activité permanente de l'entreprise. La liste de ces secteurs d'activités est fixée par arrêté.[167] Les secteurs d'activité dans lesquels il est d'usage de ne pas recourir au contrat de travail à durée indéterminée sont les suivants :

- Tous secteurs d'activités :
    - activités occasionnelles de pose, de nettoyage industriel, d'entretien, de maintenance, de révision, de réparation, de démontage ou

[167] Arrêté ministériel n° 1887 du 6 mars 2008 fixant la liste des secteurs d'activité dans lesquels il est d'usage de ne pas recourir au contrat de travail à durée indéterminée, JO n° 6400 du 5 avril 2008.

d'enlèvement d'installations agricoles, industrielles ou commerciales, lorsque ces activités ne sont pas exercées par l'entreprise ou pour son compte ;
    - activités de spectacles, de sport ou de loisirs ;
    - activités d'enquête, de sondage ou de recensement ;
    - activité d'exploitation forestière ;
    - chantiers de réparation navale ;
    - programmes et projets dont la plus grande partie des ressources est tirée de financements à durée déterminée autres que des ressources propres desdits programmes et projets.
- Bâtiments et travaux publics :
    - chantiers fixes ou mobiles de travaux,
    - chantiers de prospection et de forage de toute nature.
- Agriculture et Agro-industrie : activités de préparation ou d'entretien des sols ou aires de culture, de mise en terre, d'entretien des cultures ou de récolte de produits d'origine végétale, animale ou halieutique.
- Télécommunications : activités de centre d'appel.
- Tourisme :
    - activités « extra » d'hôtellerie et de restauration,
    - activités de parahôtellerie,
    - activités d'éco-tourisme, de découverte de la nature, de randonnée, de pêche sportive, de tourisme culturel.

TITRE 2

LE DÉROULEMENT DE LA RELATION DE TRAVAIL

Le contrat de travail scelle la relation entre l'employeur et le salarié. Une fois cette relation scellée, les parties doivent mettre à exécution ce à quoi elles se sont convenues. L'employeur devra notamment fournir du travail au salarié et lui verser sa rémunération. Le salarié, quant à lui, devra exécuter sa prestation de travail. Il bénéficiera durant toute la relation, des règles protectrices du droit du travail.

L'exécution du contrat de travail est la phase significative du contrat conclu. Durant l'exécution du travail, le salarié est placé dans un rapport de subordination qui l'oblige non seulement à accomplir une tâche, mais à obéir à des ordres. Cependant, la prestation du travail doit s'exécuter dans une certaine durée convenue entre les parties au contrat et dans le respect des règles d'hygiène et de sécurité du travail.

Le contrat peut être affecté dans son exécution soit par le fait de l'une des parties ou indépendamment de celle-ci. Il peut arriver que l'une ou l'autre des parties soit dans l'impossibilité de réaliser ce à quoi elle s'était engagée. Même si des règles spécifiques du droit du travail tendent à assurer l'exécution normale du contrat de travail (**chapitre 1**) et le respect des conditions de travail (**chapitre 2**), il peut arriver que des évènements en perturbent l'exécution (**chapitre 3**).

CHAPITRE 1 : L'EXÉCUTION DU TRAVAIL

L'entreprise est le lieu par excellence où s'exécute le contrat de travail. L'entreprise est une entité économique et sociale réunissant des salariés qui travaillent sous la direction d'un chef appelé chef d'entreprise. L'entreprise comprend un ou plusieurs établissements formés d'un groupe de personnes travaillant en commun en un lieu déterminé (usine, local ou chantier) sous une autorité commune représentant l'entreprise.[168]

Lorsque le travail est exécuté, il engendre des droits et des obligations. En effet, le contrat de travail est un contrat synallagmatique qui met à la charge des deux parties non seulement des droits, mais aussi des obligations réciproques. L'employeur et le salarié sont titulaires de droits, mais aussi débiteurs d'obligations contractuelles caractérisées comme telles. Elles sont issues du rapport fondamental engendré par le contrat de travail, à savoir un rapport de subordination. Ainsi, il convient d'étudier, d'une part, la situation juridique de l'employeur (**section 1**) et, d'autre part, celle du travailleur (**section 2**).

SECTION 1 : LA SITUATION JURIDIQUE DE L'EMPLOYEUR

Aux termes de l'article L. 2 du Code du travail, l'employeur peut être une personne physique ou une morale ayant une forme sociétale, associative ou autre. Dans le cadre de l'exécution du contrat de travail, la loi confère à l'employeur des droits[169] qui s'analysent en des pouvoirs (**§ 1**). En retour, il doit

---

[168] Un établissement donné relève toujours d'une entreprise. Un établissement unique et indépendant constitue à la fois une entreprise et un établissement. Exceptionnellement, l'établissement peut ne comporter qu'une seule personne.

[169] Il s'agit en réalité des pouvoirs de l'employeur. Cette terminologie est également employée par les juristes américains qui parlent de « *right to control* ».

respecter un certain nombre d'obligations à l'égard de ses salariés (**§ 2**).

§ 1 – Les droits de l'employeur

L'organisation de l'entreprise est hiérarchique. L'entreprise est, en effet, le siège d'un pouvoir de commandement détenu par le chef d'entreprise et tendant à assurer la bonne marche de l'institution. Le fondement des pouvoirs de l'employeur a fait l'objet de plusieurs controverses doctrinales.[170] En tout état de cause, les pouvoirs de l'employeur sont au nombre de trois : le pouvoir de direction (**A**), le pouvoir réglementaire (**B**) et le pouvoir disciplinaire (**C**).

A. /Le pouvoir de direction

Afin de garantir le bon fonctionnement de l'entreprise, il est reconnu à l'employeur un pouvoir de direction qui lui permet de prendre les décisions en matière de gestion de l'entreprise, mais aussi en matière de gestion du personnel (**1**). Ce pouvoir qui constitue l'épicentre du rapport d'emploi est encadré par la loi et la jurisprudence afin d'éviter des abus (**2**).

1. Les dimensions du pouvoir de direction

Le pouvoir de l'employeur est d'abord un fait, issu de la domination économique. L'employeur est, non seulement propriétaire de l'entreprise, mais il est également partie au contrat de travail signé avec le salarié. À ce titre, son pouvoir de direction implique, d'une part, la gestion économique de l'entreprise (**1**) et, d'autre part, la gestion du personnel (**2**).

---

170 Une école classique, celle de la théorie contractuelle, soutient que le pouvoir de direction trouve son fondement dans le contrat de travail et de la propriété de l'employeur des moyens de production. Le pouvoir est accepté par le travailleur au moment de la conclusion du contrat de travail. Une école moderne, celle de la théorie institutionnaliste soutient que l'entreprise est une communauté d'hommes et de moyens solidaires, en vue de la réalisation d'un objectif commun. Cette seconde théorie a fait l'objet de beaucoup de controverses, car elle repose sur une conception communautaire qui a l'inconvénient de minimiser l'antagonisme entre l'employeur et le salarié. Le Professeur Paul DURAND est à l'origine de cette thèse exportée d'Allemagne.

a) La gestion économique de l'entreprise

Propriétaire de l'entreprise, l'employeur a le responsable de l'activité économique dont il a la charge. À ce titre, il a le pouvoir de prendre toute mesure indispensable au bon fonctionnement de celle-ci. Il détermine la forme juridique de l'entreprise[171], choisit les locaux, le matériel, fixe le rythme de production, etc. C'est avant tout un gestionnaire qui définit la politique générale de l'entreprise et en assume les risques économiques.

L'employeur assure donc l'organisation du travail ainsi que la politique économique de l'entreprise. Il peut décider de la suppression ou de la transformation d'activités. De même, il peut décider de la fermeture de l'entreprise, de la cession totale ou partielle de l'activité de celle-ci.

Les salariés, notamment par le truchement de leurs représentants au sein de l'entreprise, ne peuvent qu'exceptionnellement et très partiellement être consultés sur la gestion de l'entreprise. La décision finale revient à l'employeur, bien qu'il puisse déléguer une partie de son pouvoir à ses préposés, qui doivent cependant en référer à lui pour des questions jugées primordiales.

b) La gestion du personnel

Le pouvoir de direction se traduit pour l'employeur par le droit de donner des ordres au quotidien à ses salariés. L'ordre donné à chaque salarié s'exprime par l'affectation de chacun à son poste de travail, par des directives quant à l'exécution du travail.[172] Cette autorité patronale s'exerce au quotidien.

L'employeur embauche en fonction des besoins de l'entreprise, répartit les tâches, attribue les postes, fixe les rémunérations, évalue[173], licencie sous réserve de l'interdiction

---

[171] Sous réserve du respect des règles du droit des sociétés, notamment de l'Acte uniforme OHADA révisé relatif au droit des sociétés commerciales et du Groupement d'intérêt économique du 30 janvier 2014 (entré en vigueur le 5 mai 2014).

[172] Cass. soc., 26 octobre 2005, n° 49, *La SIDH c./ Matar THIAM,* Bulletin des arrêts de la Cour de cassation du Sénégal : Le simple fait pour le travailleur de discuter les instructions de son employeur et de refuser dans un premier temps de rejoindre son poste de mutation rend légitime son licenciement.

[173] Un arrêt du 16 octobre 2013 de la chambre sociale de Cour de cassation française (12-18.229) conforte le droit pour les employeurs de recourir à

des discriminations et des restrictions de licenciement. Il décide des modalités d'exécution du travail : horaires, lieu de travail, etc. Il peut même, dans certaines conditions, modifier le contrat du travail. Ce pouvoir est la conséquence logique du lien de subordination découlant du contrat de travail.

En résumé, l'employeur est le seul juge de l'organisation et de la gestion de son entreprise.[174] Il n'appartient ni aux salariés ni aux juges de substituer leur appréciation à celle de l'employeur quant à la conduite de l'entreprise.

2. Les limites du pouvoir de direction

L'exercice du pouvoir de direction n'est pas discrétionnaire. Il a pour finalité le bon fonctionnement de l'entreprise. Il est exercé dans l'intérêt de l'entreprise et fait l'objet d'un contrôle judiciaire en cas de détournement de pouvoirs.

D'une manière générale, les limitations apportées au pouvoir de direction se ramènent à la théorie de l'abus de droit. L'exercice du pouvoir de direction doit respecter les droits fondamentaux de la personne du travailleur ainsi que les libertés publiques, notamment le droit de grève, la liberté syndicale, la liberté d'expression. En cas de conflit, le juge vérifiera si l'employeur n'a pas utilisé son droit à des fins étrangères. Il s'agit là d'un contrôle restreint, car il sera difficile de rapporter le mobile des agissements de l'employeur.

Le pouvoir de direction connaît également des restrictions d'origine contractuelle, à travers la signature des conventions collectives et des accords d'établissements qui imposent des salaires minima et des heures de travail maximum.

---

des entretiens d'évaluation et d'en tirer toutes les conséquences en termes de carrière, s'ils permettent d'établir des insuffisances professionnelles.

174 Le fondement patrimonial du pouvoir de direction a été affirmé en France dans le célèbre arrêt *Brinon* du 31 mai 1956. A la suite d'une gestion défectueuse, l'entreprise Brinon, après avoir déposé son bilan, a fermé ses portes de manière définitive. Des salariés qui ont perdu leur emploi ont engagé contre l'ancien employeur une action en dommages et intérêts. La cour de cassation leur a dénié tout droit à réparation pour le motif suivant : « L'employeur qui porte la responsabilité de l'entreprise est seul juge des circonstances qui le déterminent à cesser son exploitation, et aucune disposition légale ne lui fait l'obligation de maintenir son activité à seule fin d'assurer à son personnel la stabilité de son emploi. »

B. /Le pouvoir réglementaire

Encore appelé pouvoir normatif, le pouvoir réglementaire s'exerce à travers le règlement intérieur, voire les notes de service.[175] Aux termes de l'article L. 100 du Code du travail, le règlement intérieur est un document écrit comprenant les prescriptions relatives à l'organisation technique du travail, à la discipline, aux prescriptions d'hygiène et de sécurité nécessaire à la bonne marche de l'entreprise. Des règles spécifiques encadrent l'élaboration (**1**), le contenu (**2**) et le contrôle (**3**) du règlement intérieur.

1. L'élaboration du règlement intérieur

Le règlement intérieur est obligatoire dans toutes les entreprises employant habituellement au moins 11 personnes. Il est établi par écrit[176] à l'initiative de l'employeur. La procédure d'élaboration[177] du règlement intérieur doit également être respectée lorsque l'employeur le modifie, de son propre fait ou non. Cette procédure consiste à consulter les délégués du personnel (**a**), à communiquer le projet à l'inspecteur du travail (**b**), au dépôt (**c**) et aux formalités de publicité (**d**).

a) La consultation des délégués du personnel

Le chef d'établissement doit communiquer un exemplaire du règlement intérieur aux délégués du personnel. Cette communication s'effectue soit par lettre recommandée avec accusé de réception, soit par cahier de transmission, soit par tout autre procédé permettant de certifier la communication et de lui donner date certaine.

---

[175] Alain SUPIOT, « La réglementation patronale dans l'entreprise », Dr. soc. 1992, p. 215. L'auteur affirme que l'employeur est devenu une « source de droit » car les mesures prises par l'employeur ont vocation à s'appliquer à chaque salarié.

[176] À noter : Le règlement intérieur doit obligatoirement être rédigé en français. Mais, une traduction verbale en une ou plusieurs langues nationales peut être assurée par les délégués du personnel.

[177] Arrêté ministériel n° 11512 MFPTEOP-DTSS en date du 11 décembre 2009 fixant, en application de l'article L. 100 du code du travail, les modalités de communication, de dépôt et d'affichage du règlement intérieur, ainsi que le nombre de travailleurs de l'établissement au-dessus duquel l'existence de ce règlement intérieur est obligatoire, JO n°6526 du samedi 15 mai 2010.

Cette communication permet aux délégués du personnel de formuler leurs observations ou objections sur le projet de règlement intérieur. À cet effet, dans les quinze jours qui suivent la communication du règlement intérieur aux délégués, l'employeur doit tenir une réunion pour recueillir leurs avis et observations. L'avis émis par les délégués du personnel n'a qu'une valeur consultative, il ne lie pas l'employeur qui n'est pas obligé d'en tenir compte.

Toutefois, l'employeur ne peut s'affranchir de cette étape au motif que l'avis des délégués ne le lie pas. Il est obligé de consulter les délégués du personnel. En l'absence de cette consultation, le règlement intérieur ne peut recevoir force obligatoire. En outre, l'employeur peut être poursuivi pour délit d'entrave à l'exercice des fonctions des délégués du personnel.

b) La communication à l'inspecteur du travail

L'employeur a l'obligation de communiquer le règlement intérieur à l'inspecteur du travail. Il est transmis accompagné de l'avis des délégués du personnel. En effet, dans un délai de trois jours après la réunion avec les délégués du personnel, le chef d'établissement doit adresser à l'inspecteur du travail et de la sécurité sociale du ressort :

- le règlement intérieur établi en double exemplaire avec mention qu'une copie a été remise aux délégués du personnel et l'indication de la date de réception de cette copie par les délégués du personnel ;
- le compte rendu de la réunion dressé par l'employeur, avec mention des observations formulées par les délégués, et éventuellement, les considérations qui ont pu motiver le rejet par l'employeur de tout ou partie de ces observations.

Dans les quinze jours qui suivent cet envoi, l'inspecteur du travail et de la sécurité sociale du ressort communique son avis au chef d'entreprise en requérant, s'il y a lieu, le retrait ou la modification des dispositions contraires aux lois et règlements en vigueur. Il exerce un contrôle de légalité.

c) Le dépôt au secrétariat du tribunal du travail

Le règlement intérieur doit être déposé auprès du secrétariat-greffe du tribunal du travail dont dépend l'entreprise. Ce dépôt doit être effectué dans un délai de quinze jours suivant la réception de l'avis de l'inspecteur du travail et de la sécurité sociale du ressort, ou l'expiration du délai imparti à l'inspecteur pour donner son avis.

Un exemplaire paraphé est adressé, sous deux jours francs, à l'inspecteur du travail et de la sécurité sociale du ressort, par les soins du secrétariat du greffier du Tribunal. Il va de soi qu'avant de procéder à ce dépôt, l'employeur doit prendre en compte les observations de l'inspecteur du travail et de la sécurité sociale. S'il n'existe pas de tribunal du travail dans la localité, le dépôt est effectué au greffe du Tribunal départemental.

d) La publicité

Simultanément à la formalité de dépôt, le règlement intérieur doit être affiché dans l'entreprise à une place accessible à tous (lieux du travail, local où se déroule l'embauche des salariés de l'entreprise, etc.). Il doit être tenu constamment en bon état de lisibilité.

Le règlement intérieur doit indiquer la date à partir de laquelle il entre en vigueur. Cette date doit être postérieure de deux semaines au moins, à celle du dépôt.

L'employeur qui n'établit pas de règlement intérieur, qui ne respecte pas la procédure d'élaboration, qui ne procède pas à l'affichage ou aux mesures de publicité peut être sanctionné pénalement (Arrêté ministériel n ° 11512 MFPTEOP-DTSS du 11 décembre 2009, art. 12).

2. Le contenu du règlement intérieur

Le pouvoir normatif de l'employeur est limité par l'article L. 100 du Code du travail. Le règlement intérieur comporte des mentions obligatoires (**a**). Certaines mentions sont interdites (**b**).

a) Les mentions obligatoires

Le contenu du règlement intérieur est exclusivement limité aux domaines suivants :

- les règles relatives à l'organisation technique du travail ;
- les règles générales et permanentes relatives à la discipline et notamment, la nature et l'échelle des sanctions que peut prendre l'employeur ;

- les mesures d'application de la réglementation en matière d'hygiène et de sécurité dans l'entreprise ou l'établissement.

Les dispositions concernant l'organisation technique du travail portent en général sur les horaires et l'organisation du temps de travail. Ainsi, on peut retrouver dans cette rubrique les dispositions relatives aux pauses, retards, absences, permissions, utilisation des locaux ou du matériel de l'entreprise, etc.

Les mesures d'hygiène et de sécurité dans l'entreprise doivent viser à prévenir les accidents du travail et les maladies professionnelles. Elles peuvent préciser les conditions dans lesquelles les salariés peuvent être appelés à participer, à la demande de l'employeur, au rétablissement de conditions de travail protectrices de la sécurité et de la santé des salariés dès lors qu'elles apparaissent compromises.

Les mesures relatives à la discipline consistent en des obligations ou des interdictions dont le non-respect expose le salarié à des sanctions. À cet effet, le règlement intérieur doit également contenir les dispositions relatives aux droits de la défense des salariés lorsqu'une sanction est envisagée.

En principe, les dispositions mentionnées dans le règlement intérieur sont générales et permanentes. Toutefois, l'employeur peut décider que certaines d'entre elles soient réservées à des catégories particulières du personnel.

Le règlement ne peut contenir aucune autre matière que celles énumérées ci-dessus. En effet, si l'employeur souhaite mettre en valeur d'autres matières, d'autres thèmes, il ne peut le faire qu'au travers des contrats de travail, des notes de service, des accords collectifs, etc. Il ne peut le faire par le biais du règlement intérieur.

b) Les mentions interdites

Le règlement intérieur ne peut contenir de clauses contraires aux lois et règlements en vigueur ou aux dispositions des conventions et accords collectifs applicables dans l'entreprise.

Par exemple, le règlement intérieur ne peut contenir de disposition prévoyant un délai de préavis inférieur au délai légal ou conventionnel. De même, le règlement intérieur ne peut contenir d'interdictions exagérées ou injustifiées par rapport à la nature de la tâche à accomplir (par exemple, une disposition interdisant de parler sur les lieux de travail, etc.).

Les clauses discriminatoires sont interdites. Il s'agit de toute clause qui serait fondée, à capacité professionnelle égale, sur le sexe, la race, les mœurs, la situation de famille, les origines, les opinions politiques ou syndicales, la confession religieuse, le handicap.

3. Le contrôle du règlement intérieur

Deux types de contrôle peuvent être effectués : le contrôle administratif (**a**) et le contrôle du juge (**b**).

a) Le contrôle administratif

L'inspecteur du travail a pour mission de vérifier que la procédure d'élaboration du règlement intérieur a bien été respectée. Si aucun règlement intérieur n'a été élaboré, l'inspecteur du travail peut mettre en demeure l'employeur d'en édicter un. Si cette mise en demeure reste sans effet, il peut alors dresser un procès-verbal.

Par ailleurs, l'inspecteur du travail est également tenu de vérifier que le contenu du règlement intérieur est bien conforme à la loi. À cette occasion, l'inspecteur du travail peut exiger que les dispositions manquantes soient ajoutées au règlement intérieur.

L'inspecteur du travail peut également exiger que l'employeur retire les clauses illicites ou les modifie. Mais en aucun cas, l'inspecteur du travail ne peut modifier lui-même les dispositions du règlement intérieur qu'il juge illicites.

b) Le contrôle du juge

Deux ordres de juridiction sont en concurrence. En effet, le contrôle peut être effectué aussi bien par le juge administratif que par le juge judiciaire.

Les décisions administratives, notamment celles de l'inspecteur du travail ou du ministre du Travail, peuvent faire l'objet, dans un délai de deux mois, d'un recours pour excès de pouvoir devant la chambre administrative du tribunal de grande instance. Ce recours offre à l'employeur, aux délégués du personnel ou aux salariés la possibilité de demander l'annulation de la décision administrative qu'ils estiment illégale.

La juridiction administrative va alors examiner la légalité externe de la décision qui lui est déférée, mais aussi la légalité des clauses litigieuses du règlement intérieur. Le juge administratif peut soit annuler la décision examinée ou les clauses illégales du règlement intérieur, soit rejeter la demande d'annulation. Mais le juge ne peut en aucun cas modifier la décision administrative ou les clauses illégales du règlement intérieur.

Le contrôle administratif effectué par l'inspecteur du travail n'empêche pas un contrôle *a posteriori* du règlement intérieur par le juge. En effet, le tribunal du travail peut en effet se prononcer sur la légalité d'une clause du règlement intérieur.

À l'occasion d'un litige individuel, le tribunal du travail peut être amené à écarter l'application d'une clause du règlement intérieur non conforme. Toutefois, le juge n'a pas la possibilité d'annuler une disposition d'un règlement intérieur. En effet, cette faculté d'annuler une disposition d'un règlement intérieur n'est offerte qu'à l'inspecteur du travail.

C. /Le pouvoir disciplinaire

Le pouvoir disciplinaire est le complément indispensable du pouvoir de donner des ordres. Le chef d'entreprise a le pouvoir de réprimer, par des sanctions, les manquements aux ordres qu'il a donnés, afin que la discipline du travail, dans l'intérêt de l'entreprise, soit respectée. Pour exercer ce pouvoir, il lui faut discerner les fautes (**1**), respecter une procédure (**2**), et infliger des sanctions disciplinaires (**3**).

1. La notion de faute

L'examen de la typologie des fautes (**b**) nécessite au préalable la définition de la faute (**a**).

a) La définition de la faute

Le Code du travail ne définit pas la faute. C'est la jurisprudence qui a élaboré la définition de la faute en recourant au droit commun, c'est-à-dire à la définition donnée par le code des obligations civiles et commerciales. L'article 119 du COCC définit la faute comme « *tout manquement à une obligation préexistante, de quelque nature qu'elle soit.* » Cette définition sert généralement de référence au juge social.[178]

Concrètement, le comportement du salarié est fautif dès lors qu'il ne correspond pas à l'exécution normale du contrat de travail. Ainsi, il y a faute lorsque le salarié contrevient à un ordre de l'employeur ou lorsqu'il n'effectue pas sa prestation de travail. La faute doit résulter d'un acte volontaire du salarié. Il peut s'agir d'une intention de nuire ou encore d'une imprudence ou d'une négligence.

La faute se définit comme un acte d'insubordination du salarié. Cet acte d'insubordination consiste en une violation volontaire des règles de discipline, ou encore en une violation des obligations issues du contrat de travail.

Sous ce rapport, peut constituer, par exemple, une faute disciplinaire :

- le fait de refuser de pointer alors qu'il s'agit d'une obligation prévue par le règlement intérieur[179] ;
- l'utilisation répétitive du téléphone à des fins personnelles[180] ;
- le fait d'utiliser, pour son usage personnel, et sans autorisation, des objets appartenant à l'entreprise ;
- le refus de déférer à une demande d'explication de l'employeur[181] ou d'en prendre possession[182] ;
- l'établissement de faux documents pour obtenir des avantages personnels à l'occasion des commandes passées avec des fournisseurs[183] ;
- le fait de s'endormir pendant les heures de travail.[184]

---

[178] Voir Cass. soc, 27 déc. 2000, *Abdoul Aly KANE c/ CBAO*, Bulletin des arrêts de la Cour de cassation du Sénégal, Chambre sociale, p. 20 : « La faute du salarié est un manquement à une obligation de quelque nature que ce soit et la faute de l'employé constitue pour l'employeur un motif légitime de licenciement » – Cass. soc, 10 févr. 1999, *Air Gabon c/ Annette BESSE*, Bulletin des arrêts de la Cour de cassation du Sénégal, Chambre sociale, p. 53 : « La faute étant au sens de l'article 119 du COCC, le manquement à une obligation préexistante de quelque nature que ce soit... il en résulte que ... »

[179] CA Dakar, 20 novembre 1980, TPOM 548, p. 30.

[180] Jurisp. française : Cass. soc., 3 févr. 1999, n° 97-40.495, *Société Locamion c./ Belgacem.*

[181] CA Dakar, 21 juillet 1977, TPOM 472, p. 381. – CA Dakar, 23 janvier 1970, TPOM 309, p. 6837.

[182] CA Dakar, 27 avril 1979, TPOM 533, p. 212.

[183] C.S. Sénégal, ch. soc., 11 mars 2015, n° 17, *Kito KARAMA c/ ORYX Sénégal,* Bulletin des arrêts de la Cour suprême du Sénégal.

[184] CA Dakar, 20 novembre 1981, TPOM 543, p. 444.

Par ailleurs, certains comportements du salarié ne peuvent être sanctionnés. Il en est ainsi, notamment lorsque le salarié ne fait qu'exercer un droit dont il dispose (droit d'exercer des activités syndicales, droit de grève, droit d'expression, droit de retrait d'une situation dangereuse...). C'est également le cas lorsqu'il utilise une possibilité de refus d'une demande de l'employeur prévue par la loi (refus de passer à temps partiel, refus de suivre un bilan de compétences, refus de suivre une formation hors temps de travail...).

En outre, le refus par un salarié d'appliquer une consigne de l'employeur portant atteinte à sa liberté individuelle et à ses droits fondamentaux ne saurait être fautif. De même, le fait de se plaindre de ses conditions de travail ne constitue pas un manquement à la hiérarchie.[185]

b) La typologie des fautes

L'employeur qui retient une faute à l'encontre de son salarié doit en estimer la gravité. Il existe plusieurs degrés de faute : la faute simple, la faute grave et la faute lourde.

La *faute simple* est caractérisée par l'absence de gravité et d'intention de nuire. Elle peut être constituée à l'occasion d'une erreur ou d'une négligence commise par le salarié dans le cadre de son travail. Il en sera ainsi d'un retard d'une trentaine de minutes, d'une erreur ou négligence dans un dossier. La faute légère exclut tout droit à des dommages et intérêts au travailleur, sans lui interdire le droit à l'indemnité de licenciement et au respect du préavis.

La *faute grave* n'est pas une création de la loi, mais des conventions collectives. Elle révèle chez le salarié un comportement dangereux ne justifiant pas son maintien dans l'entreprise ; cependant, le départ immédiat du salarié de l'entreprise n'est pas nécessaire. Elle entraîne la rupture du contrat avec indemnité de licenciement et dommages et intérêts.

Lorsqu'on examine certaines décisions rendues par les tribunaux, on se rend compte que le plus souvent sont qualifiés de faute grave, des faits qui, par ailleurs, peuvent constituer une faute lourde (altercation, alcoolisme) ou une faute légère (retards répétés). En général, les juges procèdent à une

[185] Cass. soc., 8 février 2006, n° 13/06, *Général Industrielle d'Équipements « GIE NISSAN » c./ Abdoulaye NDAW,* Bulletin des arrêts de la Cour de cassation du Sénégal.

atténuation ou à une aggravation des faits en fonction des circonstances favorables ou défavorables au salarié.[186]

La *faute lourde* est une faute qui permet de se séparer immédiatement d'un salarié dont la présence est devenue incompatible avec le bon fonctionnement de l'entreprise.[187] Elle révèle l'intention de nuire du salarié (vols, bris de machines), bref une intention manifestement dolosive.[188] C'est une faute d'une extrême gravité qui entraîne la rupture immédiate du contrat sans aucune indemnité et l'éventuelle condamnation du salarié à des dommages et intérêts. En réalité, la faute lourde est une faute grave, mais encore plus grave. Elle constitue le degré le plus lourd de l'échelle des fautes.

2. La sanction disciplinaire

Il convient de définir la sanction (**a**) avant de déterminer la forme des sanctions (**b**).

---

[186] Cass. soc., 27 février 2002, n° 28/2002, *Aminata MBAYE c./ La SNCDS,* Bulletin des arrêts de la Cour de cassation du Sénégal : « Est constitutif de faute grave le fait pour une salariée directrice commerciale d'une entreprise de ne reverser que partiellement les sommes accordées à titre de ristourne à son employeur. Or en sa qualité de directrice, elle était parfaitement consciente du tort qu'elle a occasionné à l'entreprise qui l'employait. Compte tenu de l'importance des montants reçus mais qu'elle n'a pu représenter après mise en demeure, et aussi de la situation financière difficile de l'établissement, elle a fait preuve d'une légèreté, d'un manque de rigueur et de loyauté considérés à juste titre par les juges du fond, comme incompatibles avec ses fonctions. ». Cette peut aussi être qualifiée de lourde. *Adde* Trib. trav. Dakar, 27 décembre 1990, TPOM n° 795, p. 50.

[187] CA Dakar, 20 janvier 1984, TPOM n° 637, p. 516.

[188] C.S. Sénégal, ch. soc., 11 février 2015, n° 10, *Nathalie CHAUVIN c./ Lycée Français Jean MERMOZ,* Bulletin des arrêts de la Cour suprême du Sénégal : « A privé sa décision de base légale au regard de l'article L 54 du code du travail, la Cour d'Appel qui déboute un travailleur de sa demande d'indemnité de préavis en énonçant que son licenciement est légitime pour faute lourde, exclusive de paiement de ladite indemnité, sans rechercher si la faute était commise dans l'intention de nuire à l'employeur. » – C.S. Sénégal, ch. soc., 11 février 2015, n° 07, *Matar KEBE c./Société SET,* Bulletin des arrêts de la Cour suprême du Sénégal : La Cour d'Appel qui retient le licenciement pour faute lourde aux motifs que l'employeur a versé aux débats une lettre de mise en garde et une mise à pied non contestées par le travailleur, *sans rechercher si la faute était commise dans l'intention de nuire à l'employeur,* prive sa décision de base légale au regard de l'article L. 48 du code du travail.

a) La notion de la sanction disciplinaire

La sanction disciplinaire est une mesure prise par l'employeur à la suite d'agissements du salarié qu'il considère comme fautifs. C'est une mesure qui est de nature à affecter, immédiatement ou à terme, la présence du salarié dans l'entreprise, sa fonction, sa carrière ou sa rémunération.

L'employeur a un droit de sanction, quels que soient son activité, et le nombre de salariés. L'employeur a la faculté d'appliquer au travailleur la sanction la plus appropriée en cas de faute avérée.[189] En l'absence d'éléments nouveaux ou de fautes postérieures, des faits déjà sanctionnés ne peuvent pas faire l'objet d'une seconde sanction. C'est l'application de la règle *non bis in idem*. Toutefois, une première sanction peut constituer un élément aggravant dans le cas où le salarié réitère son comportement fautif.

Aux termes de l'article 16 de la CCNIS, l'avertissement et la mise à pied d'un à trois jours ne sauraient être invoqués à l'encontre du travailleur, si à l'expiration du délai de six (6) mois suivant la date d'intervention de l'une ou l'autre de ces sanctions, aucune autre sanction n'a été prononcée. Il en est de même à l'expiration d'un délai d'un (1) an en ce qui concerne la sanction de mise à pied de quatre à huit jours.

Lorsque le règlement intérieur a prévu des sanctions, l'employeur ne peut prendre d'autres sanctions que celles qui y sont prévues. En revanche, les dispositions du règlement intérieur relatives aux sanctions disciplinaires ne lient pas le juge. Ainsi, les juges ne peuvent se contenter d'une référence au règlement intérieur dans la lettre de licenciement, ils doivent vérifier que la mesure disciplinaire prononcée par l'employeur est réellement justifiée.

Il est interdit à l'employeur d'infliger des sanctions pécuniaires illicites ou des amendes. Constitue une sanction pécuniaire illicite la retenue pratiquée sur la rémunération d'un salarié en raison d'une mauvaise exécution de ses obligations. Il en est de même de la réduction ou la suppression de primes en raison de faits qualifiés fautifs par l'employeur. L'article L. 129 du Code du travail interdit formellement des amendes.

Les sanctions discriminatoires sont également interdites. Il s'agit des sanctions en raison de l'origine, du sexe, de la

---

[189] Cass. soc., 23 octobre 1996, n° 68, *Société Pêche et Froid c./ SECK Sadické*, Bulletin des arrêts de la Cour de cassation du Sénégal.

situation de famille, de l'appartenance à une ethnie, une nation ou une race, des opinions politiques, des mœurs, des activités syndicales ou mutualistes ou des convictions religieuses, de l'état de santé ou du handicap.

Par ailleurs, le salarié n'est pas soumis au pouvoir de direction de l'employeur dans le cadre de sa vie personnelle. Ce dernier n'est donc pas en mesure de lui reprocher d'éventuels agissements hors de l'entreprise. La vie personnelle du salarié recouvre sa vie privée (mœurs, relations familiales, comportements extérieurs à l'entreprise...), l'exercice des libertés civiles (se marier, divorcer, consommer certains produits...), ses opinions politiques et sa participation à un mouvement politique ou associatif.

Ce principe d'interdiction des sanctions disciplinaires liées à la vie personnelle du salarié connaît cependant une exception limitée. Il en est ainsi lorsque le comportement du salarié dans sa vie personnelle, compte tenu de ses fonctions et de la finalité de l'entreprise, a créé un trouble caractérisé au sein de celle-ci. Dans ce cas, une sanction peut être envisagée.

b) La forme des sanctions disciplinaires

En fonction de la faute et de sa gravité, l'employeur choisit la sanction appropriée. Il est le seul maître du choix de la sanction, en vertu de son pouvoir disciplinaire. Les sanctions prévues par l'article 16 de la CCNIS sont : la réprimande, l'avertissement verbal ou écrit, le blâme, la mise à pied et le licenciement.

La réprimande, l'avertissement verbal ou écrit, le blâme sont des sanctions mineures ou légères, en ce sens qu'elles n'affectent pas la présence dans l'entreprise, la fonction, la carrière ou la rémunération du salarié. De telles sanctions n'ont qu'un caractère moral.

La mise à pied disciplinaire d'un salarié emporte la suspension de son contrat de travail. Le salarié n'a plus à fournir sa prestation de travail durant le temps de la suspension et l'employeur n'a plus corrélativement l'obligation de le rémunérer.

La mise à pied doit être d'une durée relativement courte et en aucun cas supérieure à la durée prévue par le règlement intérieur. Sa durée doit être fixée et connue du travailleur au moment où elle lui est notifiée. La CCNIS détermine deux types de mises à pied : la mise à pied d'un (1) à trois (3) jours et la mise à pied de quatre (4) à huit (8) jours.

Si le salarié est titulaire d'un mandat de représentant du personnel, la mise à pied n'a, en revanche, aucune incidence sur le mandat. Celui-ci n'est pas suspendu par la mise à pied disciplinaire.[190] Le salarié mis à pied doit donc pouvoir continuer à exercer ses fonctions représentatives durant la période de suspension de son contrat de travail.

Rigoureusement, la mutation disciplinaire et la rétrogradation ne devraient pas être considérées comme des sanctions disciplinaires, car les deux correspondent à une modification des éléments essentiels du contrat de travail. La *mutation disciplinaire* peut être *géographique* (changement du lieu de travail) ou *professionnelle* (changement de son poste ou de ses fonctions). La *rétrogradation* correspond à un changement de statut du salarié vers un emploi de classe inférieure entraînant une diminution de la rémunération.

Ainsi, lorsque l'employeur envisage une sanction modifiant le contrat de travail, telle qu'une rétrogradation ou une mutation disciplinaire, le salarié est en droit de la refuser. En effet aucune modification du contrat de travail ne peut être imposée au salarié, même à titre disciplinaire. En cas de refus du salarié, l'employeur peut, dans le cadre de son pouvoir disciplinaire, prononcer une autre sanction, en lieu et place de la sanction refusée.

3. La procédure disciplinaire

En l'absence de texte spécifique sur la question, les procédures prévues peuvent varier d'un secteur d'activité à un autre. Ainsi, il convient de se référer à la procédure prévue par la CCNIS (**a**). Le salarié dispose également d'un droit de recours s'il estime la procédure injuste (**b**).

a) La procédure prévue par la CCNIS

L'article 16 de la CCNIS institue une procédure disciplinaire destinée à protéger le salarié contre l'arbitraire. Cette procédure

---

[190] Jurisprudence française : Cass. soc., 23 juin 1999, n° 97-41.121, *Debout c./ société Technique française du nettoyage (TFN),* Bull. civ. V, n° 307. Par ailleurs, il ressort de cet arrêt que l'employeur n'a besoin de requérir l'autorisation administrative de l'inspecteur du travail pour infliger une mise à pied disciplinaire.

légale n'exclut pas la mise en œuvre des procédures prévues par le règlement intérieur si elles aboutissent à donner au salarié des garanties supplémentaires.

La sanction est prise par le chef d'établissement ou son représentant après que le salarié, assisté sur sa demande d'un délégué du personnel, *aura fourni des explications écrites ou verbales*. La sanction doit être notifiée *par écrit*. Elle est soit remise en main propre contre décharge (signature du double avec mention de la date de la main du salarié), soit envoyée en recommandée avec accusé de réception ou non.

La sanction est signifiée par écrit au travailleur et ampliation de la décision est adressée à l'inspecteur du travail du ressort. Il y a même une contradiction dans l'article 16 de la CCNIS qui prévoit, au titre des sanctions, l'avertissement verbal. Comment peut-on notifier un avertissement verbal par écrit ? Une telle notification ne ferait-elle pas de cette sanction un avertissement écrit ?

Par ailleurs, même si le texte ne le précise pas, la sanction doit comporter un certain nombre de mentions suivantes : la date, l'exposé des faits reprochés au travailleur, le rappel que les faits sont constitutifs d'une faute, les mesures prises à titre de sanction. En tout état de cause, la motivation de la sanction doit apparaître dans la lettre de notification. Le défaut de motivation prive la sanction de sa justification.

b) Le recours du salarié

Le salarié sanctionné peut contester la décision prise à son encontre en s'adressant au tribunal du travail. Le tribunal du travail peut annuler une sanction irrégulière en la forme,[191] une sanction injustifiée lorsque les faits reprochés au salarié ne sont pas établis.[192] Il peut également annuler une sanction disproportionnée à la faute commise.

Lorsqu'une sanction est annulée en raison de son caractère disproportionné, l'employeur peut décider d'infliger une nouvelle sanction. Dans ce cas, la procédure disciplinaire n'a pas à être recommencée et la seconde sanction doit être notifiée

---

[191] Notamment lorsque la procédure disciplinaire ou les délais n'ont pas été respectés.

[192] C.S. Sénégal, ch. soc., 24 août 2011, n° 52, *Abdou Aziz NDIAYE c./ La société SSPT*, Bulletin des arrêts de la Cour suprême du Sénégal : Allocation des dommages et intérêts en réparation d'une mise à pied irrégulière.

au salarié après l'annulation de la première sanction. Par contre, lorsque la sanction est annulée, car non justifiée, l'employeur ne peut pas prendre une autre sanction.

Il revient à l'employeur de fournir aux juges les éléments qu'il a retenus pour prendre la sanction. Au vu de ces éléments et de ceux que peut apporter le salarié, le tribunal du travail forme sa conviction. En cas de besoin, il peut ordonner au préalable toutes les mesures d'instruction qu'il estime utiles. En général si un doute subsiste, il profite au salarié.

§ 2 – Les obligations de l'employeur

En concluant le contrat de travail avec le salarié, l'employeur s'engage à son égard à l'affecter à l'emploi convenu, à lui fournir les moyens nécessaires à l'exercice de son activité, à lui verser le salaire prévu et à s'acquitter de toutes les charges sociales et fiscales afférentes aux rémunérations. Le versement du salaire constitue l'obligation essentielle de l'employeur. L'importance de cette obligation nécessite qu'on consacre des développements, notamment, à travers l'étude de la notion (**A**) et du régime juridique (**B**) du salaire.

A. /La notion de salaire

Le salaire représente la rémunération servie par l'employeur en contrepartie du travail fourni par le salarié. Engageant sa personne même dans le contrat de travail, le travailleur doit recevoir en échange une rémunération qui lui permet de mener une vie convenable. Ainsi, il convient de déterminer les modalités de fixation du salaire (**1**) et ses éléments constitutifs (**2**).

1. La fixation du salaire

Si la fixation du salaire est libre, le législateur est intervenu pour fixer un salaire minimum garanti (**a**). En dehors de ce plancher, les salaires sont fixés par les partenaires sociaux dans le cadre des accords de branche et d'entreprise (**b**).

a) Le salaire minimum interprofessionnel garanti

Le salaire minimum interprofessionnel garanti (SMIG) est *un minimum réglementaire au-dessous duquel aucun salaire contractuel ne peut être fixé sous peine de sanctions pénales et civiles.* Ce salaire minimum doit permettre au travailleur de subvenir aux besoins de la vie courante.

Aux termes de l'article L. 109, le salaire minimum interprofessionnel garanti est fixé par décret.[193] Il est fixé après avis préalable du Conseil Consultatif National du Travail (CCNT)[194].

Tout salarié a droit à une rémunération mensuelle minimale égale au produit du salaire minimum interprofessionnel garanti horaire par la durée hebdomadaire. Le non-respect de cette règle peut entraîner des sanctions pénales.

b) Les salaires minima conventionnels

Les salaires minima conventionnels, encore connus sous le nom de *salaires minima hiérarchisés*, sont *établis en fonction des qualifications professionnelles et notamment du coefficient hiérarchique affecté à chaque emploi.* Ce mode de fixation permet, en principe, la prise en compte de l'incidence du salaire et des charges sur les coûts de production et le niveau des prix dans une économie ouverte à la concurrence.

Les salaires minima *peuvent être définis par des taux horaires.* Exemple : taux horaire x 173,33 heures = salaire mensuel minimum (pour un horaire minimum de 40 heures par semaine).

---

193 Décret n° 96-154 du 19 février 1996 fixant les salaires minima interprofessionnels et agricoles garantis, JO n° 5676 du 24 février 1996, p. 99. Le taux horaire du SMIG est actuellement de 209,10 francs. Il est applicable à tous les salariés sans distinction de secteur professionnel ou géographique, sauf dans le secteur agricole où ce taux est de 182,95 francs.

194 Voir art. L. 205 et s. C. trav. ; Décret n° 61-452/MFPT/DTSS du 29 novembre 1961 fixant les conditions d'organisation et de fonctionnement du conseil consultatif national du travail et de la sécurité sociale, de sa commission permanente et de ses deux sous-commissions, JO n° 3493 du 16 décembre 1961, p. 1806 ; Arrêté ministériel n° 17398/MFPT/DTSS du 9 décembre 1961 fixant la répartition des représentants des employeurs et des représentants des travailleurs au conseil consultatif national du travail et de la sécurité sociale, JO n° 3496 du 30 décembre 1961, p. 1860. Le CCNT a pour objet d'étudier les missions concernant le travail et la sécurité sociale. De composition tripartite, cet organisme jouit, en principe, d'une large compétence. Il étudie des problèmes concernant le travail et la politique sociale et est obligatoirement saisi de tous les projets de lois et des décrets d'application qui entrent dans ce cadre. C'est en quelque sorte un conseiller permanent du parlement et du ministre du travail.

Le salaire minimum ainsi fixé pour chaque emploi représente le salaire de base auquel peut prétendre tout salarié de la profession. Il sert parfois de base de calcul pour des primes (primes d'ancienneté, d'assiduité), lorsqu'elles ne sont pas calculées à partir du salaire réel.

Les salaires minima conventionnels ne sont pas toujours actualisés. Par conséquent, il ne faut pas exclure la possibilité qu'ils soient inférieurs au salaire minimum garanti. Dans ce cas, le salaire minimum interprofessionnel garanti se substitue alors aux salaires conventionnels.

2. Les éléments constitutifs du salaire

Techniquement et juridiquement, le salaire est composé d'un grand nombre d'éléments dont chacun a une cause juridique précise. On distingue d'une part le salaire principal ou de base (**a**) et, d'autre part, les accessoires du salaire (**b**).

a) Le salaire de base

L'idée que le salaire est la contrepartie du travail conduit logiquement à calculer le salaire principal ou de base en fonction du travail fourni ; encore faut-il pouvoir mesurer ce travail ! Deux principaux critères de mesure peuvent être retenus : le temps (***a.1***) et le rendement (***a.2***).

a.1 – Le salaire au temps

Le *salaire au temps* est déterminé en fonction du temps pendant lequel le salarié se tient à la disposition de l'employeur, sans que la cadence de travail soit prise en considération. L'effectivité du travail accompli pendant le temps de service n'est pas prise en compte ; le travailleur est censé être en train de travailler lorsqu'il est à son poste de travail.

L'unité de mesure du temps passé au travail est l'heure, la journée, la semaine, le mois ou l'année. Le salaire hebdomadaire est calculé sur la base de 40 heures de travail effectif et le salaire mensuel sur celle de 173,33 heures. L'échelle indiciaire des salaires minima hiérarchisés est souvent instituée par les conventions collectives. À défaut d'une telle échelle, les pouvoirs publics imposent un salaire minimum interprofessionnel de garanti.

a.2 – Le salaire au rendement

Le *salaire au rendement* se définit comme un mode de rémunération dans lequel le salaire varie en fonction de la quantité de production réalisée par un individu ou une équipe dans un temps donné, selon une formule déterminée et répondant aux normes de qualité exigée. La rémunération peut être fixée suivant la tâche accomplie ou les pièces produites.

Le salaire à la tâche est basé sur le nombre de pièces produites ou d'opérations effectuées par un salarié. Il est calculé en fonction du volume du travail fourni par le salarié. Il permet de payer une tâche individuelle bien circonscrite. Il est très souvent utilisé par les agriculteurs, les bûcherons, avec qui l'employeur s'accorde pour accomplir un travail déterminé, par exemple, désherbage d'un domaine agricole, abattage d'arbres, etc.

Le salaire aux pièces est fonction de la quantité de pièces produites en un temps déterminé, chaque pièce ayant un prix unitaire fixe. Avec la division du travail et la fabrication en série, certains industriels ou entrepreneurs rémunèrent le travail par unité produite. À titre d'exemple, le couturier ou le cordonnier seront payés sur la base du nombre de pièces confectionnées (vêtements, chaussures...). Le salaire à la pièce est recommandé dans les secteurs où le travail du salarié est suffisamment individualisé et autonome.

La formule du salaire au rendement peut présenter un intérêt pour l'employeur et le salarié qui ont un avantage égal à obtenir un rendement élevé, mais aussi un risque. Le salaire à la tâche ou aux pièces agit comme moyen automatique d'augmentation de l'intensité du travail. Or, l'augmentation de l'intensité du travail signifie l'accroissement de la dépense de force de travail pendant chaque heure. Le salaire tombe au-dessous de la valeur de la force de travail. En fin de compte, l'organisme du travail s'use plus rapidement. En outre, il est probable qu'il n'atteigne pas les résultats escomptés.

C'est pour limiter ce risque que le législateur exige que la rémunération d'un travail à la tâche ou aux pièces soit calculée de telle sorte qu'elle procure au travailleur, de capacité moyenne et travaillant normalement, un salaire au moins égal à celui du travailleur rémunéré au temps effectuant un travail analogue.[195]

---

[195] C. trav., art. L. 110.

b) Les accessoires de salaire

Les accessoires de salaire correspondent à des prestations en espèces ou en nature que reçoit le salarié en plus de sa rémunération principale. Ils sont multiples et variés. Ils font l'objet, en pratique, de dénominations variées dont les plus courantes sont primes (***b.1***), indemnités (***b.2***), sursalaire (***b.3***), gratifications (***b.4***) et avantages en nature (***b.5***).

b.1 – Les primes

Le terme « prime » est davantage utilisé lorsque les sommes versées en complément du salaire de base, sans rémunérer directement les conditions de prestation de travail, tiennent compte néanmoins des conditions dans lesquelles ce travail est exécuté. Le terme prime évoque l'idée de récompense. Certaines primes retiennent les qualités propres au salarié (prime d'ancienneté, prime d'assiduité), d'autres les sujétions particulières de sa tâche (prime d'insalubrité, prime de froid, prime de risque).

- ***La prime d'ancienneté***

L'ancienneté se définit généralement comme le temps de travail effectif accompli par le travailleur de façon continue dans les différents établissements d'une même entreprise. Le but de la prime d'ancienneté est de récompenser la fidélité d'un travailleur à son entreprise.

La prime d'ancienneté constitue, un élément de stabilité en ce qu'il permet au travailleur de se fixer de manière durable à l'entreprise. Elle n'est donc pas la contrepartie d'un travail déterminé.

Les périodes suivantes sont prises en compte pour le calcul de l'ancienneté : congés payés, absences exceptionnelles dans la limite de 15 jours par an, absences pour maladies professionnelles, accidents de travail, absence pour maladie dans la limite minimale de 6 mois et maximale de 10 mois, congé de maternité, stage professionnel organisé par l'employeur sur sa demande ou son accord, détention préventive, veuvage.

La prime d'ancienneté est calculée en pourcentage du salaire minimum de la catégorie de classement du travailleur, le montant de ce salaire étant déterminé en fonction de l'horaire effectué par le travailleur.[196] Il importe de préciser que dans le calcul de la prime d'ancienneté, les heures supplémentaires sont prises en compte sans être majorées.

- ***La prime d'assiduité***

La prime d'assiduité a pour objet de récompenser la stabilité des salariés dans l'entreprise, et de les inciter à ne pas s'absenter. Elle est destinée à encourager les travailleurs les plus ponctuels au poste de travail. Elle est souvent appelée prime antigrève par les syndicalistes, car elle est parfois utilisée pour dissuader les salariés de faire grève. Par ailleurs, elle peut favoriser le présentéisme[197] des salariés dans l'entreprise.

Dans la mesure où la loi n'en prévoit pas les modalités, c'est dans les accords collectifs, de branche ou d'entreprise, qu'il faut trouver les règles de calcul et de paiement de cette prime. L'article L. 86 du Code du travail dispose en effet que les conventions collectives extensibles peuvent prévoir des primes d'assiduité.

- ***La prime de rendement***

La prime de rendement a pour but de récompenser un travail réalisé par un salarié dans des conditions de temps meilleures que la normale. Elle peut être individuelle, c'est-à-dire fondée sur la production de chaque travailleur, ou collective, c'est-à-dire fondée sur la production de l'ensemble de l'établissement.

La prime de rendement n'est pas légalement obligatoire, mais peut résulter des stipulations du contrat individuel de travail, des conventions collectives ou d'accord d'établissement ou du statut de l'entreprise.[198] Elle peut revêtir différentes dénominations : prime de productivité, prime de résultats, prime de qualité...

---

[196] Le montant de la prime est fixé à 2% du salaire minimum de la catégorie du travailleur, après deux années de présence effective, et avec une progression de 1% par année de présence en sus, jusqu'à la 25e année incuse. Art. 45 CCNIS.

[197] Situation d'un salarié qui est présent sur son lieu de travail, alors que son état physique ou psychique, ou sa motivation ne lui permettent pas d'être pleinement productif.

[198] Voir article 17 de la Convention collective nationale des banques et établissements financiers du Sénégal.

- ***La prime de responsabilité***

La prime de responsabilité est octroyée en fonction de l'importance du poste occupé par le travailleur dans l'entreprise. En contrepartie, le travailleur verra sa responsabilité générale engagée en cas de manquement. Elle dépend en général des conventions collectives.

b.2 – Les indemnités

Sous le terme générique « indemnité », on désigne souvent les sommes qui n'ont pas pour cause le travail, mais qui sont destinées soit au remboursement des frais professionnels exposés par le salarié, soit à la réparation de préjudices qu'il subit. On distingue plusieurs formes d'indemnités : transport, panier, déplacement, salissure, outillage, kilométrique.

- ***L'indemnité de transport***

L'indemnité de transport parfois appelée à tort prime de transport par certaines conventions collectives – car il s'agit d'une indemnisation – *est destinée à rembourser les frais ou tout au moins à participer aux frais de transport du salarié de son lieu de résidence à son lieu d'emploi.* Pour bénéficier de la « prime » de transport, il faut être travailleur *permanent* ou *saisonnier.* Le travailleur journalier est exclu du bénéfice de cette prime.

Logiquement, la *prime de transport ne devrait pas être due* en cas d'absence du salarié, quelle qu'en soit le motif, pendant les congés payés, lorsque l'employeur assure gratuitement le transport du personnel. L'employeur participe pour 80 % du coût réel du transport mensuel. Ce coût réel est calculé sur la base moyenne des prix de transport public urbain et interurbain estimé à 500 francs CFA, multiplié par le nombre de voyages mensuels fixé à 52.[199]

[199] Décision n°000332/MTDSOPRI/DGTSS/DRTOP/DNRP du 5 avril 2016 de la Commission mixte chargée de mener les travaux en vue de la revalorisation de la prime de transport. Le montant actuel de l'indemnité de transport est de 20.800 F par mois.

- ***L'indemnité de panier***

La prime de panier – avec la même critique que la prime de transport - est un frais professionnel pris en charge par l'employeur. Elle désigne une allocation forfaitaire destinée à défrayer le salarié qui, en raison de ses horaires de travail, est obligé de prendre son repas sur son lieu de travail. Il en est ainsi en cas de travail posté ou de travail de nuit.

La prime de panier est d'origine conventionnelle. L'article 44 de la CCNIS prévoit la prime de panier pour tout travailleur qui effectue dix heures ininterrompues de travail ou trois heures en plus de l'horaire normal ou au moins six heures de travail de nuit. Cette prime n'est pas due aux gardiens concierges et aux travailleurs qui reçoivent en nature la prestation de nourriture.[200] Le paiement de cette prime ne fait pas obstacle au paiement des heures supplémentaires.

- ***L'indemnité de déplacement***

Lorsqu'un travailleur, en service au Sénégal, est astreint par obligation professionnelle à un déplacement occasionnel et temporaire hors de son lieu habituel d'emploi, il a droit à une indemnité dite indemnité de déplacement (art. L. 108 C. trav.). Il s'agit d'un déplacement qui oblige le travailleur à prendre des repas et à coucher hors de chez lui. Les modalités d'attribution et les taux de cette indemnité sont fixés, à défaut de disposition dans la convention collective ou l'accord d'établissement, par arrêté du Ministre chargé du travail.[201]

L'indemnité est due lorsque le déplacement est d'une durée égale ou inférieure à six mois. Au-delà, l'article 61 de la CCNIS prévoit que le régime du déplacement fait place à celui de la

---

[200] L'indemnité de panier est égale à trois fois le SMIG. Depuis le 1er janvier 1996, elle est de 209,10 x 3 = 627, 30 francs.

[201] C.S. Sénégal, ch. soc., 25 novembre 2015, *Valentin FAYE et 30 autres c. / Société SIMES*, 62 : N'a pas mis la Cour en mesure d'exercer son contrôle, au regard de l'article 61 de la Convention collective nationale interprofessionnelle, la cour d'appel qui, par motifs adoptés, a débouté les travailleurs de leur demande portant sur le reliquat de l'indemnité de déplacement, au motif qu'il leur appartient de prouver qu'ils ont été obligés, du fait de l'éloignement du lieu de travail, de prendre des logements et d'engager des frais supplémentaires liés également à l'alimentation, dont le montant dépassait l'indemnité versée par leur ex-employeur, sans rechercher si l'octroi de cette indemnité a été faite dans les conditions fixées par le texte susvisé.

mutation. Le montant de l'indemnité de déplacement varie en fonction de deux paramètres : d'une part, en fonction de la catégorie du salarié et, d'autre part, en fonction du nombre de repas principaux et de couchages hors du lieu habituel d'emploi.

Personnel concerné	**Modalités d'octroi de l'indemnité**		
	Lorsque le déplacement entraîne la prise d'un repas principal	Lorsque le déplacement entraîne la prise de deux repas principaux	Lorsque le déplacement entraîne la prise de trois repas principaux
Pour les Ouvriers et Employés de 1ère catégorie hors catégorie incluse	3 fois le taux du salaire horaire de base de la catégorie du lieu habituel d'emploi	5 fois le taux du salaire horaire de base de la catégorie du lieu habituel d'emploi	8 fois le taux du salaire horaire de base de la catégorie du lieu habituel d'emploi
Pour les Agents de maîtrise, Techniciens et Assimilés	2 fois le taux du salaire horaire de base de la catégorie du lieu habituel d'emploi	4 fois le taux du salaire horaire de base de la catégorie du lieu habituel d'emploi	6 fois le taux du salaire horaire de base de la catégorie du lieu habituel d'emploi
Pour les Ingénieurs, Cadres et Assimilés	Les frais de voyages et de séjour engagés pour les besoins de service sont remboursés par l'employeur : - soit *sur présentation d'un état* des frais accompagné de factures et de toute pièce justificative. - soit *sur une base forfaitaire fixée* d'accord parties et en rapport avec l'importance des fonctions de l'intéressé.		

- ***L'indemnité de salissure***

L'indemnité de salissure est prévue par les conventions collectives *lorsque l'entreprise utilise des travailleurs à des travaux salissants*. Elle a pour but d'inciter les travailleurs à accepter ce travail, mais également de couvrir les frais occasionnés par les dépenses de nettoyage supportées par les salariés qui effectuent des travaux salissants.

Cette indemnité est prévue par décision de la Commission mixte du 7 mai 1958 pour les travailleurs de la Collective de la Mécanique Générale.[202] Cette décision a été étendue à tous les établissements relevant de la branche d'activité de la Mécanique générale.

L'indemnité est due pour chaque heure d'exposition au risque, toute heure commencée étant due. La prime a la même valeur, quels que soient l'âge, le sexe et la position hiérarchique pour tout travail déterminé. Chaque travail considéré est affecté d'un pourcentage du SMIG. Le pourcentage affecté à chaque travail tient compte de tous les risques que celui-ci comporte habituellement.[203]

- ***L'indemnité d'outillage***

L'outillage nécessaire à l'exécution du travail est à la charge de l'employeur. Lorsqu'il est fourni par le travailleur, une indemnité doit être en principe prévue par l'entreprise. Ainsi, l'indemnité d'outillage est prévue par les conventions collectives en faveur des travailleurs qui fournissent l'outillage nécessaire à l'accomplissement de leurs tâches.

Cette indemnité est allouée à tout travailleur de la branche professionnelle du bâtiment et des travaux publics auquel l'employeur impose la possession d'un outillage personnel.[204] Pour pouvoir bénéficier de cette prime, le travailleur doit pouvoir, à tout moment de son travail, justifier qu'il possède

---

[202] L'article 11 de la Convention collective des entreprises du bâtiment et des travaux publics prévoit la possibilité d'octroyer de primes supplémentaires, pour tenir compte notamment, des travaux exceptionnellement salissants. L'article 30 de la Convention collective du commerce octroi la possibilité aux accords d'établissement de prévoir la prime de salissure.

[203] Le montant de la prime est également à *11,5 %* du SMIG par heure travaillée.

[204] Article 11 de la Convention collective des entreprises du bâtiment et des travaux publics du 6 juillet 1956.

bien l'outillage complet et en bon état, prévu pour son corps de métiers.[205]

- ***L'indemnité kilométrique***

L'indemnité kilométrique est allouée aux salariés qui utilisent leurs propres véhicules pour les besoins du service. C'est une allocation forfaitaire versée au salarié pour lui permettre de couvrir les dépenses engendrées par l'utilisation de son moyen personnel de déplacement à des fins professionnelles. Pour bénéficier de l'indemnité kilométrique, il faut donc que le salarié utilise un véhicule ou engin personnel pour des besoins professionnels. Par conséquent, le véhicule utilisé ne doit pas être la propriété de l'entreprise. Par ailleurs, il n'est pas exigé que le véhicule appartienne au salarié, il peut être la propriété d'un autre, par exemple de son conjoint ou d'un de ses amis.

Le kilométrage constitue un élément de référence pour la fixation de cette indemnité forfaitaire qui n'est pas imposable.[206] C'est une indemnité forfaitaire dans la mesure où elle n'assure pas le remboursement des frais réels engagés par le salarié lors des déplacements professionnels. Elle ne permet pas de couvrir les charges réellement supportées par le salarié.

L'indemnité kilométrique doit être distinguée de l'indemnité de transport qui couvre les frais engagés sur le trajet domicile-lieu de travail et vice-versa. L'indemnité kilométrique est due sur les trajets pour lesquels le salarié utilise son propre véhicule pour ses déplacements professionnels, notamment les visites à la clientèle, les déplacements chez les fournisseurs, etc.

b.3 – Le sursalaire

Le sursalaire est la différence entre le montant du salaire de base de la catégorie socio-professionnelle tel que prévu par la

---

[205] Le montant de la prime est fixé à *2, 25%* du salaire horaire d'un manœuvre ordinaire.

[206] Arrêté ministériel n° 012911/MEF-DGID du 31 juillet 2013 fixant le montant de l'indemnité kilométrique non soumis à l'impôt sur le revenu. Le montant de cette indemnité qui n'est pas imposable est de 50.000 francs CFA par mois pour les travailleurs en général. Il est de 100.000 francs par mois pour les représentants commerciaux (voyageurs, représentants, placiers), à condition qu'ils effectuent au moins 500 kilomètres par semaine.

convention collective et le montant effectivement versé au salarié en vertu de son contrat de travail ou de la convention d'entreprise ou d'établissement.[207] En général, le montant du salaire est laissé à l'appréciation de l'employeur qui, en fonction des textes de son entreprise ou du contrat de l'employé, le fixe.

Le sursalaire constitue un droit acquis pour le travailleur. À cet effet, l'employeur ne peut le modifier ou le supprimer sans le consentement de celui-ci. Toutefois, un problème peut se poser lorsque le salaire de base de la catégorie à laquelle appartient le salarié est augmenté ou lorsque celui-ci bénéficie d'un reclassement dans une catégorie supérieure. Il soutiendra évidemment le maintien de son sursalaire.

En principe, le sursalaire doit être maintenu s'il constitue une rémunération spéciale fixe, accordée au travailleur en sus du salaire minimum.[208] Le sort du salaire doit dépendre de la cause juridique qui a présidé à son octroi. Par ailleurs, le fait pour l'employeur de payer un salaire supérieur à celui de la catégorie ou de l'échelon auquel appartient le travailleur n'entraîne pas l'obligation pour l'employeur de reclasser ce travailleur dans une catégorie ou un échelon supérieur.

b.4 – Les gratifications

Les gratifications sont des sommes d'argent remises par l'employeur au travailleur pour marquer sa satisfaction du travail accompli ou à l'occasion d'évènements familiaux intéressant le salarié. C'est notamment le cas des gratifications remises à l'occasion d'une naissance, d'un mariage, d'une date marquant la vie de l'entreprise et du treizième mois. En dépit de cette multitude de formes qu'elle peut prendre, on distingue deux types de gratification : la gratification-libéralité et la gratification complément de salaire.

La *gratification-libéralité* est un don de l'employeur. Elle a un caractère exceptionnel, bénévole. Elle n'est exigible qu'en cas de promesse ferme au début d'exécution. L'employeur peut librement modifier le taux ainsi que ses modalités d'octroi, voire la supprimer.

---

[207] Le sursalaire peut être inclus dans le salaire de base ou faire l'objet d'une mention distincte, dans le bulletin de paie.

[208] Cass. soc., 24 février 1999, n° 30, *Lucile LAFONTAINE c./ La Central Insurance Broker Agency - CIBA,* Bulletin des arrêts de la Cour de cassation du Sénégal.

Par contre, la gratification devient un *complément de salaire* lorsqu'elle est prévue par le contrat individuel ou les accords collectifs du travail ou lorsqu'en dehors de toute convention, elle résulte d'un usage constant. Dans ce cas, elle doit présenter trois caractères : la généralité, la constance et la fixité.[209]

La généralité suppose que la gratification bénéficie à l'ensemble du personnel ou tout au moins à une catégorie ou à tous les salariés qui remplissent les conditions fixées par l'entreprise pour en bénéficier. La constance traduit le fait que l'acte de l'employeur est effectué régulièrement et non à des intervalles variables au seul gré de l'employeur (une fois n'est pas coutume).[210] La fixité exprime le fait que la gratification doit être calculée chaque fois sur des bases fixes, qui permettent au travailleur d'apprécier son montant en comparaison avec ses gratifications antérieures.

b.5 – Les avantages en nature

Un avantage en nature *est constitué quand l'entreprise fournit à son salarié un bien ou service servant à son usage privé.* L'économie que ledit salarié réalise en évitant des frais qu'il aurait normalement dû supporter doit déclencher un avantage en nature. Le problème des avantages en nature est surtout celui de leur évaluation, car ils constituent un élément du salaire. En principe, l'avantage en nature devrait être évalué au regard du profit personnel que titre le travailleur de la mise à disposition de l'avantage.

Lorsqu'un employeur met gratuitement à la disposition d'un travailleur une voiture, un logement ou prend en charge le paiement de son loyer, de ses factures d'eau, d'électricité, le nourrit gratuitement, lui fournit gratuitement ou à un prix réduit les biens fabriqués par l'entreprise..., tous ces avantages constituent un élément de son salaire. Certains de ces avantages sont prévus par le Code du travail : le logement, la nourriture, le transport, les économats.

---

209 CA Dakar, 10 mars 1965, TPOM n° 176 du 16 novembre 1965, p. 3905 ; CA Dakar, 22 avril 1970, TPOM n° 299 du 16 mars 1971, p. 6618 ; CA Dakar, 13 février 1974, TPOM n° 388 du 2 février 1975, p. 52.

210 Le versement de la gratification pendant trois années consécutives vaut constance selon la jurisprudence.

- ***Le logement***

L'employeur est tenu d'assurer au travailleur expatrié ou au travailleur déplacé un logement suffisant pour lui et sa famille (art. L. 106 C. trav.). Les cas dans lesquels le logement doit être fourni, sa valeur maximale de remboursement et les conditions auxquelles il doit répondre sont fixés par décret.

Un texte réglementaire,[211] assez ancien, régit les conditions d'attribution de logement au travailleur déplacé. L'employeur a l'obligation de procurer un logement convenable au travailleur déplacé qui se trouve dans les cas suivants :

- salarié déplacé de sa résidence habituelle et introduit au lieu d'emploi par son employeur pour exécuter un contrat de travail ;
- salarié déplacé pour une période supérieure de six (6) mois ;
- salarié muté à plus de dix (10) kilomètres de la ville ou de l'agglomération où a été conclu le contrat de travail.

Selon l'article 62 alinéa 2 de la CCNIS, lorsque le travailleur déplacé dispose, sur son nouveau lieu d'emploi, d'un logement personnel ou peut assurer lui-même son logement, l'employeur est dégagé de l'obligation de le loger. Cette disposition crée une certaine confusion, car elle pose la possibilité d'exonération de l'employeur de l'obligation de fournir le logement là où la loi n'en pose pas. Or, la convention collective ne peut déroger que dans un sens favorable au salarié, ce qui n'est pas le cas ici. Dans cette situation, les dispositions réglementaires doivent donc s'appliquer.

- ***La nourriture***

Il arrive souvent que l'employeur soit obligé de fournir la nourriture ou les denrées de première nécessité au salarié. Aux termes de l'article L. 107 du Code du travail, l'employeur est tenu de fournir au travailleur, dans les conditions prévues par

---

211 Voir l'Arrêté n° 5040 du 17 juillet 1956 déterminant les cas dans lesquels le logement doit être fourni aux travailleurs, les conditions auxquelles il doit répondre notamment au regard de l'hygiène et pour assurer la protection des femmes et jeunes filles ne vivant pas en famille et sa valeur maxima de remboursement, JO du 2 août 1956, p. 716.

un arrêté du ministre chargé du travail,[212] un ravitaillement régulier en denrées alimentaires de première nécessité.

Les salariés bénéficiaires sont ceux occupés dans les exploitations, chantiers ou industries qui ne sont pas installés, soit dans un centre pourvu d'un marché régulier de denrées alimentaires de première nécessité, soit à proximité immédiate de ce centre. Il en est ainsi d'un chantier de construction en plein village.

Le salarié, pour avoir droit au ravitaillement en denrées alimentaires, doit se trouver dans l'impossibilité de se les procurer par ses propres moyens. La fourniture de cette ration est obligatoire pour les travailleurs qui perçoivent une rémunération inférieure au double du SMIG. Pour les salariés dont la rémunération est supérieure au double du SMIG, elle ne devient obligatoire que s'ils en font expressément la demande.

Par ailleurs, il convient de noter que la ration alimentaire doit être composée d'éléments sains, de bonne qualité, adaptés aux habitudes alimentaires des salariés. Cette ration doit être distribuée quotidiennement.

- ***Les frais de transport du travailleur déplacé***

Les frais de transport du travailleur, de son conjoint et de ses enfants mineurs vivant habituellement avec lui, ainsi que de leurs bagages, sont à la charge de l'employeur lorsque *ce travailleur a été déplacé par l'employeur pour exécuter un contrat de travail hors de sa résidence habituelle*, sauf dans les cas prévus par l'article L. 156 du Code du travail.

Le contrat de travail ou la convention collective peut prévoir une durée minimale de séjour en deçà de laquelle le transport des membres de la famille du travailleur n'est pas à la charge de l'employeur. Cette durée n'excédera pas six mois. Le transport du travailleur et de sa famille ainsi que de leurs

[212] Arrêté local n° 5645 ITLS/SM du 31 août 1953 déterminant les modalités suivant lesquelles une ration obligatoire, la fourniture de denrées alimentaires de première nécessité et des terrains de culture doivent être assurés aux travailleurs, JO du 31 août 1953, p. 827 ; Arrêté n° 8128 ITLS/SM du 29 décembre 1953 modifiant l'arrêté n° 5645 IT du 31 août 1953, déterminant les modalités suivant lesquelles une ration obligatoire, la fourniture de denrées alimentaires de première nécessité et des terrains de culture doivent être assurées aux travailleurs, JO du 28 juin 1956, p. 592.

bagages est effectué par la voie et les moyens normaux laissés au choix de l'employeur, sauf prescription médicale contraire.

Il est cependant loisible au travailleur d'utiliser un moyen de transport à sa convenance ; dans ce cas, si le moyen est plus coûteux, les frais supplémentaires incombent au travailleur ; s'il est moins coûteux, le travailleur ne peut exiger de son employeur le paiement de la différence.

Le transport du travailleur et de sa famille, ainsi que de leurs bagages, constituant une prestation en nature, n'est susceptible de remboursement par l'employeur au travailleur que lorsque celui-ci a avancé les frais de transport pour le compte de l'employeur et pour des transports effectivement acquis aux termes des dispositions des articles L. 156 à 161 du Code du travail et réellement effectués.

- ***Les économats***

Suivant l'article L. 133 du Code du travail, est considérée comme économat toute organisation où l'employeur pratique directement ou indirectement la vente ou la cession de marchandises aux travailleurs de l'entreprise pour leurs besoins personnels et normaux.

Les économats sont admis sous une triple condition. D'abord, que les travailleurs ne soient pas obligés de s'y fournir. Ensuite, la vente des marchandises doit être faite exclusivement au comptant et sans bénéfice. Enfin, la comptabilité du ou des économats de l'entreprise doit être entièrement autonome et soumise au contrôle d'une commission de surveillance élue par les travailleurs.

Le prix des marchandises mises en vente dans un économat doit être affiché lisiblement. Tout commerce installé à l'intérieur de l'entreprise est soumis aux dispositions qui précèdent, à l'exception des coopératives ouvrières. La vente des alcools et spiritueux est interdite dans les économats, ainsi que sur le lieu d'emploi du travailleur.

L'ouverture d'un économat dans les conditions prévues à l'article L. 133 du Code du travail est subordonnée à l'autorisation de l'inspecteur du travail. Elle peut être prescrite dans toute entreprise par l'inspecteur du travail et de la sécurité sociale.

Le fonctionnement est contrôlé par l'inspecteur du travail qui, en cas d'abus constaté, peut prescrire la fermeture provisoire pour une durée maximale d'un mois. Le ministre chargé du travail peut ordonner la fermeture définitive du ou des économats de l'entreprise sur rapport de l'inspecteur du travail et de la sécurité sociale et sur proposition du directeur général du travail et de la sécurité sociale.

B. /Le régime juridique du salaire

Le salaire obéit à un régime spécifique conçu par le législateur dans le sens de la protection de la créance salariale. Les mesures de protection des salaires sont destinées à lutter contre les abus auxquelles peut donner lieu non seulement l'application des modalités de paiement (**1**), mais aussi permettre au travailleur de disposer librement de son salaire (**2**).

1. Les modalités de paiement du salaire

Le fonctionnement normal d'une entreprise implique le paiement des salariés (**a**) qui y travaillent selon une périodicité régulière (**b**).

a) Le paiement du salaire

Le paiement du salaire doit obéir à certaines règles : monnaie de paiement (***a.1***), lieu (***a.2***), périodicité (***a.3***), etc. Cette réglementation participe à la protection du salaire.

a.1 – La monnaie de paiement

Le salaire doit être payé en monnaie ayant cours légal au Sénégal, nonobstant toute stipulation contraire. Il doit donc être payé en franc CFA[213] de la Banque Centrale des États de l'Afrique de l'Ouest (BCEAO).
Le paiement de tout ou partie du salaire, en alcool ou en boissons alcoolisées, est formellement interdit. Le paiement de tout ou partie du salaire en nature est également interdit, sous réserve des dispositions sur les avantages en nature.

a.2 – Le lieu du paiement

Le salaire est payé, sauf cas de force majeure, sur le lieu du travail ou au bureau de l'employeur, s'il est voisin du lieu du

---

[213] Communauté Financière Africaine.

travail. En aucun cas, le salaire ne peut être payé dans un débit de boissons ou dans un magasin de vente, ou dans un établissement de divertissement, sauf pour les travailleurs qui y sont normalement employés.

La paie est faite pendant les heures de travail. Le temps passé à la paie est considéré comme temps de travail et rémunéré comme tel.

a.3 – La périodicité du paiement

Contrairement à une légende largement répandue chez les non-juristes, la date limite de paiement du salaire n'est pas le 5 du mois suivant. La périodicité des paiements est différente suivant que les travailleurs sont rémunérés à l'heure, à la journée, à la semaine, à la quinzaine ou au mois. En tout état de cause, le salaire doit être payé à intervalles réguliers[214], selon la périodicité ne pouvant excéder 15 jours les travailleurs payés à l'heure ou à la journée et un mois pour ceux engagés au mois. Toutefois, le travailleur journalier, engagé à l'heure ou à la journée, pour une occupation de courte durée, est payé chaque jour avant la fin du travail.

Le salaire payé au mois, à la quinzaine ou à la semaine doit être réglé au plus tard huit jours, quatre jours, ou deux jours après l'échéance suivant les trois cas.

Pour tout travail aux pièces ou au rendement dont l'exécution doit durer plus d'une quinzaine, les dates de paiement peuvent être fixées de gré à gré, mais le travailleur doit recevoir chaque quinzaine des acomptes correspondant au moins à 90 % du salaire minimum et être intégralement payé dans la quinzaine qui suit la livraison de l'ouvrage. Les commissions acquises au cours d'un trimestre doivent être payées dans les trois mois suivant la fin de ce trimestre. Les participations aux bénéfices réalisés durant un exercice doivent être payées dans les neuf mois qui suivent l'exercice.

Par dérogation à ces règles, en cas de résiliation ou de rupture de contrat, le salaire, les accessoires du salaire, les primes et indemnités de toute nature dus au travailleur doivent être payés dès cessation du service.

---

214 À l'exception des professions pour lesquelles des usages établis prévoient une périodicité de paiement différente. Ces professions sont déterminées par Arrêté du Ministre chargé du travail.

b) La justification du paiement du salaire

La preuve du paiement du salaire est fournie par le bulletin de paie (***b.1***) et le registre des paiements (***b.1***).

b.1 – Le bulletin de paie

Le bulletin de paie est un document qui doit être remis par l'employeur à chaque salarié de l'entreprise lors du paiement de la rémunération. Le bulletin de paie est censé donner une image fidèle et complète de la rémunération du salarié. L'établissement du bulletin de paie est encadré par la loi, plusieurs mentions obligatoires doivent y figurer.[215]

Les textes réglementaires et les conventions collectives ont rendu obligatoires un certain nombre de mentions que doivent contenir le bulletin de paie et le registre des paiements, notamment, le détail de tous les éléments de rémunération ainsi que les charges salariales et patronales correspondantes. Il s'agit :

- du nom ou de la raison sociale de l'employeur ainsi que son adresse,
- de l'identité du travailleur, son adresse et son numéro d'ordre sur le registre de l'employeur,
- de l'emploi et de la classification professionnelle du travailleur,
- de la date du paiement et de la période à laquelle il se rapporte,
- du salaire en espèces et des avantages en nature,
- des primes et indemnités, des heures supplémentaires,
- des retenues sur salaire individualisées, de la rémunération nette.

Le bulletin est individuel et doit être établi de façon indélébile et être signé par le travailleur. Il est interdit de porter sur le bulletin de paie, ainsi que sur le registre des paiements, des mentions collectives.

Lorsque l'employeur ne délivre pas un bulletin de paie ou lorsqu'il ne fait pas émarger le salarié sur un registre de paiement, le salaire est présumé de façon irréfragable n'avoir pas été payé, sauf présentation d'un certificat bancaire ou

---

215 Arrêté ministériel n° 973 MFPT/DTSS du 23 janvier 1968 portant institution d'un bulletin de paie et d'un registre des paiements, JO n° 4002 du 24 décembre 1968, p. 1518.

postal attestant le paiement au travailleur. À ce sujet, la Cour suprême a jugé que l'ordre de virement donné par l'employeur à la banque ne constitue pas un document suffisant pour établir le paiement du salaire contesté.[216]

L'acceptation sans protestation ni réserve, par le travailleur, d'un bulletin de paie, ne peut valoir renonciation de sa part au paiement de tout ou partie du salaire, des accessoires du salaire, des primes et des indemnités de toute nature qui lui sont dus en vertu du Code du travail, de la convention collective ou du contrat de travail.[217] Elle ne peut valoir non plus compte arrêté et réglé au sens de l'article 345 du code de procédure civile.

b.2 – Le registre de paie

Le registre des paiements est un document qui, après chaque paie, constate le paiement du salaire. À l'occasion de chaque paie, ce registre, comme le bulletin de paie lui-même, est émargé par chaque travailleur intéressé. Cet émargement est constitué par l'apposition de la signature du travailleur, ou s'il est illettré, par les signatures de deux témoins sachant signer dont l'un est choisi par le travailleur, à l'exclusion de toute autre inscription ou empreinte digitale.

Le registre des paiements est tenu par ordre de dates, sans blanc, rature ou surcharge. En cas de ratures, celles-ci seront paraphées en marge du registre par le travailleur. Il est côté, paraphé et visé par le Président du tribunal territorialement compétent où l'employeur exerce sa profession, dans la forme ordinaire et sans frais.

Le registre de paie doit être rempli et conservé par l'employeur pendant un délai de cinq (5) ans suivant la dernière mention. Il doit le présenter à toute demande de l'Inspecteur du travail. Les mêmes rubriques du bulletin de paie doivent y figurer.

Dans les entreprises comprenant plusieurs établissements, le registre est tenu au siège de chaque établissement. Toutefois, le chef d'entreprise ou son représentant pourra, avec l'accord de l'inspecteur du travail et de la sécurité sociale du ressort, tenir

---

[216] C.S. Sénégal, ch. soc., 09 juin 2010, n° 38, *La Chambre de Commerce d'Industrie et d'Agriculture de Dakar dite CCIAD c./ Sémou Niokhobaye DIOUF,* Bulletin des arrêts de la Cour de cassation du Sénégal.

[217] Cass. soc., 14 juillet 1999, n° 69, *Mamadou MBAYE c./ La BIAO Sénégal,* Bulletin des arrêts de la Cour de cassation du Sénégal.

le registre pour l'ensemble des établissements situés dans une même localité ou région, lorsque leur importance ne justifie pas la tenue de registre dans chacun de ces établissements. Dans ce cas, le bulletin de paie sera établi en double exemplaire. Un exemplaire sera remis au travailleur et un second exemplaire sera conservé à l'établissement pour pouvoir être présenté à toute réquisition de l'inspecteur du Travail et de la Sécurité sociale.

Lorsque le bulletin de paie est détaché d'un carnet à souche dont les feuilles fixes et les feuilles détachables portent une même numérotation continue, ce carnet à souche vaut registre des paiements.

Le registre des paiements est conservé par l'employeur, à l'établissement, dans les mêmes conditions que les pièces comptables. Il doit être présenté, sur le champ, à toute réquisition de l'inspection du travail et de la sécurité sociale, même en cas d'absence du chef d'établissement. Il va de soi qu'en cas de force majeure, par exemple si ces documents ont été détruits par suite d'un incendie, l'employeur pourra user d'autres moyens de preuve pour justifier les paiements, notamment la preuve testimoniale.

2. La protection du salaire

La protection du salaire trouve son fondement dans le fait qu'il est souvent la principale, voire l'unique source de revenus du travailleur. En effet, le salaire permet au travailleur, notamment, de se nourrir, de se vêtir, de se loger et d'entretenir les membres de sa famille. C'est pour cette raison que la loi protège le salaire contre l'employeur (**a**) ses propres créanciers (**b**) et les créanciers de l'employeur (**c**).

a) La protection contre l'employeur

Les règles de protection du salaire contre l'employeur sont les plus nombreuses. Elles portent sur les retenues sur salaires (***a.1***), la durée de la prescription des salaires (***a.2***), la quittance pour solde de tout compte (***a.3***) et les compensations (***a.4***).

a.1 – Les retenues sur salaires

Les retenues sur salaires sont possibles. Mais, cette pratique est rigoureusement réglementée pour limiter les excès et les litiges.[218] Il faut empêcher l'employeur de restreindre de quelque manière que ce soit, la liberté du travailleur de disposer de son salaire à sa guise. En outre, il est interdit à l'employeur d'infliger des amendes.

Ainsi, en dehors des prélèvements autorisés, *il ne peut être fait de retenues sur les salaires pour le remboursement d'avance d'argent consenti par l'employeur au travailleur que par voie de saisie-arrêt, ou de cession volontaire de salaire souscrite dans e cadre des dispositions légales et réglementaires.* Les prélèvements autorisés sont variables. Les principaux cas de retenue sur salaire sont les impôts, les cotisations sociales, les consignations, les cotisations syndicales, les avances et acomptes.

- ***Les impôts***

Les impôts à la charge du salarié sont : l'Impôt sur le Revenu (IR) et la Taxe Représentative de l'Impôt Minimum Fiscal (TRIMF). L'IR et la TRIMF doivent être retenus à la source par l'employeur sur les salaires du travailleur.[219]

Un barème des impôts et taxes retenus à la source sur les salaires permet, pour un salaire déterminé, de connaître le montant de l'IR et de la TRIMF[220] dus. Ce barème est établi en tenant compte de la situation familiale du salarié (marié ou célibataire, nombre d'enfants à charge).

L'IR, la TRIMF et la CFCE doivent être versés chaque mois dans les 15 premiers jours du mois suivant celui au cours duquel ces impôts et taxes seront prélevés, lorsque leur montant est supérieur à 20.000 F CFA.[221] Lorsque leur montant est inférieur à 20.000 CFA, le versement doit être effectué par trimestre, dans les 15 premiers jours suivants le trimestre échu.

---

[218] Article L. 130 du code du travail.

[219] Voir article 113 et suivants du Code Général des Impôts du Sénégal.

[220] La TRIMF est perçue au profit des collectivités locales. Le montant de la TRIMF varie en fonction de la rémunération brute du salarié.

[221] La contribution forfaitaire à la charge des employeurs (CFCE) comme son nom l'indique incombe à l'employeur personne physique ou morale qui paye des traitements et salaires. La CFCE est entièrement due par toute personne physique ou morale qui paie des salaires.

Le règlement est effectué en utilisant le bordereau de versement fourni gratuitement par l'administration des impôts. Les versements sont effectués auprès du comptable public compétent.

- ***Les cotisations sociales***

Les cotisations sociales sont des prélèvements obligatoires, indexés sur les salaires, qui donnent droit au salarié à des prestations sociales en cas, par exemple, de maladie, d'accident du travail, de retraite... Au-delà de l'immatriculation auprès des organismes sociaux, l'employeur devra s'acquitter du paiement de cotisations sociales.[222] Il s'agit pour l'essentiel des cotisations à verser aux institutions de prévoyance sociale (IPRES, IPM) et à la Caisse de Sécurité Sociale.

- ***Les consignations***

Aux termes de l'article L. 130 du Code du travail, les consignations prévues par les conventions collectives et les contrats peuvent faire l'objet de retenues sur salaire. Le code n'en dit pas plus ; mais on peut penser qu'il s'agit des cautionnements réglementés par les articles L. 101 à 104 du Code du travail.

Dans le cadre de son activité professionnelle, un employé peut être amené à fournir à son employeur un cautionnement consistant à remettre en gage une somme d'argent ou des titres, et ce afin de garantir la bonne exécution de sa prestation de travail. L'employeur est, en effet, autorisé à demander un cautionnement à certains salariés, dont les fonctions nécessitent sous leur responsabilité des maniements de fonds ou de marchandises d'une certaine valeur. Il en est ainsi des comptables dans les établissements publics, des caissiers, etc.

Le Code du travail a organisé un système de protection particulier pour ce type de cautionnement. Cette protection permet au salarié de récupérer les sommes versées si l'entreprise cesse son activité ou si le travailleur quitte l'entreprise. Elle permet d'éviter que le cautionnement ne se

---

[222] C.S. Sénégal, ch. soc., 9 mars 2011, n° 21, *La Société COUNTERPART INTERNATIONAL c./ Fatimata KANE SARR*, Bulletin des arrêts de la Cour suprême du Sénégal.

fonde dans le patrimoine de l'employeur et ne soit soumis aux poursuites de ses propres créanciers.

- ***Les cotisations syndicales***

Les cotisations constituent la principale source de revenus du syndicat, nonobstant les subventions et legs divers, et aussi la principale obligation des adhérents. Le recouvrement des cotisations s'effectue à la source sur le salaire du travailleur, à l'intérieur de l'entreprise.

Pour procéder au recouvrement, le responsable syndical doit adresser un courrier de demande de prélèvement de cotisation de ses membres ou adhérents à la direction générale de l'entreprise, accompagné de la fiche de prélèvement de cotisation émargée par chaque adhérent. Le recouvrement peut se faire aussi sur demande écrite, signée par le salarié et adressée à l'employeur. Ce dernier prélève la cotisation syndicale directement à la source, au profit du syndicat professionnel désigné par le travailleur demandeur.[223]

- ***Les avances et acomptes sur salaire***

Les avances sur salaire sont des prêts consentis par l'employeur au salarié qui en garantit le remboursement sur son salaire. Les acomptes sont des versements, avant échéance, d'une partie des salaires acquis. Les acomptes sont entièrement déductibles de la somme globale de salaire dû au terme de la période ouvrant droit au paiement du salaire tandis que les avances sur salaires ou prêts suivent des règles spéciales.

En vue du remboursement de ces avances, les retenues ne peuvent être opérées que par cession volontaire de salaire ou par saisie-arrêt, en fonction de la quotité saisissable ou cessible.[224] Pour éviter un endettement excessif du salarié

---

[223] Arrêté interministériel n° 21699 en date du 26 novembre 2015 abrogeant et remplaçant l'arrêté interministériel n° 6508 du 30 juin 1997 modifiant le plafond de la cotisation syndicale sur les traitements et salaires des travailleurs. Le montant de ce prélèvement est actuellement de mille francs CFA.

[224] Les salaires ne peuvent être saisis que pour la portion ci-après : 10% jusqu'à 20. 000 francs, 20% de 20. 001 à 30. 000 francs, 30% de 30. 001 à 100. 000 francs, 40% de 100. 001 à 200. 000 francs, 100% au-delà de 200. 000 francs. Si la saisie ou la cession a pour objet d'obtenir le paiement des frais d'hôpital ou de clinique, ou de garantir ou d'obtenir le remboursement des emprunts contractés pour aider à la construction, à

envers son employeur, *la loi limite les prêts à six fois la quotité cessible ou saisissable du salaire.* Art. L. 130 al. 5 et 6 C. trav.

L'assiette servant au calcul de la quotité cessible ou saisissable est constituée par le *salaire brut global* déduction faite des taxes et prélèvements légaux obligatoires retenus à la source, des indemnités représentatives de frais, des prestations, majorations et suppléments pour charges de famille, des indemnités déclarées insaisissables par les lois et règlements.

a.2 – La prescription

La prescription correspond au délai pendant lequel il est possible d'agir pour obtenir le paiement de sommes d'argent, comme le salaire. L'action des travailleurs en paiement de salaires, des accessoires du salaire, des primes et indemnités de toute nature, ainsi que, plus généralement, de toute somme due par l'employeur au travailleur, et celle en fourniture de prestations en nature et éventuellement de leur remboursement, se *prescrivent par cinq ans.*

Exemple :

Un salarié n'a pas perçu sa prime de risque du mois d'avril 2013. Il peut agir en justice jusqu'en avril 2018.

La prescription court à compter de la date à partir de laquelle le salaire est exigible. Elle est suspendue lorsqu'il y a compte arrêté, cédule (acte sous seing privé) ou obligation (acte notarié) ou citation en justice non périmée, ou procédure devant le tribunal du travail. De même, la demande de règlement à l'amiable du différend individuel introduite devant l'inspection

l'achat ou à l'amélioration d'un local à usage d'habitation principale, les *salaires peuvent,* si la portion ci-dessus est insuffisante, être, en outre, *simultanément saisis pour la portion supplémentaire mensuelle* de : 10% jusqu'à 20. 000 francs, 20% de 20. 001 à 30. 000 francs, 30% de 30. 001 à 100. 000 francs, 40% de 100. 001 à 200. 000 francs par mois. Art. 381 C. proc. civ. Dans tous les cas, le total des prélèvements et retenues, quelle que soit leur nature, y compris les cessions volontaires, ne peut, en aucun cas, même pour les dettes alimentaires, excéder les deux tiers du montant ainsi obtenu.

du travail suspend la prescription jusqu'à la date du procès-verbal clôturant la tentative de conciliation.[225]

Néanmoins, le travailler auquel la prescription est opposée peut déférer le serment à l'employeur ou à son représentant, sur la question de savoir si le salaire qu'il réclame a été payé. Le serment peut être déféré aux veuves et héritiers ou aux tuteurs de ces derniers, s'ils sont mineurs, pour qu'ils aient à déclarer s'ils ne savent pas que le salaire réclamé est dû.

Si le serment déféré n'est pas prêté, ou s'il est reconnu, même implicitement, que les sommes ou prestations réclamées n'ont pas été payées, fournies ou remboursées, l'action en paiement de salaires et en fournitures ou remboursements de prestations en nature se prescrit par *dix ans*.[226] En clair, le refus de prêter serment a pour effet de substituer à la prescription quinquennale, la prescription décennale. Il ne constitue nullement un aveu, même implicite, de non-paiement de salaire.

a.3 – Le reçu pour solde de tout compte

Le solde de tout compte est souvent établi par l'employeur et remis au salarié qui quitte son emploi, contre décharge. Il fait l'inventaire détaillé de toutes les sommes (salaires, indemnités, primes...) versées au salarié lors de toute rupture du contrat de travail. À travers la signature de ce document, le salarié reconnaît, en principe, qu'il a été totalement désintéressé par l'employeur.

Dans le souci de protéger le salarié, la loi décide que le reçu pour solde de tout compte n'a aucune valeur libératoire. Il n'est pas inopposable au salarié. Cela veut dire qu'il peut revenir par après et dénoncer ce qu'il avait signé, s'il estime avoir été trompé. (art. L. 116 alinéa 7 C. trav.)

---

[225] Cass. soc., 25 janvier 2006, n° 10/2006, *Yoro THIAM et autres c./ La SOCOPAO SENEGAL-SDV*, Bulletin des arrêts de la Cour de cassation du Sénégal.

[226] C.S. Sénégal, ch. soc., 23 décembre 2015, *Vénus Industries SARL c./ Mariama DIOUF et vingt (20) autres*, n° 72, Bulletin des arrêts de la Cour suprême du Sénégal : En application de l'article L. 128 du code du travail si le serment déféré par le travailleur à son employeur n'est pas prêté, l'action en paiement de salaires se prescrit par dix ans.

a.4 – La compensation

L'employeur peut être amené à consentir des prêts et avances au salarié, voire lui fourniture des marchandises et du matériel. Or, compte tenu du fait que celui-ci est débiteur du salarié, la compensation que prévoit le code des obligations civiles et commerciales pourrait constituer un mode normal d'extinction de la dette. Mais, en raison du caractère alimentaire du salaire, la compensation a été admise en droit du travail sous certaines réserves.

Aux termes de l'article L. 130 in fine du Code du travail, la compensation entre les salaires et les sommes dues par le salarié à l'employeur ne peut être opérée que *par décision de justice* et *dans les conditions de l'article 215 COCC*. Suivant cet article, « Lorsque deux personnes se trouvent débitrices l'une envers l'autre, il s'opère entre elles une compensation qui éteint les deux dettes. La compensation n'a lieu qu'entre les dettes de sommes d'argent ou de choses fongibles, liquides, exigibles et saisissables ».

b) La protection contre les créanciers du salarié

Les créanciers du salarié (banquier, bailleur ou ex-conjoint...) peuvent être tentés de recouvrer leur créance sur son salaire, au risque de le laisser complètement dépourvu. Pour limiter ce risque, sans dissuader les prêteurs de faire crédit aux salariés, le législateur a aménagé un régime de compromis, en limitant les cessions (***b.1***) et saisies sur salaires (***b.2***).

b.1 – La cession volontaire de salaire

Lorsqu'un salarié a des dettes (pension alimentaire non versée, loyers impayés...), il peut s'en acquitter volontairement en cédant une partie de son salaire à son créancier. C'est ce qu'on appelle la cession volontaire de salaire.

Le salarié qui décide de céder volontairement une partie de son salaire à un créancier doit respecter la procédure et les conditions posées par les articles 205 à 212 de l'Acte Uniforme portant organisation des procédures simplifiées de recouvrement et des voies d'exécution (AURVE). Il doit remplir une déclaration au greffe de la juridiction compétente de son domicile ou du lieu où il demeure.

La déclaration est souscrite par le salarié en personne. Elle doit indiquer le montant et la cause de la dette pour paiement de laquelle la cession est consentie ainsi que le montant de la retenue devant être opérée à chaque paiement de la rémunération cédée. Elle est munie de pièces justificatives (bulletins de salaire...).

Le tribunal doit vérifier que la cession reste dans les limites de la quotité saisissable, compte tenu des retenues déjà effectuées. Après cette vérification, le greffier mentionne la déclaration sur un registre tenu à cet effet au greffe de la juridiction compétente et coté et paraphé par le président de cette juridiction. Il notifie ensuite la déclaration à l'employeur et la remet au cessionnaire.[227]

L'employeur verse directement au cessionnaire le montant des sommes retenues sur production d'une copie de la déclaration. En cas de refus, l'employeur peut être contraint au paiement des sommes régulièrement cédées dans les conditions prévues par l'article 189 de l'AURVE.

En cas de survenance d'une saisie, le cessionnaire est de droit réputé saisissant pour les sommes qui lui restent dues et entre en concours avec les autres créanciers saisissants. Dans une telle hypothèse, le greffier informe l'employeur que les versements devront désormais être effectués au greffe. Si la saisie prend fin avant la cession, le greffe informera l'employeur que les sommes cédées doivent à nouveau être versées directement au cessionnaire.

La cession prend fin en cas d'annulation, de résiliation aimable ou de paiement de la dernière échéance prévue.

b.2 **– La saisie des salaires**

Un créancier peut mettre en œuvre la procédure de saisie sur salaire ; dans ce cas, il perçoit directement de l'employeur le remboursement de la créance que ce dernier lui doit. La saisie ne peut porter que sur la fraction saisissable du salarié. Le créancier qui veut procéder à une saisie doit justifier d'un titre exécutoire constatant une créance liquide et exigible.

---

[227] Lorsque la cession porte sur les traitements, salaires et pensions dus par l'État, la notification est faite au trésorier général par bordereaux faisant l'objet d'une numérotation annuelle continue envoyée à l'aide d'un cahier de transmission spécialement réservé à cet usage.

La saisie des salaires suit les règles de procédure civile prévues par les articles 179 et suivants de l'AURVE, avec cette particularité qu'*elle est, à peine de nullité, précédée d'une tentative de conciliation.* La demande de conciliation est présentée sous forme de requête adressée à la juridiction compétente et contenant les énonciations prévues par l'article 179 de l'AURVE.

En cas de conciliation, un procès-verbal qui mentionne les conditions de l'arrangement est signé et met fin à la procédure. À défaut d'accord, la procédure de saisie est engagée. Le greffier notifie l'acte de saisie à l'employeur dans les huit jours de l'audience de non-conciliation ou dans les huit jours suivant l'expiration des délais de recours si une décision a été rendue en application de l'article 181, dernier alinéa de l'AURVE.

Dans les quinze (15) jours, l'employeur déclare au greffe la situation de droit existant entre lui et le débiteur et les éventuelles cessions ou saisies en cours. Il informe également le greffe et le saisissant dans les huit (8) jours de toute modification de ses relations avec le saisi si elle est de nature à influer sur la procédure en cours.

L'employeur qui, sans motif légitime, ne fait pas cette déclaration ou fait une déclaration mensongère peut être déclaré, par la juridiction compétente, débiteur des retenues à opérer. Il risque également une condamnation à des dommages et intérêts. La notification de l'acte de saisie rend indisponible la quotité saisissable du salarié. L'employeur adresse, tous les mois au greffe, le montant des sommes réclamées. À défaut de versement, il est déclaré, par la juridiction compétente, personnellement débiteur.

Contrairement à ce qui se passe pour la saisie-attribution, il est possible qu'il y ait pluralité de saisies. Tout créancier muni d'un titre exécutoire peut en effet intervenir dans une procédure en cours sans tentative de conciliation préalable. Dans l'hypothèse où il y a pluralité de saisies, les créanciers viennent en concours sous réserve des causes légitimes de préférence.

Les versements sont portés dans un compte ouvert dans l'établissement bancaire ou au tireur public et il appartient au président de la juridiction compétente de procéder à la répartition des sommes encaissées chaque trimestre. La fin de la saisie, qui peut résulter soit d'un accord du ou des créanciers, soit de la constatation par le président de la juridiction compétente de l'extinction de la dette, doit être notifiée à l'employeur dans les huit jours.

c) La protection contre les tiers

Le travailleur doit pouvoir percevoir son salaire sans craindre le concours des créanciers de l'employeur. La protection permet notamment de veiller à ce qu'il soit payé avant toute somme due à d'autres créanciers de dernier (***c.2***). Elle permet également d'empêcher que le salaire soit appréhendé par ses propres débiteurs (***c.1***).

c.1 – La protection contre les débiteurs du salarié

Le travailleur détenteur de l'objet par lui œuvré peut exercer le droit de rétention dans les conditions prévues par la législation en vigueur.[228] Ce droit de rétention accordé au travailleur est un moyen de pression pour obtenir l'exécution de la prestation.

L'article L. 124 du Code du travail autorise d'ailleurs le travailleur à vendre, dans les conditions prévues par la réglementation en vigueur, les objets mobiliers qui lui ont été confiés pour être travaillés, façonnés ou réparés et qui n'auront pas été retirés dans un délai de six mois.

c.2 – La protection contre les créanciers de l'employeur

La loi protège aussi le salarié contre les créanciers de son employeur, notamment en cas d'ouverture d'une procédure collective. Cette protection qui découle du régime des sûretés est réaffirmée sur le plan international par la Convention n° 95 de l'OIT du 1er juillet 1949 sur la protection du salaire[229]. Cette garantie vise au premier chef à assurer le paiement effectif aux salariés de ce qui leur est dû lorsque l'entreprise est en difficulté.

---

[228] Voir les articles 67 et s. de l'Acte uniforme OHADA du 15 décembre 2010, portant organisation des sûretés. L'analyse de ces articles permet de relever les difficultés d'application de l'application de l'article L. 124 du code du travail.

[229] Suivant l'article 11 de cette Convention, « le salaire constituant une créance privilégiée sera payé intégralement avant que les créanciers ordinaires ne puissent revendiquer leur juste part. »

- ***Les bénéficiaires des privilèges***

L'Acte uniforme portant organisation des sûretés (AUS) utilise l'appellation de travailleurs et apprentis pour évoquer les bénéficiaires des privilèges. En réalité, ce sont tous les salariés qualifiés de travailleurs par le Code du travail qui sont ainsi visés (travailleurs permanents, saisonniers, intérimaires, marins, travailleurs à domicile, agents non-fonctionnaires de l'État, des communes et des entreprises publiques...). La durée du contrat est inopérante. Sont donc concernés tous les travailleurs sous subordination, même ceux du secteur public.

- ***Les créances garanties***

Les créances privilégiées sont toutes celles qui dérivent du contrat du travail (salaires de base, accessoires de salaires tels que les primes et indemnités diverses, les dommages-intérêts, les prestations en nature...), aussi bien de son exécution proprement dite que de sa résiliation, durant la dernière année ayant précédé le décès du débiteur, la saisie des biens ou la décision judiciaire d'ouverture d'une procédure. Il s'agit uniquement des créances échues durant cette période.

Les créances échues plus d'un an avant ces évènements ou postérieurement à eux ne sont pas garanties par le privilège. Il en est ainsi des salaires à paiement différé tels les congés payés ou les indemnités de licenciement dont le paiement intervient au terme d'une longue durée d'acquisition successive.[230]

- ***Le super-privilège des salaires***

Conformément à l'article L. 119 du Code du travail, les sommes dues à titre de salaire bénéficient, pour *la fraction insaisissable*, d'un *super-privilège*, préférable à tous autres privilèges, généraux ou spéciaux. Ce privilège s'exerce sur les biens meubles et immeubles de l'employeur.

Lorsque *ce super-privilège s'exerce sur les immeubles*, il vient au *deuxième rang* après les frais de justice. Lorsque *ce super-privilège s'exerce sur les meubles*, il vient au *troisième rang* après

---

230 Les créances échues avant la dernière année ayant précédé la décision d'ouverture d'une procédure collective sont chirographaires. Celles qui sont nées postérieurement au jugement d'ouverture sont des créances contre la masse.

les frais de justice, et le privilège du conservateur. Les articles 225 et 226 de l'Acte uniforme OHADA portant organisation des sûretés (AUS) confèrent aux salaires un rang très préférentiel par rapport aux autres créances.

Si les deniers provenant de la réalisation de l'immeuble ne suffisent pas à payer le super-privilège de tous les salariés, ceux-ci concourent à la distribution du prix dans la proportion de leurs créances, au marc le franc. Ainsi, si, après l'acquittement des frais de justice, le prix restant à distribuer ne représente que la moitié du total des créances de salaires super-privilégiées, chaque créancier ne percevra que 50 % de sa créance.[231] Ces règles s'appliquent en matière mobilière.

- ***Le privilège général des salaires***

La *fraction saisissable* du salaire bénéficie d'un *privilège général* qui s'exerce aussi bien sur les immeubles que sur les meubles. En *matière de distribution immobilière*, le privilège général correspondant à la fraction saisissable du salaire sera servi après les créances de frais de justice, les créances de salaires super-privilégiés, les créances hypothécaires, les créances munies d'un privilège général soumis à publicité et dans l'ordre des privilèges généraux non soumis à publicité. Selon l'article 180 de l'AUS, ces privilèges généraux viennent au troisième rang après les frais d'inhumation et de dernière maladie du débiteur, les fournitures de subsistance faites au débiteur pendant la dernière année.

En *matière de distribution mobilière*, la fraction saisissable sera servie après les créances de frais de justice, la créance privilégiée du conservateur, les créances de salaires super-privilégiés, les créances gagistes, les créances munies d'un privilège spécial. Elle vient au rang des privilèges généraux, en sixième position, conformément à l'article 226 de l'AUS. Dans la réalité, ce privilège semble pour le moins théorique. Le paiement des salaires reste hypothétique en l'absence de liquidité financière ou d'actifs suffisants.

---

[231] ANOUKAHA (F.), CISSE NIANG (A.), FOLI (M.), ISSA SAYEGH (J.), NDIAYE (I.Y.), SAMB (M.), *OHADA Sûretés*, Bruylant Bruxelles, 2002, 279 pages.

- ***Les autres sûretés***

Par ailleurs pour assurer le règlement rapide et effectif des créances, le législateur a institué certaines règles spéciales en cas de liquidation judiciaire ou faillite. Ainsi, au plus tard dans les dix jours qui suivent le jugement déclaratif de faillite ou de liquidation judiciaire, et sur simple ordonnance du juge-commissaire, le syndic ou le liquidateur doit payer les créances des travailleurs.[232] Au cas où il n'aurait pas les fonds nécessaires, ces créances doivent être acquittées sur les premières rentrées de fonds avant toute autre créance, comme indiqué à l'article L. 119 du Code du travail.

Au cas où lesdites créances sont payées grâce à une avance faite par le syndic, le liquidateur ou toute autre personne, le prêteur est subrogé dans les droits du travailleur et doit être remboursé dès la rentrée des fonds nécessaires, sans qu'aucune autre créance ne puisse y faire opposition.

Le travailleur logé par l'employeur avant la liquidation judiciaire ou la faillite continue à être logé jusqu'à la date de paiement de sa dernière créance. S'il s'agit d'un travailleur déplacé, il continue à être logé jusqu'à la date de départ du moyen de transport mis à sa disposition pour regagner sa résidence habituelle.[233]

SECTION 2 : LA SITUATION JURIDIQUE DU SALARIÉ

Lors de l'exécution, une importante réglementation s'attache à protéger le salarié des abus de l'employeur. De même, le contrat de travail crée des obligations à la charge du salarié. Le salarié a donc des droits (**§ 1**) et des obligations (**§ 2**).

§ 1 – Les droits du salarié

Les droits du salarié résultent naturellement des engagements que l'employeur a pris à l'égard du salarié en contractant. En particulier, le salarié doit être affecté à l'emploi convenu, recevoir le salaire prévu, bénéficier des dispositions légales et conventionnelles en vigueur. Le *droit d'expression* est

---

[232] C. trav., art. L. 121. Adde, L'article 96 AUS vise les créances super-privilégiées. Les dispositions du code du travail semblent donc plus favorables au salarié.

[233] Article L. 123 du code du travail

également un droit du salarié dont il convient de préciser la notion (**A**) et les modalités d'exercice de ce droit (**B**).

A. /La notion de droit d'expression

L'emblématique *affaire Clavaud*[234], du nom d'un ouvrier caoutchoutier, travaillant pour un célèbre fabricant de pneus, la société DUNLOP, qui avait été licencié pour avoir publié dans le journal *L'Humanité* des propos critiques sur ses conditions de travail de nuit, a eu des retentissements au-delà du cadre hexagonal. Il convient de définir le droit d'expression (**1**) avant de préciser son champ d'application (**2**).

1. La définition du droit d'expression

L'article L. 5 du Code du travail reconnaît au salarié le bénéfice d'un droit d'expression directe et collective sur le contenu, les conditions d'exercice et l'organisation du travail.[235] Ce droit qui vise à définir les actions permettant d'améliorer les conditions de travail, l'organisation de l'activité, et la qualité de la production constitue indiscutablement une innovation majeure du Code du travail de 1997.

Le droit d'expression ne doit pas être confondu avec la liberté d'expression qui est le droit pour le salarié de s'exprimer librement dans et hors de l'entreprise du moment que ses propos ne portent pas atteinte à la réputation de celle-ci. La liberté d'expression est garantie par la Constitution[236], l'article 9 de Charte africaine des droits de l'homme et des peuples[237], l'article 19 de la Déclaration universelle des droits de l'homme

---

[234] Cass. soc., 28 avril 1988, affaire *Clavaud*, Dr. soc., 1988, p 428 : La Cour de cassation française avait jugé que le licenciement de Alain Clavaud était nul, précisant dans une remarquable formule, que « l'exercice du droit d'expression dans l'entreprise étant, en principe, dépourvu de sanction, il ne pouvait en être autrement hors de l'entreprise où il s'exerce, sauf abus, dans toute sa plénitude ».

[235] Décret n° 2009-1413 du 23 décembre 2009 fixant les conditions d'application des dispositions de l'article L. 5 du code du travail relatives au droit d'expression directe et collective et aux procédures de négociations au sein de l'entreprise, JO n° 6518 du 27 mars 2010, p. 328.

[236] Articles 8, 10 et 11.

[237] Article 9.2 : « Toute personne a le droit d'exprimer et de diffuser ses opinions dans le cadre des lois et règlements. »

de 1948[238] et l'article 11 de la Déclarations des droits de l'Homme et du Citoyen de 1789[239].

2. Le champ d'application du droit d'expression

Le droit d'expression peut se manifester dans tous les domaines où le salarié est susceptible de procéder à une analyse des aspects de son travail. Concrètement, on range dans ce droit, les questions concernant les conceptions de l'équipement et des horaires collectifs, la sécurité, l'hygiène ou encore tout ce qui concerne les méthodes de travail, toujours dans le but d'essayer d'améliorer la vie dans l'entreprise.

Certains points sont exclus du droit d'expression. Tout ce qui concerne le contrat de travail, les rémunérations ou encore les classifications (relève du champ conventionnel et du champ contractuel), ainsi que la détermination des objectifs généraux de l'entreprise (domaine réservé de l'employeur).

B. /Les modalités d'exercice du droit d'expression

Le droit d'expression s'exerce par l'expression individuelle que porte un salarié directement à son employeur (**1**), et l'expression collective via les représentants du personnel (**2**).

1. L'expression individuelle

Dans toute entreprise, chaque travailleur peut s'adresser directement à l'employeur, oralement ou par écrit, pour lui soumettre une réclamation, lui faire des suggestions ou émettre un avis sur sa situation personnelle. L'expression est directe lorsqu'elle s'exprime dans une démarche personnelle du salarié sans intermédiaire de la hiérarchie ou de représentants du personnel.

Lorsque le travailleur formule une demande d'audience, il est reçu dans un délai maximum de quinze jours ouvrables par

---

238 « Tout individu a droit à la liberté d'opinion et d'expression, ce qui implique le droit de ne pas être inquiété pour ses opinions et celui de chercher, de recevoir, et de répondre sans considération de frontières, les informations et les idées par quelque moyen d'expression que ce soit. »

239 « La libre communication des pensées et opinions est un des droits les plus précieux de l'homme : tout citoyen peut donc parler, écrire, imprimer librement, sauf à répondre de l'abus de cette liberté dans les cas déterminés par la loi ».

l'employeur ou son représentant. L'employeur est tenu de faire suite à toute sollicitation écrite du travailleur dans le même délai.

L'exercice du droit d'expression s'affranchit de l'obligation de respecter la hiérarchie, sauf abus de droit. Les opinions émises par les salariés, quelle que soit leur place dans la hiérarchie professionnelle, ne peuvent servir de fondement à une sanction disciplinaire ou à un licenciement.

Les mesures destinées à protéger cette liberté doivent être prévues par l'accord ou la décision de l'employeur, sous réserve de tout abus de droit. En effet, tout exercice d'un droit reste protégé dans la limite de tout abus. Ainsi, un salarié qui met directement en cause son supérieur hiérarchique à travers des mensonges proférés dans l'intention de nuire commet un abus de droit.

Les modalités d'application des règles indiquées ci-dessus sont précisées dans chaque établissement par l'employeur, par écrit communiqué aux travailleurs par voie d'affichage et transmis sans délai à l'inspecteur du travail du ressort.

2. L'expression collective

Le droit d'expression collective s'exerce par les représentants légaux ou, en l'absence desdits représentants, par tout autre organisme de représentation librement constitué par les travailleurs ou convenu entre l'employeur et les travailleurs. Les employeurs doivent s'abstenir de toute intervention de nature à limiter ce droit ou à en entraver le libre exercice.

L'exercice du droit d'expression est entouré de certaines garanties, afin de le rendre effectif. Les réunions d'expression doivent se tenir sur les lieux et pendant le temps de travail. Les réunions d'expression doivent être rémunérées comme du temps de travail.

Le droit d'expression s'exerce aussi hors de l'entreprise. Cette liberté d'expression est reconnue à chaque citoyen, ce qui permet à tout salarié de s'exprimer librement en dehors de l'entreprise, sauf abus.

À cet effet, un salarié qui a décrit dans le cadre d'un entretien dans un journal les conditions de travail de l'entreprise n'avait fait qu'exercer son droit de libre expression. Par contre, les salariés qui ont participé activement à une campagne de dénigrement dans la presse contre leur employeur, ce qui avait entraîné la fermeture administrative de l'établissement, ont abusé de leur liberté d'expression.[240]

§ 2 – Les obligations du salarié

L'obligation essentielle du travailleur est de fournir le travail pour lequel il s'est engagé au service de l'employeur. Il a l'obligation d'exécuter sa prestation conformément aux instructions reçues de l'employeur de façon personnelle (**A**), de manière consciencieuse (**B**) et loyale (**C**).

A. /L'exécution personnelle

Le contrat est conclu intuitu personae. L'obligation qui en découle est que le travailleur ne peut faire exécuter sa prestation par un tiers ou se faire aider sans le consentement de l'employeur. Il ne peut dans l'exécution du contrat se substituer au tiers ou se faire aider par lui sans le consentement de son employeur. S'il le fait, il se rend coupable d'une faute pouvant justifier des sanctions.

L'employeur ne peut obliger le travailleur à effectuer des tâches ou à assurer des fonctions pour lesquelles il n'a pas été engagé ou pour lesquelles il n'est pas qualifié (sous réserve des règles d'usage ou d'intérim). Le caractère personnel de l'exécution de la prestation de travail interdit à l'employeur de recourir à l'exécution forcée en cas d'inexécution du contrat de travail.

Ainsi, si le salarié manque à son obligation, la sanction est la résiliation du contrat de travail et l'octroi éventuel de dommages-intérêts. C'est l'application du principe civiliste d'après lequel toute obligation de faire ou de ne pas faire se résout en dommages et intérêts en cas d'inexécution de la part du débiteur.[241]

B. /L'exécution consciencieuse

Le salarié est tenu d'exécuter *consciencieusement* le travail convenu, conformément aux ordres et aux instructions de l'employeur, en *prenant soin du matériel* qui lui est confié. Il doit

---

[240] Cass. soc., 4 février 1997, n• 96-40.678, Dr. soc. 1997, p. 413, obs. Jean SAVATIER.

[241] Voir article 6 al. 2 COCC ; en France article 1142 C. civ.

également respecter le règlement intérieur de l'entreprise, doit respecter les droits des personnes ainsi que les libertés individuelles et collectives, et ne doit pas comporter de dispositions discriminatoires fondées sur le sexe, la race, ou encore les opinions politiques ou syndicales.

L'exécution consciencieuse signifie que la prestation doit être exécutée en bon père de famille selon les règles de l'art et avec diligence. Un salarié manquera à l'obligation de diligence s'il exécute son contrat de travail de manière volontairement défectueuse. Une exécution non consciencieuse peut entraîner le licenciement si la faute est suffisamment grave.

La faute est appréciée *in abstracto*, c'est-à-dire par référence à un professionnel qui exerce la même activité que le salarié. Il appartient à l'employeur de démontrer que le salarié n'a pas apporté tous les soins d'un tel professionnel à l'exécution de sa tâche. Dans tous les cas, les juges apprécieront concrètement la faute du salarié en tenant compte du contexte professionnel, de l'ancienneté, des services rendus, etc.

C. /L'exécution loyale

L'obligation de loyauté résulte du principe général de droit selon lequel les conventions s'exécutent de bonne foi. Mais, l'exécution loyale n'exige pas un dévouement excédant les strictes obligations du salarié. L'obligation de loyauté assure une exécution honnête du contrat de travail. Elle interdit au salarié de concurrencer son employeur et de divulguer des secrets de fabrication ou toute autre information de nature confidentielle.

Le salarié ne peut concurrencer son employeur directement ou indirectement. Il ne peut, dans le même secteur professionnel, ouvrir, exercer, gérer une activité semblable à celle de son employeur sans avertir celui-ci. La Cour suprême a admis le bien-fondé du licenciement d'un employé qui avait dissimulé à son employeur l'exploitation dans le même secteur d'activité d'une officine pharmaceutique.[242] Le salarié par son attitude avait manqué à son obligation de loyauté.

Toutefois, aux termes de l'article L. 35 du Code du travail, il conserve la liberté d'exercer en dehors de son temps de travail,

---

[242] C. S. Sénégal, ch. soc., 23 juin 2010, n° 41, *Papa Mouhamed GUEYE c./ PFIZER GLOBAL PHARMACEUTICALS*, Bulletin des arrêts de la Cour suprême du Sénégal.

toute activité lucrative à caractère professionnel non susceptible de concurrencer directement l'entreprise ou de nuire à la bonne exécution des services convenus.

Le salarié doit respecter le secret professionnel et ne doit pas divulguer les secrets de fabrication de l'entreprise. Cette obligation ne peut cependant s'appliquer qu'envers des informations présentant de manière objective un caractère confidentiel (secret de fabrique, documents financiers, etc.). Il faut en outre que l'employeur ait explicitement lié ces informations à l'obligation de discrétion.

Le travailleur est passible de sanctions pénales en cas de corruption passive ou active (le fait de solliciter des dons, commissions ou présents pour faire ou ne pas faire le travail à l'insu de l'employeur). Dans le même ordre d'idées, les pratiques suivantes relèvent de la déloyauté : fraude au pointage, détournement de fonds, utilisation non autorisée de la propriété de l'employeur dans un but privé, etc.

L'obligation de loyauté s'applique pendant toute la durée du contrat de travail, même pendant sa période de suspension du contrat de travail : préavis, congé de maternité ou disponibilité. Le salarié n'a donc pas le droit de profiter de cette période pour effectuer des actes de concurrence au préjudice de son employeur.

En revanche, le salarié peut exercer une activité bénévole, compatible avec le motif de l'arrêt et qui ne porte pas tort à l'employeur. Il peut même exercer une activité lucrative si elle est non concurrentielle à celle de son employeur et ne lui porte pas préjudice.

CHAPITRE 2 : LES CONDITIONS DE TRAVAIL

Les conditions de travail influencent fortement le climat social de l'entreprise, mais aussi la productivité des travailleurs. Aménagement du temps de travail, modulation des horaires de travail, ergonomie du lieu de travail, ambiance générale de travail sont autant de paramètres qui impactent les conditions de travail du salarié.

L'employeur a l'obligation de procurer à ses employés des conditions de travail décentes et propices à un bien-être physique et mental, ainsi qu'à une meilleure productivité. Il doit permettre au salarié d'exécuter son travail dans les conditions fixées par le contrat de travail et la convention collective applicable ou, à défaut, par les textes législatifs et réglementaires en vigueur. Ainsi, les conditions de travail incluent les questions relatives aux rythmes de travail (**section 1**) et aux mesures d'hygiène et de sécurité au travail (**section 2**).

SECTION 1 : LE RYTHME DE TRAVAIL

Les rythmes de travail des salariés ont beaucoup évolué au cours de ces dernières années, en raison notamment des progrès techniques et de la forte industrialisation de la société. La réglementation du temps de travail est inspirée par la nécessité, non seulement, de permettre au salarié de disposer suffisamment de temps libre pour se reposer, avoir des loisirs et parfaire son éducation[243], mais aussi par la volonté de lutter contre le chômage.

Pour avoir un rendement optimal dans une entreprise, les ressources humaines doivent être préservées et entretenues au même titre que les ressources matérielles. Le travail doit être organisé de manière à permettre des périodes de travail (**§ 1**) et de repos (**§ 2**).

243 Louis Paul AUJOULAT, *Les rythmes du travail en Afrique,* Collège libre des Sciences sociales et économiques, Paris 1962.

§ 1 – Les périodes de travail

Le progrès technique et l'accroissement de la productivité doivent servir à réduire l'intensité du travail et sa durée.[244] Le temps de travail doit être aménagé (**B**) de façon à ce que la durée légale du travail (**A**) permette au salarié de concilier vie professionnelle et vie privée.

A. /Le temps de travail

La notion de temps de travail désigne la période pendant laquelle le salarié est à la disposition de l'employeur et ne peut vaquer librement à des occupations personnelles. Ainsi, parmi les règles qui s'appliquent au temps de travail, la plus connue est certainement celle qui détermine la durée légale de travail (**1**). Cette durée est sujette à des dérogations (**2**).

1. La durée légale du travail

La durée légale du travail s'entend des heures de travail effectives passées dans l'entreprise pendant lesquelles le salarié doit exécuter les tâches confiées par son employeur sous la direction et le contrôle de celui-ci. Le temps de travail correspond donc aux périodes pendant lesquelles est effectuée une prestation de travail pour le compte et sous la subordination de l'employeur. En conséquence, sauf disposition contraire, est en principe exclu de cette durée le temps consacré au déplacement (trajet domicile – lieu d'emploi), à l'habillage et au déshabillage, au casse-croûte.

La durée légale du travail est de 40 heures par semaine pour tous les établissements non agricoles et de 2.352 heures par an dans les exploitations agricoles. Les modalités de l'application de la durée hebdomadaire du travail pour l'ensemble des branches d'activité ou des professions particulières sont précisées par arrêté du ministre du Travail. La répartition des 40 heures dans la semaine est laissée à la discrétion de l'employeur. En tout état de cause, elle doit être faite de manière à laisser 24 heures consécutives de repos par semaine, de préférence le dimanche.

---

[244] Or, on assiste à une augmentation du travail le week-end, à l'accroissement de l'irrégularité et de l'imprévisibilité des horaires de travail.

L'employeur doit afficher dans chaque lieu de travail où ils s'appliquent les horaires de travail, de manière apparente, en indiquant :

- les temps de travail,
- les coupures,
- les temps de pause.

Les horaires de travail affichés ainsi que leur éventuelle modification doivent faire l'objet d'une information préalable à l'Inspection du travail.

2. Les dérogations à la durée légale du travail

La durée légale du travail est une durée de référence. Des dérogations existent pour certaines branches ou professions.[245] On distingue les dérogations permanentes (**a**) et les dérogations temporaires (**b**).

a) Les dérogations permanentes

Les dérogations permanentes sont au nombre de trois : les dérogations pour travaux préparatoires ou complémentaires permanents (***a.1***), les dérogations liées aux durées inférieures à la durée légale hebdomadaire (***a.2***) et les équivalences (***a.3***).

a.1 - Les dérogations pour travaux préparatoires ou complémentaires permanents

La durée du travail effectif journalier pourra être prolongée au-delà de la limite assignée au travail normal de l'établissement, pour les travaux préparatoires ou complémentaires[246], ainsi que pour les opérations qui, techniquement, ne peuvent être terminées dans les délais réglementaires, par suite de leur nature[247]. Le détail des travaux ci-dessus et, pour chacun d'eux, la durée maximale de prolongation du travail journalier sont déterminés par arrêtés.

---

[245] Décret n° 70-183 du 20 février 1970 fixant le régime général des dérogations à la durée légale du travail, JO n° 4091 du 9 mars 1970, p. 257.

[246] C'est le cas pour les mécaniciens d'entretien, les chauffeurs préposés au transport du personnel.

[247] Chargement ou déchargement des navires...

Le bénéfice de cette dérogation est acquis de plein droit aux chefs d'établissements, sous réserve de l'accomplissement des formalités concernant l'horaire de travail. Ces heures sont soumises aux formalités d'affichage.

Les heures de prolongation doivent être en dehors des heures de travail de l'établissement. Elles sont payées au taux horaire normal, elles ne sont pas majorées.

Exemple :

Dans une entreprise de confection-textile, les salariés travaillent 8 heures par jour du lundi au vendredi et 5 heures les samedis, soit un horaire hebdomadaire de 45 heures considérées comme les horaires normaux de l'entreprise. Tous les salariés de l'entreprise bénéficieront donc d'une majoration de salaire au titre de 5 heures supplémentaires effectuées au-delà de la 40e heure.

Dans cette entreprise, un mécanicien préposé à l'entretien des machines effectue une heure de plus par jour au titre d'une prolongation prévue par les textes. Il effectue donc 51 heures de travail par semaine. Il sera rémunéré comme suit :

- *40 heures au taux normal,*
- *5 heures au taux des heures supplémentaires,*
- *6 heures de prolongation au taux normal.*

Cf. art. 5, Arrêté Ministériel n° 33 en date du 7 janvier 2005 fixant les modalités d'application de la semaine de quarante heures dans les industries textiles et de la confection (JO n° 6204 du samedi 5 février 2005)

a.2 – Les dérogations liées aux durées inférieures à la durée légale hebdomadaire

La durée légale de travail des travailleurs à temps partiel et des travailleurs journaliers ou occasionnels est appréciée dans le cadre de la journée. Elle est fixée au maximum à :

- 6 heures 40 par jour pour les établissements non agricoles ;
- 8 heures par jour pour les établissements agricoles.

Le temps de travail effectué au-delà de la journalière ainsi fixée est rémunéré au tarif majoré des heures supplémentaires. Les autres modalités d'application de la durée légale du travail pour ces catégories de travailleurs peuvent être définies par arrêtés.

a.3 – Les équivalences

Les heures d'équivalence sont des heures effectuées au-delà de la durée légale du travail, mais qui ne comptent pas comme des heures supplémentaires. Le régime d'équivalence est conçu pour tenir compte du fait que dans certaines professions ou pour certains emplois, il existe des périodes d'inaction ; le travailleur est présent sur le lieu de travail, mais n'effectue pas de travail.

Cette situation peut s'expliquer par la nature des travaux à effectuer. Il en est ainsi du personnel exclusivement affecté à des opérations de gardiennage et de surveillance, service d'incendie, etc.). Elle peut s'expliquer par le caractère intermittent de l'emploi. C'est le cas du personnel affecté à des opérations de vente dans certains commerces, du personnel roulant des entreprises de transport par terre, du personnel des établissements hospitaliers, du personnel des hôtels, restaurants et débits de boissons, gens de maison, etc.

Ainsi, le régime d'équivalence constitue un mode spécifique de détermination du temps de travail effectif et de sa rémunération pour des professions et des emplois déterminés comportant des périodes d'inaction durant les heures de travail. La durée maximale de l'équivalence est réglementée pour chaque profession.[248] Le salaire dû pour le contingent d'heures de présence équivalent à la durée légale hebdomadaire de travail est calculé sur la base de cette durée, soit 48 heures de travail pour les entreprises agricoles et 40 heures pour les autres entreprises.

Lorsque la durée hebdomadaire de présence du personnel réglementairement soumis à une équivalence est inférieure à la durée légale hebdomadaire, les heures de présence sont assimilées à des heures de travail effectif et rémunérées comme telles. Il en est de même des heures de présence effectuées en sus des durées réglementaires hebdomadaires des équivalences.

---

[248] *Cf.* Tableau des équivalences, objet de l'Annexe n° 2.

Exemple *:*

Si une coiffeuse, employée à Dakar, est présente 50 heures par semaine sur le lieu de travail, on considère qu'elle n'effectue que 40 heures de travail effectif. Elle ne sera payée que 40 heures de travail. Le décompte de ses heures supplémentaires débute à partir de la 51e heure.

Si la coiffeuse effectue moins de 50 heures, mais plus de 40 heures, elle sera payée la totalité des 40 heures. Son salaire ne sera réduit que si elle effectue moins de 40 heures de travail.

b) Les dérogations temporaires

Il existe trois types de dérogations temporaires : les dérogations destinées à récupérer des heures perdues (***b.1***), celles résultant des prolongations particulières de la durée journalière de travail (***b.2***) et les heures supplémentaires (***b.3***).

b.1 – La récupération des heures de travail perdues

Il peut arriver que certains évènements dans la vie de l'entreprise empêchent tout ou partie du personnel de travailler. Dans ce cas, les heures perdues peuvent faire l'objet de récupération.[249] La récupération consiste à faire travailler le personnel un autre jour pour les heures de travail *perdues collectivement* durant une période.

La récupération est possible en cas d'interruption collective du travail liée à l'une des situations suivantes : causes accidentelles ou cas de force majeure, intempéries, morte-saison, chômage des journées de fêtes légales.

- *Causes accidentelles ou de force majeure*

Il en est ainsi en cas d'accident survenu au matériel, d'interruption de force motrice, de pénurie de matière première, de sinistre ou d'intempéries imprévisibles. Dans ces cas, une prolongation de la journée du travail pourra être pratiquée à

249 Voir les articles 6 à 9 du décret n° 70-183 du 20 février 1970 fixant le régime général des dérogations à la durée légale du travail, précité.

titre de récupération des heures ainsi perdues. Les modalités suivant lesquelles le chef d'établissement peut faire usage des facultés de récupération sont prévues par arrêté.

- *Causes d'intempéries*

Les intempéries saisonnières (pluies abondantes, tempête...) sont considérées comme une cause de récupération des heures perdues collectivement sur un chantier ou un atelier. La récupération des heures ainsi perdues pourra s'effectuer par la prolongation de la durée du travail pendant une certaine période de l'année, dans la limite d'un maximum annuel déterminé par les arrêtés fixant les modalités d'application de la durée légale par branche d'activité.

Les modalités de cette prolongation sont fixées par l'inspecteur du travail du ressort, après consultation des organisations syndicales d'employeurs et de travailleurs intéressés, et en se référant, là où il en existe, aux accords entre ces organisations. La consultation porte sur l'évaluation du nombre d'heures perdues, sur la fixation des heures de prolongation et des périodes pendant lesquelles elles pourront être effectuées. Le nombre des heures de prolongation autorisées ne pourra être supérieur au nombre des heures perdues.

- *Causes de morte-saison ou de baisses normales d'activité*

La récupération des heures de travail collectivement perdues par suite de morte-saison ou de baisses normales d'activités à certaines époques de l'année est régie par la réglementation applicable à chaque branche d'activité. Cette réglementation fixe, pour chaque branche d'activité intéressée, les modalités et périodes de récupération, ainsi que le total des heures récupérables dans la limite d'un maximum journalier et d'un maximum annuel.

- *Causes de chômage des journées de fêtes légales*

Les jours fériés chômés peuvent être récupérés. Si habituellement, l'établissement accorde, en plus du jour de repos hebdomadaire légal, une journée ou une demi-journée de repos, la récupération du jour chômé peut se faire ce jour-là. Ce mode de récupération est admis de plein droit, c'est-à-dire qu'il n'est pas subordonné à l'autorisation de l'inspecteur du travail. Lorsque l'établissement n'accorde pas de jours de repos en sus du jour de repos légal, la récupération se fait de la même manière que pour la suspension du travail pour causes accidentelles.

La récupération n'est possible que pour les heures de travail perdues collectivement.[250] Il n'est donc pas possible de récupérer les heures perdues à titre individuel (détention préventive, convenance personnelle, maladie...). Toutefois, il n'est pas nécessaire que l'interruption ait touché l'ensemble des travailleurs de l'entreprise. L'interruption peut n'avoir touché qu'une certaine catégorie de travailleurs.

Les heures récupérées ne sont pas considérées comme des heures supplémentaires. La majoration de la rémunération ne s'applique pas. Par ailleurs, les heures de travail perdues doivent avoir été en dessous de la durée légale de 40 heures. Il n'est donc pas possible de récupérer des heures qui étaient des heures supplémentaires. Les heures perdues par suite de grève ou de lock-out ne peuvent pas être récupérées.

Rien n'oblige l'employeur à récupérer les heures perdues. Mais s'il le décide, la récupération devient une obligation pour les salariés, même pour ceux qui étaient absents lors de l'interruption collective de travail ou pour ceux qui ont été embauchés après celle-ci. Toutefois, lorsque les conditions sont réunies et que les formalités préalables ont été observées par l'employeur, la récupération décidée par celui-ci s'impose

---

[250] Dans les services publics et établissements publics, la récupération de des heures perdues collectivement ne peut avoir lieu que : pour un jour de travail perdu : récupération dans un délai maximum de quinze jours à dater du jour de la reprise du travail ; pour deux jours : récupération dans un délai maximum de vingt jours à dater du jour de la reprise du travail ; pour trois jours : récupération dans un délai maximum de trente jours à dater du jour de la reprise du travail. En cas d'interruption excédant trois jours, la récupération ne pourra être effectuée au-delà de trente jours sans une autorisation écrite de l'inspecteur du travail et de la sécurité sociale du ressort après avis des organisations des travailleurs intéressés. La prolongation peut rallonger d'une heure la durée journalière du travail. Pour une prolongation de deux heures de la durée journalière du travail, l'autorisation de l'inspecteur du travail est requise. La prolongation de la durée quotidienne du travail de plus de deux heures est interdite dans tous les cas. Lorsque l'autorisation de l'inspecteur du travail n'est pas nécessaire, il suffit à l'employeur d'aviser celui-ci. Voir Décret n° 70-917 du 20 juillet 1970 relatif à la durée du travail et au repos hebdomadaire dans les services publics et établissements publics, JO n° 4115 du 8 août 1970, p. 776.

collectivement à tous les salariés de l'entreprise, de l'établissement ou de la partie de l'établissement.

b.2 – Les prolongations particulières

L'employeur peut parfois prolonger la durée du travail journalier effectif.

La durée du travail effectif pourra, à titre temporaire, être prolongée au-delà des limites assignées à l'établissement, dans les conditions suivantes :

- Pertes ou accidents :
- Tous travaux urgents dont l'exécution immédiate est nécessaire pour :
  - prévenir la perte inévitable d'un produit ou des accidents imminents ;
  - organiser les mesures de sauvetage ;
  - réparer des accidents survenus au matériel (soit aux installations, soit aux bâtiments de l'établissement).

Dans ces cas, la prolongation est de droit, sous réserve pour l'employeur d'aviser l'inspecteur du travail des modifications d'horaire. Ces heures de prolongations sont payées au taux normal.

Pour les cas de travaux urgents ou exceptionnels, en cas de surcroît extraordinaire de travail, les heures de travail effectuées sont considérées comme heures supplémentaires et rémunérées aux tarifs majorés.

b.3 – Les heures supplémentaires

Aux termes de l'article L. 138 du Code du travail, les heures effectuées au-delà de la durée légale du travail donnent lieu à majoration de salaire. Les heures supplémentaires[251] sont donc les heures effectuées au-delà de la durée légale du travail ou le la durée considérée comme équivalente. Le recours aux heures supplémentaires, tout comme sa rémunération, a fait l'objet d'un encadrement juridique minutieux.

---

[251] Décret n° 2006-1262 du 15 novembre 2006 modifiant l'article 11 du décret n° 70-183 du 20 février 1970, fixant le régime général des dérogations à la durée légale du Travail, JO n° 6347 du 19 mai 2007, p. 2873.

- *Le recours aux heures supplémentaires*

Le contingent annuel d'heures supplémentaires, pouvant être effectué après information de l'inspecteur du travail, est fixé à cinq cents heures par an et par travailleur. Un contingent d'un volume supérieur ou inférieur peut être fixé par une convention ou un accord collectif étendu.

Les heures supplémentaires effectuées au-delà du contingent annuel de cinq cents heures sont autorisées, dans la limite d'un maximum de dix heures par semaine et par travailleur, par l'inspecteur du travail, après consultation des délégués du personnel. L'employeur est tenu d'informer le même jour les délégués du personnel de la date du dépôt auprès de l'inspecteur du travail de la demande d'autorisation. Ces derniers disposent d'un délai de huit jours, à compter de cette date pour donner leur avis. En cas de silence, cet avis est censé être favorable.

L'inspecteur du travail doit rendre sa décision dans un délai de huit jours suivant l'expiration du délai imparti aux délégués du personnel. Dans tous les cas, l'autorisation n'est accordée que pour une période maximale de six mois.

L'autorisation, collective et anonyme, s'applique à l'ensemble du personnel occupé ou appelé à être occupé dans l'établissement pour lequel elle a été accordée. Son renouvellement, qui peut être demandé un mois avant la date d'expiration de l'autorisation, est soumis à la procédure de la demande initiale.

En cas d'urgence, c'est-à-dire, lorsque des contraintes propres à la nature de l'activité ou au fonctionnement de l'établissement rendent nécessaire la continuité des activités, l'employeur peut déroger, sous sa propre responsabilité, à la limitation de la durée quotidienne du travail. S'il n'a pas encore adressé de demande d'autorisation de faire effectuer des heures supplémentaires, il doit présenter immédiatement à l'inspecteur du travail une demande de régularisation, accompagnée des justifications et de toutes explications nécessaires sur les causes ayant nécessité une prolongation de la durée quotidienne du travail sans autorisation préalable.

S'il se trouve dans l'attente d'une réponse à une demande d'autorisation de faire effectuer des heures supplémentaires, il doit informer immédiatement l'inspecteur du travail de l'obligation dans laquelle il s'est trouvé d'anticiper la décision attendue et en donner les raisons. L'inspecteur du travail fait connaître sa décision selon les modalités susmentionnées.

Les horaires de travail résultant du recours aux heures supplémentaires sont affichés et communiqués dans les conditions prévues par les arrêtés fixant les modalités d'application de la durée légale de travail par branche d'activité.

Les recours hiérarchiques dirigés contre les décisions de l'inspecteur du travail relatives aux demandes d'autorisation de faire effectuer des heures supplémentaires sont portés devant le directeur du travail. Ces recours doivent, à peine de forclusion, être présentés dans les quinze jours suivant la notification de la décision contestée. Le directeur du travail dispose d'un délai de quinze jours pour statuer. Son silence au terme dudit délai vaut acceptation de la demande.

- *La rémunération des heures supplémentaires*

Les heures supplémentaires ouvrent droit à une rémunération à un taux horaire majoré au salarié ou à un repos compensateur équivalent à la majoration. Ainsi, les heures supplémentaires accomplies donnent droit :

- soit à une rémunération aux tarifs réglementaires ou conventionnels en vigueur ;
- soit à un repos compensateur obligatoire, dont la durée est égale à 100 % du temps de travail accompli au-delà de la durée légale hebdomadaire.[252]

Les heures supplémentaires dont le paiement aura été remplacé par un repos compensateur ne s'imputent pas sur le contingent annuel d'heures supplémentaires.

Les heures supplémentaires sont payées à un taux majoré. Elles donnent lieu à une majoration de salaire. Pour les heures effectuées le jour, le pourcentage de majoration est de 15 % du salaire normal de la 41e à la 48e heure, de 40 % au-delà de la 48e heure. Les heures effectuées de nuit sont majorées de 60 %. Celles effectuées les jours fériés et les jours de repos sont majorées de 60 % si elles sont effectuées le jour et de 100 % si elles sont effectuées de nuit. Le *travail de nuit* est celui effectué entre 22 heures et 5 heures.

Les heures de travail effectuées un jour férié dans la limite de quarante heures sont :

---

[252] Les modalités de compensation des heures supplémentaires de travail sont fixées par décret.

- soit, pour les travailleurs payés au mois, compensées heure pour heure, dans les jours qui suivent, suivant accord entre l'employeur et les travailleurs. À défaut, elles sont rémunérées au taux normal en sus du salaire mensuel habituel.
- soit, pour les travailleurs payés à l'heure, rémunérés avec une majoration de 100 %.

Les heures supplémentaires doivent figurer dans le bulletin de paie sous une rubrique spéciale. La durée du travail n'est pas tout. À côté de la durée de travail, la loi a aménagé des périodes de repos.

B. /L'aménagement du temps de travail

L'aménagement du temps de travail consiste en la mise en place d'une organisation permettant d'adapter le temps de travail des salariés aux variations de l'activité de l'entreprise. L'employeur peut choisir de répartir la durée du travail dans le cadre de la semaine (**1**) ou de la journée (**2**).

1. L'aménagement dans le cadre de la semaine

Les politiques d'aménagement du temps de travail, c'est-à-dire de répartition du temps de travail, essayent de concilier les aspirations de salariés, les contraintes technologiques et économiques et le respect des dispositions légales et réglementaires. Dans le cadre de la semaine, trois modes sont possibles et ces trois modes doivent respecter *la règle du repos de onze heures consécutives au minimum* entre deux journées de travail.[253]

On distingue trois formules de répartition des 40 heures par semaine. Ces formules sont les suivantes :

- Répartition égale à raison de 8 heures par jour durant cinq jours avec repos, en plus du dimanche, le samedi ou le lundi ;
- Répartition égale à raison de 6 heures 40 minutes par jour pendant les six jours ouvrables de la semaine avec repos le dimanche ;

---

[253] Voir les articles L. 141 du code du travail et 2 de l'Arrêté ministériel n° 10176/MFPTE du 6 septembre 1974 fixant la durée légale hebdomadaire du travail et des dérogations dans les exploitations agricoles, JO n° 4380 du 28 septembre 1974, p. 1606.

- Répartition inégale sur cinq jours et demi avec un maximum de 8 heures par jour pour permettre le repos d'une demi-journée par semaine en plus du repos dominical.

2. L'aménagement dans le cadre de la journée

La réglementation sur l'organisation du travail dans le cadre de la journée est assez éparse. Si l'employeur jouit d'une certaine liberté dans l'organisation du travail, il ne doit pas dépasser le nombre d'heures comprises entre le début et la fin d'une journée de travail.[254] La journée de travail peut être organisée selon plusieurs modes : le travail en journée continue (**a**), le travail par équipes successives ou travail posté (**b**), le travail par relais (**c**) et le travail par roulement (**d**).

a) Le travail en journée continue

L'instauration de la journée continue répond, notamment à des enjeux économiques. Elle évite au salarié d'effectuer deux allers et retours entre son domicile et le lieu de travail. Ainsi, il fait des économies en frais de transport.

La journée continue, dite encore journée anglaise, consiste à effectuer le travail d'une seule traite avec une pause plus ou moins réduite. Cette organisation requiert en application de l'article 43 de la CCNIS, l'existence d'un local, dans ou à proximité du lieu de travail, où les travailleurs peuvent se restaurer. Si exceptionnellement de réelles difficultés ou des impossibilités matérielles ne permettaient pas de le faire, toutes les dispositions devront être prises pour permettre aux travailleurs de consommer leur repas dans des conditions d'hygiène convenable.

Par ailleurs, il est fait obligation à l'employeur de fixer de manière claire et précise l'horaire de travail de l'entreprise et de le mettre à la disposition des travailleurs par voie d'affichage. Toute modification de l'horaire de travail doit être communiquée au préalable aux travailleurs.

---

[254] Il est de 12 heures suivant plusieurs textes réglementaires. Voir not. art. 2 de l'Arrêté ministériel n° 10176/MFPTE du 6 septembre 1974 ; art. 4 de l'Arrêté ministériel n° 33 en date du 7 janvier 2005 fixant les modalités d'application de la semaine de quarante heures dans les industries textiles et de la confection, JO n° 6204 du samedi 5 février 2005.

b) Le travail par équipes successives ou travail posté

Lorsque des contraintes propres à la nature de l'activité ou au fonctionnement de l'établissement rendent nécessaire le travail continu eu égard aux exigences de continuité de l'activité économique, le chef d'établissement peut organiser le travail par équipes successives. Encore connu sous le nom de travail posté, le travail par équipes successives désigne tout mode d'organisation du travail en équipes distinctes qui se succèdent les unes aux autres sur un même poste de travail, les travailleurs de chaque équipe travaillant et prenant tous leur repos en même temps.

Le travail par équipes successives est une organisation du travail qui assure la continuité de la production, grâce à la présence d'équipes se succédant sans interruption sur les lieux de travail. L'employeur est tenu d'indiquer la composition nominative de chaque équipe sur l'horaire affiché ou de tenir à part un registre spécialement ouvert à cet effet.

On distingue plusieurs formes de travail posté en fonction des horaires, de la continuité ou de l'alternance des équipes : le travail posté continu, semi-continu, discontinu, avec rotation d'équipes, équipes de week-end et travail de nuit. Ainsi, le travail par équipes successives peut revêtir trois formes :

- Le *travail posté discontinu* qui comporte un arrêt la nuit et en fin de semaine. C'est le système de 2 x 8 heures, avec deux équipes qui succèdent sur le même poste de travail le matin et l'après-midi.
- Le *travail posté semi-continu* qui comporte un arrêt hebdomadaire. C'est le système de 3 x 8 heures, avec trois équipes qui se succèdent le matin, l'après-midi et la nuit et ne travaillent pas le week-end.
- Le *travail posté continu* qui est pratiqué dans les entreprises à feu continu, ouvertes 24 heures sur 24, de façon à ne pas interrompre le processus de production. C'est le système de 4 x 8 heures, avec trois équipes qui se succèdent sur le poste de travail pendant qu'une quatrième (voire une cinquième) équipe se repose.

Le travail posté perturbe les rythmes biologiques. Cette perturbation a un impact sur le sommeil et la vigilance.

Exemple *:*

Travail posté semi-continu (2 x 8) *: l'entreprise fonctionne de 6 heures à 22 heures en continu, du lundi au vendredi, avec une équipe A qui travaille de 6 heures à 14 heures et une équipe B qui travaille de 14 heures à 22 heures.*

Travail posté discontinu (3 x 8) *: l'entreprise fonctionne 24 heures sur 24, du lundi au samedi, avec une équipe A qui travaille de 6 heures à 14 heures, une équipe B qui est présente de 14 heures à 22 heures et une équipe C qui travaille de nuit de 22 heures à 6 heures.*

c) Le travail par relais

Le travail par relais consiste à répartir le personnel en équipes pratiquant des horaires différents dans une amplitude de travail dépassant la durée normale de travail. Le travail par relais est admis dans certaines branches d'activité, soit de plein droit, soit sur autorisation de l'inspecteur du travail. On rencontre ce système dans les domaines hospitaliers, du commerce des denrées périssables, les industries textiles et de la confection...

L'organisation du *travail par relais* peut prendre les formes suivantes : les équipes chevauchantes (***c.1***) et les équipes alternantes (***c.2***).

c.1 – Les équipes chevauchantes

Dans ce système, les équipes se succèdent sur le même poste de travail, tout en travaillant certaines heures en même temps. Ce système permet à l'entreprise d'occuper plusieurs équipes en même temps à une période de la journée, d'avoir un maximum de personnel disponible aux heures de pointe.

Exemple *:*

Une entreprise a 15 salariés répartis en trois équipes (A, B, C), chaque équipe comprenant 5 salariés.

L'équipe A travaille de 8 heures à 16 heures, l'équipe B de 10 heures à 18 heures et l'équipe C de 12 heures à 20 heures.

Nombre de salariés sur le poste de travail :

- *De 8 heures à 10 heures : 5 salariés*
- *De 10 heures à 12 heures : 10 salariés*
- *De 12 heures à 16 heures : 15 heures*
- *De 16 heures à 18 heures : 10 salariés*
- *De 18 heures à 20 heures : 5 salariés*

Ainsi, aux heures de pointe, on a le maximum de salariés sur le poste de travail, cela permet d'éviter la multiplication d'heures supplémentaires.

c.2 – Les équipes alternantes

Dans ce système, chaque équipe assure deux postes de travail séparés par une longue pause correspondant à l'intervention de l'autre équipe. L'emploi de chaque groupe de travailleurs qui se succède est entrecoupé dans la journée par une pause de longue durée.

Le travail doit être organisé de façon à respecter le principe des 12 heures maximum entre le début et la fin du contrat de travail. Les modalités de l'application de la durée hebdomadaire du travail pour l'ensemble des branches d'activité ou des professions particulières sont précisées par arrêté du ministre du Travail.

***Exemple** :*

L'équipe A travaille de 6 heures à 10 heures puis de 14 heures à 18 heures.
L'équipe B travaille de 10 heures à 14 heures puis de 18 heures à 22 heures.

d) Le travail par roulement

Le travail par roulement consiste en une répartition différente des journées de travail sur la semaine entre salariés. De ce fait, les salariés n'ont pas tous les mêmes jours de travail ni les mêmes jours de repos hebdomadaire. Ainsi, dans une même entreprise, certains salariés travaillent le samedi et bénéficient d'un jour de repos le lundi, alors que d'autres assurent une permanence le lundi et sont en repos le samedi.

Le travail par roulement permet à l'entreprise de fonctionner en continu. L'entreprise peut ainsi fonctionner six jours sur sept, voire sept jours sur sept si elle est autorisée à donner le repos hebdomadaire par roulement. Cette organisation du travail permet à certaines entreprises, qui sont autorisées à déroger à la règle du repos dominical, de fonctionner tous les jours de la semaine en donnant à leurs salariés des jours de repos différents. Dans le cas contraire, le travail par roulement doit être combiné avec la règle relative au repos dominical.

§ 2 – Les périodes de repos

Dans le souci de préserver la santé et la productivité du travailleur, le législateur a aménagé des périodes de repos en faveur de celui-ci. Cet aménagement est aussi bénéfique pour l'entreprise, car les salariés deviennent plus productifs après repos. On distingue le repos hebdomadaire (**A**), les jours fériés (**B**) et les congés payés (**C**).

A. /Le repos hebdomadaire

Le repos hebdomadaire constitue un acquis social. C'est un temps de répit dans l'exécution du travail. Il est gouverné par des principes généraux (**1**) qui supportent des dérogations (**2**).[255]

1. Les principes généraux en matière de repos hebdomadaire

Le repos hebdomadaire est consacré par l'article L. 147 du Code du travail qui dispose : « Le repos hebdomadaire est obligatoire. Il est au minimum de vingt-quatre heures consécutives par semaine. Il a lieu en principe le dimanche ». Il découle de cet article que le repos hebdomadaire s'articule autour de trois principes de base.

- *Interdiction de faire travailler un salarié plus de 6 jours dans la semaine*

En principe, il n'est pas possible de faire travailler un salarié tous les jours de la semaine, c'est-à-dire 7 jours sur 7. Le repos

---

255 Décret 73-085 du 30 janvier 1973 fixant les modalités d'application du repos hebdomadaire dans les entreprises autres que les établissements et services publics, JO n° 4280 du 3 mars 1973, p. 581.

hebdomadaire doit obligatoirement être donné chaque semaine, l'employeur ne doit pas reporter le repos auquel a droit le salarié la semaine suivante. En revanche, la loi n'interdit pas à l'employeur de donner des jours de repos différents d'une semaine sur l'autre.

- *Durée minimale du repos hebdomadaire : 24 heures consécutives*

Le repos hebdomadaire accordé au salarié doit au minimum être de 24 heures consécutives. Ainsi, un salarié, qui termine sa semaine de travail le samedi à 18 heures, sera théoriquement autorisé à reprendre son travail le lundi à 5 heures du matin. En effet, il a droit onze heures consécutives de repos après sa journée de travail (repos quotidien) et vingt-quatre heures de repos à l'issue de sa semaine de travail (repos hebdomadaire). En réalité, le salarié a droit à 35 heures consécutives de repos au terme de la semaine de travail.

- *Repos hebdomadaire accordé le dimanche*

Le repos hebdomadaire est accordé le dimanche, d'où le nom de repos dominical. L'employeur peut cependant accorder le repos dominical un autre jour que le dimanche en raison de la nature du travail effectué dans l'entreprise.

Le non-respect des dispositions relatives au repos hebdomadaire est susceptible d'engendrer des pénalités pour l'entreprise contrevenante. Il existe néanmoins des dérogations possibles à ces principes.

2. Les dérogations au repos hebdomadaire

Dans certains cas, le maintien du droit au repos hebdomadaire n'est pas possible. Le repos peut être soit différé, soit suspendu, soit réduit, à des conditions qui varient en fonction des dérogations concernées. On distingue deux types de dérogations : les dérogations liées au repos hebdomadaire (**a**) et les dérogations liées au repos dominical (**b**).

a) Les dérogations liées au repos hebdomadaire

Certaines dérogations sont sans repos compensateur (***a.1***) et d'autres avec repos compensateur (***a.2***).

a.1 – Les dérogations sans repos compensateur

Les dérogations sont possibles en cas de travaux urgents dont l'exécution immédiate est nécessaire pour organiser des mesures de sauvetage, ou pour prévenir des accidents imminents ou pour réparer des pannes survenues aux matériels de travail, aux installations ou aux bâtiments de l'entreprise. C'est, notamment, le cas des salariés employés à des travaux de chargement et de déchargement dans les ports, débarcadères et autres stations.

Les dérogations sont aussi possibles dans les industries traitant des matières premières périssables ou ayant, à une certaine époque, un surcroît extraordinaire de travail. On peut dans ce type d'industrie suspendre le repos hebdomadaire au plus deux fois par mois et six fois dans l'année.

Les heures effectuées sans repos compensateur sont considérées comme des heures supplémentaires.

a.2 – Les dérogations avec repos compensateur

Les dérogations avec repos compensateur concernent notamment les catégories de personnel ci-après :

- Gardiens et concierges ;
- Personnel préposé au graissage des machines, au nettoyage des locaux industriels, au soin à donner aux animaux et généralement les travailleurs chargés d'un travail qui ne peut s'effectuer que le jour du repos collectif ;
- Cas des spécialistes occupés aux fabrications ou aux opérations continues dans les usines à feu continu ;
- Cas des établissements industriels ne fonctionnant qu'une partie de l'année.

La réglementation applicable à chaque branche d'activité fixe des limites au recours par l'employeur à la suppression du repos hebdomadaire et prévoit les modalités d'organisation du repos compensateur. Ces dérogations ne sont pas possibles pour les femmes et les enfants.

b) Les dérogations liées au repos dominical

Certaines de ces dérogations sont accordées de plein droit (***b.1***), d'autres sont facultatives avec un caractère temporaire ou occasionnel (***b.2***).

b.1 – Les dérogations de plein droit

Les dérogations de plein droit concernent les hypothèses où l'employeur peut déroger au principe du repos dominical sans avoir à en faire la demande. Il lui suffit d'afficher les jours et heures du repos collectif donné et d'envoyer un double à l'inspecteur du travail avant son application.

Ces dérogations visent les établissements devant fonctionner de façon continue dans l'intérêt du public (stations de distribution de carburant, etc.) ou dans l'intérêt de l'entreprise parce qu'elle manipule des matières d'altération rapide et que toute interruption du travail entraînerait la dépréciation ou la perte du produit en cours de fabrication ou de conservation (boulangeries, abattoirs, etc.). Les établissements de vente au détail de denrées alimentaires de toute nature peuvent également faire travailler leur personnel jusqu'au dimanche.

Dans ce cas, le repos par roulement est un système qui permet à l'employeur d'attribuer à chacun de ces salariés, un jour quelconque de la semaine comme jour de repos.

b.2 – Les dérogations facultatives

Les dérogations facultatives peuvent avoir un caractère temporaire ou occasionnel.

- *Les dérogations facultatives de caractère temporaire*

Lorsqu'il est établi que le repos simultané, le dimanche, de tout le personnel d'un établissement serait préjudiciable au public ou compromettrait le fonctionnement normal de cet établissement, le repos peut être donné pendant toute l'année ou à certaines époques de l'année. Dans ce cas, le repos peut être donné collectivement à tout le personnel de l'établissement ou par roulement.

Lorsque le repos est donné collectivement, il a lieu soit un autre jour que le dimanche, soit du dimanche midi au lundi midi. S'il est donné par roulement, il a lieu soit le dimanche après-midi avec un repos compensateur d'une journée par quinzaine, soit un autre jour que le dimanche, à tout ou partie du personnel.

Les autorisations nécessaires sont de la compétence du ministre chargé du travail à qui les demandes de dérogation sont adressées. Elles ne pourront être accordées que pour une durée déterminée. Le ministre qui reçoit une demande de dérogation doit demander d'urgence les avis du conseil municipal, s'il en existe, de la chambre du commerce[256], du préfet du département et des syndicats de travailleurs et d'employeurs intéressés. Ces avis doivent être donnés dans le délai d'un mois. Le ministre chargé du travail statue ensuite par arrêté motivé pris après avis du directeur du travail, de l'emploi et de la sécurité sociale.

L'autorisation accordée à un établissement peut être étendue aux établissements de la même localité, faisant le même genre d'affaires, s'adressant à la même clientèle. Lorsqu'un établissement veut bénéficier de l'extension, il doit adresser une demande à cet effet au ministre chargé du travail. L'autorisation peut être retirée lorsque la demande est faite au ministre chargé du travail par la majorité des établissements intéressés.

Lorsque le repos est donné collectivement à la totalité ou à une partie du personnel soit un autre jour que le dimanche, soit du dimanche midi au lundi midi, soit le dimanche après-midi sous réserve du repos compensateur, soit suivant tout autre mode exceptionnel permis par les règlements, des affiches doivent indiquer les jours et heures du repos collectif ainsi donné. Lorsque le repos n'est pas donné collectivement à tout le personnel, un registre spécial doit mentionner les noms des travailleurs soumis à un régime particulier de repos et indiquer ce régime. Le registre doit faire connaître pour chaque travailleur le jour et éventuellement les fractions de journées choisies pour le repos.

- *Les dérogations facultatives de caractère occasionnel*

Dans les établissements de commerce de détail, où le repos hebdomadaire a lieu normalement le dimanche, le repos pourra être supprimé les dimanches de fête locale, par une décision du préfet du département prise après avis des organisations

[256] Chambre de commerce, d'industrie et d'agriculture.

d'employeurs et de travailleurs intéressés. Le nombre de ces dimanches ne pourra excéder trois par an. Le préfet doit aviser l'inspecteur du travail du ressort de la décision qu'il a prise.

Chaque salarié ainsi privé du repos du dimanche doit bénéficier d'un repos compensateur et d'une majoration de salaire pour ce jour de travail exceptionnel égale à la valeur d'un vingt-sixième de son traitement mensuel, ou à la valeur de la journée de travail effective si l'intéressé est payé à la journée. La décision du préfet détermine les conditions dans lesquelles le repos compensateur sera accordé, soit par roulement, dans une période qui ne pourra excéder la quinzaine qui précède ou suit la suppression du repos. Si le repos dominical est supprimé un dimanche précédent une fête légale, le repos compensateur sera donné le jour de cette fête.

B. /Les jours fériés

Le régime des jours fériés varie suivant qu'on distingue les jours fériés chômés et payés (**1**) des jours fériés simplement chômés (**2**). Il découle de la loi[257] et de la CCNIS[258].

1. Les jours fériés chômés et payés

La fête nationale, la Tamkharit, la journée du Grand Magal de Touba et la journée du premier mai sont chômées et payées. Le chômage de ces journées ne peut entraîner aucune réduction de salaire. Le maintien du salaire se fait sur la base des heures que le salarié aurait dû réaliser si le jour férié n'avait pas été chômé.

Les journées de fêtes légales, y compris la fête nationale, la Tamkharit, la journée du Grand Magal et le premier mai peuvent être travaillées dans les établissements et les services,

---

257 Loi n° 74-52 du 4 novembre 1974 relative à la fête nationale et aux fêtes légales (JO n° 4388 du 9 novembre 1974) modifiée par la loi n° 83-54 du 18 février 1983 (JO n° 4939 du 2 avril 1983, page 258), la loi n° 89-41 du 26 décembre 1989 (JO n° 5332 du 10 février 1990 p. 93) et la loi n° 2013-06 du 11 décembre 2013 (JO n° 6762 du jeudi 12 décembre 2013). *Adde*, Décret n° 74-1125 du 19 novembre 1974 fixant le régime de la fête nationale et du premier mai et celui des autres fêtes légales, JO n° 4392 du 7 décembre 1974, p. 1948.

258 Art. 52 CCNIS.

comme les usines à feu continu[259], dont les activités l'exigent. Les travailleurs qui y ont été occupés ont droit, en plus du salaire correspondant au travail effectué, à une indemnité spéciale égale au montant de ce salaire. Ladite indemnité doit tenir compte de tous les éléments du salaire et, notamment, des primes et indemnités diverses inhérentes à la nature du travail.

Si la fête nationale, la Tamkharit, la journée du Grand Magal de Touba et le premier mai tombent un dimanche, ou un jour férié, ou un jour non travaillé habituellement dans l'établissement[260], ce jour n'est pas payé, sans toutefois que les salaires des travailleurs payés au mois puissent s'en trouver réduits.

En application de l'article 52 de la CCNIS, *la direction de l'entreprise et les délégués du personnel choisissent chaque année sur la liste des jours fériés légaux, huit jours qui seront considérés comme chômés et payés. Six jours* sont choisis d'accord parties et les *deux autres* par l'employeur.

Toutefois, pour avoir droit à la rémunération des jours chômés et payés du fait de la convention collective, les travailleurs doivent remplir les deux conditions suivantes :

- justifier d'un temps de service continu dans l'entreprise au moins égal à six jours ouvrables consécutifs correspondant à 40 heures de travail ;
- avoir accompli normalement, à la fois, la dernière journée de travail précédant le jour férié et la première journée de travail suivant ledit jour férié, sauf absences exceptionnelles autorisées.

Le salarié qui travaille un jour férié a droit, en plus de la rémunération de cette journée, à une rémunération des heures effectuées ce jour-là, majorée comme en matière d'heures supplémentaires. L'employeur a la faculté de récupérer les journées fériées chômées dans les conditions prévues par les textes réglementaires sur les modalités de récupération ou de compensation des heures de travail perdues collectivement.

---

[259] Usines dont le fonctionnement doit être nécessairement assuré sans interruption à aucun moment du jour, de la nuit ou de la semaine, pour des raisons techniques inhérentes à la nature du travail.

[260] Cas du samedi ou du lundi pour les établissements travaillant cinq jours par semaine.

2. Les jours fériés chômés

La liste des fêtes légales déclarées chômées, mais non payées est établie par la loi. Il s'agit des jours suivants : premier janvier, journée du Maouloud, journée de la Korité, journée de la Tabaski, Pâques, Lundi de Pâques, Jeudi de l'Ascension, de Pâques, du lundi de Pâques, de l'Ascension, Pentecôte, Lundi de Pentecôte, journée du 15 août (Assomption), journée de la Toussaint, vingt-cinq décembre (Noël).

Quand la Korité et la Tabaski tombent un dimanche, le lundi suivant est férié. Une *journée ne figurant pas sur une liste des fêtes légales peut être déclarée pont et fériée par décret*, à condition cependant qu'elle soit comprise entre une fête légale et un dimanche, ou au moins accolée à une fête légale. La journée ainsi déclarée pont et fériée suit le régime de fêtes légales seulement chômées, même au cas où ladite journée est accolée à la fête nationale ou à la journée du premier mai, même à la Tamkharit ou à la journée du Grand Magal.

En cas de chômage pour fête légale, les salaires des travailleurs rémunérés au mois ne subissent aucune réduction. Les heures normales éventuellement travaillées un jour férié sont payées sans majoration. Si le travailleur a effectivement travaillé un jour de fête légale, en sus de son horaire normal, un certain nombre d'heures supplémentaires, il perçoit, en plus de sa rémunération habituelle, la rémunération des heures supplémentaires assorties des majorations correspondantes. Le taux de majoration est fixé à 50 % du salaire horaire pour les heures supplémentaires de jour et 100 % du salaire horaire pour les heures supplémentaires de nuit, sauf dispositions plus favorables des conventions collectives.[261]

Pour le calcul du nombre d'heures supplémentaires, toute journée fériée doit être considérée comme effectivement travaillée, qu'il s'agisse de fêtes légales chômées ou de fêtes chômées et payées. Dans les établissements et les services visés à l'article premier, l'ensemble des heures supplémentaires de la semaine sont réparties en fractions égales sur les six premiers

---

261 Ce taux est moins favorable que celui fixé par la CCNIS (art. 41) pour les heures supplémentaires effectuées de jour pendant les jours fériés. Le régime prévu par la CCNIS doit donc s'appliquer.

jours de la semaine et les fractions tombant un jour férié sont majorées suivant les taux précités[262].

C. /Les congés payés

Le repos hebdomadaire, les absences autorisées, les jours fériés ne permettent pas au salarié de s'épanouir complètement. La vie ne se résume pas seulement au travail. C'est pour résoudre ce déficit que la loi a institué les congés payés[263] pour permettre au salarié d'avoir d'autres activités, de se détendre intellectuellement et moralement. Il convient de présenter les conditions du droit au congé payé (**1**), la durée du congé (**2**), les modalités de jouissance (**3**) et les indemnités de congé payé (**4**).

1. Les conditions du droit au congé

Le droit au congé est ouvert à tout travailleur, quelles que soient sa profession, sa catégorie, sa qualification. Ce droit ne s'acquiert toutefois qu'après une durée de service effectif d'au moins une année appelée « *période de référence* » chez le même employeur.

Par *service effectif*, il faut entendre tout travail accompli par un travailleur chez le même employeur dans le cadre de l'horaire défini dans l'entreprise. Toutefois, certaines périodes de suspension du contrat de travail sont assimilées à du temps de travail effectif et sont prises en compte dans la détermination de la période de référence ouvrant droit aux congés payés.

Il en est ainsi de toutes les périodes de suspension du contrat de travail prévues par l'article L. 70 du Code du travail. Il s'agit précisément des périodes de suspension suivantes :

- l'absence du salarié en cas de maladie dûment constatée par un médecin agréé, dans une limite de six mois et sous réserve de prolongation décidée par le médecin traitant ;
- la période d'indisponibilité résultant d'un accident du travail ou d'une maladie professionnelle ;

---

262 50% du salaire horaire pour les heures supplémentaires de jour et 100% du salaire horaire pour les heures supplémentaires de nuit. La CCNIS doit également prévaloir sur le règlement.

263 Les congés payés sont régis par les articles L. 148 à 155 et L.162 du code du travail, les articles 54 à 58 de la CCNIS et l'Arrêté n° 10844/GTLS/AOF du 17 décembre 1956, JO AOF du 29 décembre 1956, p. 2569.

- la période de repos de la femme en état de grossesse ou en couches, prévue par l'article L. 143 du Code du travail ;
- la grève ou le lock-out, si ceux-ci ont été déclenchés dans le respect de la procédure de règlement des conflits collectifs du travail ;
- l'absence du salarié, autorisée par l'employeur en vertu de la réglementation, des conventions collectives ou accords individuels ;
- le congé d'éducation ouvrière accordé dans les conditions fixées conformément aux dispositions en vigueur.

Font partie également de la période de référence :

- la durée de détention préventive lorsqu'elle est provoquée par une plainte de l'employeur et que l'affaire se termine par un non-lieu ou par un acquittement ;
- les périodes militaires de perfectionnement obligatoires, de courte durée ;
- la période de préavis, lorsqu'elle est réellement effectuée ;
- la période d'essai.

Peu importe l'horaire du travail effectué pendant les périodes de travail effectif, ces périodes sont normalement décomptées.

2. La durée des congés payés

La durée des congés est calculée à raison de *deux jours ouvrables* par *mois de service effectif*, soit quatre semaines calendaires au moins par année de service effectif[264]. Lorsque le nombre de jours ouvrables calculés n'est pas un nombre entier, la durée du congé est arrondie au nombre entier de jours immédiatement supérieur.[265]

Les *jours ouvrables* recouvrent tous les jours de la semaine (du lundi au samedi), à l'exclusion des dimanches (ou du jour de repos hebdomadaire qui le remplace dans la semaine) et des jours fériés chômés. Les *jours ouvrés* sont les jours effectivement travaillés dans l'entreprise ou l'établissement. Les *jours calendaires* désignent tous les jours du calendrier de l'année civile, du lundi au dimanche y compris les jours fériés, soit 365 jours par an.

---

264 Dans la mesure où l'on inclut les dimanches.

265 Article 5, b de l'Arrêté n° 10844 du 17 décembre 1956 déterminant le régime des congés annuels payés, précité.

Pour certaines catégories de travailleurs, la durée des congés est majorée soit en raison de leur ancienneté, soit de leur statut. La majoration de la durée des congés est prévue par trois textes : le Code du travail, l'Arrêté du 17 décembre 1956 et la CCNIS.

Tableau des majorations de la durée des congés

Majoration en raison de l'ancienneté		
Ancienneté	**Arrêté de 1956**	**CCNIS**
▪ Après 10 ans ▪ Après 15 ans ▪ Après 20 ans ▪ Après 25 ans ▪ Après 30 ans	▪ 0 jour ouvrable ▪ 0 jour ouvrable ▪ 2 jours ouvrables ▪ 4 jours ouvrables ▪ 6 jours ouvrables	▪ 1 jour ouvrable ▪ 2 jours ouvrables ▪ 3 jours ouvrables ▪ 6 jours ouvrables ▪ 6 jours ouvrables
Majoration en raison du statut de mère de famille		
Âge de la femme	**Art. L. 148 C. trav.**	**CCNIS**
Moins de 21 ans	1 jour par enfant de moins de 14 ans enregistrée à l'état civil	2 jours par enfant à charge de moins de 15 ans
Plus de 21 ans		2 jours par enfant mineur à charge, à partir du 4e enfant

La CCNIS prévoit des dispositions plus favorables que celles de la loi et des règlements en matière de majoration. Par conséquent, ce sont les dispositions de la CCNIS qui seront applicables.

Le législateur, pour éviter que la durée des congés ne soit réduite de façon trop importante, a limité le nombre des jours d'absence au cours de l'année susceptibles d'être déduits. Ainsi, les permissions exceptionnelles accordées au travailleur à l'occasion des évènements familiaux touchant directement son foyer ne peuvent être déduites que dans une certaine limite annuelle. L'article L. 149 du Code du travail fixe cette limite à dix jours, la CCNIS à quinze jours.

Les périodes d'absence sans solde accordées au travailleur pour lui permettre soit de suivre un stage officiel de perfectionnement d'éducation populaire et sportive internationale, soit d'assister à des congés syndicaux auxquels il est délégué en vertu d'un mandat régulier ne peuvent être déduites dans une limite annuelle de 15 jours ouvrables. De même, les périodes d'absence sans solde accordées au travailleur pour lui permettre de participer à des stages de formation de cadres sportifs ou à des stages préparatoires aux sélections sportives nationales ne peuvent être déduites dans une limite annuelle de 30 jours ouvrables, outre le temps de déplacement.

3. La jouissance des congés

Les congés constituent un droit pour le salarié, mais aussi une obligation pour l'employeur de le lui accorder. À cet effet, le salarié doit pouvoir jouir librement de ses congés. Cette jouissance est encadrée par un certain nombre de règles se rapportant à la période du congé (**a**) et à son aménagement (**b**).

a) La période du congé

La règle déterminant la durée du congé fait apparaître que le droit au congé s'acquiert après une période de référence de douze mois. En principe, le congé doit être pris à l'échéance de cette période. La date de départ en congé de chaque travailleur est fixée d'accord parties entre l'employeur et le travailleur. Une fois cette date fixée, *elle ne peut être avancée ou retardée d'une période supérieure à trois mois*, sauf accord de l'inspecteur du travail, après audition des parties (art. 56 CCNIS).

Dans les entreprises où la date des congés de la totalité ou d'une partie du personnel doit correspondre à une période d'arrêt annuel, total ou partiel de l'entreprise, cette date sera fixée par l'employeur, après consultation des délégués du personnel. Le travailleur doit être avisé de la date de son départ en congé *quinze jours au moins à l'avance.*

Le calendrier des départs en congés sera apposé au tableau d'affichage de l'établissement. Au moment du départ en congé, l'employeur doit porter sur le bulletin de paie du travailleur *la mention de départ en congé et de reprise de service.*

b) L'aménagement du congé

Le congé peut être fractionné sous certaines conditions. Il faut, d'une part, *l'accord du salarié* et, d'autre part, que le *congé soit de plus de 12 jours ouvrables continus.*[266]

La jouissance effective du congé peut être reportée d'accord parties, sans que la durée de service effective *puisse excéder trois ans*, avec toutefois l'obligation pour le salarié de prendre *6 jours de congé par an pendant les 3 ans.* C'est la prescription triennale du droit au congé. En tout état de cause, le salarié ne peut compenser son droit au congé par une allocation. Le droit au congé est intangible et le salarié ne peut y renoncer.

Selon l'article L. 154 alinéa 4 du Code du travail, si le travailleur n'a pas bénéficié, du fait de l'employeur, de la totalité de ses congés au cours de la période antérieure aux trois années précédant la rupture du contrat de travail, il peut saisir le tribunal compétent et réclamer des dommages-intérêts. La Cour suprême a rendu un arrêt qui rappelle avec une certaine solennité que l'indemnité compensatrice de privation de jouissance de congé, du fait de l'employeur, n'est allouée que pour les trois années précédant la rupture du contrat de travail, la période antérieure à ces trois années n'ouvrant droit qu'à des dommages et intérêts.[267]

Le rappel du travailleur en congé ne pourra intervenir que lorsque la bonne marche de l'entreprise ou de l'un des services l'exigera *pour des raisons sérieuses pouvant être constatées par l'inspecteur du travail.* Le travailleur ainsi rappelé conserve intégralement le bénéfice de son allocation de congé et percevra de nouveau son salaire dès la reprise du travail. Il bénéficiera par la suite et au plus tard lors du congé suivant, d'une période de congé supplémentaire égale au nombre de jours perdus par suite de rappel. Il appartient à l'employeur de rapporter la preuve que le salarié a bénéficié de ses congés.[268]

---

266 Article 11 de l'Arrêté n° 10844/IGTLS/AOF du 17 décembre 1956 déterminant le régime des congés annuels payés, JO *AOF* n° 2863 du 29 décembre 1956.

267 C.S. Sénégal, 27 février 2013, n°7, *AMSA Assurances c./ Moussa NDIAYE*, Bulletin des arrêts de la Cour suprême du Sénégal.

268 Cass. soc., 25 août 2004, n° 62, *Ndéné NDIAYE c./ La SIMPA*, Bulletin des arrêts de la Cour de cassation du Sénégal.

4. L'allocation de congés

La période de congé donne droit à une allocation. Pour le congé pris à l'échéance de la période réelle de référence, l'employeur doit verser au travailleur une allocation au moins égale à 1/12ème des sommes perçues au titre de salaires au cours de ladite période.

L'assiette de l'allocation comprend tous les éléments du salaire perçu pendant la période de référence, à l'exclusion des indemnités ayant le caractère de remboursement de frais, des prestations en nature liées accessoirement à l'emploi, ou des indemnités forfaitaires en tenant lieu, telle que notamment, l'indemnité de logement. Toutefois, une indemnité correspondant à l'avantage en nature que constitue la mise à disposition du travailleur d'un logement est ajoutée à l'allocation de congé si le travailleur ne peut, du fait de l'employeur, jouir de cet avantage pendant son congé. Par contre, les retenues éventuellement opérées sur le salaire au titre des prestations en nature sont prises en compte dans le calcul de l'allocation de congé.

L'allocation de congé doit être payée au moment du départ du travailleur en congé. Elle doit obligatoirement figurer au bulletin de paie sous forme d'une mention distincte du salaire.

Lorsque le contrat de travail arrive à échéance avant que le salarié ait acquis droit au congé, une indemnité compensatrice de congé non pris lui est allouée par l'employeur. Il en est ainsi notamment lorsque le contrat de travail est rompu sans que le travailleur ait accompli la période de référence pour bénéficier des congés. C'est le cas d'un salarié embauché par un contrat de travail à durée déterminée ou d'un salarié qui démissionne six mois après sa reprise de service suite à son précédent congé.

L'indemnité compensatrice se calcule de la même manière que l'allocation de congé. Il suffit de diviser le montant de l'allocation de congé principal par le nombre de jours dus au titre de ce congé. L'allocation journalière de congé obtenue est ensuite multipliée par le nombre de jours de congé supplémentaires.

Cette indemnité est également due aux ayants droit du salarié dont le décès survient avant qu'il ait pris son congé payé. Dans ce cas, l'indemnité est donc versée à ceux des ayants droit qui auraient qualité pour obtenir le paiement des salaires arriérés.

SECTION 2 : L'HYGIÈNE ET LA SÉCURITÉ DU TRAVAIL

Les règles relatives aux conditions d'hygiène, de sécurité et de santé au travail sont définies par le titre XI du Code du travail, mais également par un certain nombre de textes réglementaires. Elles sont destinées, par des obligations mises surtout à la charge de l'employeur, à réduire les risques d'accidents du travail et de maladies professionnelles. Ainsi, à côté des mesures générales de prévention qui s'appliquent à toutes les entreprises, il y a des mesures spécifiques applicables aux établissements occupant plus de cinquante salariés (**§ 1**). Certains établissements doivent, en outre, mettre en place un comité d'hygiène et de sécurité du travail (**§ 2**).[269]

§ 1 – La prévention des risques professionnels

Une réglementation très volumineuse, faite de dispositions disparates et inégalement actuelles, s'est progressivement développée en matière d'hygiène et de sécurité au travail. Cette réglementation permet d'envisager successivement l'étude des principes généraux de prévention (**A**) et des règles particulières à certaines catégories de travailleurs (**B**).

A. /Les principes généraux de la prévention

Les principes généraux de prévention se traduisent par des obligations mises à la charge de l'employeur ou du chef d'établissement (**1**). L'inspecteur du travail assure le contrôle du respect de ces obligations (**2**).

1. Les règles générales

La prévention des risques professionnels[270] est un enjeu primordial en matière de gestion des ressources humaines. À

[269] Un service social est obligatoirement constitué dans les établissements occupant plus de 500 travailleurs. L'organisation, le fonctionnement et les moyens d'action du service social sont fixés par arrêté du ministre chargé du travail (Art. L. 187 C. trav.).

[270] La prévention des risques professionnels est l'ensemble des actions anticipées destinées à maîtriser les risques d'accidents de travail ou de maladies professionnelles et à améliorer les conditions de travail par des solutions techniques, organisationnelles et humaines.

cet effet, le respect des règles d'hygiène (**a**) et de sécurité (**b**) au travail doit être au cœur des préoccupations.

a) Les règles d'hygiène[271]

Les locaux de travail doivent être dans un état de propreté et présenter des conditions d'hygiène et de salubrité nécessaires à la santé du personnel.

Les lieux de travail, ainsi que les mobiliers et les équipements qui s'y trouvent, doivent être maintenus dans un état constant de propreté. Le nettoyage doit être effectué grâce à des procédés et à des matériels adaptés, notamment aux aspirateurs, aux linges humides ne soulevant pas de poussières. Les planchers doivent être nettoyés au moins une fois par jour. Les revêtements des murs et plafonds doivent être nettoyés ou repeints toutes les fois qu'il est nécessaire.

Dans les locaux où sont utilisées des matières organiques altérables, les murs et les planchers doivent être nettoyés quotidiennement avec une solution désinfectante. Un nettoyage complet, avec la même solution, doit être réalisé au moins une fois par an.

Les résidus putrescibles ne doivent jamais séjourner sur les lieux de travail. Ils doivent être évacués au fur et à mesure. L'employeur prend toutes dispositions pour qu'ils soient détruits immédiatement ou entreposés à l'écart des postes de travail, dans des récipients hermétiquement clos, en attente de leur enlèvement.

[271] Décret n° 2006-1261 du 15 novembre 2006 fixant les mesures générales d'hygiène et de sécurité dans les établissements de toute nature, JO n° 6347 du samedi 19 mai 2007, p. 2867 ; Décret n° 2006-1260 du 15 novembre 2006 relatif aux conditions d'aération et d'assainissement des lieux de travail, JO n° 6347 du samedi 19 mai 2007, p. 2864.

b) Les règles de sécurité[272]

En application de l'article L. 171 du Code du travail, l'employeur doit faire en sorte que les lieux de travail, les machines, les matériels, les substances et les procédés de travail placés sous son contrôle ne présentent pas de risque pour la santé et la sécurité des travailleurs. Les établissements doivent être aménagés de manière à assurer la sécurité des travailleurs, car les risques pour les travailleurs proviennent également des locaux de travail et de leur aménagement. Ils ne résultent pas exclusivement des produits et des machines utilisés.

La prévention est assurée par des mesures d'organisation de la médecine du travail[273], des mesures d'organisation du travail, des mesures techniques appliquées aux nouvelles installations ou aux nouveaux procédés lors de leur conception[274] ou de leur mise en place, ou des adjonctions techniques apportées aux installations ou procédés existants.

Lorsque ces mesures ne sont pas suffisantes pour garantir la sécurité ou la santé des travailleurs, des mesures de protection individuelle contre les risques professionnels doivent être mises en œuvre. Lorsque ces mesures de protection individuelle requièrent l'utilisation par le travailleur d'un équipement approprié, ce dernier est fourni et entretenu par

---

272 Décret n° 2006-1256 du 15 novembre 2006 fixant les obligations des employeurs en matière de sécurité au travail, JO n° 6347 du samedi 19 mai 2007, p. 2851 ; Décret n° 2006-1259 du 15 novembre 2006 relatif aux mesures de signalisation de sécurité au travail, JO n° 6347 du samedi 19 mai 2007, p. 2863 ; Décret n° 2006-1252 du 15 novembre 2006 fixant les prescriptions minimales de prévention de certains facteurs physiques d'ambiance, JO n° 6329 du samedi 24 février 2007, p. 2239, JO n° 6347 du samedi 19 mai 2007, p. 2837 ; Décret n° 2006-1250 du 15 novembre 2006 relatif à la circulation des véhicules et engins à l'intérieur des entreprises, JO n° 6329 du samedi 24 février 2007, p. 2231 ; Décret n° 2006-1254 du 15 novembre 2006 relatif à la manutention manuelle des charges, JO n° 6347 du samedi 19 mai 2007, p. 2846 ; Décret n° 2006-1257 du 15 novembre 2006 fixant les prescriptions minimales de protection contre les risques chimiques, JO n° 6347 du samedi 19 mai 2007, p. 2853.

273 Décret n° 2006-1258 du 15 novembre 2006 fixant les missions et les règles d'organisation et de fonctionnement des services de Médecine du travail, JO n° 6347 du samedi 19 mai 2007, p. 2855.

274 On parle à ce sujet de la « *sécurité intégrée* ». Les règles posées sont destinées à s'appliquer antérieurement à la situation de travail.

l'employeur.[275] Dans ce cas, aucun travailleur ne doit être admis à son poste de travail sans son équipement de protection individuelle.

L'employeur est tenu de contrôler régulièrement le respect des normes réglementaires de sécurité et d'hygiène, et de faire procéder périodiquement aux mesures, analyses et évaluations des conditions d'ambiance et, le cas échéant, entreprendre des mesures de protection collective[276] ou individuelle afin de prévenir les atteintes à la sécurité et à la santé des travailleurs.

La mise en œuvre des mesures d'hygiène et de sécurité du travail ainsi que, le cas échéant, les actions de formations et d'informations en la matière sont à la charge exclusive de l'employeur. La formation à la sécurité a pour objet d'instruire les salariés des précautions à prendre pour leur propre sécurité et celles des autres salariés de l'établissement.

Les lieux de travail doivent être soumis à une surveillance régulière dans les conditions et suivant les modalités fixées par l'autorité administrative, en vue notamment de vérifier la sécurité des équipements et des installations ainsi que de surveiller les risques pour la santé sur les lieux de travail. Cette surveillance a, notamment, pour objectif de contrôler le respect des normes de sécurité et des limites d'exposition.

Des contrôles spéciaux doivent être effectués sur les lieux de travail chaque fois que des machines ou des installations nouvelles sont mises en service, ou qu'elles ont subi des modifications importantes, ou que de nouveaux procédés sont introduits.

2. Le système d'inspection

L'inspection du travail est essentielle pour la construction d'une culture préventive en matière de sécurité et santé au travail. Il convient de préciser le domaine de l'inspection (**a**) et la procédure (**b**).

---

275 Décret n° 2006-1251 du 15 novembre 2006 relatif aux équipements de travail, JO n° 6329 du samedi 24 février 2007, p. 2232, JO n° 6347 du samedi 19 mai 2007, p. 2830.

276 Les mesures de protection collective sont des mesures de prévention visant à protéger toute personne se trouvant à proximité d'un danger de manière régulière ou occasionnelle. En revanche, la protection individuelle vise à protéger individuellement chaque salarié exposé aux risques à travers les équipements de protection individuelle (EPI).

a) Le domaine de l'inspection

Deux types d'inspection sont prévus par les dispositions des articles L. 173 et 174 du Code du travail.[277] Il s'agit du contrôle des locaux de travail (***a.1***) et du contrôle en cas de risque pour le travailleur (***a.2***).

a.1 – Le contrôle des plans des locaux de travail

Les plans des nouveaux locaux de travail doivent être obligatoirement soumis à l'inspecteur du travail, accompagnés de tous les renseignements utiles sur les travaux qui seront effectués, le matériel qui sera utilisé et le personnel qui sera employé. L'inspecteur du travail s'assure que les dispositions prises sont conformes aux prescriptions relatives à l'hygiène et à la sécurité des travailleurs.

a.2 – Le contrôle en cas de risque pour le travailleur

L'utilisation des procédés, substances, machines ou matériels spécifiés par la réglementation entraînant l'exposition des travailleurs à des risques professionnels sur les lieux de travail doit être portée par écrit à la connaissance de l'inspecteur du travail. Ce dernier peut subordonner cette utilisation au respect de certaines dispositions pratiques ou, lorsque la protection du travailleur ne lui paraît pas pouvoir être assurée de manière satisfaisante, l'interdire.

b) La procédure d'inspection

L'inspecteur du travail contrôle le respect par l'employeur des dispositions en matière d'hygiène et de sécurité. Lorsqu'il constate un manquement aux normes ou prescriptions ainsi édictées, il met en demeure l'employeur de s'y conformer. En outre, lorsqu'il existe des conditions de travail dangereuses pour la sécurité ou la santé des travailleurs, l'employeur est mis en demeure par l'inspecteur du travail d'y remédier.

La mise en demeure doit être faite par écrit sur le registre de l'employeur ou par lettre recommandée avec accusé de

---

[277] Décret n° 2006-1255 du 15 novembre 2006 relatif aux moyens juridiques d'intervention de l'inspection du travail dans le domaine de la santé et de la sécurité au travail, JO n° 6347 du 19 mai 2007, p. 2848.

réception. Elle est datée et signée. Elle précise la nature des manquements ou des dangers constatés et fixe le délai dans lequel ils devront avoir disparu.

Ce délai ne pourra pas être inférieur à quatre jours francs, sauf urgence indiquée par l'inspecteur du travail. Dans les conditions et selon les modalités fixées par le code de la sécurité sociale, l'employeur est tenu d'aviser l'inspecteur du travail et de la sécurité sociale de tout accident de travail survenu ou de toute maladie professionnelle constatée dans l'entreprise. Cet avis est donné sans délai par tout moyen d'urgence en cas d'accident mortel. Par ailleurs, l'employeur doit prendre les mesures appropriées pour que les salariés reçoivent toutes les informations nécessaires concernant les risques encourus et les mesures et activités de protection et de protection.

B. /Les règles particulières

Elles concernent certaines catégories de travailleurs (**1**), les salariés d'entreprises extérieures (**2**), les chantiers de bâtiment et de travaux publics (**3**).

1. Les règles propres à certaines catégories de travailleurs

Certains travailleurs, de par leurs situations, sont plus fragiles et par conséquent plus vulnérables et sensibles aux risques existants dans l'entreprise. C'est le cas des femmes et des jeunes travailleurs. À cet effet, des dispositions particulières s'appliquent aux femmes, aux jeunes travailleurs de moins de 18 ans ainsi qu'aux apprentis. Ces dispositions prohibent ou réglementent leur emploi à des travaux présentant des causes de danger particulières, ou excédant leurs forces, ou dangereux pour la moralité.[278]

En vue de protéger la santé des femmes et des enfants, le législateur interdit de leur faire accomplir certains travaux, soit occasionnellement, soit habituellement. Il est tout d'abord interdit de les occuper à des travaux de nuit. En outre des décrets fixent la nature des travaux interdits aux femmes et aux femmes enceintes.

[278] Décret n° 2006-1254 du 15 novembre 2006 relatif à la manutention manuelle des charges, JO n° 6347 du samedi 19 mai 2007, p. 2846.

Il résulte de ces textes que dans les usines, manufactures, mines, carrières, chantiers, ateliers et leurs dépendances, les femmes et les enfants de moins de 18 ans ne peuvent être employés à aucun travail de nuit et, qu'en outre, le repos de ces personnes entre deux journées de travail doit être de onze heures consécutives au minimum.

Au principe de la prohibition du travail de nuit, des exceptions sont apportées :

- Dans les industries où le travail s'applique à des matières susceptibles d'altération très rapide, en raison de dangers imminents ;
- Dans les usines à feu continu, pour les seuls enfants âgés de plus de 16 ans et pour les travaux indispensables (usines de fer et acier, verreries, papeteries, sucreries où l'on traite le sucre brut, réduction du minerai d'or) ;
- Dans les entreprises familiales, c'est-à-dire dans lesquelles sont seuls employés les membres d'une même famille (femmes et enfants) ;
- Lorsqu'un cas de force majeure met obstacle au fonctionnement normal de l'établissement (femmes et enfants).

En particulier, il est interdit à l'employeur de faire travailler la femme pendant une période de quatre semaines avant la date présumée de l'accouchement et de dix semaines après la délivrance.

2. La sécurité des salariés d'entreprises extérieures

Il est fréquent aujourd'hui que les salariés d'une entreprise extérieure effectuent des travaux dans les locaux d'une autre entreprise. Il s'agit généralement de sous-traitance ou de prestations de services. Cette situation est à l'origine de dangers particuliers pour les salariés qui ne sont pas accoutumés au milieu de travail ou qui ne sont pas soumis à leur propre hiérarchie, etc.

Ainsi, lorsque dans un même lieu de travail, les salariés de plusieurs entreprises sont présents, les employeurs doivent coopérer à la mise en œuvre des dispositions relatives à la sécurité, à l'hygiène et à la santé. L'entreprise d'accueil doit prendre les mesures appropriées pour que les travailleurs des établissements extérieurs intervenant dans son établissement reçoivent des informations adéquates concernant la prévention des risques professionnels.[279]

Avant même le début des travaux en cause, les intervenants extérieurs doivent faire connaître les modalités précises de leur intervention – date d'arrivée, nombre de salariés, nom et qualification de celui qui les dirigera. Il est procédé à l'inspection commune des lieux de travail. Le chef d'entreprise utilisatrice délimite le secteur d'intervention des entreprises extérieures, il indique les voies de circulation et communique ses consignes de sécurité.

3. Les chantiers du bâtiment et des travaux publics

Ce n'est un secret pour personne que le bâtiment et les travaux publics sont des secteurs d'activité où la fréquence et la gravité des accidents du travail atteignent traditionnellement des niveaux particulièrement élevés. Les chantiers de bâtiment et travaux publics présentent donc de nombreux risques pour les travailleurs, comme les risques de chutes en hauteur. C'est ce qui explique la spécificité des règles applicables aux opérations de bâtiment et de génie civil en vue d'assurer la sécurité et la santé des travailleurs.[280]

Ici, les principes généraux de prévention sont réorientés vers le maître d'ouvrage et le coordinateur des travaux. Le concept de sécurité intégré est à nouveau mis en œuvre afin que les impératifs de sécurité soient pris en compte, notamment lors des choix architecturaux et techniques ainsi que dans l'organisation des opérations de chantier.

Il est fait obligation au maître de l'ouvrage, pour tout chantier dont la durée estimée des travaux est supérieure à trente jours ouvrables et qui occupe plus de dix travailleurs simultanément, d'en faire déclaration préalable à l'inspecteur du travail, et à la caisse de sécurité sociale. S'agissant des travaux les plus importants ou les plus dangereux, il est imposé l'établissement d'un plan général en matière de sécurité et de santé et des plans particuliers correspondant à l'intervention de chacune des entreprises.

---

279 Article 11 du décret n° 2006-1256 du 15 novembre 2006 fixant les obligations des employeurs en matière de sécurité au travail, précité.

280 Décret n° 2006-1249 du 15 novembre 2006 fixant les prescriptions minimales de sécurité et de santé pour les chantiers temporaires ou mobiles, JO n° 6342 du samedi 28 avril 2007, p. 2760.

§ 2 – Le comité d'hygiène et de sécurité du travail

La création du comité d'hygiène et de sécurité du travail est le fait du décret n° 94-244 du 7 mars 1994[281]. Il joue un rôle important dans la prévention des risques professionnels, en liaison avec les acteurs internes (employeurs, délégués du personnel, médecins du travail) ou externes (inspection du travail, institutions de prévoyance maladie...). Aussi, il convient de présenter l'organisation (**A**) et la mission de ce comité (**B**).

A. /L'organisation du comité d'hygiène et de sécurité du travail

Le comité d'hygiène et de sécurité du travail (CHST) est constitué obligatoirement dans les établissements mentionnés à l'article L. 3 du Code du travail occupant au moins cinquante (50) salariés. L'effectif est calculé suivant les modalités définies à l'article 3 du décret 67-1360 du 9 décembre 1967.[282] Il convient d'analyser la composition (**1**) et les modalités de fonctionnement (**2**) du CHST.

1. La composition du CHST

Les missions confiées au comité d'hygiène et de sécurité du travail apparaissent relativement lourdes, d'autant plus qu'elles s'exercent dans un domaine où se manifestent toutes les sensibilités individuelles. Aucun problème ne doit être occulté, volontairement ou non. Dans le même temps, il faut se garder de toute dramatisation.

Afin que le comité d'hygiène et de sécurité *ne soit pas considéré comme une tribune, mais comme un vrai lieu de travail*, il doit être composé de personnes possédant la qualification nécessaire et une vraie motivation. Sa composition est le reflet de cette *double préoccupation* et *vise à la fois l'efficacité dans l'action* et *une réelle représentation de toutes les parties intéressées*. À cet égard, on ne vise pas tant la parité que la possibilité donnée aux différents acteurs de la vie de

---

[281] Décret n° 94-244 du 7 mars 1994 fixant les modalités d'organisation et de fonctionnement des comités d'hygiène et de sécurité du travail, JO n° 5583 du 4 juin 1994, p. 260.

[282] Décret n° 67-1360 du 9 décembre 1967 fixant les conditions et les modalités de désignation des délégués du personnel dans les entreprises et définissant leur mission, JO n° 3932 du 23 décembre 1967, p. 1754.

l'établissement de prendre part aux travaux et de faire entendre leurs préoccupations.

Le comité comprend donc :

- le chef d'établissement ou son représentant : Président ;
- le chef du service sécurité ou l'agent chargé des questions de sécurité : Secrétaire ;
- le médecin du travail de l'établissement ou le service médical inter-entreprises ;
- trois travailleurs cooptés par les trois susnommés en fonction de leurs connaissances du milieu du travail et d'une manière générale de leurs connaissances en matière d'hygiène et de sécurité. Ceux-ci peuvent être remplacés au comité par des suppléants désignés dans les mêmes conditions.

La liste nominative des membres du comité doit être affichée dans les locaux affectés au travail. Ils sont désignés pour trois ans. L'employeur doit veiller à la formation continue des membres du comité en matière d'hygiène et de sécurité.

2. Le fonctionnement du CHST

Le fonctionnement interne du comité d'hygiène et de sécurité du travail répond au souci de faire du comité un véritable lieu de travail. Il importe donc de s'intéresser aux réunions du comité (**a**) avant d'examiner la nature des actes issus de ces réunions (**b**).

a) Les réunions du comité

Le comité d'hygiène et de sécurité du travail se réunit au moins *une fois par trimestre* sur l'initiative de son président. Il peut également être réuni à la suite de tout accident qui a entraîné ou qui aurait pu entraîner des conséquences graves, soit à la demande motivée de deux de ses membres.

L'ordre du jour de la réunion est établi sur l'initiative de son président. Il l'adresse aux membres au moins trois jours avant. Ce délai peut être réduit s'il s'agit d'une situation d'urgence.

Le chef d'établissement ou son représentant le préside. Le chef du service sécurité ou l'agent chargé des questions de sécurité assure le secrétariat.

Les membres du comité et toutes les personnes qui participent aux séances sont soumis au devoir de réserve. Les représentants des personnels et les experts bénéficient d'une autorisation d'absence pour la durée de la séance, augmentée d'une durée équivalente afin de leur permettre de préparer les travaux ou d'en effectuer le compte rendu. Ce temps est rémunéré comme temps de travail.

Les membres du comité ne perçoivent aucune indemnité, la fonction de membre est gratuite. Tous les documents nécessaires à l'accomplissement de leur mission doivent leur être fournis au moins trois jours avant la séance. Les dépenses de fonctionnement du comité sont à la charge de l'établissement.

b) Les actes du comité

Le décret du 7 mars 1994 est resté muet sur la nature des actes du comité. Mais en comparaison avec ce qui se passe ailleurs, on peut penser que le comité ne possède pas de pouvoir décisionnel. Il émet des avis et fait des propositions à la majorité simple des suffrages exprimés. En cas de partage des voix, l'avis est, en principe, réputé avoir été donné ou la proposition formulée. Les abstentions sont admises. Les votes ont lieu, en principe, à main levée.

De même, dans un souci d'efficacité, on peut penser que le comité ne délibère valablement que si les trois quarts au moins de ses membres sont présents à l'ouverture de la réunion. Si ce quorum n'est pas atteint, une nouvelle convocation doit en principe être faite dans un délai de huit jours (à déterminer). Si la moitié des membres délibérants est présente lors de cette seconde réunion, le comité siège alors valablement.

Chaque séance donne lieu à un procès-verbal. Signé par le président, contresigné par le secrétaire, il est consigné à la diligence du chef d'établissement sur un registre spécial. Ce registre ainsi que les statistiques d'accidents du travail et de maladies professionnelles sont tenus en permanence à la disposition de l'Inspecteur du travail du ressort. Ils doivent également être tenus pendant un jour ouvrable, par quinzaine, en dehors des heures de travail, à la disposition des travailleurs de l'établissement qui désirent en prendre connaissance.

B. /La mission du comité d'hygiène et de sécurité du travail

La raison d'être du comité d'hygiène et de sécurité du travail se décline en quatre volets :

- organe de consultation exerçant un droit d'examen des différents documents émis par l'établissement en matière d'hygiène et de sécurité (**1**) ;
- mission permanente d'analyse des risques (**2**) ;
- pouvoir d'enquête à l'occasion des accidents ou des maladies professionnelles (**3**) ;
- rôle d'alerte, en cas de danger constaté pour la sécurité des personnes (**4**).

1. Un organe de consultation et d'examen

Le comité est consulté sur les projets de règlements et de consignes élaborés par le chef du service sécurité ou l'agent chargé des questions d'hygiène et de sécurité. Il examine le programme annuel de l'établissement pour la prévention des risques professionnels et de ceux concernant les usagers. Il examine également le rapport annuel établi par le médecin de prévention.

Il se tient informé des observations éventuelles faites par les travailleurs chargés de fonctions d'inspection en matière d'hygiène et de sécurité. Enfin, le comité prend connaissance des observations ou suggestions consignées sur le registre d'hygiène et de sécurité, sur l'initiative des personnels ou des usagers.

Par ailleurs, le comité peut connaître des questions relatives :

- à l'observation des prescriptions législatives et réglementaires en matière d'hygiène et de sécurité ;
- aux méthodes et techniques de travail et au choix des équipements de travail dès lors qu'ils sont susceptibles d'avoir une influence directe sur la santé des agents ;
- aux projets d'aménagements, de construction et d'entretien des bâtiments au regard des règles d'hygiène et de sécurité, et de bien-être du travail ;
- aux mesures prises en vue de faciliter l'adaptation des postes de travail aux handicapés ;
- aux mesures d'aménagement des postes de travail permettant de favoriser l'accès des femmes à tous les emplois et nécessaires aux femmes enceintes.

2. Une mission permanente d'analyse des risques

Au début de chaque année, le chef d'établissement établit, avec les membres du comité, un programme annuel de prévention des risques professionnels à partir des analyses desdits risques auxquels peuvent être exposés les salariés de l'établissement. Ce programme fixe la liste des mesures devant être prises au cours de l'année.

À la fin de chaque année, le chef d'établissement présente au comité d'hygiène et de sécurité du travail, un rapport écrit faisant le bilan de la situation générale de l'hygiène et de la sécurité dans son établissement et des actions qui ont été menées au cours de l'année écoulée. Lorsque certaines des mesures prévues par le chef d'établissement ou demandées par le comité n'ont pas été prises au cours de l'année concernée par le programme, le chef d'établissement doit énoncer les motifs de cette inexécution en annexe du rapport qu'il présente au comité. Ce rapport est communiqué obligatoirement à l'Inspecteur du travail et de la sécurité sociale du ressort.

3. Un pouvoir d'enquête

Le comité enquête lorsque survient un accident de service ou en cas de maladie professionnelle déclarée et reconnue. Chaque enquête est conduite en principe par deux membres du comité, l'un représentant l'employeur, l'autre les travailleurs, assistés s'ils le désirent par d'autres membres, et en particulier par le médecin du travail ou un expert désigné par le comité.

4. Un rôle d'alerte

Si un membre du comité constate une cause de danger, il en avise le chef de service intéressé. Si le danger est imminent, le chef de service est tenu de prendre sur-le-champ toute mesure utile pour faire cesser le péril en question. Tant que persiste le péril grave, il est interdit à l'employeur de maintenir à son poste de travail le salarié intéressé.

CHAPITRE 3 : LES ÉVÉNEMENTS AFFECTANT L'EXÉCUTION DU CONTRAT DE TRAVAIL

Le contrat de travail a vocation à durer dans le temps. Toutefois, les conditions initialement prévues par les parties ne peuvent pas toujours être maintenues à l'identique pendant des années. Le contrat de travail peut voir son exécution perturbée par différents évènements susceptibles même d'altérer le lien contractuel unissant les parties. En effet, dans un environnement en perpétuelle évolution, il est impossible de garantir aux salariés des conditions identiques pendant des années ou des décennies.

Le législateur a adopté des solutions spécifiques afin d'assurer le maintien du contrat et donc la stabilité des emplois, malgré la survenance de situations de nature à entraîner la rupture des relations de travail. Le droit du travail a su ainsi se différencier du droit commun des contrats pour permettre à la relation de travail de perdurer au-delà de changements qui auraient entraîné la rupture d'un contrat classique. Le caractère original, exceptionnel et protecteur de ce droit est ainsi confirmé. Parmi les évènements susceptibles d'affecter l'exécution du contrat de travail, certains peuvent modifier la relation contractuelle initiale (**section 1**), d'autres peuvent suspendre la relation de travail (**section 2**).

SECTION 1 : LA MODIFICATION DE LA RELATION DE TRAVAIL

Les difficultés d'application du contrat du travail viennent souvent de la modification de la situation juridique de l'employeur, ce qui menace le lien contractuel lui-même (**§ 1**). Elles proviennent aussi de la modification des conditions économiques ou sociales de l'exécution du contrat de travail qui entraîne la nécessité de réviser le contenu du contrat de travail (**§ 2**).

§ 1 – La modification de la situation juridique de l'employeur

L'hypothèse à envisager ici est celle du transfert d'entreprise. C'est le cas lorsqu'un employeur est remplacé par un autre. Quel sera alors le sort des salariés ? Les conditions de maintien des contrats de travail (**A**) ainsi que les effets de la modification (**B**) sont régis par l'article L. 66 du Code du travail.

A. /Les conditions d'application de l'article L. 66 du Code du travail

L'article L. 66 du Code du travail a pour fondement la *sauvegarde de l'emploi* du salarié. Le législateur a voulu éviter que les salariés ne perdent leur emploi uniquement parce que l'employeur a changé. Les conditions d'application des dispositions de cet article sont : le changement d'employeur (**1**), l'existence d'un contrat de travail (**2**) et la continuité de l'activité de l'entreprise (**3**).

1. Un changement d'employeur

Deux aspects sont à prendre en compte : le type d'employeur (**a**) et l'acte de changement (**b**).

a) Le type d'employeur

L'employeur peut être une personne physique ou morale, cela importe peu. Il suffit qu'il y'ait un changement dans l'identité de l'exploitant, c'est-à-dire de l'employeur. Ce changement suppose l'avènement d'un nouvel employeur, ce qui n'est pas le cas lorsque l'organisme employeur a simplement changé de tutelle et continue à exercer la même activité sous la même dénomination et avec les mêmes prérogatives hiérarchiques sur ses employés.[283]

De même, on ne peut retenir ce changement si la modification concerne plutôt l'entreprise dans laquelle le salarié est mis à disposition. À ce sujet, la Cour suprême a jugé que la vente d'un bungalow ou cabanon dans lequel travaillait un gardien dans le cadre d'une mise à disposition n'opérait

[283] C.S. Sénégal, ch. soc., 2 février 2013, n° 6, *CESAG-BCEAO c./ Fara François BRANGALE*, Bulletin des arrêts de la Cour suprême du Sénégal.

nullement une modification dans la situation juridique de son employeur telle que prévue par l'article L. 66 du Code du travail.[284] Par conséquent, on ne saurait retenir comme l'a fait le premier juge que cette cession entraîne la subsistance et le transfert du contrat du travail du gardien au nouvel acquéreur.

b) L'acte de changement d'employeur

L'article L. 66 du Code du travail énumère un certain nombre d'actes juridiques par lesquels le changement peut survenir. Ce sont : la succession, la reprise sous une nouvelle appellation, la vente[285], la fusion[286], la transformation de fonds[287], la mise en société[288].

La succession renvoie au décès de l'employeur originaire. Le décès peut mettre fin à l'existence de l'entreprise. Dans ce cas, les héritiers de l'employeur seront tenus vis-à-vis des salariés, notamment des indemnités de préavis et de licenciement. Si le décès n'empêche pas la poursuite de l'activité de l'entreprise, les héritiers devront poursuivre les contrats de travail avec les salariés de l'entreprise, sauf s'ils ont renoncé à la succession.[289]

La cession peut être totale ou partielle. Il peut s'agir, par exemple, de la cession d'une branche d'activité. L'activité peut tout aussi bien être secondaire ou accessoire dès lors qu'elle est exercée par une entité économique autonome. Il suffit que l'activité cédée dispose de son propre personnel ; le nombre de salariés importe peu dès lors qu'il existe un personnel propre affecté à la structure transférée. Exemple : cession d'un rayon pâtisserie dans un supermarché, qui est équipé pour la vente.

L'article 189 de l'Acte uniforme révisé relatif au droit des sociétés commerciales et du groupement d'intérêt économique définit la fusion comme « l'opération par laquelle deux sociétés se réunissent pour n'en former qu'une seule, soit par la création

---

[284] C.S. Sénégal, ch. soc., 27 mars 2013, n° 14, *SOPHIA SECURIS SARL c./ Moussa SECK*, Bulletin des arrêts de la Cour suprême du Sénégal.

[285] Une entreprise est cédée à une autre et continue à fonctionner mais sous une direction nouvelle.

[286] Réunion de plusieurs sociétés en une, soit par absorption soit par création d'une nouvelle société. La simple prise de participation dans une société ne crée pas une nouvelle entreprise.

[287] En cas de scission ou de constitution de filiale.

[288] Lorsqu'une personne morale prend la place d'un entrepreneur personne physique.

[289] Voir les développements au niveau du chapitre 3 du titre 3 de la première partie de l'ouvrage.

d'une société nouvelle, soit par l'absorption de l'une par l'autre. »[290] Selon l'article 190 du même Acte uniforme, la scission est « l'opération par laquelle le patrimoine d'une société est partagé entre plusieurs sociétés existantes ou nouvelles. » Elle peut consister à séparer en sociétés distinctes les branches d'activité d'un groupe.

L'énumération de l'article L. 66 du Code du travail est-elle limitative ou indicative ? Le doute n'est pas permis. L'emploi de l'adverbe notamment montre que l'énumération est indicative et peut être étendue.

2. La continuité de l'activité

Deux aspects sont à prendre en compte : le sens de la continuité (**a**) et le maintien de l'activité (**b**).

a) Le sens de la continuité

L'interruption temporaire de l'activité de l'entreprise ne fait pas par elle-même obstacle à l'application de l'article L. 66. Il en est ainsi lorsque l'activité économique de l'entreprise est interrompue pendant quelques semaines ou mois après l'opération de transfert.

Par contre, si l'entreprise cesse son activité, l'article L. 66 ne s'appliquera pas. Le seul fait d'ouvrir une procédure collective ne constitue pas en lui-même une cessation d'activité, ce n'est que s'il y a liquidation judiciaire qu'il y aura cessation d'activité.

b) Le maintien de la même activité

Que faut-il entendre par même activité ? Il s'agit d'une activité de même nature avec une possibilité de maintien des mêmes emplois. C'est le cas, par exemple, lorsque l'activité est poursuivie chez le nouvel employeur avec les mêmes moyens et la même organisation. Il peut arriver que le transfert de l'activité ne s'accompagne pas du maintien de la même activité, dans ce cas l'article L. 66 ne s'applique pas.

---

[290] L'Acte uniforme OHADA relatif au droit des sociétés commerciales et du groupement d'intérêt économique a posé dans ses articles 189 à 199 (dispositions générales), 382 et 383 (SARL) et 670 à 683 (sociétés anonymes) les règles de base applicables en matière de fusion des sociétés commerciales.

L'activité ne doit pas être strictement identique. Elle peut être connexe ou similaire, c'est-à-dire pas fondamentalement différente de celle exercée auparavant. Ainsi, à propos de la cession d'un fonds de commerce, une connexité des activités existe entre un négoce de tissus et un commerce de prêt-à-porter. En revanche, si l'activité exercée par le nouvel exploitant est radicalement différente, l'article L. 66 est inopérant.

3. L'existence d'un contrat de travail en cours

Deux aspects sont à prendre en compte : les contrats de travail rompus avant le transfert (**a**) et les contrats de travail après le transfert (**b**).

a) Les contrats de travail rompus avant le transfert

Le nouvel employeur ne peut être lié par les contrats de travail auxquels était partie l'employeur précédent, que si ces contrats étaient encore en cours au moment du transfert de l'entreprise. Si le salarié démissionne ou est licencié avant que l'opération de transfert ne soit réalisée, l'article L. 66 ne s'applique pas.

L'article L. 66 s'applique à tous les types de contrats de travail : CDI, CDD, etc. Les dispositions de cet article s'appliqueront même si le contrat de travail est suspendu, notamment pour maladie. S'il s'agit d'un engagement à l'essai, le contrat se transmet. Les dispositions de L. 66 ne s'appliqueront pas si le contrat de travail a été rompu avant le transfert d'entreprise.

b) Les contrats de travail après le transfert

Lorsque des salariés continuent d'exercer leur fonction après le transfert, la démission donnée à leur ancien employeur ou le licenciement prononcé par ce dernier ne peuvent faire échec aux dispositions de l'article L. 66 du Code du travail. Le nouvel employeur sera donc tenu de respecter notamment l'ancienneté du salarié.

B. /Les effets de la mise en œuvre de l'article L. 66 du Code du travail

Dès lors que les conditions d'application de l'article L. 66 sont réunies, l'effet principal est le maintien automatique des contrats en cours (**1**). Toutefois, ce maintien automatique n'est pas permanent. Le nouvel employeur a la possibilité de modifier et même de rompre plus tard des contrats (**2**).

1. Le maintien automatique des contrats de travail en cours

Le maintien des contrats de travail « en cours » a lieu de plein droit, aucune formalité n'est à accomplir. La poursuite des contrats de travail est indépendante de la volonté des parties et s'impose aux parties : c'est le *caractère automatique* du transfert qui revient sur l'effet relatif des contrats.[291] Si le salarié refuse clairement de passer au service du nouvel employeur, il sera considéré comme démissionnaire. Toutefois, si le transfert s'accompagne d'une modification substantielle du contrat de travail, on se situe sur le terrain du licenciement.

Le contrat de travail est transféré avec tous ses éléments essentiels. Ces éléments regroupent : la rémunération ; la qualification professionnelle, même si le salarié est visiblement surclassé ; les attributions du salarié ; l'ancienneté antérieure demeure acquise. De même, la clause de non-concurrence est transférée, l'ancien employeur n'en bénéficie plus.

En France, il existe une restriction apportée par le Code du travail lui-même en matière de journalisme. En effet, les journalistes ont la possibilité de refuser le transfert en faisant jouer la *clause de conscience*, prévue par l'article L. 761-7 du Code du travail. Dans ce cas, ils ne seront pas considérés comme démissionnaires.

2. La modification ou la rupture du contrat de travail

Le législateur a voulu éviter que la modification entraîne de plein droit la rupture. Mais, l'article L. 66 ne garantit pas le salarié d'un éventuel licenciement qui peut être décidé par l'un ou l'autre de ses employeurs, en vertu du pouvoir de direction.

---

[291] Cass. soc., 13 janvier 1995, n° 14, *DIOUF Niokhobaye c./ NGOM Gora,* Bulletin des arrêts de la Cour de cassation du Sénégal.

Le pouvoir de direction justifie un certain nombre de modifications. Il permet toutes les modifications jugées non essentielles, notamment celles portant sur les attributions du salarié afin de les adapter à la nouvelle organisation de l'entreprise.

§ 2 – La modification des conditions contractuelles

Selon l'article 97 du COCC., « Le contrat ne peut être révisé ou résilié que du consentement mutuel des parties ou pour des causes prévues par la loi. » Il s'en suit que le juge ne peut procéder à la révision du contrat, pas plus que l'une des parties ne peut l'imposer à l'autre. Pour autant, la loi contractuelle n'est pas intangible. Elle peut faire l'objet de modifications ultérieures, et surtout en droit du travail où les conditions contractuelles initiales peuvent évoluer en raison de divers impératifs liés au fonctionnement de l'entreprise. La procédure de modification du contrat de travail varie suivant qu'on est en présence d'une modification substantielle (**A**) ou non (**B**).

A. /La modification substantielle

Qu'arrive-t-il si l'une des parties au contrat refuse la modification envisagée par l'autre ? Il serait intéressant d'appréhender d'abord la notion de modification substantielle (**1**) avant d'examiner les conséquences de cette modification (**2**).

1. La notion de modification substantielle

La modification substantielle est celle qui affecte un élément essentiel du contrat de travail. Pour une meilleure appréhension de la notion, il convient, d'une part, de définir le concept (**a**) et, d'autre part, de déterminer ses éléments essentiels (**b**).

a) La définition de la « modification substantielle »

La distinction opérée entre modification substantielle et modification non substantielle du contrat a conduit à des zones d'incertitude liées à l'appréciation du mot « substantiel ». En effet, le législateur qui a employé la notion de modification substantielle sous le visa de l'article L. 67 ne l'a pas définie.

L'article L. 67 du Code du travail exige l'accord du salarié en cas de modification substantielle. Dans ce cas, on peut affirmer qu'il s'agit d'une modification suffisamment importante, qui remettrait en cause un élément déterminant pour le salarié lorsqu'il a signé le contrat.

On peut donc conclure qu'il y a modification substantielle du contrat lorsque celle-ci porte atteinte à l'économie du contrat, à son équilibre interne. Seules les clauses essentielles sont donc protégées contre une modification unilatérale.

Très souvent, il s'agit d'une modification d'origine contractuelle, en ce sens qu'elle relève exclusivement des parties au contrat et de leur consentement. Mais, elle peut également découler de l'application d'une décision concernant l'ensemble des salariés, et ce par différents moyens, ce qui conférera à la modification une origine collective.

b) Les éléments essentiels du contrat de travail

Trois éléments essentiels constituent le socle, les piliers de tout contrat de travail,[292] et à ce titre ne peuvent pas être modifiés sans l'accord du salarié. Ce sont : la rémunération (***b.1***), la qualification (***b.2***) et la durée du travail (***b.3***). À ces éléments, on peut ajouter le lieu de travail (***b.4***).

b.1 – La rémunération

La rémunération est toujours considérée comme un élément essentiel du contrat.[293] Elle ne peut être modifiée ni dans son montant ni dans sa structure sans l'accord du salarié. Il en ainsi de la modification portant sur le montant de la rémunération, sur le taux horaire ou le taux de la commission.

Le salarié demeure libre de refuser la modification des modalités de sa rémunération, peu importe que l'employeur soutienne que le nouveau régime est plus favorable. Le calcul de la rémunération prévue par le contrat de travail ne peut pas être modifié unilatéralement par l'employeur, même s'il n'affecte pas globalement la rémunération du salarié. La précision est importante, c'est la rémunération contractuelle qui constitue un élément substantiel du contrat de travail. En effet, certains éléments de la rémunération d'un salarié peuvent résulter d'une

---

[292] Ils forment ce que le professeur Jean-Emmanuel RAY appelle la quadrature du socle contractuel.

[293] Cass. soc., 28 juillet 2004, n° 58, *La SIMPA c./ Birame FAYE & 10 autres*, Bulletin des arrêts de la Cour de cassation du Sénégal.

convention collective. La remise en cause des éléments de rémunération issus d'une convention collective est possible selon des règles particulières relatives à la cessation des effets d'une convention collective.

b.2 – La qualification professionnelle

La qualification du salarié correspond à la fonction occupée par le salarié. Elle représente l'ensemble des tâches que le salarié peut être amené à exécuter en vertu des compétences qui ont motivé son embauche. La qualification ne se limite pas à ce qui est inscrit dans le contrat de travail, mais bien aux fonctions réellement exercées par le salarié. Ainsi, lorsque les fonctions sont exercées depuis un certain temps, le salarié peut les considérer comme acquises et donc contractuelles.

Dans le cadre de son pouvoir de direction, l'employeur peut faire évoluer les tâches effectuées par le salarié. Le salarié n'a aucun droit reconnu à effectuer toujours les mêmes tâches ; la vie des entreprises requiert une certaine mobilité fonctionnelle. Mais, le salarié peut exiger que les tâches qui lui sont confiées soient en rapport avec sa qualification.

Par conséquent, *l'employeur ne peut pas imposer un changement de qualification entraînant l'exécution de tâches différentes*. Un salarié embauché pour tel type de tâche qualifiée ne peut être muté sur une tâche qui suppose une autre qualification sans son accord, même si cette mutation équivaut à une promotion.[294] Toutefois, il peut être imposé au salarié une tâche différente de celle effectuée antérieurement, dès l'instant

---

[294] Jurisprudence française, Cass. soc., 22 octobre 2002, n° 00-42.003 : « ... le nouveau poste de magasinier en produits alimentaires constituait une promotion professionnelle, requérant une qualification supérieure à celle de cuisinier employé à remplir des barquettes de préparations froides, ... » Voir aussi, Cass. soc., 25 juin 1997, n° 81, *LY Mamadou c./ SONAM*, Bulletin des arrêts de la Cour de cassation du Sénégal : Engagé en qualité d'adjoint au chef du département Contentieux de la SONAM, le sieur LY est nommé quelques années après chef de bureau de Souscription du Mali à Bamako, suite à l'agrément obtenu dans ce pays. Il refuse de rejoindre Bamako, son nouveau poste d'affectation, en dépit de l'opportunité d'une formation que lui offre son employeur sur la production et gestion d'un bureau de souscription. La Cour suprême a cassé et annulé l'arrêt de la Cour d'Appel de Dakar qui avait déclaré légitime le licenciement du sieur LY. Elle estime qu'en statuant ainsi, la Cour d'Appel méconnaît la modification substantielle du contrat de travail du sieur LY sans son consentement.

où elle correspond à sa qualification. Il en est ainsi lorsque les tâches sont connexes ou de même nature.

De même, si les nouvelles fonctions proposées au salarié impliquent un changement de qualification professionnelle, il s'agit d'une modification de contrat de travail que le salarié est en droit de refuser. Il en est ainsi même lorsque la rémunération et une partie des attributions antérieures sont maintenues. Le fait que la rémunération soit maintenue n'est pas déterminant lorsque la nature même de la fonction est affectée.

b.3 – La durée du travail

Le temps de travail est un élément essentiel du contrat. Toutefois, une distinction doit être faite entre la modification qui relève du pouvoir de direction de l'employeur et l'organisation du temps du travail qui requiert l'accord du salarié.

La modification de la durée du travail est subordonnée à l'accord du salarié. Il en est ainsi du passage d'un temps plein à un temps partiel ou inversement... La modification de l'horaire de travail relève du pouvoir de direction de l'employeur.

Néanmoins, l'accord du salarié est nécessaire pour les modifications des horaires de travail lorsqu'il s'agit de grands bouleversements. C'est le cas lorsque la modification consiste au passage d'un horaire fixe à un horaire variable, d'un horaire continu à un horaire discontinu, d'un horaire de jour à un horaire de nuit, et inversement.

b.4 – Le lieu de travail

Par nature le lieu de travail n'est pas essentiel. La mention du lieu de travail dans le contrat de travail a une simple valeur informative à moins qu'il ne soit stipulé par une clause claire et précise que le salarié exécutera son travail exclusivement dans ce lieu. La clause n'acquiert une valeur contractuelle que s'il est expressément stipulé que le salarié accomplira sa prestation exclusivement dans ce lieu.

Si le contrat de travail comporte une clause de mobilité géographique, la mutation du salarié dans un secteur géographique différent de celui du lieu de travail ne constitue pas une modification substantielle et ne nécessite pas son accord. Par contre, cet accord est nécessaire en l'absence de clause de mobilité géographique. À ce sujet, la Cour a censuré la décision de la Cour d'Appel qui a considéré que la mutation à Ziguinchor, sans son consentement, d'une employée recrutée par une Compagnie d'assurance pour servir à Saint-Louis ne procédait pas d'une modification des obligations contractuelles, mais relevait du pouvoir de direction de l'employeur.[295]

2. Les conséquences de la modification substantielle

Toute modification substantielle du contrat de travail nécessite l'accord du salarié (**a**). Cela suppose que le salarié peut refuser la modification proposée (**b**).

a) L'accord du salarié

Un salarié est libre d'accepter ou de refuser une proposition de modification de son contrat de travail. Un délai de réflexion doit être laissé à ce dernier afin qu'il puisse apprécier les implications de sa décision pour lui-même et sa famille. En cas d'acceptation, la modification prend effet après une période de préavis.

L'acceptation de la modification du contrat de travail entraîne la novation des obligations contractuelles ayant fait l'objet de la modification substantielle. Ces obligations contenues dans le contrat de travail initial sont définitivement éteintes. Les obligations qui n'ont pas fait l'objet de modification persistent. Dès que le salarié accepte une modification substantielle, l'employeur, tout comme le salarié, ne peut plus exiger le retour à la situation initiale, sauf nouvel accord des parties.

L'article L. 67 du Code du travail n'apporte pas de précision sur la forme de l'acception. Elle peut donc être écrite ou verbale, expresse ou tacite. Toutefois, l'acceptation de la modification ne peut résulter de la seule poursuite du travail par le salarié. Le silence du salarié qui continue de travailler ne doit pas être interprété comme une acceptation tacite de la modification de son contrat, même si cette situation s'est prolongée durant de nombreuses années. L'acceptation tacite n'est admise que si le comportement du salarié est sans équivoque.[296]

---

[295] Cass. soc., 9 juillet 1998, n° 80, *DIOUF Ndeye PENDA c./ SONAM*, Bulletin des arrêts de la Cour de cassation du Sénégal.

[296] Cass. soc., 26 février 2003, n° 28, *Ahmadou Bassine DIOP c./ La société Air Afrique*, Bulletin des arrêts de la Cour de cassation du Sénégal : Engagé le 5 janvier 1964 par la Compagnie Air Afrique en qualité de mécanicien auto classé à la catégorie D2/03, le sieur Ahmadou Bassine DIOP, a été promu,

Le fait pour un salarié à qui l'employeur propose une modification substantielle du contrat de travail de faire une contre-proposition ne constitue pas une faute. Le licenciement, qui intervient suite à une réclamation du travailleur relative aux conditions de son acceptation de la modification proposée par l'employeur, est abusif.[297]

b) Le refus du salarié

Le refus du salarié ne constitue pas une faute professionnelle, mais il peut néanmoins entraîner des conséquences néfastes. En effet, face à une réponse négative, l'employeur peut :

- soit reprendre l'exécution du contrat suivant ses dispositions initiales, donc renoncer à la modification envisagée ;
- soit entreprendre un licenciement *qui ne pourra avoir pour motif le refus du salarié, mais la cause à l'origine de modification proposée.*[298] Ainsi, si la modification proposée au salarié avait pour but de faire face à des difficultés économiques, alors l'employeur pourra entreprendre un licenciement pour motif économique.

En cas de proposition de modification substantielle du contrat, le salarié peut aussi prendre l'initiative de la rupture. Dans ce cas, la rupture est imputable à l'employeur. Toutefois, si la proposition de modification a pour cause l'incapacité physique du travailleur, la situation économique ou la réorganisation de l'entreprise, le refus du salarié n'est pas imputable à l'employeur. La loi lui donne la possibilité dans ce cas de proposer une modification entraînant réduction de certains avantages.

---

courant septembre 1981, à la catégorie C1/04 puis déclassé en octobre 1981 et ramené à sa qualification initiale au motif que la promotion procédait d'une erreur informatique. La Cour a jugé qu'en continuant, jusqu'à son départ à la retraite, à occuper le poste correspondant à la qualification D2/03, ce dont il résulte un déclassement, mais en conservant la rémunération correspondant à la catégorie C1/04, Amadou Bassine DIOP a acquiescé à sa nouvelle situation.

[297] Cass. soc., 12 janvier 2000, n° 20, *Société AFCO c./ Mamadou DIENG*, Bulletin des arrêts de la Cour de cassation du Sénégal.

[298] C.S. Sénégal, ch. soc., 10 mars 2010, n° 15, *Moustapha PAYE c./ La société SOGEMAR*, Bulletin des arrêts de la Cour suprême du Sénégal. – C.S. Sénégal, ch. soc., 11 février 2009, n° 44, *Société Jean Lefevbre Sénégal c./ Makou SYLLA*, Bulletin des arrêts de la Cour suprême du Sénégal.

B. /La modification non substantielle

Durant la relation de travail, l'employeur peut avoir besoin de modifier les conditions d'emploi du salarié. Les conséquences de cette modification qui, *a priori*, n'est pas substantielle doivent être précisées (**2**). Mais, au préalable, il importe de cerner la notion de modification non substantielle (**1**).

1. La notion de modification non substantielle

La modification non substantielle est celle qui n'affecte pas les éléments du socle contractuel, c'est-à-dire les éléments essentiels du contrat de travail. C'est une modification mineure, accessoire qui relève du pouvoir de direction de l'employeur.

L'employeur peut effectuer des modifications portant sur des éléments mineurs du contrat, ou sur des éléments qui n'entraînent pas une aggravation notable des conditions de travail. Parmi les éléments que l'on considère comme non substantiels, on peut citer l'affectation à une tâche différente, mais correspondante à la qualification du salarié, le changement des horaires de travail, une nouvelle mutation dans le même secteur géographique, ou dans un des secteurs prévus par une clause de mobilité.

L'affectation des tâches constitue un changement dans les conditions de travail, dans la mesure où les nouvelles conditions de travail correspondent à la qualification du salarié. De même, un changement d'horaire de travail n'est pas considéré comme un changement substantiel. Exemple de modification de l'horaire de travail : 9h15 au lieu de 9h00.

2. Les conséquences de la modification non substantielle

En présence d'une modification non substantielle, le salarié a deux options, soit il accepte (**a**), soit il refuse (**b**) la modification.

a) L'accord du salarié

Dans le cadre de son pouvoir de direction, le salarié peut se voir imposer un *changement des conditions de travail*. Le salarié ne peut s'y opposer si cette modification est prévue dans son contrat de travail ou si elle n'affecte pas les éléments du socle contractuel, c'est-à-dire les éléments essentiels du contrat de travail. Cependant, l'employeur est tenu d'informer de bonne foi le salarié du changement de ses conditions de travail.

b) Le refus du salarié

Le refus du salarié n'entraîne pas, à lui seul, la rupture du contrat, mais constitue une faute professionnelle que l'employeur peut sanctionner, au besoin par le licenciement. L'employeur peut éventuellement engager une procédure de licenciement pour faute à l'encontre du salarié.

C'est le cas d'une salariée qui refuse d'exécuter les tâches essentielles entrant dans ses attributions de secrétaire en s'abstenant de répondre au téléphone, se coupant ainsi de tout contact avec la clientèle. Cela constitue une faute justifiant son licenciement. De même, le salarié qui refuse de poursuivre l'exécution de son contrat de travail en raison du simple changement des conditions de travail décidé par l'employeur est passible de licenciement.

SECTION 2 : LA SUSPENSION DU CONTRAT DE TRAVAIL

Il y a suspension du contrat de travail en cas d'interruption temporaire de la prestation. Seule l'exécution du contrat est arrêtée, le lien contractuel demeure. Les causes de suspension du contrat de travail sont variées (**§ 1**). Il faut les identifier avant d'examiner leurs effets **(§ 2**).

§ 1 – Les causes de suspension du contrat de travail

Les causes de suspension du contrat de travail sont nombreuses. Mais, on peut les regrouper sous deux rubriques en distinguant les causes de suspension liées à la situation du salarié (**A)** et celles liées à une décision de l'employeur (**B**).

A. /Les suspensions liées à la situation du salarié

Le travailleur peut être amené à s'absenter pendant une période plus ou moins longue, avec l'autorisation de la loi, du règlement intérieur et de l'employeur, pour des raisons diverses. Il peut s'absenter pour des raisons familiales, de formation professionnelle, d'activité syndicale, voire de mandat politique. Les cas de suspension liés à la situation du travailleur sont nombreux : maladie ou l'accident (**1**), maternité (**2**), détention préventive (**3**), grève (**4**), disponibilité (**5**), service militaire (**6**) et permissions exceptionnelles (**7**).

1. La maladie

Le régime applicable au salarié diffère suivant qu'il s'agit d'une maladie professionnelle (**a**) ou non professionnelle (**b**).

a) Maladie professionnelle et accident de travail

L'article 34 du code de la sécurité sociale désigne comme maladie professionnelle toute maladie désignée dans un tableau de maladies professionnelles et contractée dans les conditions mentionnées à ce tableau. En principe, seules les maladies désignées dans un tableau peuvent faire l'objet d'une prise en charge au titre de la législation professionnelle et sous réserve que les conditions de travaux effectués par la victime et de délai de prise en charge, édictées par ces mêmes tableaux soient remplies.

Le principe d'une liste limitative étant restrictif, la loi a ouvert la possibilité d'une reconnaissance au titre de la maladie professionnelle dans certaines conditions. Ces maladies reconnues comme professionnelles sont appelées *maladies à caractère professionnel.*

L'accident du travail est l'accident survenu par le fait ou à l'occasion du travail.[299] Pour qu'il soit qualifié de professionnel, il faut que l'évènement soit soudain et qu'il survienne pendant le temps et sur les lieux de travail. Par ailleurs, d'un point de vue de la protection sociale, l'accident de trajet est assimilé à un accident du travail. L'accident de trajet est l'accident dont est victime le salarié pendant le trajet (aller ou retour) entre son lieu de travail et sa résidence ou le trajet entre le lieu où le salarié prend habituellement ses repas et son lieu de travail.

Au cours de la période d'indisponibilité pour cause de maladie professionnelle ou accident du travail, le contrat de travail est suspendu. Durant cette période, l'employeur ne peut

---

[299] L'article 33 du code de la sécurité sociale considère comme accident du travail, quelle qu'en soit la cause, l'accident survenu par le fait ou à l'occasion du travail à toute personne salariée ou se travaillant à quelque titre ou en quelque lieu que ce soit, pour un ou plusieurs employeurs ou chefs d'entreprise.

licencier le salarié. Cette période est prise en compte dans le décompte de l'ancienneté du salarié.

En outre, durant la période d'incapacité temporaire, le travailleur malade perçoit une allocation calculée de manière à lui assurer son ancien salaire, heure supplémentaire non comprise et défalcation faite de la somme qui lui ait due par la caisse de sécurité sociale, notamment l'indemnité journalière prévue par l'article 58 du code de la sécurité sociale.

En pratique, des indemnités journalières sont versées par la caisse de sécurité sociale à partir du lendemain de l'accident de travail et jusqu'au jour de la guérison ou de la consolidation (pas de délai de carence). Elles sont égales à 50 % (la moitié) du salaire journalier de base pendant les 28 premiers jours d'arrêt, puis à 33,3 % (2/3) de ce salaire à partir du 29e jour.

b) Maladie et accident non professionnels

Les absences justifiées par l'incapacité résultant de maladie et d'accident non professionnels ne constituent pas une cause de rupture du contrat de travail dans la limite de six mois. Ce délai peut être prorogé jusqu'au remplacement du travailleur. Pendant ce délai, au cas où le remplacement du travailleur s'imposerait, le remplaçant devra être informé par écrit du caractère provisoire de son emploi.[300] Lorsque la maladie du travailleur nécessite un traitement de longue durée, le délai de six mois précité sera porté, compte tenu de l'ancienneté du travailleur dans l'entreprise, à 8 mois pour les travailleurs comptant de 7 à 15 ans d'ancienneté et à 10 mois au-delà.

Les absences répétées pour raison de santé ne peuvent motiver les licenciements que lorsqu'elles perturbent le bon fonctionnement de l'entreprise au point de rendre nécessaire le remplacement définitif du travailleur.[301] Le travailleur malade doit faire parvenir à l'employeur, dans les meilleurs délais, un certificat médical d'arrêt de travail. Si le travailleur malade fait constater son état par le service médical de l'entreprise dans un délai de 48 heures, il n'aura pas d'autres formalités à accomplir.

Dans la négative, il doit, sauf cas de force majeure, avertir son employeur du motif de son absence dans un délai de 6 jours

---

300 *Cf.* art. 19 à 21 CCNIS.

301 C.S. Sénégal, ch. soc., 28 novembre 2007, n° 70, *Aïssatou DIOUF c./ La Société HERTZ Transacauto*, Bulletin des arrêts de la Cour suprême du Sénégal.

suivant la date de l'accident ou de la maladie. Cet avis est confirmé par un certificat médical à produire dans le délai d'une semaine.[302]

L'employeur pourra faire procéder à une contre-visite par le médecin d'entreprise ou par tout médecin de son choix. Si le travailleur, gravement malade, ne peut se déplacer, il avise l'employeur de cette impossibilité. Ce dernier informe alors l'Institution de Prévoyance Maladie dont relève le travailleur, ou bien lui envoie, à ses frais, un infirmier, et, éventuellement le médecin.

Le travailleur permanent dont le contrat se trouve suspendu pour cause de maladie ou d'accident reçoit de l'employeur une allocation dont le montant varie en fonction de son ancienneté dans l'entreprise. Ce montant est déterminé dans le tableau ci-dessous.

Ancienneté dans l'Entreprise	**Montant et durée d'indemnisation**
Moins d'un an de présence	- Plein salaire pendant 1 mois - Demi-salaire pendant 3 mois
De un à cinq ans de présence	- Plein salaire pendant 1 mois - Demi-salaire pendant 4 mois
Plus de cinq ans de présence	- Plein salaire pendant 2 mois - Demi-salaire pendant 5 mois

Sous réserve des dispositions des articles L. 70 et 71 du Code du travail, le total des indemnisations prévues dans le tableau ci-dessus, représente le maximum des sommes auxquelles pourra prétendre le travailleur pendant une année civile, quels que soient le nombre et la durée de ses absences pour maladie au cours de ladite année.

302 C.S. Sénégal, ch. soc., 13 octobre 2010, n° 55, *Duarte DACOSTA c./ Société SENEVISA SA*, Bulletin des arrêts de la Cour suprême du Sénégal.

2. La maternité

À l'occasion de son accouchement, et sans que cette interruption de service puisse être considérée comme une cause de rupture de contrat, toute femme a le droit de suspendre son travail pendant quatorze semaines consécutives, dont huit semaines postérieures à la délivrance. Cette suspension peut être prolongée de trois semaines en cas de maladie dûment constatée et résultant de la grossesse ou des couches.

À cette possibilité pour la femme enceinte de suspendre son contrat de travail dans la limite de quatorze semaines correspond, pour l'employeur, l'obligation de ne pas employer l'intéressée. Il est interdit de licencier une femme pendant la durée du congé de maternité, sauf s'il justifie d'une faute non liée à l'état de grossesse, ou de l'impossibilité, pour un motif étranger à la grossesse de maintenir ledit contrat.

Si un licenciement se produit, il sera nul et l'employeur devra payer des dommages-intérêts. Mais les textes ne prévoient pas de réintégration obligatoire dans l'entreprise. Au bout du compte, un licenciement fait en violation de la loi ne sera sanctionné que par des dommages-intérêts.

La femme enceinte dont l'état a été constaté médicalement ou dont l'état de grossesse est apparent peut, pour sa part, rompre le contrat pour ce motif, sans préavis et sans avoir à payer l'indemnité de rupture (art. L. 143 alinéa 6 C. trav.).

Pendant cette période, la femme enceinte a droit à un régime spécial d'assistance en vue d'assurer à la fois sa subsistance et les soins nécessités par son état, dans les conditions prévues par la législation de la sécurité sociale. Toute convention contraire est nulle de plein droit.

Pendant une période de quinze mois à compter de la naissance de l'enfant, la mère a droit à des repos pour allaitement. La durée totale de ces repos ne peut dépasser une heure par journée de travail. La mère peut, pendant cette période, quitter son travail sans préavis et sans avoir de ce fait à payer une indemnité de rupture.

3. La détention préventive

Suivant l'article L. 70-9 du Code du travail, la détention préventive du travailleur est une cause de suspension légale de l'exécution de son contrat de travail. La détention préventive est une mesure de sécurité par laquelle une personne soupçonnée d'avoir commis un crime ou un délit est mise en détention dans l'attente de son procès.[303] Dès lors que la condamnation n'est pas intervenue, le salarié bénéficie de la présomption d'innocence. Par conséquent, l'employeur ne peut le licencier.

Le salarié n'a pas droit à une rémunération. La durée de la détention n'est pas prise en compte pour la détermination de l'ancienneté du salarié dans l'entreprise. Il y a à ce sujet une contradiction avec les dispositions de l'article 45 de la CCNIS qui prévoit que cette période est prise en compte dans la détermination de l'ancienneté du salarié dans l'entreprise.

À l'issue de la détention, le travailleur doit se présenter à son employeur, à défaut, il sera licencié[304] ou considéré comme l'auteur de la rupture.[305] L'employeur a l'obligation de le réintégrer. Il ne peut le licencier que s'il justifie d'un motif légitime. L'employeur n'a pas besoin d'attendre la fin de l'instance pénale pour réintégrer le salarié. S'il le fait, il peut être condamné au paiement des salaires et indemnités correspondant à la période excessive de suspension.[306]

4. La grève

Selon l'article L. 70-6 du Code du travail, la grève déclenchée dans le respect des procédures de règlement des conflits est une cause de suspension légale de l'exécution du contrat de travail. Pour une étude approfondie de la grève, il convient de se reporter au titre 2 de la deuxième partie de l'ouvrage consacrée aux conflits collectifs.

---

303 La détention acquiert un caractère définitif dès l'instant où le jugement portant sur la condamnation à une peine d'emprisonnement est définitif, c'est-à-dire passé en force de chose jugée. En d'autres termes, le jugement ne peut plus être susceptible de faire l'objet d'un appel ou d'un pourvoi en cassation.

304 CA Dakar, 13 février 1974, TPOM 387, p. 31. – Cass. soc., 14 mai 1997, *FATHON Victorien c./ FRADET Faouzia*, n° 57, Bulletin des arrêts de la Cour de Cassation du Sénégal : Il appartient à l'employeur d'adminis-trer la preuve de l'abandon de poste imputable à l'employé qui n'a pas rejoint ses fonctions à l'issue de sa détention.

305 CA Dakar, 7 mars 1980, TPOM 525, p. 39. – CA Dakar, 13 avril 1979, TPOM 529, p. 125. – CA Dakar, 6 avril 1979, TPOM 505, p. 105.

306 CA Dakar, 9 décembre 1970, *Abdoulaye GUEYE c./ RTS.*

5. La disponibilité

Suivant l'article L. 68 du Code du travail, le travailleur peut, sur sa demande, bénéficier d'une mise en disponibilité. La mise en disponibilité est la position du travailleur qui, pour convenances personnelles et après y avoir été autorisé, cesse momentanément son service chez l'employeur.

Pendant cette période le travailleur ne bénéficie pas de son salaire et des accessoires de celui-ci, ni de ses droits à l'avancement, à l'ancienneté, à la retraite et, d'une façon générale, des dispositions du Code du travail. La mise en disponibilité revêt un caractère exceptionnel laissé à la seule appréciation de l'employeur.

6. Le service militaire

Le service militaire est une des causes de suspension de la relation de travail prévue par l'article L. 70-2 du Code du travail. Pendant la durée du service militaire et des périodes obligatoires d'instruction militaire auxquelles le salarié est astreint, le contrat de travail est suspendu. Cette période n'est pas considérée comme temps de service effectif pour la détermination de l'ancienneté du travailleur dans l'entreprise.

Durant cette période, l'employeur est tenu de verser au travailleur, dans la limite du préavis, une indemnité assurant à celui-ci le montant de sa rémunération, déduction faite éventuellement des rémunérations ou indemnités qu'il pourrait percevoir en raison même du motif de son absence. Si le contrat est à durée déterminée, ou si le travailleur est soumis à un statut ne fixant pas la durée du préavis, il est fait référence au préavis fixé par convention collective ou par arrêté, pour la branche professionnelle considérée.

7. Les permissions exceptionnelles

Le travailleur peut bénéficier, à l'occasion d'évènements familiaux déterminés par le Code du travail et les conventions collectives, de permissions exceptionnelles.[307]

Les absences de courte durée justifiées par un évènement grave et fortuit dûment constaté intéressant directement le foyer du travailleur (tel qu'incendie de l'habitation, déménagement

[307] Voir article 18 CCNIS

involontaire, accident ou maladie grave du conjoint, d'un ascendant ou descendant vivant avec lui) n'entraînent pas la rupture du contrat de travail. Elles constituent des causes de sa suspension, pourvu que l'employeur ait été avisé au plus tard dans les quatre jours qui suivent l'évènement et que la durée de l'absence soit en rapport avec l'évènement qui l'a motivée.

Des permissions exceptionnelles d'absence dans la limite de 15 jours par an, non déductibles du congé réglementaire et n'entraînant aucune retenue du salaire, sont accordées au travailleur ayant six mois au moins d'ancienneté dans l'entreprise, pour et à l'occasion des évènements familiaux. Elles sont justifiées par la présentation de pièces d'état civil ou d'une attestation délivrée par l'autorité administrative qualifiée.

Tableau des permissions d'absence pour évènements familiaux

Objet		**Durée**
Mariage	du travailleur	3 jours
	d'un enfant, d'un frère ou d'une sœur	1 jour
Décès	d'un conjoint ou d'un descendant en ligne directe	4 jours
	d'un ascendant en ligne directe, d'un frère ou d'une sœur	2 jours
	d'un beau-père ou belle-mère	2 jours
Naissance	d'un enfant	1 jour
Baptême	d'un enfant	1 jour
Hospitalisation	d'un conjoint ou d'une enfant du travailleur	1 jour

Toute permission de cette nature doit faire l'objet d'une autorisation écrite préalable de l'employeur, sauf cas de force majeure. Dans cette dernière éventualité, le travailleur doit aviser son employeur dès la reprise du travail. Le document attestant de l'évènement doit être présenté à l'employeur dans le plus bref délai et, au plus tard, dix jours après l'évènement.

Ces évènements ne peuvent en aucun cas justifier l'interruption d'un congé, de même que ces permissions ne peuvent faire l'objet d'un report, sauf accord des parties. Si l'évènement se produit hors du lieu d'emploi et nécessite le déplacement du travailleur, les délais ci-dessus pourront être prolongés d'accord parties. Cette prolongation ne sera pas rémunérée.

Les hypothèses de suspension du contrat de travail du fait de l'employeur sont nombreuses.

B. /Les suspensions liées à l'employeur

Certaines de ces suspensions résultent d'une décision de l'employeur (**1**), d'autres lui sont étrangères (**2**).

a. Les suspensions liées à une décision de l'employeur

Le contrat de travail peut être suspendu du fait de l'employeur en cas de mise à pied (**a**), de chômage technique (**b**) ou de lock-out (**c**).

a) La mise à pied

La mise à pied est la suspension temporaire du contrat de travail d'un salarié. Elle peut être disciplinaire ou conservatoire.

La mise à pied disciplinaire est une sanction. Elle est prévue par l'article 16 de la CCNIS. Elle varie d'un à huit jours. La mise à pied conservatoire se situe aussi dans le cadre d'une procédure disciplinaire. Elle n'est pas une sanction, mais une solution d'attente avant de décider d'un éventuel licenciement, précisément du délégué du personnel[308].

La mise à pied disciplinaire entraîne le non-versement du salaire, car pendant cette période le salarié est privé d'accès à l'entreprise, et donc de fournir sa prestation de travail. Cette période est prise en compte dans le calcul des congés payés annuels. En revanche, sa durée ne rentre pas dans le calcul de l'ancienneté du travailleur.

---

[308] Cf. *infra*, Deuxième partie, Titre I, chapitre 2 consacré aux délégués du personnel.

Concernant la mise à pied conservatoire, le paiement ou non du salaire dépend de la suite donnée à la demande d'autorisation du licenciement. Lorsque le licenciement est autorisé, le salarié peut ne pas être rémunéré pour la période correspondant à la mise à pied. En revanche, lorsque le licenciement n'est pas autorisé, la rémunération de cette période lui est due.

b) Le chômage technique

En cas de nécessité d'une interruption collective de travail résultant de causes conjoncturelles ou de causes accidentelles telles que des accidents survenus au matériel, une interruption de la force motrice, un sinistre, des intempéries, une pénurie accidentelle de matières premières, d'outillage, de moyens de transport, l'employeur peut, après consultation des délégués du personnel, décider de la mise en chômage technique de tout ou partie du personnel de l'entreprise, que le contrat de travail soit à durée déterminée ou indéterminée. Lorsque ce chômage technique n'est pas prévu par la convention collective ou l'accord d'entreprise, l'inspecteur du travail et de la sécurité sociale doit, au préalable, être informé des mesures envisagées.

La mise en chômage technique de certains salariés, décidée par l'employeur après information de l'inspecteur du travail, entraîne également la suspension de leur contrat de travail (art. L. 65 C. trav.). Un accord d'entreprise peut préciser la durée du chômage technique et, le cas échéant, la rémunération due au travailleur pendant cette période.[309]

c) Le lock-out

Le lock-out est la cessation d'activités provisoire décidée par l'employeur à la suite d'un conflit collectif. Le lock-out est en quelque sorte la grève patronale. Le lock-out licite entraîne la suspension du contrat de travail et dispense l'employeur de verser au salarié la rémunération habituellement due pour la période concernée. Pour une étude approfondie de la question, il convient de se reporter au titre 2 sur les conflits collectifs.

---

309 Cass. soc., 27 juillet 2005, n° 46, *Holding KEBE SA c./ Moussa BADJI et 21 autres*, Bulletin des arrêts de la Cour de cassation du Sénégal : Le fait pour les salariés de rester à la disposition de l'employeur pendant la période de chômage technique ne leur donne pas droit au salaire si aucune prestation n'est accomplie.

2. Les suspensions extérieures à l'employeur

Les suspensions extérieures à l'employeur peuvent être dues à la fermeture de l'entreprise suite au départ de l'employeur sous les drapeaux (**a**) ou à des raisons administratives ou judiciaires (**b**).

a) La fermeture de l'entreprise par suite du départ sous les drapeaux

Le départ de l'employeur sous les drapeaux ou pour une période obligatoire d'instruction militaire est une cause de suspension de la relation de travail prévue par l'article L. 70-1 du Code du travail. Il va de soi que cette suspension ne peut intervenir que si l'employeur cesse d'exploiter le fonds du fait de son absence. Si l'exploitation se poursuit pendant son absence, le contrat de travail n'est pas suspendu.

Pendant la période de suspension, l'employeur est tenu de verser au travailleur, dans la limite du préavis, une indemnité assurant à celui-ci le montant de sa rémunération, déduction faite éventuellement des rémunérations ou indemnités qu'il pourrait percevoir en raison même du motif de son absence. Si le contrat est à durée déterminée, ou si le travailleur est soumis à un statut ne fixant pas la durée du préavis, il est fait référence au préavis fixé par convention collective ou par arrêté, pour la branche professionnelle considérée.

La période de suspension du contrat de travail correspondant à la fermeture de l'entreprise n'est pas considérée comme temps de service effectif pour la détermination de l'ancienneté du travailleur dans l'entreprise.

b) La fermeture de l'entreprise à titre de sanction pénale ou administrative

La suspension du contrat de travail peut résulter de la fermeture à titre de sanction pénale ou administrative de l'entreprise. Il en est ainsi en cas d'apposition des scellés sur les portes et les machines de l'entreprise, par exemple, en raison d'une non-conformité des locaux de travail, en cas d'interdiction d'exercer une activité.

La fermeture provisoire de l'entreprise est prévue par divers textes. Ainsi, les débits de boisson sont susceptibles de faire l'objet d'une mesure de fermeture administrative en cas, soit d'infraction à la réglementation de ces établissements, soit d'atteintes à l'ordre public, soit encore de crimes et délits commis en rapport avec la fréquentation de l'établissement.[310]

Le Code du travail est muet sur les droits d'un salarié dont le contrat de travail est suspendu du fait de la fermeture de l'entreprise à titre de sanction pénale ou administrative. Il faudra donc se référer au texte particulier qui est à la base de la fermeture de l'entreprise. En tout état de cause, dans la mesure où la fermeture n'a pas pour origine une faute du salarié, ce dernier ne saurait être pénalisé. Il doit pouvoir bénéficier, à défaut de sa rémunération, d'une indemnité compensatrice durant cette période de suspension.

§ 2 – Les effets de la suspension du contrat de travail

Lorsque le contrat de travail est suspendu, le salarié n'est plus tenu de travailler pour son employeur. En contrepartie, il ne bénéficie plus de sa rémunération (sauf en cas de maladie ou de dispositions conventionnelles prévoyant son maintien). Mais la suspension n'entraîne pas la suspension de certaines obligations (**A**) et des liens avec l'entreprise (**B**).

A. /Le maintien de certaines obligations contractuelles

Pendant la période de suspension du contrat de travail, seules les obligations principales sont suspendues au cours de la durée de l'absence légitime. Le salarié est ainsi dispensé d'exécuter sa prestation de travail et l'employeur, en raison du caractère synallagmatique du contrat de travail n'est pas tenu, en principe, de verser le salaire.

En raison du caractère alimentaire du salaire, l'employeur est parfois tenu de verser un salaire comme à l'occasion des congés pour évènements familiaux. En outre, des indemnités journalières de maladie sont prises en charge par la caisse de sécurité sociale. Il peut arriver que les parties prévoient une

---

[310] Voir Loi n° 94-15 du 4 janvier 1994 relative à la police des débits de boissons et à la répression de l'ivresse publique ; Décret n° 97-338 du 1er avril 1997 abrogeant et remplaçant le décret n° 69-864 du 22 juillet 1969 portant application de la loi relative à la police des débits de boissons et à la répression de l'ivresse publique. – Circulaire n° 3097/MINT/DAGAT/DEL/ DB du 21 mai 1997 relative à la police des débits de boissons.

rémunération comme le suggère la réglementation du chômage technique.

Ensuite, le salarié peut bénéficier de certains avantages malgré la suspension de son contrat. C'est notamment le cas de l'ancienneté qui est source de nombreux avantages pour le salarié.[311] En effet, l'ancienneté est prise en compte dans le calcul de période de référence pour les congés payés, de l'indemnité de licenciement, pour l'élection et l'éligibilité aux fonctions de délégué du personnel. Dans les cas prévus par la loi ou les conventions collectives, le temps de suspension peut être pris en compte dans le calcul de l'ancienneté du salarié.

Les obligations secondaires ou dites « accessoires » au contrat de travail restent dues par le salarié. Il en est ainsi de l'obligation de loyauté, de l'obligation de confidentialité ou de discrétion.

B. /Le maintien des liens institutionnels avec l'entreprise

La portée de la suspension du contrat de travail est limitée. Pendant cette période, le contrat n'est pas rompu. Le salarié fait partie intégrante dans l'entreprise. À ce titre, il peut participer aux élections des délégués du personnel. Le salarié peut aussi pendant la période de suspension démissionner.

En ce qui concerne l'employeur, il ne peut valablement rompre le contrat de travail en ayant pour seul motif la suspension. L'employeur ne peut invoquer un manquement à une obligation accessoire, ou les conséquences de cette absence sur le fonctionnement de l'entreprise, comme en cas de maladie non professionnelle ou d'incarcération. En revanche, il peut invoquer un motif économique ou sur une faute commise par le salarié avant la suspension et découverte pendant cette période.

Lorsque la cause de suspension disparaît, le salarié doit retrouver le poste qu'il occupait avant son départ. Si l'employeur

---

311 N. ALVAREZ, « L'ancienneté du travailleur », Rev. prat. dr. soc., 1972, p. 139 ; F. DUMONT, « L'ancienneté : un critère à géométrie variable », JCP S 2007, n° 26, p. 1487 ; J.Y. KERBOUC'H, « Les avantages liés à l'ancienneté entravent -ils la mobilité des salariés ? », La note de veille, Centre d'analyse stratégique, 2007, n° 67 ; G. POULAIN, « L'ancienneté des services », Dr. soc., 1967, p. 159 et s. ; G. POULAIN, « Le calcul de l'ancienneté et la discontinuité des services du salarié », Dr. soc., 1970, p. 233 et s. ; Brigitte REYNES, « L'ancienneté en droit du travail : quelles perspectives ? », Rev. dr. trav., 2007, p. 702.

refuse cette réintégration, la rupture du contrat de travail peut s'analyser en un licenciement abusif. Si ce poste n'est plus disponible, il doit réintégrer le salarié dans un poste similaire, ce qui suppose l'absence d'une modification d'un élément du contrat de travail.

TITRE 3

LA CESSATION DE LA RELATION DE TRAVAIL

La relation de travail n'est pas perpétuelle[312] ; même si elle a vocation à durer, elle finit par prendre fin. Afin d'assurer la stabilité de l'emploi et la protection du travailleur, la rupture du contrat de travail est encadrée par le droit. Ainsi, une gestion maîtrisée de la cessation du contrat de travail est nécessaire pour sécuriser aussi bien la rupture que les conséquences de celle-ci. Cette cessation s'effectue dans des conditions différentes suivant que le contrat est à durée indéterminée ou déterminée. La rupture du contrat de travail à durée déterminée ayant déjà était abordée avec les règles propres à ce contrat,[313] ce sont essentiellement les règles de rupture du contrat de travail à durée indéterminée qui seront examinées ici.

La rupture du contrat de travail met fin aux obligations de chacune des parties, l'employeur et le salarié, l'une envers l'autre. Les causes de rupture du contrat de travail sont diverses. La rupture peut résulter soit de la décision unilatérale de l'employeur (licenciement) ou du salarié (démission), soit d'un commun accord entre l'employeur et le salarié (rupture amiable ou rupture négociée). La retraite, le décès, la force majeure constituent également des cas de rupture du contrat de travail.

L'évocation de la cessation de la relation de travail s'effectue souvent à travers le prisme du licenciement (**chapitre 1**), qui s'impose comme l'un des modes de rupture les plus fréquents, mais aussi les plus réglementés, ou de la démission (**chapitre 2**). Or, il existe d'autres modes de rupture de la relation de travail (**chapitre 3**).

---

312 *Nemo debet in vinculo iuris manere* (Nul n'est censé demeurer dans le lien contractuel du travail).

313 Cf. *supra*, Première partie, Titre I, chapitre 3 de l'ouvrage consacré à la typologie des contrats de travail.

CHAPITRE 1 : LE LICENCIEMENT

Si le travailleur est libre de quitter l'entreprise pour se faire embaucher ailleurs, l'employeur peut aussi exercer son droit de résiliation unilatérale en le licenciant. Le licenciement est l'acte juridique par lequel l'employeur met fin unilatéralement au contrat de travail conclu pour une durée indéterminée. Il constitue le principal mode de rupture du contrat à durée indéterminée.

Dans le souci de protéger le salarié, qui se trouve dans une relation de travail par essence inégalitaire, l'employeur est astreint au respect d'un certain formalisme en cas de licenciement. En effet, un licenciement trop aisé ouvrirait la voie à de nombreux abus. Le licenciement ne peut être prononcé qu'à l'issue d'une procédure qui diffère suivant la nature du licenciement. On distingue classiquement deux types de licenciement : le licenciement pour motif personnel (**section 1**) et le licenciement pour motif économique (**section 2**).

SECTION 1 : LE LICENCIEMENT POUR MOTIF PERSONNEL

Encore appelé licenciement de droit commun, le licenciement pour motif personnel peut être défini par opposition au licenciement pour motif économique. C'est un licenciement pour une cause personnelle dont les motifs sont inhérents à la personne du salarié. Il obéit à certaines conditions de fond et de forme, à défaut desquels il peut être déclaré irrégulier ou abusif et sanctionné en conséquence. Ainsi, il convient d'examiner les conditions **(§ 1**) et les effets de ce licenciement **(§ 2**).

§ 1 – Les conditions du licenciement

Le contrat à durée indéterminée peut toujours cesser par la volonté de l'une ou de l'autre des parties. Cette résiliation, lorsqu'il s'agit d'un licenciement, est subordonnée à certaines conditions : l'existence d'un motif légitime de licenciement (**A**), la notification du licenciement (**B**) et le respect d'un délai de préavis (**C**).[314]

A. /L'existence d'un motif légitime de licenciement

Aux termes de l'article L. 56 du Code du travail, *le licenciement opéré sans motif légitime est abusif.* Le législateur ne donne cependant pas la définition du motif légitime. La jurisprudence elle-même, faute de pouvoir le faire, ne définit pas cette notion qui recouvre une infinité de cas concrets. Le licenciement pour motif personnel peut être motivé par une faute du salarié (**1**) ou un fait non fautif (**2**).

1. La faute du salarié

La faute donnant lieu à sanction peut consister en un manquement aux obligations professionnelles relatives à l'exécution du contrat de travail (**a**). Elle peut aussi consister en un agissement constituant en même temps une faute pénale (**b**).

a) La faute disciplinaire

Le licenciement pour faute ou licenciement disciplinaire est provoqué par une faute du salarié.[315] Il intervient lorsque le salarié ne respecte pas, notamment, les horaires de travail, les consignes de sécurité, refuse d'obéir à un ordre hiérarchique ou agresse un collègue.

La faute peut être simple, grave ou lourde. Le législateur sénégalais ne mentionne que la faute lourde et n'a pas utilisé les expressions faute grave ou légère ; néanmoins la jurisprudence distingue entre une faute grave, et une faute lourde.[316]

---

[314] La procédure de licenciement des délégués du personnel est différente de celle des salariés ordinaires qui ne disposent pas d'un mandat électif. Cf. *infra*, Deuxième partie, Titre I, chapitre 2 consacré aux délégués du personnel.

[315] Jean PELISSIER, « Le licenciement disciplinaire », Dr. soc. 1992, p. 751.

[316] Cf. *supra*, Première partie, Titre 2, chapitre 1 (développements sur le pouvoir disciplinaire).

Le motif avancé par l'employeur pour justifier le licenciement doit exister réellement.[317] Il doit être précis, objectif et matériellement vérifiable. Le motif doit être avéré, à défaut, le licenciement sera qualifié d'abusif.[318] De simples craintes ou supputations ne sauraient, pas plus que la simple défiance, justifier un licenciement. En cas de contestation du motif de licenciement, il appartient à l'employeur de rapporter la preuve de sa légitimité.[319]

La perte de confiance est un motif parfois invoqué dans les procédures de licenciement pour motif personnel.[320] Quand on examine la jurisprudence sénégalaise, les juges ont tendance à considérer la perte de confiance comme un motif légitime de licenciement.[321] Or, la perte de confiance ne devrait pas constituer un motif de licenciement en raison de sa subjectivité, le licenciement devant reposer sur des faits objectifs imputables au salarié.[322]

En réalité, la perte de confiance doit être analysée plutôt comme la conséquence de la faute commise par le salarié. À ce sujet d'ailleurs, la position de la jurisprudence semble avoir évoluée. Dans un arrêt récent de la Cour suprême, les juges ont précisé que la légitimité du licenciement pour perte de confiance doit reposer sur des faits dûment établis ou sur des présomptions graves, précises et concordantes de nature à entraîner la perte de confiance à l'égard du travailleur.[323]

---

317 En cas de motif non établi, le licenciement est abusif : CA Dakar, 29 janvier 1981, TPOM 542, p. 422 ; CA Dakar, 5 juin 1978, TPOM 480, p. 51.

318 CA Dakar, 8 janvier 1975, TPOM 418, p. 212 ; Dakar, 10 avril 1972, TPOM 361, p. 7983.

319 C.S. Sénégal, ch. soc., 22 août 2012, n° 49, *SADIO NDIAYE et autres c./ RUFSAC ET SAXE*, Bulletin des arrêts de la Cour suprême du Sénégal.

320 F. GAUDU, « Le licenciement pour perte de confiance », Dr. soc. 1992, p. 33.

321 C.S. Sénégal, ch. soc., 12 février 2014, n° 03, *Moustapha NIANG c./ SUNEOR ex SONACOS*, Bulletin des arrêts de la Cour suprême du Sénégal : Moustapha Niang, comptable à la Sonacos, a été licencié pour perte de confiance pour avoir endossé et versé dans son compte un chèque destiné au paiement des factures de la structure dite Initiative de Bamako, en abrégé IB ; Dakar, 27 mars 1990, Recueil de la jurisprudence sociale commentée au Sénégal, EDIENA 1992, décision n° 365, p. 139 ; Trib. Trav. Dakar, 28 juillet 1982, TPOM n° 663, p. 29.

322 Cass. soc., 8 mars 2000, *Ibrahima Sarr DIAGNE c./ La société PRICE WATERHOUSE*, Bulletin des arrêts de la Cour de cassation du Sénégal, chambre sociale, p. 50.

323 C.S. Sénégal, ch. soc., 27 mai 2015, n° 40, *Banque de l'Habitat du Sénégal c./ Ababacar BA*, Bulletin des arrêts de la Cour suprême du Sénégal : « Attendu que, pour déclarer le licenciement abusif, la cour d'appel a relevé

En conclusion, pour justifier un licenciement, la perte de confiance doit reposer sur des éléments objectifs imputables au salarié.[324] Par conséquent, une lettre de licenciement ne peut pas uniquement évoquer une perte de confiance pour justifier la décision de l'employeur.

b) La faute pénale

Il peut arriver que les faits reprochés au salarié soient susceptibles de tomber à la fois sous le coup d'une incrimination propre au droit du travail, et sous celle d'une incrimination du Code pénal. Il en est ainsi des infractions aux biens commises par le salarié, comme le vol, l'escroquerie ou l'abus de confiance.

Lorsque les faits reprochés au salarié peuvent justifier une sanction pénale et une sanction disciplinaire, l'employeur qui souhaite rompre le contrat de travail dispose de deux options. Il peut invoquer les faits fautifs sans faire un lien avec la qualification pénale pour sanctionner le salarié. Il suffit que les faits invoqués soient susceptibles de constituer une cause de licenciement.[325] L'intérêt de cette option est que le tribunal du travail ne pourra pas se fonder sur la décision de relaxe du juge pénal pour considérer que le licenciement du salarié n'est pas légitime. Ainsi, en cas de détournement de fonds reproché à un caissier, l'employeur peut licencier le salarié pour écarts importants de caisse.

---

que la banque a « évoqué la faute lourde et la perte de confiance » pour mettre un terme au contrat ; qu'Ababacar Ba a été relaxé au bénéfice du doute pour les faits de détournement et qu'en dehors des faits portés devant le juge pénal, aucune autre faute disciplinaire n'a été invoquée par la BHS pour justifier la perte de confiance et, par ricochet, le licenciement du sieur Ba et retenu qu'en conséquence, il y a lieu de constater que la banque n'a pas rapporté l'existence d'un motif légitime du licenciement ; »

324 Cass. soc., 12 décembre 2001, n° 07/2001, *ASECNA c./ Amady DIOP*, Bulletin des arrêts de la Cour de cassation du Sénégal : Pour légitimer le licenciement, la perte de confiance doit être fondée sur des faits dûment établis ou sur des présomptions sérieuses, graves et concordantes.

325 Cass. soc., 28 juin 2006, n° 37, *Jean LAPLACE c./ La Société TOTAL Sénégal*, Bulletin des arrêts de la Cour de cassation du Sénégal : « Ne viole pas l'autorité de la chose jugée au pénal, la Cour d'Appel, qui, appréciant souverainement les faits, considère que le motif du licenciement est fondé sur des faits qualifiés d'abus de confiance et de biens sociaux mais dont la constance est avérée et pour lesquels le travailleur a fait des aveux circonstanciés et signé une cession volontaire de salaire, qui pour elle représente une faute professionnelle justifiant le licenciement. »

L'employeur peut également invoquer des faits identiques à ceux faisant l'objet des poursuites pénales, c'est-à-dire sous leur qualification pénale. Lorsqu'un fait déterminé, sanctionné pénalement, est à l'origine du licenciement, aucun doute n'est possible sur la légitimité du licenciement voire même sur la faute lourde du salarié.[326] Toutefois, cette option comporte de risques importants. En effet, en cas de relaxe du salarié par la juridiction répressive, celui-ci pourra se fonder sur l'autorité de la chose jugée au pénal pour contester le caractère légitime de son licenciement. Il est difficile de retenir le licenciement sur la base des faits non matériellement établis par le juge pénal.[327]

Or, la relaxe d'un salarié par la juridiction pénale ne signifie pas nécessairement que les faits ne sont ni établis ni imputables au prévenu. Elle peut être due au fait que toutes les conditions de l'incrimination n'ont pas été réunies. L'absence d'éléments frauduleux ou la non-réunion de tous les éléments constitutifs d'une infraction *ne suppriment pas le fait matériel qui, à lui seul, peut constituer une faute civile justifiant et rendant le licenciement légitime avec ou sans paiement des indemnités de rupture.* La Cour de cassation sénégalaise le précise d'ailleurs dans un attendu très didactique.[328]

À titre d'exemple, le salarié à qui les faits de vol sont reprochés pour avoir emporté à son domicile des documents de l'entreprise peut être relaxé par le juge pénal en raison de l'absence d'intention frauduleuse. Cela ne signifie pas que les agissements du salarié ne constituent pas un motif de

---

326 Cass. soc., 24 mars 1999, n° 44, *Bellel FOFANA c./ La Société Transports Christian CASALA,* Bulletin des arrêts de la Cour de cassation du Sénégal ; Dakar, 24 juin 1977, TPOM 469, p. 314 ; Dakar, 15 janvier 1968, TPOM 254, p. 5619.

327 C.S. Sénégal, ch. soc., 27 mai 2015, n° 40, *Banque de l'Habitat du Sénégal c./ Ababacar BA,* précité.

328 Cass. soc., 24 décembre 1997, n° 17, *KA Badara c./ SO.SE.FIL,* Bulletin des arrêts de la Cour de cassation du Sénégal : « l'absence de faute pénale n'entraîne pas ipso facto l'existence ou l'absence d'une faute professionnelle sur le plan civil, si bien que les juges doivent statuer sur la faute professionnelle alléguée par l'employeur, cette indépendance du plan pénal et du plan civil explique également la jurisprudence qui admet comme motif légitime de licenciement la perte de confiance de l'employeur en un salarié malgré une relaxe ou classement sans suite étant entendu que dans tous les cas, ce motif doit se fonder sur des faits dûment établis ou sur des présomptions graves, précises et concordantes et de nature à entraîner la perte de confiance dans le travail… ». Adde, CA Dakar, 1er février 1980, TPOM 512, p. 260 ; CA Dakar, 13 février 1974, TPOM 383, p. 8447.

licenciement, si les documents ont été emportés au mépris des instructions de l'employeur.[329] Ainsi, s'il y a eu des poursuites pénales, le licenciement peut exister nonobstant une ordonnance de non-lieu, une relaxe au bénéfice du doute, un classement sans suite, parallèlement à des poursuites pénales engagées.

2. Le fait non fautif

Dans la pratique, la plupart des licenciements sont disciplinaires, mais le *licenciement peut également intervenir, indépendamment de toute faute du travailleur, lorsque l'intérêt de l'entreprise l'exige.* On parle de licenciement non disciplinaire. Plusieurs motifs non disciplinaires peuvent être avancés par l'employeur : insuffisance professionnelle (**a**), insuffisance des résultats (**b**), mésentente (**c**).

a) L'insuffisance professionnelle

Lorsque le salarié n'est pas en mesure, malgré tous ses efforts, d'exécuter son travail de façon satisfaisante, l'employeur peut, à certaines conditions, licencier le salarié pour insuffisance professionnelle.[330] Ici, le salarié est incapable d'exercer ses fonctions, il manque manifestement de compétences[331], l'employeur n'est pas à l'origine de l'insuffisance et a tenté d'y remédier. Exemple : cas d'un infirmier dont la compétence est sérieusement contestée par le personnel.[332]

L'insuffisance professionnelle *ne relève pas d'un comportement volontaire*, contrairement à la faute qui est l'expression d'une volonté délibérée. Si l'insuffisance professionnelle présente un caractère fautif, elle peut donner lieu à un licenciement disciplinaire. Il appartient à l'employeur d'établir cette insuffisance par des éléments précis et objectifs. À défaut, le licenciement peut être considéré comme abusif.

---

329 Voir jurisprudence française Cass. soc., 14 novembre 1991, Bull. civ. n° 497. Voir également Cass. soc., 21 juin 1989, D. 1990, p. 132, obs. P. DUPUY.

330 CA Dakar, 3 août 1979, TPOM 521, p. 466. – CA Dakar, 3 juillet 1977, TPOM 248, p. 5489.

331 CA Dakar, 4 juillet 1978, TPOM 513, p. 283.

332 CA Dakar, 5 juillet 1977, TPOM 256, p. 5665.

b) L'insuffisance des résultats

L'*insuffisance des résultats* ne doit pas être confondue avec l'insuffisance professionnelle. Elle peut se définir comme une insuffisance quantitative des résultats au regard des objectifs unilatéralement ou bilatéralement fixés.[333]

L'insuffisance de résultats est caractérisée par des faits objectivement vérifiables imputables au salarié.[334] Elle est constituée lorsque deux conditions cumulatives sont réunies :

- d'une part, l'insuffisance de résultats doit être due au seul comportement du salarié puisque les objectifs fixés sont, raisonnablement, réalisables ;
- d'autre part, l'insuffisance de résultats ne doit pas être imputable à un cas fortuit ou une force majeure telle que la conjoncture économique défavorable ou encore, la crise passagère que connaît l'entreprise.

La foi dans le chiffre ne doit pas supplanter la confiance en l'homme. Ainsi, les objectifs fixés au salarié doivent être compatibles avec la situation du marché de l'entreprise. La conjoncture économique est un élément d'appréciation des juges. Par exemple, l'insuffisance de résultats ne doit pas avoir pour cause une situation de concurrence accrue.

L'insuffisance des résultats, au regard des objectifs fixés, ne constitue pas en soi une cause de rupture.[335] Elle est établie lorsque le salarié a des objectifs individuels raisonnables et compatibles avec son marché et ne les a pas atteints. Cette carence peut provenir d'une insuffisance professionnelle ou d'une faute. La faute est ainsi constituée lorsque le salarié néglige la prospection de la clientèle ou n'effectue pas régulièrement la visite des clients.[336]

---

[333] Alain CHIREZ, « Insuffisance professionnelle insuffisance de résultat, faute ou manquement extra-disciplinaire », Dr. ouvr., juillet 2013, n° 780, p. 445.

[334] CA Dakar, 30 juillet 1981, TPOM 552 ; Dakar, 19 juin 1980, TPOM 540, p. 374.

[335] Jurisprudence française : Cass. soc., 22 janvier 2003, n° 01-40.713 ; Cass. soc., 3 novembre 2004, n° 02-46.077.

[336] Jurisprudence française : Cass. soc., 26 oct. 1999, n° 97-43.613 : Le salarié avait fait preuve de négligence dans la prospection et que cette négligence avait entraîné l'insuffisance de résultats ; le licenciement procédait d'une cause réelle et sérieuse. En l'espèce, le salarié avait été licencié pour insuffisance de résultats (- 4317 % sur l'objectif), absence de méthode de travail (clients non suivis, tournées mal organisées), attitude et esprit négatif vis-à-vis de la société. Voir également Cass. soc., 30 mai 2000, n°

En conclusion, lorsque les objectifs ne sont pas réalisés en raison de l'incapacité du salarié à les atteindre, et ce en dépit de tous ses efforts, on est en présence d'une insuffisance professionnelle. L'employeur n'a donc pas à avancer une faute du salarié pour procéder au licenciement du salarié. En réalité, comme motif de licenciement, l'*insuffisance de résultat est absorbée par la faute et par l'insuffisance professionnelle.*

c) La mésentente

La mésentente traduit une dégradation de la relation de travail entre le salarié et son employeur ou ses collègues de travail. La mésentente entre salariés ou des relations difficiles avec un supérieur hiérarchique peuvent justifier une sanction. Mais la mésentente ne constitue pas en soi un motif de licenciement.[337] La mésentente pour être un motif légitime de rupture du contrat doit reposer sur des éléments objectifs imputables au salarié et avoir une incidence sur la bonne marche de l'entreprise.

La mésentente doit se traduire par des manifestations concrètes, objectives que le juge doit pouvoir matériellement vérifier. Il peut s'agir, par exemple, d'une opposition totale des conceptions économiques et financières d'un responsable à celles de son employeur. Il peut aussi s'agir d'un comportement d'agressivité à l'égard de l'employeur, des autres salariés et des cocontractants de l'entreprise. En tout état de cause, la mésentente doit être prouvée. La mésentente doit être insoutenable et ne pas résulter d'une faute du salarié.[338] Si la mésentente résulte d'une faute du salarié, on est en présence d'un licenciement disciplinaire.

En outre, la mésentente doit avoir une incidence sur le bon fonctionnement de l'entreprise. Elle doit causer un trouble

---

97-45.920 : Les résultats du salarié stagnaient ou diminuaient ils étaient inférieurs à ceux de ses collègues, travaillant sur des secteurs comparables, le nombre de visites hebdomadaires était de l'ordre de 9 à 10, alors qu'il lui avait été demandé d'en effectuer quasiment le double et les visites de prospects étaient quasiment inexistantes... le licenciement de l'intéressé procédait d'une cause réelle et sérieuse.

[337] Jurisprudence française : Cass. soc., 26 mai 1998, n° 95-45.551. – Cass. soc., 18 janvier 2011, n° 09-65.107. – *Adde*, A. CHIREZ, « La mésentente reste-t-elle une cause de licenciement ? », Dr. ouv. 2005 p. 45.

[338] Jurisprudence française : Cass. soc., 21 janvier 1992, n° 90-46.104.

préjudiciable au bon fonctionnement de l'entreprise. Il importe peu qu'elle ne soit pas exclusivement attribuable au salarié.

B. /La notification du licenciement

Lorsqu'un employeur décide de se séparer d'un salarié, il doit notifier, par écrit, à ce dernier son intention de rompre le contrat (article L. 50 C. trav.). Le *motif du licenciement doit être indiqué dans cette notification.*[339]

Aux termes de l'article L. 51 du Code du travail, si l'employeur ne respecte pas l'obligation de notification ou l'indication du motif, cela n'a pas d'incidence sur la légitimité du licenciement. *Il sera condamné tout au plus à une indemnité pour violation des règles de procédure.*[340]

La notification aux termes de l'article 22 de la CCNIS doit être faite par envoi d'une lettre recommandée ou par remise directe au destinataire contre reçu ou devant témoins. Si la notification est impossible (absence ou refus du salarié), elle sera valablement faite à un délégué du personnel de l'entreprise avec copie à l'inspecteur du travail.

C. /Le respect d'un délai de préavis

La faculté de résiliation unilatérale du contrat de travail à durée indéterminée est subordonnée à la nécessité, pour la partie qui prend l'initiative de la rupture, *de prévenir l'autre partie et d'observer un délai avant que la rupture du contrat ne soit effective.* Le préavis apparaît comme une obligation qui a pour fonction de pallier les inconvénients que peut entraîner une rupture brusque du contrat de travail.

---

[339] Cass. soc., 24 février 1999, n° 30, *Lucile LAFONTAINE c./ La Central Insurance Broker Agency - CIBA,* Bulletin des arrêts de la Cour de cassation du Sénégal ; Cass. soc., 27 mai 1998, n° 65, *Nouvelle Galerie « AMEZA » c./ MENDEZ Elisabeth,* Bulletin des arrêts de la Cour de cassation du Sénégal.

[340] Cass. soc., 22 mars 2006, n° 17, *Amar DIEYE c./ SENEVISA,* Bulletin des arrêts de la Cour de cassation du Sénégal : Le non-respect des règles de procédure, précisément des prescriptions de l'article 209 du Code de la Marine Marchande lorsque le capitaine a connaissance d'une faute contre la discipline ne saurait rendre le licenciement du travailleur abusif.

La durée du préavis est fixée par la convention collective[341] ou, à défaut, par décret[342] soit en fonction de l'ancienneté et des catégories professionnelles, soit en fonction seulement de ces catégories. Cette durée est en générale de trois mois pour les cadres et assimilés et d'un mois pour les travailleurs mensuels non-cadres.

Délais de préavis de licenciement ou de démission

<table>
<tr><th>Norme applicable</th><th colspan="2">Catégorie professionnelle</th><th>Durée maximale</th></tr>
<tr><td rowspan="6">CCNIS</td><td rowspan="5">Ouvriers et personnel permanent payés à l'heure, à la journée ou à la semaine</td><td rowspan="3">De la 1ère à la 4e catégorie</td><td>Huit jours si l'ancienneté est inférieure à un an</td></tr>
<tr><td>Quinze jours si l'ancienneté est comprise entre 1 et 5 ans</td></tr>
<tr><td>Un mois si l'ancienneté est supérieure à 5 ans.</td></tr>
<tr><td rowspan="2">De la 5e à la 7e catégorie</td><td>Quinze jours si l'ancienneté est inférieure ou égale à 5 ans</td></tr>
<tr><td>Un mois si l'ancienneté est supérieure à 5 ans</td></tr>
<tr><td colspan="2">Travailleurs mensuels non-cadres</td><td>Un mois</td></tr>
<tr><td></td><td colspan="2">Cadres et assimilés</td><td>Trois mois</td></tr>
</table>

341 Art. 24 CCNIS

342 Décret n°70-185 du 20 février 1970 déterminant les conditions et la durée de préavis pour les professions et branches d'activités non encore régies par des conventions collectives, JO n° 4091 du 9 mars 1970, p. 260.

Décret n° 70-185 du 20 février 1970	Travailleurs dont la rémunération est fixée à l'heure, à la journée, à la semaine ou à la quinzaine ou chaque mois.	Huit jours
	Travailleurs dont la rémunération est fixée à l'heure ou à la journée et payés chaque jour.	Une heure
	Travailleurs dont la rémunération est fixée au mois et payés chaque mois.	Un mois

Le délai de préavis *court à partir de la date de notification effective du licenciement.* Pendant la durée du préavis, *l'employeur et le salarié sont tenus au respect de toutes les obligations réciproques* qui leur incombent.[343] Par ailleurs, pour permettre au salarié de rechercher un autre emploi, la loi lui accorde la possibilité de bénéficier de deux jours libres par semaine, pris à son choix, globalement ou heure par heure, payés à temps plein.

Les parties peuvent, d'un commun accord, cumuler en fin de préavis les jours d'absence ci-dessus définis. Dans ce cas, la durée de présence serait réduite d'autant sans modification de la rémunération due au titre du préavis, le temps de préavis non effectué étant réglé sous forme d'indemnité compensatrice.

Le travailleur qui ne bénéficierait pas de ses jours de liberté, du fait de l'employeur, est en droit de réclamer une indemnité compensant les jours ainsi perdus pour la recherche d'un nouvel emploi. Dès que le travailleur retrouve un emploi, il ne peut plus prétendre au bénéfice des jours d'absence prévus pour la recherche d'un nouvel emploi.

Le délai de préavis pose un problème pratique. Ce délai étant un *délai préfix*, le salarié licencié sait que quoiqu'il arrive il devra quitter l'entreprise à l'issue du préavis. Dans ce cas, peut-il encore montrer de l'enthousiasme au travail ? Ne risque-t-il pas

343 Le travailleur responsable d'un service, d'une caisse, ou d'un stock, dont le contrat est résilié, doit rendre compte de sa gestion avant de quitter son emploi (Art. 23 CCNIS).

de mettre à profit cette période, pour collecter toutes les informations qui pourront lui être utiles chez son futur employeur ? Peut-on raisonnablement attendre qu'un salarié dans un tel état d'esprit encadre son remplaçant ? Tout dépendra peut-être des conditions dans lesquelles il quitte l'entreprise (bons ou mauvais termes).

La période de préavis peut être interrompue prématurément par le travailleur ou par l'employeur. Elle *peut être interrompue* par le travailleur *lorsque l'employeur manque gravement à ses obligations* ou lorsque le salarié qui a trouvé un nouvel emploi est autorisé par l'employeur de quitter l'entreprise avant l'expiration de ce délai. La *femme salariée en état de grossesse* et pendant une période déterminée après ses couches peut également interrompre le préavis sans avoir à payer une indemnité quelconque. Cette période *peut aussi être interrompue* par l'employeur *lorsque le travailleur a commis une faute lourde au cours du préavis*.

Si, cependant, la résiliation du contrat intervient sans préavis ou sans que le délai de préavis ait été intégralement observé, *l'employeur doit verser au travailleur* une indemnité compensatrice de préavis. Le montant de cette indemnité correspond à la rémunération et aux avantages de toute nature dont aurait bénéficié le travailleur pendant la durée du préavis, ou pendant la période restant à courir. Cette indemnité n'est pas due lorsque le salarié qui a trouvé un emploi se trouve dans l'obligation d'occuper cet emploi (art. L. 53 C. trav.).

L'indemnité compensatrice de préavis est doublée lorsque la résiliation du contrat de travail intervient pendant le congé du travailleur (art. L. 55 C. trav.). Cet article n'apporte pas de précision sur le type de congé, mais il faut comprendre qu'il s'agit de toutes sortes de congés.[344]

§ 2 – Les effets du licenciement

Les effets de la rupture du contrat de travail sont étroitement liés à la cause de celle-ci. Le licenciement, la démission, la retraite, l'accord de rupture entraînent évidemment des conséquences différentes. Le licenciement entraîne des effets attachés à toute rupture. Le salarié licencié va donc, sauf faute

[344] C.S. Sénégal, 2e sect., 30 juillet 1974, Rev. sén. dr. n° 19, p. 63, note Joseph ISSA-SAYEGH : cas résiliation contrat de travail d'une femme en congé de maternité.

lourde, effectuer son préavis. Il touchera son indemnité de licenciement (**A**) ainsi que l'indemnité compensatrice de congé (**B**) qu'il a déjà acquise en dehors de toute rupture du contrat de travail, ce qui la différencie nettement avec les indemnités de rupture. L'employeur devra, enfin, délivrer au salarié licencié un certificat de travail (**D**), et lui payer des dommages et intérêts (**C**) si le licenciement est abusif.

A. /L'indemnité de licenciement

Ce sont les conventions collectives qui ont largement généralisé le droit à l'indemnité de licenciement. Sans la rendre obligatoire, l'article L. 56 alinéa 6 du Code du travail laisse le soin aux conventions collectives ou contrats individuels de décider de l'octroi. Cette indemnité ne doit pas être confondue avec les dommages-intérêts.

L'indemnité de licenciement n'est due que si le travailleur a fait l'objet d'un licenciement, ce qui exclut la démission du salarié ou la rupture du contrat de travail par suite de force majeure. Également, *elle n'est pas due lorsque le travailleur a commis une faute lourde*. En revanche, le caractère légitime du licenciement du fait de la liquidation de l'entreprise n'empêche pas le paiement des indemnités de licenciement et de préavis.[345]

Le montant de l'indemnité de licenciement est représenté, par un pourcentage déterminé du salaire global mensuel moyen *des douze derniers mois ayant précédé le licenciement, par année d'ancienneté*. Le salaire servant de base au calcul de l'indemnité de licenciement comprend le salaire de base, les heures supplémentaires, les compléments et accessoires de salaire (avantages en nature, gratifications, primes et indemnités diverses). Les sommes versées par l'employeur au titre de remboursement de frais n'ont pas la nature de salaire et ne sont pas comprises dans la base de calcul de l'indemnité de licenciement. Il s'agit notamment de l'indemnité de transport, de l'indemnité de panier.

Aux termes de l'article 30 de la CCNIS, l'indemnité de licenciement est due à tout travailleur ayant une durée de service dans l'entreprise égale à au moins un an. Elle est calculée de la manière suivante :

---

[345] Cass. soc., 12 avril 2006, n° 20, *Le Crédit Mutuel du Sénégal c./ Ndiarka NDIAYE*, Bulletin des arrêts de la Cour de cassation du Sénégal.

- 25 % du salaire global mensuel moyen par année de service pour les cinq premières années ;
- 30 % du salaire global mensuel moyen par année de service, de la 6e à la 10e année incluse ;
- 40 % du salaire global mensuel moyen par année de service au-delà de la 10e année.

Cette indemnité est totalement exonérée d'impôt.[346]

***Exemple de calcul de l'indemnité de licenciement** :*

Monsieur Lambda habite Pikine et travaille dans une société située au centre-ville à Dakar depuis le 10 mai 1999. Il perçoit un salaire de base de 90.000 francs, une prime de risque de 10.000 francs et une indemnité de transport de 16.500 francs. Le 1er mai 2016, son salaire de base connaît une augmentation de 30.000 francs et son indemnité de transport est portée à 25.800 francs.

À la suite de plusieurs maladresses, son contrat de travail est rompu le 20 septembre 2016 pour faute grave.

Calculer le montant de l'indemnité de licenciement qui sera allouée à Monsieur Lambda.

***Solution** :*

1. Calcul de l'ancienneté de Monsieur Lambda

Du 10/05/1999 au 20/09/2016 = 17 ans 4 mois 10 jours

2. Détermination de la période de référence (les douze derniers mois)

Du 20/09/2015 au 19/09/2016 (le jour de licenciement n'est pas pris en compte)

3. Détermination du salaire mensuel des douze derniers mois

31. Assiette de calcul de l'indemnité de licenciement :

Elle est constituée du salaire de base et de la prime de risque.

---

[346] Loi n° 87-10 du 11 février 1987, JO n° 5160 du 22 février 1987, p. 117

L'indemnité de transport est exclue, car elle a un caractère de remboursement de frais. Toutefois, dans la mesure où le montant de l'indemnité de transport est de 20.800 F, la différence entre la somme versée au titre de cette prime et le montant prévu par les textes rentre dans l'assiette, soit 25.800 – 20.800 = 5000 F.

3.2. Calcul du salaire global moyen :

On sait que la rémunération de M. Lambda a varié durant la période référence. En conséquence, il convient de décomposer cette période en deux :

- Du 20/09/2015 au 30/04/2016 = 7 mois 11 jours

Salaire de 7 mois : (90.000+10.000) x 7
Salaire de 11 jours : (90.000 +10.000) x 11/30

Soit 700.000 + 36.666 = 736.666 F

- Du 01/05/2016 au 19/09/2016 = 4 mois 19 jours

Salaire de 4 mois : (120.000 + 10.000 + 5000) x 4
Salaire de 19 jours : (120.000 +10.000 + 5000) x 19/30

Soit 540.000 + 85.500 = 625.500 F

- Total des rémunérations des douze derniers mois :

736.666 + 625.500 = 1.362.166 F

3.3. Salaire mensuel moyen de la période de référence :

1.362.166 F ÷ 12 = 113.514 F

4. Montant de l'indemnité de licenciement

4.1 – Pour les 5 premières années : 5 ans

(113.514 x 5 x 25) ÷ 100 = 141.893 F

4.2 – Entre la 6e et la 10e année : 5 ans

(113.514 x 5 x 30) ÷ 100 = 170.271 F

4.3 – À partir de la 11e année : 7 ans 4 mois 10 jours

Sur 7 ans : (113.514 x 7 x 40) ÷ 100 = 317.839 F

Sur 4 mois : [(113.514 x 40) x 4/12] ÷ 100 = 15.135 F

Sur 10 jours : [(113.514 x 40) x 10/360] ÷ 100 = 1.261 F

Soit : 317.839 + 15.135 + 1.261 = 334.235 F

4.4 – Total :

141.893 F + 170.271 F + 334.235 F = ***646.399 F***

N.B. : Pour les calculs, lorsque les périodes considérées portent sur des fractions de mois, les mois sont comptés uniformément pour 30 jours et l'année pour 360 jours.

B. /L'indemnité compensatrice de congé

L'indemnité compensatrice de congé est versée au salarié lorsqu'il *est amené à quitter l'entreprise avant d'avoir acquis le droit de jouir effectivement d'un congé.* Il en est ainsi lorsqu'il n'a pas accompli la période minimale de service effectif ouvrant droit à congé. Dans ce cas, le travailleur a droit à une indemnité compensatrice calculée de la même façon que l'allocation de congé elle-même.

Il peut également arriver que le contrat soit rompu sans que le salarié ait bénéficié de la totalité des congés auxquels il avait droit au cours des périodes antérieures. Ici, deux hypothèses doivent être distinguées :

- si ces périodes n'excèdent pas trois ans au jour de la rupture, le salarié a droit à une indemnité compensatrice de congé ;
- si ces périodes excèdent trois ans au jour de la rupture, le salarié ne peut prétendre à une indemnité compensatrice de congé, mais à des dommages et intérêts en réparation du préjudice subi (art. L. 151 al. 4 C. trav.).

C. /Les dommages et intérêts pour licenciement abusif

Après avoir affirmé que les licenciements intervenus sans motif légitime sont abusifs, l'article L. 56 alinéa 2 du Code du travail s'est contenté de donner, à titre indicatif, quelques cas de rupture abusive, laissant aux tribunaux le soin de se déterminer en fonction de chaque cas spécifique et compte tenu des éléments d'appréciation qu'elles possèdent.

La sanction d'un tel licenciement est *la condamnation de l'employeur au versement des dommages et intérêts au salarié.* Le montant de ces dommages-intérêts est apprécié compte tenu de tous les éléments qui peuvent justifier l'existence et déterminer l'étendue du préjudice causé, notamment, lorsque la responsabilité du licenciement incombe à l'employeur, des usages, de la nature des services engagés, de l'ancienneté de service, de l'âge du travailleur et des droits acquis à quelque titre que ce soit (art. L. 56 al. 5).[347]

D. /Le certificat du travail

À l'expiration du contrat de travail, l'employeur doit remettre au salarié, au moment de son départ définitif de l'entreprise, un certificat de travail comportant certaines mentions définies par la loi sous peine de dommages et intérêts.[348] L'obligation faite à l'employeur de délivrer un certificat de travail au salarié qui quitte l'entreprise subsiste, après le décès du travailleur, au profit de ses ayants droit pour leur permettre de prouver la durée du travail que le *de cujus* a accompli dans l'entreprise.

Le certificat du travail *doit contenir exclusivement* la date d'entrée du travailleur, la date de sortie, la nature et les dates des emplois successivement occupés, la catégorie de la convention collective dont le travailleur relève. À *peine de dommages et intérêts, l'employeur ne peut fournir des renseignements tendancieux ou erronés sur le compte du*

---

[347] C.S. Sénégal, ch. soc., 24 octobre 2012, n° 56, *Ndiémé SECK c. / Thérèse DIOP,* Bulletin des arrêts de la Cour suprême du Sénégal : Sur le motif de la violation des dispositions de l'article L. 56 du code du travail, la Cour suprême a censuré partiellement l'arrêt n°323 du 14 juillet 2009 de la Cour d'Appel de Dakar qui a réduit le montant des dommages-intérêts alloués à une employée de maison, en énonçant « qu'il s'agit d'un ménage qui a employé une domestique, qu'aucun renseignement n'est disponible sur les moyens dont dispose l'employeur ». – C.S. Sénégal, ch. soc., 11 octobre 2011, n° 56, *CENTAL INSURANCE BROKER AGENCY dite CIBA c./ Ndèye Ndella NDIAYE,* Bulletin des arrêts de la Cour suprême du Sénégal ; [347] Cass. soc., 8 janvier 2003, n° 13/2003, *Société SAF Industries Sénégal c./ Aziz FALL,* Bulletin des arrêts de la Cour de cassation du Sénégal.

[348] C.S. Sénégal, ch. soc., 10 août 2011, n° 51, *Alioune Badara MBOUP c./ La Compagnie Sahélienne d'Entreprise (CSE),* Bulletin des arrêts de la Cour suprême du Sénégal. – C.S. Sénégal, ch. soc., 25 juillet 2007, n° 41, *La Boulangerie du Plateau c./ Ibrahima CISSE,* Bulletin des arrêts de la Cour suprême du Sénégal.

travailleur. En effet, le certificat de travail est destiné à permettre au travailleur de renseigner ses futurs employeurs et les divers administrations et organismes qui gèrent sa carrière.

Il n'est pas interdit à l'employeur de faire figurer sur le certificat de travail, à condition qu'elles ne soient pas tendancieuses ou erronées, d'autres mentions autres que celles prévues légalement. L'employeur peut par exemple mentionner dans le certificat de travail une appréciation élogieuse sur les qualités professionnelles du salarié. Toutefois, le salarié peut exiger que le contenu de son certificat de travail se limite aux mentions obligatoires. *A contrario*, il ne peut exiger de l'employeur de faire figurer sur le certificat de travail des mentions facultatives, même si celles-ci sont conformes à la réalité.

Si la remise du certificat de travail au travailleur n'est pas possible du fait du travailleur, il est tenu à sa disposition par l'employeur. Assez fréquemment, le certificat indique que le salarié est « *libre de tout engagement* ». Cette formule ne veut pas dire que le salarié est dispensé d'exécuter le préavis. Elle ne signifie pas non plus que l'employeur a renoncé à faire valoir l'obligation de non-concurrence qui pèse sur le salarié. Elle informe seulement les tiers que les obligations liées à l'exécution du contrat de travail ont pris fin.

Le certificat du travail est exempt de tous droits de timbre et d'enregistrement (art. L. 58 C. trav.). Il en est ainsi, même s'il comporte d'autres mentions que celles qui sont énoncées par la loi, dès lors qu'elles ne valent pas quittance ou autre convention donnant lieu au droit proportionnel.

SECTION 2 : LE LICENCIEMENT POUR MOTIF ÉCONOMIQUE

Le licenciement pour motif économique est un licenciement qui intervient pour un motif non inhérent à la personne du salarié. Aux termes de l'article L. 60 du code travail, tout licenciement individuel ou collectif effectué par l'employeur, et motivé par une difficulté économique ou une réorganisation intérieure, constitue un licenciement pour motif économique. La particularité et la complexité de ce mode de licenciement imposent d'analyser ses conditions (**§ 1**) et effets (**§ 2**).

§ 1 – Les conditions de licenciement pour motif économique

Les licenciements prononcés à la suite de la fermeture de l'entreprise concernant l'ensemble des travailleurs n'ont pas un caractère économique.[349] Le licenciement pour motif économique est soumis à des conditions de fond (**A**) et à une procédure particulière (**B**).

A. /Les conditions matérielles du licenciement pour motif économique

L'employeur peut être amené à supprimer certains postes ou emplois, en raison des difficultés économiques (**1**) ou d'une réorganisation intérieure de son entreprise (**2**).

1. Une difficulté économique

Lorsqu'une entreprise est économiquement en difficulté, l'employeur peut avoir recours à un licenciement pour motif économique. Mais, l'article L. 60 du Code du travail ne donne aucune définition de la « *difficulté économique* ».[350]

Les difficultés économiques sont intimement liées au licenciement pour motif économique, car elles constituent le point de départ de la procédure de licenciement. C'est le motif le plus souvent évoqué pour justifier un licenciement pour motif économique. Les difficultés économiques doivent être réelles et sérieuses : cessation des paiements, redressement judiciaire[351], résultats déficitaires[352], baisse d'activité de l'entreprise[353], etc.

Les difficultés à l'origine de la procédure de licenciement pour motif économique peuvent être d'ordre structurel, c'est-à-dire interne à l'entreprise ou conjoncturel, externe à l'entreprise.

---

[349] Cass. soc., 28 juin 2007, n° 35, *Alioune DIOP et autres c./ Les Établissements TARAAF KOUJOCK*, Bulletin des arrêts de la Cour de cassation du Sénégal.

[350] Voir TAGUM FOMBENO (H.-J.), « Plaidoyer pour des règles particulières en matière de licenciement pour motif économique dans le futur Acte uniforme relatif au droit du travail », *Juriscope, Revue de l'Actualité juridique*, Poitiers, Juin 2003, p. 4, www.juriscope.org.

[351] Dakar 28 avril 1969, TPOM 288, p. 6370.

[352] Dakar 21 février 1968, TPOM 262, p. 5796.

[353] C.S. Sénégal 6 mai 1976, TPOM 442, p.225. Dakar 3 juillet 1978, TPOM 500, p. 510 ; Dakar 26 avril 1971, TPOM 348, p. 7693 ; Dakar 18 décembre 1967, TPOM 242, p. 5358 ; Dakar 10 avril 1967, TPOM 235, p. 5205.

Lorsque les difficultés sont importantes et durables, notamment un problème de surendettement ou la perte du client unique de l'entreprise, alors la société peut procéder, si besoin, aux licenciements économiques.

Les *difficultés doivent être insurmontables*. Lorsque l'entreprise est déficitaire depuis plusieurs années, l'employeur doit, pour justifier le licenciement, établir que la situation s'est aggravée. De même, si l'entreprise était déjà en difficulté au moment de l'embauche du salarié, elle ne peut invoquer ces mêmes difficultés pour justifier le licenciement quelques mois après.

Les juges exigent, en principe, une baisse d'activité importante et durable. Un simple ralentissement de l'activité et le seul souci de réduire les charges ne sont pas des motifs économiques.

L'appréciation de la réalité des difficultés économiques s'effectue au niveau global de l'entreprise et non à celui de l'établissement ou de la succursale. Ainsi, à l'occasion du licenciement pour motif économique d'un salarié travaillant dans la filiale d'une société d'assurance, la Cour de cassation a précisé que c'est à l'intérieur du groupe de société que devait être recherchée la solution pour éviter le licenciement économique du travailleur.[354] De même, le licenciement d'un caissier dans un établissement bancaire, alors que d'autres établissements de l'entreprise développent leur activité et embauchent, est difficilement justifiable si l'employeur n'a pas proposé à ce salarié un redéploiement interne.

2. Une réorganisation intérieure de l'entreprise

Le pouvoir de direction donne à l'employeur le droit d'organiser son entreprise comme il l'entend à la condition que la réorganisation envisagée se fasse dans l'intérêt exclusif de l'entreprise et que les motifs invoqués soient réels. Même si l'article L. 60 du Code du travail n'apporte pas la précision, la réorganisation intérieure à l'origine de la suppression de l'emploi doit être nécessaire pour assurer la *compétitivité de l'entreprise*.

La réorganisation interne est un motif qui a sa propre logique, car il permet à l'employeur d'anticiper les difficultés

---

[354] Cass. soc., 23 janvier 2003, n° 16/2003, *CSAR-VIE c./ Ibrahima GUEYE*, Bulletin des arrêts de la Cour de cassation du Sénégal.

économiques à venir et non de les subir. Il repose en conséquence sur des prévisions de l'employeur. En effet, pour demeurer compétitive, une entreprise a besoin de se recentrer sur ce qui constitue le noyau dur de son activité, et continuellement procéder à des choix stratégiques qui l'obligent à réviser sa configuration initiale.[355]

La réorganisation de l'entreprise peut correspondre à des situations très diverses, notamment, suppression d'un service, délocalisation.[356] Elle peut être justifiée par des mutations technologiques nécessaires pour assurer la sauvegarde de la compétitivité de l'entreprise. C'est le cas d'une entreprise qui est obligée de s'adapter impérativement à l'évolution technologique pour assurer sa survie.

La suppression d'emploi est réelle lorsque le poste du salarié est supprimé et celui-ci n'est pas remplacé par un autre sur le même poste ou un poste similaire.[357] Il n'y a pas de suppression d'emploi si l'employeur embauche un salarié en contrat à durée déterminée dans les six mois qui suivent le licenciement, sauf si la durée du contrat non susceptible de renouvellement n'excède pas trois mois. Dans ces hypothèses, le licenciement économique n'est pas fondé.

La suppression d'emploi sous-tend une suppression pure et simple des tâches agencées pour former un emploi. Elle n'implique pas forcément une disparition des tâches du salarié licencié. En effet, celles-ci peuvent être réparties entre les autres salariés de l'entreprise ou intégrées dans un autre emploi existant dans l'entreprise.

Lorsque ces conditions sont remplies, le licenciement pour motif économique est légitime, sous réserve du respect de la procédure spéciale de licenciement.

---

[355] L'amélioration de la compétitivité doit être recherchée par l'entreprise qui veut maintenir sa place sur un marché concurrentiel et doit faire partie de la gestion prévisionnelle de tout chef d'entreprise.

[356] C.S. Sénégal, ch. soc., 24 mars 2010, n° 20, *Moussa Mamadou TALLA c./ La société SAGA Sénégal,* Bulletin des arrêts de la Cour suprême du Sénégal.

[357] CA Dakar 16 avril 1969, TPOM 267, p. 5905. – CA Dakar 13 janvier 1974, TPOM 419, p. 231.

B. /La procédure de licenciement pour motif économique

La procédure du licenciement pour motif économique se déroule en plusieurs phases : consultation des délégués du personnel (**1**), information de l'inspecteur du travail (**2**), établissement de l'ordre des licenciements (**3**) et notification du licenciement (**4**).

1. La consultation des délégués du personnel

L'employeur qui envisage d'effectuer un licenciement pour motif économique *doit réunir les délégués du personnel et rechercher avec eux toutes les autres possibilités pour éviter le licenciement.*[358] C'est une réunion d'information, d'explication et de recherches de solution pour éviter les licenciements. Ces solutions peuvent consister à la réduction des heures de travail, au recours au travail par roulement, au chômage partiel, à la formation ou au redéploiement du personnel.

C'est au cours de cette réunion que l'employeur expliquera son projet et essaiera de convaincre les délégués du personnel de la nécessité de procéder au licenciement pour motif économique. Si l'employeur envisage de licencier un délégué du personnel, il doit respecter la procédure spécifique à ces travailleurs.

2. L'information de l'inspecteur du travail

La particularité du licenciement pour motif économique, *c'est que le salarié perd son emploi alors qu'il n'a commis aucune faute.* L'employeur estime tout simplement que, compte tenu des difficultés économiques que traverse l'entreprise, il ne peut plus le garder. C'était précisément pour prévenir les risques d'abus que, pendant longtemps, le licenciement pour motif économique était soumis à l'autorisation administrative de l'inspecteur du travail.[359]

---

358 En l'absence de délégués du personnel dans l'entreprise, cette formalité devient sans objet. Voir à cet effet, C.S. Sénégal, ch. soc., 13 juin 2007, n° 25, *BUHAN & TEISSEIRE c./ Sidy Alpha GUEYE et Ousmane FALL*, Bulletin des arrêts de la Cour suprême du Sénégal.

359 À défaut de cette autorisation, le licenciement ne pouvait avoir lieu et si malgré tout il avait lieu, il était nul et de nul effet. Le salarié devrait être intégré dans son emploi avec payement d'une indemnité égale au salaire

Le compte rendu de la réunion de l'employeur avec les délégués du personnel est transmis dans les huit jours à l'inspecteur du travail. Ce *dernier a un délai de quinze jours pour exercer éventuellement ses bons offices.*

Lorsque la décision de licencier est prise, *l'employeur doit informer l'inspecteur du travail dans le délai d'une semaine des licenciements qu'il a effectués,* en lui transmettant en même temps le dernier compte rendu de réunion. L'inspecteur n'a aucun pouvoir. Il ne fait que prendre acte contrairement au rôle qu'il jouait dans l'ancien système.

3. L'établissement de l'ordre des licenciements

Après l'échéance du délai de quinze jours imparti à l'inspecteur du travail pour exercer éventuellement ses bons offices, si certains licenciements étaient nécessaires, l'employeur établit l'ordre des licenciements. Il établit cette liste après avoir consulté les délégués du personnel. Il doit communiquer par écrit aux délégués du personnel s'il en existe, la liste des travailleurs qu'il se propose de licencier, en précisant les critères qu'il a retenus. Il convoque, *sept jours au plus tôt après la communication de cette liste,* les délégués du personnel pour recueillir leurs suggestions, lesquelles sont consignées dans le compte rendu de la réunion établi par l'employeur.

De nombreux critères sont pris en compte dans la détermination de l'ordre des licenciements. Cet ordre tient compte, en premier lieu, des travailleurs présentant des aptitudes professionnelles moindres pour les emplois maintenus.

En cas d'égalité d'aptitude professionnelle, les travailleurs les plus anciens seront conservés. L'ancienneté dans l'entreprise est majorée, pour établir cet ordre des licenciements, d'un an pour le travailleur marié et d'un an pour chaque enfant à charge au sens de la législation sur les prestations familiales.

En cas de litige, la charge de la preuve du motif économique et du respect de l'ordre des licenciements incombe à l'employeur. Les différends individuels du travail concernant la rupture du contrat de travail pour motif économique doivent *être examinés prioritairement par les juridictions du travail.*

---

qu'il aurait dû percevoir s'il n'avait pas été irrégulièrement licencié. Ce mécanisme a été abrogé dans le code du travail de 1997.

4. La notification du licenciement

En application des règles communes en matière de résiliation du contrat de travail à durée indéterminée, le licenciement pour motif économique doit être précédé d'une lettre de préavis annonçant au travailleur qu'il va perdre son emploi. La lettre de notification doit indiquer le motif de licenciement. En pratique, cette notification doit intervenir juste après la réunion avec les délégués du personnel sur l'établissement de l'ordre des licenciements.

Lorsque, en raison des circonstances du licenciement, il n'est pas possible de respecter les délais de préavis avant de rompre les contrats, l'employeur doit payer au salarié une indemnité compensatrice de préavis.

§ 3 – Les effets du licenciement pour motif économique

Le travailleur licencié pour motif économique bénéficie, en dehors du préavis et de l'indemnité de licenciement (**A**), d'une indemnité spéciale (**B**). Il bénéficie également, dans son ancienne entreprise d'une priorité d'embauche dans la même catégorie (**C**). L'employeur doit lui délivrer un certificat du travail.

A. /L'indemnité de licenciement

Selon l'article L. 62 du Code du travail, le salarié licencié pour motif économique bénéficie d'une indemnité de licenciement. Cette indemnité est due à tout salarié justifiant d'une ancienneté dans l'entreprise au moins égale à une année.

L'indemnité de licenciement est calculée selon la même méthode qu'en cas de licenciement pour motif personnel. Elle n'est pas imposable.

B. /L'indemnité spéciale

Le salarié licencié pour motif économique a droit à une indemnité spéciale payée par l'employeur. L'indemnité est égale à un mois du salaire brut non imposable.

C. /La priorité d'embauche

L'article L. 62 alinéa 5 du Code du travail prévoit, au profit des salariés licenciés pour motif économique, une priorité d'embauche dans la même catégorie d'emploi. Le salarié conserve ce droit pendant deux ans.[360] À cet effet, *il est tenu en quittant l'entreprise de communiquer à son employeur son adresse et tout changement d'adresse survenant après son départ.*

En cas de vacance de poste, l'employeur avise l'intéressé par lettre recommandée avec accusé de réception envoyée à la dernière adresse connue du travailleur. Celui-ci doit se présenter à l'établissement dans un délai maximum de huit jours suivant la date de réception de la lettre.

Il convient de noter que si la priorité d'embauche est respectée et le travailleur engagé, c'est un nouveau contrat qui est conclu. Ce contrat est différent du précédent, on ne peut parler ici de suspension, mais de rupture du contrat précédent.

---

[360] Cass. soc., 24 novembre 1999, n° 06/1999, *Maguette DIOP c./ Boulangerie HOBALLAH,* Bulletin des arrêts de la Cour de cassation du Sénégal : La priorité de réembauche ne s'applique pas lorsque le salarié n'a pas été licencié pour licenciement économique, mais suite à la cessation d'activités de l'entreprise.

CHAPITRE 2 : LA DÉMISSION DU SALARIÉ

Lorsque le salarié prend l'initiative de la rupture du contrat de travail à durée indéterminée, son départ est qualifié de démission. La démission est l'acte par lequel le salarié fait connaître à l'employeur sa décision de rompre le contrat de travail. Si le licenciement occupe plusieurs pages du Code du travail, son symétrique apparent, la résiliation à l'initiative du salarié, n'a pas fait l'objet d'une réglementation particulière. La démission est peu prise en compte par le Code du travail, bien que ce type de rupture soit fréquemment utilisé par le salarié qui souhaite quitter l'entreprise.

L'idée souvent répandue est que le salarié qui choisit de quitter volontairement l'entreprise a mesuré les conséquences de son acte ; par conséquent, il n'a pas besoin de protection spéciale.[361] Il est revenu à la jurisprudence d'apporter les précisions sur les conditions (**section 1**) et les effets de démission (**section 2**).

SECTION 1 : LES CONDITIONS DE LA DÉMISSION

La démission est un droit du salarié. Il peut donc librement donner sa démission, sauf s'il le fait dans l'intention de nuire à son employeur. Mais pour être juridiquement considérée comme une démission ayant pour effet de rompre le contrat de travail, l'initiative du salarié doit obéir à des conditions de fond (**§ 1**) et de forme (**§ 2**).

§ 1 – Les conditions de fond de la démission

La démission du salarié doit résulter d'une volonté sérieuse, claire et non équivoque (**A**). Elle doit être un acte réfléchi et volontaire du salarié (**B**).

---

[361] Michel DESPAX et Jean PELISSIER, *La gestion du personnel : aspects juridiques*, Tome 1, Paris, Ed. Cujas, 1974, p. 279.

A. /Une volonté claire et non équivoque du salarié

La démission doit être donnée en toute connaissance de cause (**1**). Par conséquent, le salarié peut se rétracter si sa démission n'a pas été donnée en connaissance de cause (**2**).

1. L'acte de démission

La démission d'un salarié ne se présume pas. Elle doit être l'expression d'une volonté claire et non équivoque de rompre le contrat de travail.[362] Il revient à l'employeur qui l'invoque de prouver.

Lorsque le salarié n'a pas manifesté une intention claire et évidente de rompre le contrat de travail, l'employeur ne peut ni invoquer l'existence d'une démission ni le considérer comme démissionnaire. On ne peut parler de démission lorsque l'attitude du salarié est ambiguë. Il en est ainsi en cas d'absence injustifiée ou de longue absence du salarié.[363]

À cet effet, un salarié qui ne reprend pas son travail à l'issue d'une période de suspension de son contrat de travail ne saurait être considéré comme démissionnaire en l'absence d'une volonté claire de sa part. Cette règle s'applique, quelle que soit la cause de la suspension du contrat de travail : maladie, congés payés, mise à pied, arrêt de travail suite à un accident du travail, etc. *La solution offerte à l'employeur est de mettre en œuvre une procédure de licenciement pour abandon de poste.*

De même, le salarié ne peut être considéré comme démissionnaire lorsqu'il refuse d'exécuter son travail, lorsqu'il abandonne son poste sans aucune explication, etc. L'employeur qui souhaite mettre fin à la relation contractuelle doit mettre en œuvre la procédure de licenciement. Il revient à l'employeur

---

362 C.S. Sénégal, ch. soc., 8 février 2012, n° 11, *Cheïkhou CISSOKHO c./ Société Africaine de Réalisation et Conception dite ARC SA*, Bulletin des arrêts de la Cour suprême du Sénégal ; Cass. soc., 27 février 2002, n° 31, *Samba FALL c./ Adib kfouri*, Bulletin des arrêts de la Cour de cassation du Sénégal ; Cass. soc., 10 mars 1999, n° 19/1999, *Abdoulaye FAYE c./ L'Agence Dakaroise de Sécurité et d'Assistance au Tourisme (ADEF)*, Bulletin des arrêts de la Cour de cassation du Sénégal. Voir jurisprudence française, Cass. soc., 9 mai 2007, n°05-40.315, Bull. civ. V n° 70.

363 CA Dakar, 30 juillet 1981, TPOM 553, p. 140 ; CA Dakar, 2 août 1977, TPOM 462, p. 156 ; CA Dakar, 28 mai 1965, TPOM n° 173, p. 3831.

d'administrer la preuve de l'abandon de poste imputable au salarié.[364]

2. La rétractation

Lorsque la démission a été valablement donnée, elle ne peut être rétractée qu'avec l'accord de l'employeur ; la rétractation du salarié est sans effet.

Toutefois, si la rétractation du salarié intervient dans des délais très brefs de sa démission, cela veut dire, en principe, que le salarié n'avait pas une volonté claire et non équivoque de démissionner. Dans ce cas, l'employeur est en principe tenu de réintégrer le salarié dans l'entreprise. En cas de conflit, il revient au juge d'apprécier.

B. /Une volonté libre et réfléchie du salarié

La démission doit traduire l'expression d'une volonté libre et réfléchie du salarié. Le salarié doit avoir agi en toute connaissance de cause, c'est-à-dire hors de toute contrainte de l'employeur. Sa décision doit être réfléchie (**1**) et libre (**2**).

1. Une décision réfléchie

L'acte de démission doit être réfléchi. Il doit découler d'une réflexion suffisante et éclairée. Il ne doit pas être dû à un mouvement d'humeur, de désarroi ou d'énervement. Dans ce cas, la démission ne peut être caractérisée.

Lorsque la démission est donnée dans un mouvement d'humeur, de colère, sous le coup d'une forte émotion..., les tribunaux reconnaissent au salarié le droit de changer d'avis rapidement. Cette rétractation s'impose à l'employeur. Si celui-ci refuse de prendre en compte le changement d'avis du salarié, la rupture du contrat de travail est assimilée à un licenciement non légitime.

2. Une décision libre

La démission n'est valable que si elle traduit la volonté libre du salarié de vouloir rompre définitivement son contrat de

---

[364] Cass. soc., 14 mai 1997, n° 57, *FATHON Victorin c./ FRADET Faouzia,* Bulletin des arrêts de la Cour de cassation du Sénégal.

travail en toute connaissance de cause. Comme tout acte juridique, la démission obéit aux règles de droit commun en matière de vice de consentement.

La volonté du salarié ne doit pas être viciée par l'erreur, le dol ou la violence. Il y a erreur lorsque le salarié n'a pas conscience de son acte et de ses conséquences. Il en est ainsi si la lettre de démission du salarié a été écrite par un autre salarié, l'intéressé ne sachant ni lire ni écrire. Un doute pèse donc sur la compréhension par le salarié des conséquences de son acte.

La volonté du salarié de démissionner ne doit pas être altérée par la violence morale ou la pression.[365] Ainsi, lorsqu'un salarié démissionne suite à des injures et des menaces de son employeur ou suite à une altercation violente avec son employeur, la démission n'est pas valable. De même, la rupture du contrat du travail qui résulte du non-paiement des salariés constitue une cause de rupture abusive de contrat de travail imputable à l'employeur.[366]

§ 2 – Les conditions de forme de la démission

Le Code du travail n'établit pas une distinction selon la partie qui prend l'initiative de la rupture du contrat de travail. En l'absence de formalisme légal (**A**), il faut s'en référer aux conventions collectives (**B**).

A. /Une absence de formalisme légal

La démission n'est rigoureusement soumise à aucun formalisme légal. Contrairement au licenciement[367], la loi n'impose aucune règle de forme pour notifier sa décision de démission. L'article L. 50 du Code du travail précise simplement que la « résiliation du contrat à durée indéterminée est subordonnée à un préavis notifié par écrit par la partie qui

---

365 CA Dakar, 1er février 1980, TPOM 512, p. 257 ; CA Dakar, 17 février 1974, TPOM 446, p. 309.

366 Cass. soc., 23 janvier 2003, n° 15, *Marie Claude GABELLI c./ L'Ecole Blanchot,* Bulletin des arrêts de la Cour de cassation du Sénégal ; Cass. soc., 22 décembre 1993, n° 5, *Entreprise El Hadji Mamadou SYLLA c./ Djiby GUEYE et autres,* Bulletin des arrêts de la Cour de cassation du Sénégal.

367 L'article L. 51 du code du travail impose la formalité de notification écrite de la rupture en cas de licenciement.

prend l'initiative de la rupture. »[368] L'exigence d'un écrit porte sur le préavis.

La démission peut donc être donnée oralement, mais également de manière écrite. Pour des raisons de preuve, il est recommandé que la démission soit notifiée par écrit, par lettre recommandée avec accusé de réception. La lettre de démission peut aussi être remise en main propre à l'employeur contre décharge.

La notification écrite est d'un intérêt certain. Elle permet de déterminer avec précision le point de départ du préavis qui commence à courir le jour où l'employeur a connaissance de la démission. Par ailleurs, elle peut permettre d'apprécier la volonté claire et non équivoque du salarié de démissionner.

De plus, la démission n'a pas à être acceptée ou refusée par l'employeur. Il se contentera d'en prendre acte, dans la mesure où il ne peut pas obliger le salarié à continuer de travailler contre son gré. Lorsque le salarié a donné sa démission par courriel, il a intérêt à s'assurer que son employeur consulte ses courriels régulièrement.

B. /Les règles conventionnelles

De nombreuses conventions collectives imposent que la démission soit notifiée par écrit.[369] Cette notification doit être faite soit par envoi d'une lettre recommandée, soit par remise de la lettre au destinataire avec accusé de réception.

---

368 A l'analyse, le contenu de cet article est mieux adapté au licenciement, car l'alinéa 3 fait référence au motif de la rupture qui doit figurer dans la lettre de notification préavis. Or, un salarié qui démissionne n'a pas normalement à se justifier, la seule volonté de reprendre sa liberté suffit dès lors qu'il n'abuse pas de son droit de résiliation unilatérale. Il est libre de ne plus travailler ou de changer d'employeur.

369 Voir notamment, article 22 de la Convention collective nationale interprofessionnelle du Sénégal, article 55 de la Convention collective des transports aériens, article 30 de la Convention collective fixant les conditions des officiers et marins de la marine marchande sénégalaise, article 20 de la Convention collective des journalistes et techniciens de la communications sociale au Sénégal, article 22 de la Convention collective des entreprises d'assurances, article 15 de la Convention collective nationale des industries hôtelières de la République du Sénégal, article 13 des Conditions de travail dans les professions agricoles et assimilées, article 11 de la Convention collective fixant les règles générales d'emploi des travailleurs relevant de la profession cinématographique, article 15 de la Convention collective du commerce.

Toutefois, la jurisprudence considère que le non-respect de cette règle conventionnelle ne suffit pas, à lui seul, à remettre en cause la décision de démissionner du salarié. Il suffit que le salarié ait manifesté une volonté claire et non équivoque de démissionner. L'employeur peut apporter la preuve de la démission du salarié par tous les moyens ; au besoin, le juge peut ordonner une enquête.[370]

SECTION 2 : LES EFFETS DE LA DÉMISSION

La démission a des conséquences financières et matérielles qu'il faut connaître et anticiper. Elle engendre des droits pour le salarié. Elle peut également générer des obligations, même si le salarié est, en principe, libre de toute obligation vis-à-vis de l'employeur à la fin du préavis. Les conséquences diffèrent suivant que la démission est régulière (**§ 1**) ou abusive (**§ 2**).

§ 1 – La démission régulière

La démission va donner lieu à l'exécution d'un préavis par le salarié (**A**). Le salarié peut sous certaines conditions être dispensé de l'exécution du préavis (**B**). Par ailleurs, l'employeur est tenu de délivrer au salarié les documents administratifs de fin de contrat habituel.[371]

A. /Le respect du préavis

Le salarié démissionnaire est tenu de respecter un préavis. Pendant une certaine durée (**1**), il va continuer à exécuter son contrat de travail (**2**).

1. La durée du préavis

En cas de démission, la durée du préavis dépend principalement de la classification du salarié. Elle résulte soit de la convention collective ou d'un accord collectif de travail, soit des usages pratiqués dans la localité ou la profession.

---

370 Cass. soc., 10 mars 1999, n° 40/1999, *Odette DIEDHIOU c./ Les époux Adib ET Takhsine SALEH,* Bulletin des arrêts de la Cour de cassation du Sénégal.

371 Certificat de travail, solde de tout compte.

Aux termes de l'article 23 de la CCNIS, la durée minimale du préavis est fixée à un mois pour les travailleurs mensuels non cadres et à trois mois pour les cadres et assimilés. Elle est de huit jours pour les ouvriers de la 1ère à la 4e catégorie embauchés à l'heure, à la journée ou à la semaine qui ont moins d'un an de présence dans l'entreprise. Elle est de quinze jours pour ceux qui ont entre un et cinq ans de présence et d'un mois pour ceux qui ont plus de cinq ans de présence dans l'entreprise.

Pour les ouvriers de la 5e à la 7e catégorie embauchés à l'heure, à la journée ou à la semaine qui ont moins de cinq ans de présence dans l'entreprise, la durée est de 15 jours. Elle est d'un mois pour ceux qui ont plus de cinq ans de présence dans l'entreprise.

Le point de départ du préavis se situe en principe au jour où l'employeur est présumé avoir pris connaissance de la démission, c'est-à-dire soit à la date où le salarié a remis sa démission en main propre, soit à la date de la première présentation de la lettre recommandée.

2. L'exécution du préavis

Pendant la durée du préavis, le salarié continue d'exécuter normalement son contrat de travail dans les conditions existant avant sa démission. L'employeur doit lui fournir du travail et ne doit pas modifier sa rémunération. De son côté, le salarié doit accomplir normalement sa prestation de travail.

Durant le préavis, le salarié bénéficie, comme en matière de licenciement, d'un droit d'absence de deux jours par semaine pris, à son choix, globalement ou heure par heure, pour la recherche d'un nouvel emploi. Ces jours d'absences sont payés comme temps de travail.

En cas de faute lourde du salarié démissionnaire, l'employeur peut interrompre l'exécution du préavis et procéder à son licenciement.

Le préavis représente un délai préfix qui court de date à date. Par conséquent, il ne peut en principe être ni suspendu ni interrompu, sauf accord contraire des parties. De ce fait, la durée du préavis n'est pas prolongée d'une durée équivalente aux absences du salarié.

B. /La dispense de préavis

Le salarié peut bénéficier d'une dispense d'exécuter son préavis en cas de démission, mais la situation est différente selon que la dispense de préavis résulte d'une décision de l'employeur (**1**) ou fait suite à une demande du salarié (**2**).

1. La dispense de préavis à la demande de l'employeur

L'employeur peut dispenser le salarié d'exécuter tout ou partie de son préavis. Le salarié ne peut pas refuser la dispense de préavis exigée par l'employeur.

Lorsque l'employeur dispense le salarié d'exécuter son préavis, il est tenu de lui verser une indemnité compensatrice de préavis. Elle est égale au montant des rémunérations et des avantages que le salarié aurait dû percevoir durant cette période s'il avait continué à travailler (art. 24 CCNIS).

2. La dispense de préavis à la demande du salarié

Le salarié qui démissionne est tenu d'effectuer un préavis, *excepté une salariée en état de grossesse*. Aussi, s'il le souhaite, il peut demander à son employeur une dispense ou une réduction de préavis. La situation se présente souvent lorsque le salarié a une offre d'emploi pour laquelle il lui est demandé de démarrer dans les meilleurs délais.

L'employeur a la possibilité d'accepter ou de refuser cette demande. Si l'employeur fait droit à la demande du salarié, le salarié est tenu, sauf renonciation de l'employeur, au paiement de l'indemnité compensatrice de préavis à l'employeur.

§ 2 – La démission abusive

Si le salarié a le droit de démissionner, sa démission ne doit pas être abusive. Il convient de clarifier le concept de démission abusive (**A**) avant de voir ses conséquences (**B**).

A. /La notion de démission abusive

La démission est considérée comme abusive lorsque le salarié prend cette décision dans le seul but de nuire à son employeur et fait ainsi subir un préjudice à son entreprise. Il en est ainsi lorsque le salarié quitte son entreprise sans préavis, provoquant de lourdes incidences sur le bon fonctionnement de l'entreprise.

À ce sujet, l'arrêt *Christian DIOR* est célèbre.[372] Une mannequin-vedette avait attendu le dernier moment pour indiquer qu'elle ne viendrait pas présenter la collection d'hiver comprenant des modèles à sa propre mesure, causant ainsi un préjudice important à la société Dior.

Le salarié n'est pas obligé d'indiquer à son employeur les raisons de sa démission. Par conséquent, une démission ne peut pas être considérée comme abusive en raison d'une absence de motif. En tout état de cause, il revient à l'employeur qui reproche à son salarié d'avoir démissionné abusivement de le prouver.

B. /Les conséquences de la démission abusive

La sanction de la brutale rupture réside dans l'octroi à l'employeur d'une indemnité forfaitaire égale au salaire du temps de préavis.[373] L'employeur peut par ailleurs prétendre à des dommages et intérêts s'il justifie d'un préjudice particulier né de ce comportement fautif du salarié. Une condamnation du salarié pour démission abusive reste toutefois rare.

Cependant, si le salarié s'est rendu coupable de la démission abusive pour se faire embaucher ailleurs, son nouvel employeur est considéré par la loi comme solidairement responsable du dommage causé au premier. Mais il faut que l'ancien employeur démontre qu'il est intervenu dans la rupture par des moyens frauduleux et dans un but déterminé, comme le détournement de la clientèle, la violation des secrets des fabrications.

De même, le nouvel employeur qui a embauché le salarié en sachant très bien qu'il était encore lié par un contrat de travail avec le précédent, ou encore celui qui a continué à occuper le salarié après avoir appris qu'il était encore lié par un contrat de travail peut engager sa responsabilité. Il peut être condamné à payer au précédent employeur des dommages et intérêts en réparation du préjudice causé.

---

[372] Jurisprudence française : Cass. soc., 19 juin 1959, D. 1959, 513.

[373] C.S. Sénégal, ch. soc., 24 avril 2013, n° 20, *Jean Pierre TARAVARE c./ La société RORO OCEANIC (devenue GRIMALDI SA)*, Bulletin des arrêts de la Cour suprême du Sénégal.

CHAPITRE 3 : LES AUTRES MODES DE RUPTURE DU CONTRAT DE TRAVAIL

La fin du contrat de travail ne trouve pas uniquement son origine dans le licenciement ou la démission du salarié.[374] À côté des modes traditionnels de rupture du contrat de travail, il existe d'autres modes de rupture : la force majeure, l'accord amiable, la résiliation judiciaire, le décès et la retraite. Ces modes de cessation du contrat de travail sont, soit propres aux contrats de travail, soit issus du droit civil avec pour effet de perturber le jeu normal des règles mises en place par le Code du travail[375]. En tout état de cause, l'emploi n'est jamais une donnée acquise définitivement. Il peut se perdre fatalement (**section 1**) ou volontairement (**section 2**).

SECTION 1 : LES RUPTURES INVOLONTAIRES

L'emploi peut être perdu de façon involontaire, c'est-à-dire sans qu'il y'ait besoin de manifester une volonté dans ce sens. Il en est ainsi de la mise à la retraite (**§ 1**), de l'impossibilité de poursuivre les relations professionnelles suite à un cas de force majeure (**§ 2**) et du décès du salarié (**§ 3**).

§ 1 – La retraite

La retraite met fin au contrat du travail, déclenchant la liquidation des droits du salarié. Il convient de présenter les conditions (**A**) et les effets du départ à la retraite (**B**).

---

[374] Bernard TEYSSIE, « Les modes de rupture du contrat de travail autres que le licenciement », SSL, 1985, n° 274, p. 64.

[375] Christophe RADE, « La résolution amiable du contrat de travail sur la sellette », D. 2000, p. 265. – « L'autonomie du droit du licenciement. Brefs propos sur les accords de rupture amiable du contrat de travail et les transactions », Dr. soc. 2000, p. 178 ; – Alexandre FABRE, « A la recherche du critère de qualification de la résiliation amiable du contrat de travail », RDT, 2009, p. 519.

A. /Les conditions du départ à la retraite

Le départ à la retraite est un mode autonome de rupture du contrat de travail. Il s'agit d'un âge à partir duquel on estime que les relations de travail ne doivent plus se poursuivre, essentiellement sur la base d'une philosophie de solidarité, mais aussi par la prise en compte de la santé du salarié.

L'aspect solidarité renvoie à l'idée que les plus âgés doivent faire place aux plus jeunes quant à l'accès à l'emploi, et cela participe de la politique de l'emploi. Quant à l'état de santé du salarié, on convient généralement qu'à partir d'un certain âge, après plusieurs années de labeur, le corps a besoin de se reposer.

Mais aujourd'hui, aucun de ces aspects ne gagne en unanimité. En effet, le temps est à la revendication d'un âge plus reculé pour aller à la retraite. Les progrès de la science y sont aussi pour quelque chose.

Tous les travailleurs, y compris les journaliers[376], ont droit à la retraite (art. L. 69 C. trav.). L'âge de la retraite est celui fixé par le régime national d'affiliation en vigueur au Sénégal. Le départ à la retraite à partir de cet âge légal, à l'initiative de l'une ou l'autre des parties, ne constitue ni une démission ni un licenciement.[377]

Dans le secteur public, l'âge de la retraite des fonctionnaires est aujourd'hui fixé à soixante ans, sous réserve des limites d'âge fixées par les statuts particuliers.[378] Ainsi, la limite d'âge des magistrats est fixée à soixante-cinq (65) ans. Celle des magistrats occupant les fonctions de premier président, de

---

376 C.S. Sénégal, ch. soc., 10 août 2011, n° 47, *AFRIC AZOTE c./ Ibrahima DIONE*, Bulletin des arrêts de la Cour suprême du Sénégal : La rupture des relations de travail avec un salarié engagé en qualité de journalier, au-delà de sa date de départ à la retraite, ne constitue pas un licenciement.

377 C.S. Sénégal, ch. soc., 28 mai 2014, n° 29, *Fatou NGOM c./ Village d'enfants SOS Kaolack*, Bulletin des arrêts de la Cour suprême du Sénégal : « A fait l'exacte application de l'article L 69 alinéa 2 du code du travail, la cour d'Appel qui a relevé qu'un salarié a été mise à la retraite à 55 ans par son employeur et retenu que cette mise à la retraite du salarié ayant atteint l'âge légal de départ à la retraite ne saurait être considérée comme une rupture abusive du contrat. » ; voir également C.S. Sénégal, ch. soc., 8 mai 2013, n° 21, *La société GETRAN SA c. / Abdou DIOUF*, Bulletin des arrêts de la Cour suprême du Sénégal.

378 Loi n° 2002-08 du 22 février 2002 abrogeant et remplaçant certaines dispositions de la loi n° 81-52 du 10 juillet 1981 portant code des pensions civiles et militaires de retraite, JO n° 6038 du samedi 23 mars 2002.

procureur général et de président de chambre à la Cour suprême est fixée à soixante-huit (68) ans.[379]

Dans le secteur privé, l'âge d'admission à la retraite est fixé à soixante (60) ans, suite à la délibération n° 02/14 de l'Assemblée générale extraordinaire du Collège des représentants de l'IPRES du 23 décembre 2014.[380] Toutefois, les travailleurs peuvent bénéficier par anticipation d'une retraite, à partir de cinquante-cinq (55) ans, dans les conditions qui seront fixées par les règlements intérieurs de l'IPRES.[381]

Il peut arriver que les relations de travail se poursuivent, d'accord parties, au-delà de l'âge légal d'admission à la retraite. Cette prolongation concerne logiquement la catégorie de salariés dont l'âge légal de départ à la retraite est inférieur à 60 ans, en raison notamment de la pénibilité de leur emploi. Dès lors que les parties ont convenu de prolonger l'âge de retraite d'un salarié fixé à 55 ans, la rupture intervenue avant le terme de l'accord ne peut être qualifiée ni de démission ni de licenciement. Par conséquent, le « salarié » n'est pas fondé à réclamer des dommages-intérêts pour licenciement abusif, mais simplement des dommages-intérêts à titre de réparation du préjudice causé par la méconnaissance ou la violation par l'employeur de son engagement, dès lors que la rupture de leurs relations est intervenue au-delà de l'âge de la retraite.[382]

B. /Les effets du départ à la retraite

En principe, le départ à la retraite s'accompagne, dans le secteur privé, d'une indemnité de départ à la retraite qui

---

[379] Article 65 de la loi organique n°2017-10 du 17 janvier 2017 portant statut des magistrats, JO n° 6986 du mercredi 18 janvier 2017.

[380] Arrêté ministériel n° 01418 du 2 février 2015 portant approbation de la modification de l'article 6 des statuts de l'Institution de Prévoyance Retraite du Sénégal, JO n° 6847 du samedi 2 mai 2015.

[381] Conformément à l'article 6 des statuts de l'IPRES, les âges limites d'admission à la retraite peuvent être reportés à des âges plus avancés afin d'assurer l'équilibre financier du régime ou lorsque le marché de l'emploi le permettra et l'augmentation de la longévité l'exigera en vue du maintien et de l'amélioration de la valeur des prestations. C'est d'ailleurs cette clause qui a permis au collège des représentants de l'IPRES de porter l'âge d'admission à la retraite de cinquante-cinq (55) à soixante (60) ans.

[382] C.S. Sénégal, ch. soc., 23 mai 2012, n° 38, *Amadou Tidiane THIOUB c./ La Société SODEFITEX*, Bulletin des arrêts de la Cour suprême du Sénégal ; C.S. Sénégal, ch. soc., 27 juillet 2011, n° 42, *Amadou BALDE et 6 autres c. / La Société SODEFITEX*, Bulletin des arrêts de la Cour suprême du Sénégal.

généralement est calculée en fonction de l'ancienneté du salarié dans l'emploi. Cette indemnité est calculée sur les mêmes bases et suivant les mêmes règles que l'indemnité de licenciement fixée par l'article 30 de la CCNIS.

Le départ à la retraite fait naître également une allocation de retraite constituée par les cotisations versées pendant le temps d'activité et majorées d'un coefficient déterminé.[383] La liquidation de l'allocation de retraite ne peut être opérée que sur demande de l'intéressé, assortie d'une justification de cessation d'activité.[384] Toute reprise d'activité salariée est suspensive du droit de pension.

§ 2 – La force majeure

La force majeure est un évènement extérieur, imprévisible qui empêche l'exécution du contrat de travail (art. 129 COCC). Lorsqu'elle se produit, la force majeure a pour effet d'entraîner la rupture du contrat de travail (**B**). Mais, pour qu'elle soit admise par le juge, elle doit remplir certaines conditions (**A**).

A. /Les conditions de la force majeure

La force majeure est caractérisée lorsque survient un évènement extérieur, insurmontable qui rend impossible la poursuite du contrat de travail. Appliquée au contrat de travail, la force majeure implique une impossibilité pour l'employeur de fournir le travail convenu et/ou pour le travailleur d'exécuter celui-ci.

L'exécution du contrat de travail ne doit pas être rendue simplement plus difficile ou plus onéreuse ou impossible temporairement. *La poursuite du contrat de travail en raison de la force majeure doit être rendue impossible.* C'est le caractère définitif ou temporaire de l'impossibilité qui détermine l'effet de l'évènement sur le contrat, suspension ou rupture.

Ainsi, la force majeure peut être admise à l'occasion d'un incendie ou d'une catastrophe naturelle entraînant la destruction totale de l'entreprise sans possibilité de reprise de l'activité. En revanche, si l'incendie impose la fermeture de l'entreprise pour quelques jours seulement, il n'est pas possible

---

[383] La gestion de la retraite des agents fonctionnaires est du ressort du Fonds national de retraite (FNR) du Ministère de l'Economie et des Finances.

[384] Article 14 du Règlement intérieur du régime de retraite de l'IPRES

de rompre le contrat de travail. De même, si l'entreprise ne subit qu'un arrêt partiel de son activité, la force majeure ne peut être invoquée pour justifier la rupture du contrat de travail.

La force majeure ne peut résulter que d'un évènement imprévisible, c'est-à-dire un évènement que les parties n'ont pu ni prévoir ni éviter. En conséquence, elle ne peut résulter que d'un évènement indépendant de la volonté humaine. À cet effet, celui qui se prévaut de la force majeure ne doit avoir commis aucune faute dans la survenance de l'évènement. Si par exemple, l'incendie est dû à la négligence de l'employeur, il ne constituera pas une force majeure.

Le règlement judiciaire ou la liquidation des biens, tout comme les difficultés économiques et financières, ne constituent pas des évènements de force majeure (art. L. 66 al. 3 C. trav.). Ces difficultés relèvent de la responsabilité du chef d'entreprise qui, pour se séparer de ses salariés, devra procéder à des licenciements. Par contre, une décision administrative peut constituer un cas de force majeure. Il en est ainsi lorsque la prise de cette décision entraîne le retrait d'un agrément obligatoire pour exercer l'activité.

B. /Les effets de la force majeure

La force majeure qui rend impossible de façon définitive la poursuite du contrat n'est pas un licenciement, c'est-à-dire un mode de résiliation unilatérale du contrat. Il s'agit d'une cause de rupture propre.

« À l'impossible, nul n'est tenu ». En cas de force majeure, les parties vont être déliées de leurs obligations respectives, sans qu'il y ait d'indemnités ou de dommages-intérêts à payer. Elle n'entraîne aucune obligation pour l'employeur de donner un préavis ou de payer l'indemnité correspondante. Cela s'explique dans la mesure où la force majeure rend la rupture du contrat de travail non imputable aux parties.

La force majeure entraîne une perte d'emploi brutale pour les salariés. Le contrat prend fin le jour où une des parties constate l'existence de l'évènement de force de majeure et la dissolution du contrat de travail. À cet effet, il est peut-être nécessaire d'obliger les entreprises de souscrire une assurance pour couvrir certains risques parmi lesquels le cas fortuit.

Cependant, il convient de préciser qu'en cas de rupture du contrat de travail à durée déterminée pour un cas de force majeure, le salarié perçoit l'indemnité de fin de contrat.

§ 3 – Le décès

Le décès d'un employeur ou d'un salarié est un moment difficile pour l'entreprise, en raison du côté émotionnel d'un tel évènement, pourtant il faut le gérer. La gestion varie suivant qu'il s'agit du décès du salarié (**A**) ou du décès de l'employeur (**B**).

A. /Le décès du salarié

Le décès du salarié met fin au contrat (**1**), déclenchant un certain nombre de mesures sociales au profit des ayants droit (**2**).

1. La fin des rapports de travail

Le décès d'un salarié entraîne automatiquement la fin des rapports de travail, étant donné qu'en mourant le salarié se soustrait à ses obligations envers son employeur, notamment celle d'exécuter une prestation de travail. Le contrat de travail étant personnel, il n'est pas transmis aux héritiers du défunt.

Les rapports de travail se terminent le jour de sa mort. Il faut procéder comme lors d'une résiliation ordinaire, en prenant un acte pour matérialiser la fin des relations contractuelles du fait du décès.

L'employeur doit rendre les objets personnels du salarié. De même, les héritiers doivent restituer à l'employeur tout ce qui lui appartient : clés de bureau, ordinateurs portables de l'entreprise, véhicule de service, etc. Il est possible que l'employeur use de son droit de compenser les droits de l'employé avec une créance et exerce son droit de rétention.

2. La liquidation des droits

En cas de décès du travailleur, l'employeur a l'obligation, en application des dispositions de l'article 33 de la CCNIS, de verser aux ayants droit, le salaire de présence (salaire du mois au *prorata temporis* du temps effectué), l'allocation de congé et les indemnités de toute nature acquis à la date du décès. Pour ce faire, il doit établir le bulletin de paie et un solde de tout compte.

Si le travailleur comptait, au jour du décès, une année au moins d'ancienneté, l'employeur est tenu de verser aux ayants droit, une indemnité d'un montant équivalent à celui de l'indemnité de licenciement qui serait revenue au travailleur en cas de rupture du contrat.

En cas de décès au lieu d'emploi d'un travailleur déplacé, ou d'un membre de sa famille dont le voyage était à la charge de l'employeur, le rapatriement du corps du défunt au lieu de résidence habituelle est à la charge de l'employeur dans les conditions et selon les modalités définies par arrêté du ministre chargé du travail (art. L. 161 C. trav). À titre de participation aux frais funéraires, l'employeur est également tenu de verser aux ayants droit une somme correspondant à un mois de salaire minimum de la catégorie du travailleur.

Les sommes susmentionnées sont versées aux héritiers du travailleur. Ils doivent, à cet effet, présenter un jugement d'hérédité. L'employeur peut aussi verser valablement ces sommes au notaire chargé de la succession.

B. /Le décès de l'employeur

Le décès de l'employeur n'entraîne pas automatiquement la rupture du contrat de travail. Les contrats de travail en cours au jour du décès de l'employeur sont transmis aux héritiers (art. L. 66 C. trav.). Dans ce cas, deux hypothèses peuvent se présenter : la poursuite des rapports de travail (**1**) ou la fin de l'existence de l'entreprise (**2**).

1. La poursuite des relations de travail

Contrairement à ce qui se passe lors du décès de salarié, celui de l'employeur ne met pas fin aux rapports de travail, car les contrats de travail sont transmis aux héritiers de l'employeur. Les héritiers devront poursuivre les contrats de travail avec les salariés de l'entreprise.

Tous les droits et obligations qui découlent du contrat de travail sont repris, et en particulier le décompte des années d'ancienneté. Lorsqu'il y a plus d'un héritier, le contrat passe d'abord à la communauté d'héritiers, puis éventuellement aux héritiers pris individuellement. En effet, il existe un moyen d'échapper à la succession en y renonçant.

2. La fin de l'existence de l'entreprise

Le décès de l'employeur peut mettre fin à l'existence de l'entreprise. Il en est ainsi souvent lorsque l'employeur est une personne physique. Dans ce cas, les héritiers de l'employeur seront tenus vis-à-vis des salariés d'une indemnité d'un montant équivalent à celui de l'indemnité de licenciement qui serait revenue au travailleur en cas de rupture du contrat.

SECTION 2 : LES RUPTURES VOLONTAIRES

Le contrat de travail peut être rompu par manifestation de volonté unilatérale de l'une des parties, notamment en cas de résiliation judiciaire (**§ 1**) ou à la suite d'un commun accord (**§ 2**).

§ 1 – La résiliation judiciaire

La partie qui veut rompre le contrat peut demander au juge de prononcer la fin des relations contractuelles parce que l'une des parties n'exécute pas ses obligations. Cette rupture trouve son fondement dans l'application de l'article 105 du code des obligations civiles et commerciales du Sénégal. Il convient de déterminer les conditions (**A**) et les effets (**B**) de la résiliation judiciaire.

A. /Les conditions de la résiliation judiciaire

En cas de manquement grave d'une partie dans l'exécution de ses obligations, aussi bien l'employeur comme l'employé ont le pouvoir de demander en justice la résiliation du contrat. La résiliation judiciaire ne peut intervenir que si le contrat de travail est en cours d'exécution. Si le contrat de travail a été déjà rompu, l'action en résolution est impossible.

Ensuite, l'action en résolution judiciaire doit avoir pour fondement un manquement aux obligations contractuelles. Ainsi, lorsque l'une des parties au contrat n'exécute pas ses obligations, l'autre partie peut demander au juge la résiliation du contrat de travail. C'est le cas, par exemple, du salarié non payé depuis plusieurs mois qui saisit le juge pour faire payer sa rémunération en demandant la résiliation du contrat de travail.

La résiliation judiciaire du contrat de travail est une procédure très peu utilisée. On peut d'ailleurs s'interroger sur l'intérêt de recourir à l'action en résolution judiciaire pour mettre fin au contrat de travail. Cette interrogation est d'autant plus légitime dans la mesure où le Code du travail offre aussi bien à l'employeur qu'au salarié plusieurs possibilités pour mettre fin au contrat de travail, sans avoir recours à un juge.

Sur cette question, la Cour de cassation française, dans un arrêt du 13 mars 2001, a franchi une étape décisive dans l'affirmation de l'autonomie du droit du travail vis-à-vis du droit civil.[385] Elle a affirmé que : « l'employeur, qui dispose du droit de résilier unilatéralement un contrat de travail à durée indéterminée par la voie du licenciement en respectant les garanties légales, n'est pas recevable, hors les cas où la loi en dispose autrement, à demander la résiliation judiciaire dudit contrat »

B. /Les effets de la résiliation judiciaire

La résiliation judiciaire d'un contrat de travail ne produit d'effet que pour l'avenir. En raison de la particularité du contrat de travail qui est un contrat à exécution successive, il aurait été peu évidemment d'annuler les prestations livrées par le travailleur et la rémunération payée en contrepartie.

La date de la résiliation du contrat de travail ne peut être fixée qu'au jour de la décision qui la prononce dès lors que le contrat n'a pas été rompu avant cette date. Si la rupture du contrat de travail intervient avant la décision du tribunal, la poursuite de la procédure devient sans objet tout au moins pour la période suivant cette rupture.

Il revient au juge d'identifier l'auteur de la rupture et déterminer le montant des indemnités. En principe, comme aucune des deux parties n'a rompu le contrat de travail, il ne peut y avoir d'indemnité compensatoire de préavis, mais bien une indemnité compensant le dommage moral et/ou matériel éprouvé par l'employeur ou le travailleur.

§ 2 – L'accord amiable de rupture

L'accord amiable de rupture est également connu sous le nom de résiliation amiable, rupture négociée ou départ

---

[385] Christophe RADE, « Feu la résolution judiciaire du contrat de travail. Cass. soc., 13 mars 2001, *Mulin c./ Société MFI Créations* », Dr. soc., 2001, p. 264.

volontaire. Il représente l'hypothèse dans laquelle les deux (2) parties décident de mettre un terme à leurs relations professionnelles. Il convient de préciser les conditions de validité de la résiliation amiable (**A**), avant d'analyser ses conséquences (**B**).

A. /Les conditions de validité de l'accord amiable de rupture

L'accord amiable de rupture organise d'un commun accord entre des parties les conditions de cessation de leurs relations professionnelles, prévoyant la révocation des contrats par voie de consentement mutuel. Le Code du travail a expressément consacré deux types de ruptures amiables : la rupture du contrat de travail à durée déterminée (**1**) et la rupture du contrat de travail à durée indéterminée (**2**).

1. Les conditions de rupture du contrat de travail à durée déterminée

L'employeur et le salarié peuvent mettre fin à tout moment au contrat à durée déterminée d'un commun accord. La rupture amiable doit être caractérisée par une volonté claire et non équivoque des parties de mettre un terme au contrat de travail à durée déterminée.

Aux termes de l'article L. 48 du Code du travail, l'accord de rupture amiable doit être constaté par écrit. Par conséquent, la signature d'un reçu pour solde de tout compte ou l'acceptation d'un certificat de travail ne suffisent pas à caractériser une rupture d'un commun accord d'un contrat de travail à durée déterminée. De même, la signature d'un contrat de travail à durée déterminée entre les parties déjà liées par un contrat de travail à durée indéterminée ne constitue pas un accord amiable de rupture du contrat de travail à durée indéterminée.[336]

[386] C.S. Sénégal, ch. soc., 27 février 2008, n° 11, *Guéby Toussaint DALLY c./ La Société Nattes Industries*, Bulletin des arrêts de la Cour suprême du Sénégal.

2. Les conditions de la rupture du contrat du travail à durée indéterminée

La rupture amiable permet de mettre fin au contrat de travail à durée indéterminée, en dehors des procédures légales de démission ou de licenciement. À cet effet, l'article L. 64 du Code du travail prévoit expressément que le protocole amiable de départ librement et loyalement négocié entre l'employeur et le salarié dispense du respect de la procédure prévue pour les licenciements pour motif économique.

La signature du protocole amiable de départ suppose naturellement le consentement libre et entier des deux parties. La procédure mise en place doit donc protéger la liberté du salarié. Le choix de ce dernier ne doit pas être guidé par une contrainte exercée par l'employeur. Ce dernier doit informer l'inspecteur du travail du protocole obtenu.[387] Une Cour d'Appel qui a entériné le protocole d'accord signé entre les parties pour mettre fin à leur différend ne peut plus accepter d'homologuer les décomptes produits par quelques travailleurs parmi ceux ayant signé ledit protocole.[388] Il faut en effet éviter une contrariété de jugement.

B. /Les effets de l'accord amiable de rupture

Les effets varient suivant qu'il s'agit de la rupture d'un contrat à durée déterminée (**1**) ou d'un contrat de travail à durée indéterminée (**2**).

1. Les effets de la rupture du contrat de travail à durée déterminée

La rupture d'un commun accord du contrat à durée déterminée a pour seul objet de mettre fin aux relations des

---

[387] C.S. Sénégal, ch. soc., 2 février 2013, n° 6, *Ndèye Coumba NIANG c./ Aly MEROUEH*, Bulletin des arrêts de la Cour suprême du Sénégal : « Selon l'article L. 64 du code du travail, la rupture à l'amiable d'un contrat à durée indéterminée ne peut intervenir que dans le cadre d'un protocole de départ librement et loyalement négocié, l'employeur étant tenu d'informer l'inspecteur du travail et de la sécurité sociale du protocole intervenu. » Voir également C.S. Sénégal, ch. soc., 11 décembre 2013, n° 53, *IPRES c./ Magatte DIOP et autres*, Bulletin des arrêts de la Cour suprême du Sénégal.

[388] Cass. soc., 22 mars 2006, n° 16, *SAPROLAIT c./ Pascal DIEDHIOU et 11 autres*, Bulletin des arrêts de la Cour de cassation du Sénégal.

parties. C'est en cela que l'accord amiable de rupture se distingue de la transaction qui intervient après la rupture du contrat de travail.

La transaction a pour objet de mettre fin à un litige résultant de la rupture du contrat de travail, et ne peut être valablement conclue qu'une fois que la rupture intervenue est définitive.[389] Or, l'accord amiable de rupture est concomitant à la rupture.

L'accord amiable de rupture ne peut avoir pour effet, peu importe les termes de l'accord, de priver le salarié des droits nés de l'exécution du contrat de travail. Par conséquent, l'accord signé dans le cadre d'une rupture négociée n'exclut pas que le salarié puisse intenter une action contre son employeur, mais surtout, il ne doit pas masquer une renonciation anticipée du salarié à un droit né de l'exécution de son contrat de travail.

Le salarié a droit à l'indemnité de fin de contrat prévue en cas de rupture du contrat de travail à durée déterminée, correspondant à 7 % de la rémunération totale brute perçue avant la durée du contrat. Cette indemnité n'est pas due lorsque l'initiative de la rupture provient du salarié.

2. Les effets de la rupture du contrat de travail à durée indéterminée

La résiliation conventionnelle est bien un mode de rupture spécifique du contrat de travail. À cet effet, les règles du droit du licenciement ne doivent pas s'appliquer directement, comme le prévoit l'article L. 64 du Code du travail.

C'est généralement à partir du contenu des accords que l'on détermine la nature juridique de la rupture en cause. Et c'est à partir de cette qualification que l'on saura également la nature des indemnités éventuelles à payer par l'employeur. Cette indemnité est différente selon que l'accord tend vers un licenciement ou vers une démission.

Le plus souvent, ce que veut l'employeur, c'est d'obtenir une rupture sans délai du contrat par entente directe avec l'intéressé, sans observation des formalités et de procédures de contrôle imposées en cas de licenciement. Il est alors prêt à consentir au travailleur des avantages suffisants pour l'inciter à accepter la rupture.

---

[389] Voir article 756 et s. du code des obligations civiles et commerciales du Sénégal.

Dans tous les cas, l'indemnité de rupture amiable doit être librement négociée entre le salarié et son employeur. Ce qui peut aboutir à une indemnité dont le montant peut s'avérer financièrement intéressant.

DEUXIÈME PARTIE

LES RELATIONS COLLECTIVES DU TRAVAIL

Le droit des relations collectives regroupe les règles qui organisent la vie de la collectivité des travailleurs dans l'entreprise et au-delà. Il s'est particulièrement transformé par l'effet des relations collectives. La notion d'entreprise a elle-même évolué, car l'entreprise n'est plus considérée comme la propriété exclusive de son chef, mais comme un lieu de convergence d'intérêts opposés et parfois complémentaires.

Dans le cadre de l'entreprise, le droit du travail a doté les salariés d'une organisation institutionnelle qui joue le rôle de porte-parole de ces derniers auprès de l'employeur, c'est l'institution des délégués du personnel. Les organisations syndicales de travailleurs et d'employeurs sont constituées, traditionnellement, dans le cadre de la branche professionnelle. C'est dans ce cadre qu'elles négocient et concluent les conventions collectives.

Par le biais de la négociation collective, les partenaires sociaux obtiennent une amélioration des garanties et avantages issus du Code du travail. Ils jouent un rôle essentiel dans la production des normes sociales, au regard de la place de plus en plus importante qu'occupent les conventions collectives dans les sources du droit du travail.

Le régime des relations collectives offre également un moyen aux salariés de résister licitement au pouvoir de direction de l'employeur. Ils peuvent en effet exercer la pression sur ce dernier en recourant à la grève.

Sous ce rapport, les relations collectives peuvent être saisies à travers trois aspects. Un premier aspect est consacré à la représentation collective (**titre 1**), un second aux conflits collectifs (**titre 2**) que peuvent générer les rapports collectifs, il s'agit de la grève et du lock-out, et un troisième à la négociation collective (**titre 3**).

TITRE 1

LA REPRÉSENTATION COLLECTIVE

Le droit du travail a institué la présence de certains acteurs dans le monde du travail pour une meilleure défense des intérêts aussi bien des travailleurs que de l'employeur. Il y a d'abord les syndicats professionnels dont l'objet est précisément de défendre les intérêts professionnels des personnes visées par leurs statuts.

On trouve les syndicats aussi bien à l'intérieur qu'à l'extérieur de l'entreprise. Ils sont susceptibles d'être implantés dans l'ensemble des espaces géographiques et professionnels dans lesquels employeurs et salariés se rencontrent.

À côté des syndicats professionnels, il y a les délégués du personnel dont la présence est rendue obligatoire dans l'entreprise, pour qu'ils représentent les salariés, et qu'ils soient leur porte-parole auprès de la direction. La représentation des travailleurs au sein de l'entreprise est essentielle pour améliorer la gouvernance d'entreprise.

Ainsi, les droits des salariés sont principalement défendus dans les entreprises par les syndicats professionnels (**chapitre 1**) et les délégués du personnel qui sont la cheville ouvrière de la représentation du personnel dans l'entreprise (**chapitre 2**).

CHAPITRE 1 : LES SYNDICATS PROFESSIONNELS

Le syndicat est un groupement doté de la personnalité juridique et dont l'objet est la défense et la représentation des intérêts de la profession et des membres qui le composent. La notion de syndicalisme est plus vaste. Elle désigne le mouvement syndical, le fait social que représentent l'existence et l'action des syndicats de travailleurs. L'expression « mouvement syndical » signifie que le syndicalisme comporte un élément stable et un élément changeant.

Dans le langage courant, on a tendance à réserver l'expression « syndicat » aux organisations professionnelles de travailleurs. Or, les groupements d'employeurs peuvent aussi s'organiser sous la forme syndicale. L'activité des syndicats est reconnue et encadrée par le droit syndical. Ainsi, une bonne compréhension du mouvement syndical implique de présenter les bases du droit syndical (**section 1**) et d'exposer l'action syndicale (**section 2**).

SECTION 1 : LES BASES DU DROIT SYNDICAL

Le doit syndical revêt une valeur constitutionnelle. En effet, la Constitution proclame le respect et la garantie intangible des libertés syndicales et la possibilité du travailleur d'adhérer à un syndicat et de défendre ses droits par l'action syndicale.[390] Pour une meilleure appréhension de ce droit, il importe de rappeler, d'une part, les repères historiques du mouvement syndical (**§ 1**) et, d'autre part, de présenter la liberté syndicale (**§ 2**), qui est la pierre angulaire sur laquelle repose le syndicat.

§ 1 – L'évolution du mouvement syndical

Le mouvement syndical, qui a revêtu des modalités différentes selon les temps et les lieux, a subi un parcours

[390] Cf. préambule de la Constitution du Sénégal ainsi que ses articles 8 et 25

tumultueux et très riche en rebondissements.[391] L'évolution du mouvement syndical au Sénégal est marquée par deux étapes principales : la conquête du droit syndical avant l'indépendance (**A**) et la consécration du droit syndical après l'indépendance (**B**).

A. /La conquête du droit syndical

Le Sénégal a joué un rôle important dans l'émergence du mouvement syndical en Afrique noire francophone. La reconnaissance des syndicats (**1**) a permis l'affirmation progressive du mouvement syndical (**2**).

1. La reconnaissance des syndicats

L'empreinte du passé colonial sur la plupart des institutions africaines ne fera pas exception dans le monde syndical. L'année 1920 verra l'introduction dans les colonies de la loi WALDECK–ROUSSEAU de 1884, relative à la liberté syndicale.

Cette loi, bien que déclarée applicable aux colonies, ne fut ni promulguée ni appliquée dans ces zones, le syndicalisme étant incompatible avec le travail forcé. Il s'y ajoute que les travailleurs africains ne pouvaient se regrouper en association de plus de vingt personnes sans autorisation administrative. La violation de cette règle était, en effet, constitutive du délit de coalition.

---

[391] Voir not. J. MEYNAUD et A. SALAH-BEY, *Le syndicalisme africain*, Paris, Payot, 1963. – P. GONIDEC, « L'évolution du syndicalisme en Afrique noire », Rec. Pen., 1962, p. 167 et s. – ESPERET, « L'évolution du syndicalisme en Afrique Noire », Dr. soc., 1958, p.149 et s. –A. SALAH-BEY, *L'organisation international du travail et le syndicat mondial (1945-1960)*, 1963, p. 243 et s. – BRUN, « Vers l'unité syndicale au Sénégal. Les étapes de l'évolution et la nouvelle procédure du règlement des conflits collectifs. », Afrique Documents, Dakar, 1964, n° 75, p. 95. – LECOMTE, « Etapes du syndicalisme africain », Rev. Act. Pop., 1965, p. 575. – L. BOVY, « Le mouvement syndical en Afrique d'expression française », Rec. Pen., 1964, p. 383. – Jean AUGER, *Syndicalisme des autres*, Paris, Ed. Ouvrières, 1980, pp.193, 195 et 233. – A. NOVEMBER, *L'évolution du mouvement syndical en Afrique Occidentale*, Paris, Mouton, La HAYE, 1965. – Iba Der THIAM, *Histoire du mouvement syndical Africain 1790-1929*, Paris, Ed. l'Harmattan, 1993. – Oumar GUEYE, *L'évolution du mouvement syndical au Sénégal, de la veille de la Seconde Guerre Mondiale au vote du Code du travail en 1952*, Thèse de 3ème cycle en Histoire, UCAD, FLSH, 13 jan. 2001.

Il faudra attendre plus d'un demi-siècle pour voir, sous l'influence des idées marxistes, le décret du 11 mars 1937[392] autoriser « l'établissement » des syndicats dans les colonies pour les sujets français locaux. Mais le droit d'affiliation à ces syndicats n'était reconnu qu'aux travailleurs sachant lire, écrire et parler français, bref à ceux qui étaient détenteurs d'un Certificat d'Études Primaires Élémentaires. Ce qui avait pour inconvénient de marginaliser une importante franche de la population « syndicalisable » et de réduire du même coup le poids du syndicalisme.

Dès l'application de ce décret, cinq (05) organisations syndicales furent statutairement créées. Il s'agissait des syndicats suivants :

- Syndicat des Travailleurs des Entreprises du Bâtiment et des Travaux Publics ;
- Syndicat des Travailleurs des Industries de la Métallurgie ;
- Syndicat des Employés du Commerce et Banques (EMCIBAN) ;
- Syndicat des Travailleurs de la Marine Marchande ;
- Syndicat des Travailleurs des Chemins de Fer.

Après ces créations, les employés du commerce et des banques ont entamé la négociation d'une Convention Collective, la première du Sénégal, signée le 1er septembre 1938.

De mai 1937 à novembre 1937, quarante-deux (42) syndicats professionnels ont été constitués. Parmi ceux-ci, on peut citer le Syndicat des Enseignants Africains. En 1938, on assiste à la formation de l'Union des Syndicats de la Circonscription de Dakar et Dépendances.

Le 28 septembre 1938, les travailleurs des Chemins de Fer déclenchent une grève pour obtenir l'amélioration de leurs conditions de vie. Au cours de la même année, les travailleurs de l'entreprise du Port de Dakar déclenchent en décembre 1938 un mouvement de grève pour obtenir de meilleures conditions de travail.

La deuxième guerre mondiale de 1939 –1945 vint marquer un temps d'arrêt dans le développement de ce syndicalisme naissant. Du fait de la Seconde Guerre mondiale, les activités politiques et syndicales étaient suspendues en France et dans les colonies.

---

392 Promulgué par Arrêté général du 9 avril 1937, JO de l'Afrique Occidentale Française, 1937, p. 498.

2. L'affirmation du mouvement syndical

Le syndicalisme connaît un nouvel essor dans les colonies au lendemain de la Seconde Guerre mondiale. En effet, la Conférence de Brazzaville tenue du 30 janvier au 8 février 1944 préconise d'autoriser tous les habitants des colonies françaises à s'organiser en partis politiques et en syndicats. La France promet alors une révision du régime colonial. Le 10 mai de la même année, dans la déclaration de Philadelphie, l'Organisation Internationale du Travail demande que ses principes sur le tripartisme, sur la liberté syndicale, etc., soient appliqués aussi bien dans les pays dépendants que dans les pays indépendants.

Deux jours plus tard, l'OIT adopte la recommandation concernant les normes minima de la politique sociale dans les territoires dépendants. Le 7 août suivant, la France sous la pression de l'environnement juridique international et interne adopte le décret instituant le droit et la liberté d'association en faveur de la masse des Africains encore soumis au statut juridique de l'indigénat et appelés pour cela « sujets français ». Ce décret est promulgué en Afrique-Occidentale Française le 16 septembre 1944.[393]

Aux termes de ce décret, les leaders syndicaux devraient être titulaires du Certificat d'Études Primaires et Élémentaires. Mais désormais, tous les Africains, quel que soit leur niveau d'instruction, pouvaient se syndiquer.

Il faudra attendre 1952, pour que naisse un droit syndical intégral dû aux bouleversements consécutifs à la Deuxième Guerre mondiale. La métropole avait dès lors des difficultés pour justifier la domination, d'autant plus qu'elle-même avait lutté contre le nazisme et le fascisme. Et c'est précisément à partir de ce moment qu'elle a fait des concessions aux Africains. Parmi ces concessions, il faut retenir la loi du 15 décembre 1952 instituant le Code de travail d'Outre-Mer qui a supprimé toutes les restrictions du décret du 7 août 1944. Cette loi a été votée à la suite de la grève générale décrétée par les syndicats dans toute l'Afrique-Occidentale Française le 3 novembre 1952.

À la faveur de ce mouvement législatif, le syndicalisme commença à se développer. En 1956, l'on compte 908 syndicats

393 Arrêté n° 2599 AP, 16 septembre 1944, JO AOF du 23 septembre 1944

en AOF pour 18 393 syndiqués contre 507 syndicats pour 7 000 syndiqués en Afrique-Équatoriale Française.[394]

À travers les organisations professionnelles et syndicales, le monde du travail a joué un rôle de premier plan dans la conquête de la souveraineté nationale et internationale des pays d'Afrique noire. Pour les besoins de revendication de cette souveraineté, du 16 au 19 janvier 1957, une conférence syndicale réunît, à Cotonou, l'ensemble des organisations syndicales de l'Afrique occidentale et centrale d'expression française. Elle avait pour but la réalisation de l'unité qui devait permettre d'engager plus positivement les masses ouvrières dans la lutte générale des peuples africains pour leur émancipation.

À l'issue de cette conférence, naquît l'Union Générale des Travailleurs d'Afrique Noire (UGTAN), qui lança le mot d'ordre du NON au référendum d'auto-détermination organisé par la France le 28 septembre 1958. Mais le non-respect du NON (à l'exception de la Guinée) scella la division de l'UGTAN et du mouvement syndical en Afrique noire d'expression française.

B. /Le mouvement syndical après l'indépendance

Trois étapes jalonnent cette période : la période de 1960 à 1980 (**1**), la période de 1981 à 2000 (**2**) et la période post-alternance à nos jours (**3**).

1. La période de 1960 à 1980

Ayant joué un rôle important dans la lutte pour les indépendances africaines, en étroite collaboration avec les partis politiques, les syndicats pensaient que l'indépendance allait non seulement leur garantir plus de libertés dans l'action syndicale, mais aussi promouvoir le développement et, par là même, l'amélioration des conditions de vie et de travail de leurs adhérents. C'est pour cette raison même qu'ils ont manifesté beaucoup d'intérêts et de disponibilité pour participer au développement économique et social des jeunes pays indépendants.

Cependant, une fois les indépendances acquises, les leaders politiques ont montré une certaine méfiance à l'égard des

---

[394] P.-F. GONIDEC et M. KIRSCH, *Droit du travail des territoires d'Outre-Mer*, Paris 1958, n° 370 et s.

syndicats qui, à leurs yeux, commençaient à être trop revendicatifs. Au Sénégal, le président Senghor demanda au mouvement syndical de se « reconvertir » et de « revenir à son rôle naturel qui est, avant tout de défendre le pouvoir d'achat de ses membres. En avril 1967, tous les syndicats fusionnèrent sous le nom de l'Union Nationale des Travailleurs du Sénégal (UNTS).[395]

En fait, les gouvernements africains, qu'ils soient civils ou militaires, n'ont pas accordé suffisamment d'espace pour permettre une participation indépendante et démocratique des syndicats dans la conception et la mise en œuvre des programmes de développement économique et social. Lorsqu'ils ont accepté de les associer, c'était dans le cadre d'une pseudo politique de « participation responsable » qui les réduisait au rôle d'appendice du pouvoir, une sorte de courroie de transmission auprès des travailleurs. C'est le cas de la Confédération Nationale des Travailleurs du Sénégal (CNTS) qui, créée sur les flancs de l'UNTS, était intégrée au Parti Socialiste.

Pour éviter d'être isolés, interdits ou durement réprimés, pour simplement survivre, les syndicats ont souvent accepté de jouer ce rôle en espérant trouver une marge de manœuvre qui leur assure un minimum d'autonomie et de crédibilité auprès des travailleurs. Malgré ce handicap, la combativité des syndicats ne s'est jamais démentie. Le gouvernement n'a pas pu réduire totalement au silence le mouvement syndical ni contrôler l'ensemble des structures syndicales comme il l'aurait voulu. Si les instances supérieures des syndicats étaient plus ou moins contrôlées par les gouvernements, les structures intermédiaires et surtout les bases syndicales jouissaient souvent de plus d'autonomie. C'est dans ce contexte que le syndicalisme autonome refit surface en 1976. L'intégration de la CNTS au Parti Socialiste fut remplacée en 1977 par sa seule affiliation.

---

[395] Au Sénégal, tout travailleur membre du Parti socialiste devait obligatoirement adhérer à l'UNTS. De même, un membre de l'UNTS ne pouvait adhérer à un autre parti.

2. La période de 1981 à l'alternance de 2000

Au début des années 80, on a assisté à une pression de la base syndicale pour remettre en cause les relations entre les centrales syndicales et les gouvernements. Ces relations étaient jugées trop défavorables aux travailleurs. La trop grande dépendance des syndicats par rapport à l'État, tant dans leur organisation que dans leur fonctionnement, a fini par exaspérer les travailleurs. Ceux-ci continuaient à voir leur niveau de vie et leurs emplois menacés malgré une prétendue participation des syndicats aux prises de décisions.

Bousculés par la base, les syndicats se sentaient de plus en plus à l'étroit et ont logiquement cherché à recouvrer leur indépendance et une certaine autonomie vis-à-vis du parti au pouvoir. C'est au cours de cette période qu'on assiste à la constitution de plusieurs syndicats autonomes, notamment dans les domaines de l'électricité, de la santé, de la justice. Mais, il faudra attendre 1990 pour voir la création de la première centrale syndicale autonome[396] et 1997 pour la seconde[397].

C'est précisément à partir de cette période que le mouvement syndical prendra tout son essor. L'action des syndicats a eu lieu dans un contexte propice et a souvent été suivie d'effets considérables. Ils ont été en mesure d'organiser des grèves motivées par la défense des intérêts des travailleurs, mais aussi par des motifs d'ordre politique. La grève générale de juin 1999, la troisième de l'histoire du Sénégal, suivie très massivement, a montré, dans un contexte économique déprimé, la force de mobilisation des travailleurs, qui ont obtenu un certain nombre de concessions du gouvernement.

3. La période post-alternance (2000 à nos jours)

L'alternance politique intervenue au Sénégal en 2000 n'a pas manqué d'impacter le mouvement syndical. Au lendemain de l'alternance, Abdoulaye Wade, nouvellement élu Président de la République, pose un acte fort dans le sens de l'extension et de

---

396 Union Nationale des Syndicats Autonomes du Sénégal (UNSAS)

397 La Confédération des Syndicats Autonomes du Sénégal (CSA) est créée en 1997, avec comme crédo l'autonomie et l'indépendance syndicale vis-à-vis des partis politique, du Gouvernement et de tout groupe de pression.

la consolidation des droits et libertés, en constitutionnalisant le droit de manifester.

Toutefois, l'alternance va accélérer la perte d'influence du mouvement syndical, représenté notamment par la CNTS, de plus en plus combattue par les syndicats autonomes. À l'issue de son congrès de novembre 2001, on assiste à une scission au sein de la CNTS avec la création en janvier 2002 de la CNTS-FC.[398] Au cours de ce congrès, la CNTS s'est désaffiliée au Parti Socialiste, mettant ainsi fin à la participation responsable.

L'émiettement est en train d'affaiblir le mouvement syndical. On assiste à une croissance exponentielle des organisations syndicales, voire des centrales syndicales. Le mouvement syndical fait face à une querelle de leadership qui mine son efficacité.[399] Pour une meilleure défense des intérêts des travailleurs, l'unité syndicale est devenue un impératif dans un monde en pleines mutations.

§ 2 – La liberté syndicale

La liberté syndicale est la pierre angulaire sur laquelle repose le syndicat. Elle se trouve inscrite dans les traités internationaux ratifiés par le Sénégal, notamment dans la Convention n° 87 de l'OIT. Aux termes de la Convention n° 87 de 1948 de l'OIT, « les organisations syndicales ont le droit d'élaborer leurs règlements et statuts, d'élire librement leurs représentants, d'organiser leur gestion et leurs activités et de formuler leur programme d'action ». La liberté syndicale a deux aspects : un aspect individuel (**A**) et un aspect collectif (**B**).

A. /L'aspect individuel de la liberté syndicale

La liberté individuelle consiste pour tout individu, d'avoir la faculté d'adhérer ou de ne pas adhérer à un syndicat (**1**). C'est aussi la faculté d'adhérer au syndicat de son choix (**2**).

---

398 Confédération Nationale des Travailleurs du Sénégal-Force du Changement.

399 Alioune Badara DIOP, « Sénégal : les mouvements sociaux sous l'alternance », Alternatives Sud, Vol. 17-2010, p. 139.

1. La liberté d'adhésion à un syndicat

L'article L. 29 du Code du travail proscrit toute forme de discrimination entre syndiqués et non-syndiqués, consacrant ainsi le principe de la liberté d'adhésion à un syndicat. Ce principe, souvent menacé par l'employeur, protège le travailleur, aussi bien lors de son embauche que pendant la durée de son contrat, contre toutes les discriminations dont il pourrait être victime en raison de son affiliation syndicale.[400] Une conséquence de cette liberté est que le travailleur n'est pas obligé de révéler son affiliation syndicale, sauf s'il souhaite bénéficier des droits attachés à cette affiliation.

Toute mesure prise par l'employeur contrairement à ces principes sera considérée comme abusive et donnera lieu à des dommages et intérêts. Toutefois, il est parfois difficile d'apporter la preuve que la décision de l'employeur a été dictée par un motif syndical. Par ailleurs, le chef d'entreprise ne devra employer aucun moyen de pression en faveur ou à l'encontre d'une organisation syndicale. L'utilisation d'une marque syndicale en vue d'obtenir l'adhésion des travailleurs à un syndicat déterminé est illégale.

La liberté d'adhésion a également pour corollaire la faculté de se retirer d'un syndicat, nonobstant toute clause contraire et sans avoir à justifier sa décision. Conformément à l'article L. 13 du Code du travail, « Tout membre d'un syndicat professionnel peut s'en retirer à tout instant, nonobstant toute clause contraire, sans préjudice du droit, pour le syndicat, de réclamer la cotisation afférente aux six mois qui suivent le retrait d'adhésion. » Mais, la possibilité pour le syndicat de réclamer la cotisation correspondant aux six mois qui suivent le retrait d'adhésion semble altérer cette liberté. La cotisation étant liée à la qualité de membre, comment réclamer des cotisations à un travailleur qui n'est plus membre du syndicat ? En outre, une telle disposition est de nature à limiter les éventuels retraits.

---

400 Il est interdit à l'employeur de prendre en considération l'appartenance à un syndicat ou l'exercice d'une activité syndicale pour arrêter ses décisions en ce qui concerne notamment l'embauche, la conduite et la répartition du travail, la formation professionnelle, l'avancement, la rémunération et l'octroi d'avantages sociaux, les mesures de discipline et de congédiement.

2. La liberté de choix du syndicat

Le salarié a le droit d'adhérer au syndicat de son choix. Cette adhésion doit se faire librement et sans pression aucune. Ainsi, tout ce qui peut apparaître de la part du syndicat comme une contrainte à se syndiquer va à l'encontre du principe de la liberté syndicale.

Traditionnellement, il existe une pratique considérée comme portant atteinte à la liberté d'adhésion au syndicat de son choix. Cette pratique consiste pour les syndicats de faire inclure dans une convention collective ou un accord d'établissement une clause selon laquelle l'employeur n'engagera que des ouvriers syndiqués. C'est la *clause de sécurité syndicale* plus connue aux États-Unis et en Grande-Bretagne sous le nom de « Closed Shop ». C'est à ce type de clause que se rattache le « contrat de label » qui réserve les avantages obtenus aux seuls membres du syndicat, le syndicat étant au surplus souvent propriétaire de la marque syndicale ou label.

Ces clauses, bien que visant à renforcer la position du syndicat en leur assurant une meilleure implantation parmi les travailleurs, en leur donnant plus de poids face à l'employeur, méconnaissent gravement le principe de l'égalité d'accès à l'emploi. De telles clauses sont donc illicites, car au-delà du fait qu'elles portent atteinte à la liberté syndicale, elles mettent en œuvre des moyens de pression touchant à l'emploi.

La pratique syndicale de « contrat de label » est sanctionnée par le Code du travail. Il s'agit d'une certaine forme de chantage qui consiste pour un syndicat à subordonner l'usage de sa marque par un employeur à l'obligation pour celui-ci de ne conserver ou de ne prendre à son service que les adhérents de ce syndicat. L'article L. 21 précise que de tels accords sont nuls et de nul effet.

B. /L'aspect collectif de la liberté syndicale

L'aspect collectif de la liberté syndicale porte essentiellement sur la liberté de constitution des syndicats (**1**). Cette liberté doit être protégée principalement contre les pouvoirs publics. Chaque étape de la vie du syndicat peut faire l'objet d'atteintes qu'il convient de prévenir. Ainsi, il est interdit de disscudre un syndicat par voie administrative (**2**).

1. La liberté de constitution d'un syndicat

La constitution d'un syndicat obéit au principe de la liberté syndicale[401] et n'exige pas beaucoup de formalités. Cela est valable aussi bien pour la création de syndicats (**a**) que pour la constitution d'unions de syndicats (**b**).

a) La création de syndicats

La création d'un syndicat est soumise à des règles de fond (***a.1***) et de forme (***a.2***) qui doivent être respectées pour que le groupement acquière la personnalité juridique.

a.1 – Les conditions de fond

Les conditions de fond sont relatives à l'objet syndical, à l'exercice d'une profession et aux dirigeants.

- **L'objet syndical**

Les syndicats ont exclusivement pour objet la défense des droits et des intérêts matériels et moraux de leurs membres. Certaines activités leur sont interdites : les activités religieuses, commerciales ainsi que les activités politiques. Les syndicats se trouvent de ce fait soumis au *principe de spécialité* qui conditionne leur validité. Ils sont limités dans leur action par la spécialité qui fait leur raison d'être. Ils exercent un objet strictement et spécifiquement professionnel.

Ainsi, il est interdit aux syndicats d'avoir une activité religieuse, politique ou commerciale. Les syndicats ne doivent pas s'occuper des questions religieuses, car elles sont étrangères aux intérêts de la profession. Est donc prohibée la création, sous le nom de syndicat, d'associations à but religieux. Tel n'est pas le cas des syndicats chrétiens, qui peuvent s'inspirer dans leur action professionnelle, de la doctrine sociale de l'église.

---

[401] Un groupe de professionnels qui veut former un syndicat peut se heurter au refus des pouvoirs publics de délivrer le récépissé marquant la reconnaissance du groupement sur le plan juridique. Outre cette forme d'atteinte, il existe une autre forme d'atteinte à la liberté de constitution du syndicat qui consiste à la création par l'employeur dans le cadre de l'entreprise de « syndicat – maison ».

Si un syndicat ne peut se constituer pour défendre une plate-forme politique, l'on ne peut lui interdire l'usage de moyens politiques à des fins professionnelles. Ainsi, on reconnaît aux syndicats le droit de prendre position sur des problèmes économiques et politiques.

Enfin, les syndicats ne peuvent poursuivre un but commercial. Toutefois, ils peuvent faire des actes de commerce – acheter pour louer, acheter pour prêter – à condition de ne pas distribuer le bénéfice à leurs membres (art. L. 19 C. trav.).

L'interdiction de toute activité commerciale aux syndicats repose sur *deux nécessités*. D'une part, il s'agit de *soustraire l'action syndicale à l'esprit de lucre ainsi qu'aux aléas des entreprises commerciales*. D'autre part, il s'agit d'*éviter que la forme syndicale soit un moyen de faire du commerce en échappant aux règles sur les sociétés.*

- **L'exercice d'une profession**

Aux termes de l'article L. 7 du Code du travail, le syndicat est constitué dans un cadre professionnel bien déterminé. Les créateurs du syndicat doivent exercer la même profession des métiers similaires ou des professions connexes. La profession peut être industrielle, commerciale, agricole ou libérale.

Les professions peuvent être identiques. Il en est ainsi lorsque les personnes concernées exercent la même profession, le même type d'activité. Exemple : boulangers, mécaniciens, menuisiers, etc. Les professions peuvent être similaires. La similitude est établie par la nature du travail. Exemple : boulanger et pâtissier, menuisier et ébéniste, bouchers et charcutiers, etc. Les professions peuvent être connexes. C'est le cas lorsque les professions concernées concourent à la fabrication d'un même produit – téléviseur, livre, etc. – ou relevant d'une même industrie – automobile, métallurgie, etc. Il en est ainsi même si ces professions exercent des activités différentes.

- **Les dirigeants syndicaux**

La direction du syndicat doit appartenir à des nationaux. Ils doivent avoir en outre leur domicile légal au Sénégal et jouir de tous leurs droits civils et civiques. Cependant, les nationaux d'autres pays peuvent également occuper des postes de responsabilité dans les syndicats s'ils sont domiciliés au

Sénégal depuis au moins cinq ans et sous réserve des accords de réciprocité. Pour être adhérant au syndicat, il faut, non seulement, exercer une activité professionnelle, mais il faut aussi avoir l'âge minimum de 16 ans.

La faculté pour tout travailleur de faire partie du syndicat ou d'un syndicat de son choix est particulièrement vraie pour les femmes mariées exerçant une profession ou un métier. Elles peuvent adhérer à un syndicat de leur choix, y occuper des postes de responsabilité sans l'autorisation de leur mari.

a.2 – Les conditions de forme

Les syndicats peuvent se constituer librement, sans autorisation préalable. Les formalités constitutives répondent à un souci d'information destiné à permettre de vérifier la légalité et l'identité du groupement. Ces formalités qui se caractérisent par leur simplicité ont trait à l'élaboration des statuts et aux formalités de dépôt.

- **L'élaboration des statuts**

Dans la pratique, les membres fondateurs doivent convoquer un congrès constitutif afin d'établir les *statuts* et la *liste des personnes* qui sont chargées de l'administration ou de la direction du syndicat. En application de l'article L. 8 du Code du travail, il est indiqué pour chacune de ces personnes, ses prénoms, nom, filiation, date et lieu de naissance, de même que son origine professionnelle.

Les statuts ainsi que la liste des personnes chargées de l'administration ou de la direction du syndicat doivent être établis séparément, en triple exemplaire et déposés contre accusé de réception à l'inspection régionale du travail et de la sécurité sociale qui représente l'inspection du ressort. Les modifications apportées aux statuts ainsi que les changements dans la composition de la direction ou de l'administration doivent être portés à la connaissance des mêmes autorités et dans les mêmes conditions.

Les statuts doivent prévoir le nom et l'objet de l'association, le siège de son établissement, les conditions dans lesquelles se réuniront l'assemblée générale et le conseil d'administration, les noms, adresse, nationalité et profession des membres fondateurs. L'objet de l'association doit être défini avec précision (art. 814 COCC).

- **Les formalités de dépôt**

Les fondateurs doivent déposer trois exemplaires des statuts auprès de l'inspecteur du travail, accompagnés de toutes les coordonnées utiles notamment celles relatives aux dirigeants, au siège du syndicat ou à sa raison sociale. L'inspecteur du travail doit ensuite transmettre un exemplaire des statuts au procureur de la République, au ministre du Travail et au ministre de l'Intérieur. Il transmet en même temps un rapport d'enquête sur les circonstances et les conditions de formation du syndicat (date et lieu du congrès constitutif).

Le procureur de la République effectue un contrôle de légalité et fait ses conclusions au ministre de l'Intérieur, à l'inspecteur du travail, ainsi qu'aux dirigeants du syndicat. Il doit le faire dans un délai de trente jours suivant la date de transmission du dossier par l'inspecteur du travail au procureur de la République.

Le ministre de l'Intérieur, après avis du ministre du Travail, peut soit délivrer un récépissé, soit refuser la délivrance. Mais le ministre ne peut refuser que pour des motifs de légalité, c'est-à-dire en cas d'irrégularité. La délivrance du récépissé vaut la reconnaissance de la personnalité juridique du syndicat qui peut à partir de ce moment exercer toute activité.[402]

L'autorité administrative compétente ne peut refuser l'enregistrement que pour des motifs de légalité, notamment :

- si les statuts ne sont pas conformes aux dispositions de l'article 814 du COCC[403] ;
- si l'objet de l'association est illicite ou s'il résulte de présomptions graves et concordantes que sa constitution est en fait destinée à porter atteinte à l'ordre public ;
- si la liste des personnes chargées de diriger le syndicat n'est pas jointe aux statuts ou ne comporte pas les prénoms, nom, filiation, date et lieu de naissance et profession de ces personnes ;
- si l'association constitue en fait la reconduction d'une autre dissoute par l'autorité judiciaire ou le pouvoir

[402] Art. 8 al. 8 C. trav. ; art. 818 et 819 COCC.

[403] « Est interdite pour l'admission dans l'association, toute discrimination fondée sur la race, le sexe, la religion sauf en ce qui concerne les associations à caractère exclusivement religieux, ou les opinions politiques, sauf en ce qui concerne les partis politiques ou les groupements qui leur sont rattachées ».

exécutif dans les conditions prévues par l'article 816 du COCC.

Le refus d'enregistrement doit être motivé. Ce refus peut faire objet de recours pour excès de pouvoir devant la Cour Suprême.

b) La création d'unions de syndicats

Les syndicats professionnels, régulièrement constitués, peuvent librement se concerter pour l'étude et la défense de leurs intérêts économiques, industriels, commerciaux, agricoles et artisanaux. Ils peuvent se constituer en union sous quelque forme que ce soit. Cette constitution obéit à des conditions de fond (***b.1***) et de forme (***b.2***).

b.1 – Les conditions de fond

Aux termes de l'article L. 24 du Code du travail, les syndicats professionnels, régulièrement constitués, peuvent créer des unions sous quelque forme que ce soit. De ce texte, on peut déduire qu'un travailleur ne peut adhérer individuellement à une union. De même, un syndicat irrégulier ne peut participer à une union.

Le terme d'union, du fait de l'utilisation de l'expression « sous quelque forme que ce soit », recouvre toutes les formes de groupement de syndicats. Dans la pratique, on observe deux types de groupements : les unions interprofessionnelles horizontales, telles que les unions géographiques (locales, départementales ou régionales), et les unions professionnelles verticales, comme les *fédérations*.

Lorsque plusieurs syndicats de professions similaires ou connexes se groupent dans un même cadre professionnel, ils constituent une fédération qui est une structure verticale. Les fédérations et les unions géographiques ou territoriales peuvent se regrouper en *confédérations*. Ainsi, la confédération regroupe, au niveau national, les fédérations professionnelles, les unions territoriales et les syndicats de base. De par leur implantation nationale, les confédérations ont une grande audience, ce qui leur confère un rôle essentiel dans la vie sociale et sociétale.

b.2 – Les conditions de forme

L'article L. 25 du Code du travail soumet les unions de syndicats aux mêmes règles de constitution que celles applicables aux syndicats. Toutefois, les règles relatives à l'identité, la similitude ou la connexité des activités professionnelles exercées par les membres ne sont pas exigées pour la constitution d'une union. L'union peut donc grouper des syndicats relevant de professions différentes.

Les unions de syndicats font connaître le nom et le siège social des syndicats qui les composent. Leurs statuts doivent déterminer les règles selon lesquelles les syndicats adhérents à l'union sont représentés dans les instances de direction et les assemblées générales. Cette disposition est importante pour le bon fonctionnement de l'union, car elle permet d'anticiper le règlement des conflits internes susceptibles de naître entre ses membres. Les unions de syndicats jouissent de tous les droits conférés aux syndicats professionnels.

2. L'interdiction de la dissolution d'un syndicat par voie administrative

La protection de la liberté syndicale contre l'État implique aussi l'interdiction de la dissolution d'un syndicat par voie administrative. Le Code du travail n'interdit pas expressément ce mode de dissolution. Mais, la dissolution par voie administrative du syndicat est une atteinte sérieuse à la liberté de fonctionnement du syndicat en ce qu'elle est incompatible avec la Convention n° 87 de l'OIT. Cette convention interdit ce mode de dissolution en précisant clairement en son article 4 que « les organisations des travailleurs et d'employeurs ne sont pas sujettes à la dissolution ou à suspension par voie administrative ».

Aussi, s'il est admis en droit interne qu'un traité ou une convention régulièrement ratifiée et approuvée a, dès sa publication, une autorité supérieure à celle de la loi, la dissolution par voie administrative ne serait pas possible sur le plan juridique en vertu du respect du principe de la hiérarchie des normes juridiques.[404] Pourtant, le Syndicat des enseignants

[404] La dissolution d'un syndicat peut résulter d'une décision judiciaire (art. 816 COCC), de l'application des statuts dès lors que le groupement avait été formé pour une durée limitée ou d'une décision de l'assemblée générale

sénégalais (SES) a été dissous le 28 mars 1973 par un décret du Président de la République ; dissolution qui fut confirmée par la Cour suprême[405].

Les faits de cet arrêt remontent en 1973. Le tribunal spécial avait condamné trois dirigeants du S.E.S., parmi lesquels le sieur Séga Seck FALL, à 6 mois de prison avec sursis, pour s'être, à Dakar, livrés à des manœuvres et à des actes de nature à compromettre la sécurité publique ou à occasionner des troubles politiques ou à enfreindre les lois du pays.

Par la suite, le Président SENGHOR, alors qu'il était en mission à Rome, prit un décret de dissolution du syndicat en question en application de l'article 1er – 4° de la loi 65-40 du 22 mai 1965 sur les associations séditieuses. Cet article dispose : « Seront dissous par décret les associations ou groupements dont l'activité serait de nature à troubler par tous les moyens illégaux le fonctionnement du régime constitutionnel. ».

Le sieur Séga FALL, alors secrétaire général dudit syndicat, saisit la Cour Suprême d'un recours pour excès de pouvoir à l'effet d'annuler ce décret. Parmi les moyens soulevés par le requérant, seul celui relatif à la violation de la loi retiendra l'attention ici. Ainsi, il prétendait que le décret attaqué violait l'article 4 de la Convention n° 87 de l'OIT qui prohibe la dissolution du syndicat par voie administrative.

En l'espèce, le moyen était irrecevable, déclara la Cour Suprême au motif que la Convention visée, bien que ratifiée par l'ex-Fédération du Mali, n'était pas applicable au Sénégal pour défaut de publication. Jusque-là, il y avait une application correcte de la loi. Mais la Cour Suprême a péché en ajoutant, après avoir écarté ce moyen que « la Convention n° 87 de l'OIT ne saurait, dans ces conditions, prévaloir sur les dispositions de la loi n° 65-40 du 22 mai 1965 à supposer même qu'elle soit appliquée au Sénégal ».

Cette motivation est surprenante. On ne saurait admettre que la Cour Suprême fasse échec au principe de la hiérarchie des normes juridiques pour laisser impunie une illégalité flagrante et manifeste qui porterait atteinte à la liberté syndicale.

En effet, plus qu'une association regroupant des professionnels, le syndicat dès lors qu'il accède à la vie juridique

---

des syndiqués prise à la majorité statutaire ou à défaut de stipulation de majorité, à l'unanimité (art. 816, al. 1er COCC).

[405] C.S. Sénégal, 29 janvier 1975, Penant, 1976, p. 415, note Lapeyre.

devient une véritable institution au sein de l'État. Vouloir l'assimiler, voir le soumettre au régime de dissolution des associations séditieuses serait méconnaître toute l'armature juridique qui sert de bouclier à chaque organisation syndicale. Et c'est précisément l'esprit de la Convention suscité qui voudrait que le destin des organisations syndicales ne soit pas lié aux caprices du Prince (gouvernement).

SECTION 2 : L'EXERCICE DE L'ACTION SYNDICALE

L'action syndicale est prise en considération à plusieurs niveaux. Les pouvoirs reconnus aux syndicats ont été croissants au fur et à mesure que leurs missions s'amplifiaient. Aux tâches d'ordre interne - recrutement régulier d'adhérents, publication de la presse syndicale, etc. - sont venues s'ajouter des tâches extérieures qui se situent au niveau professionnel et interprofessionnel. Les syndicats peuvent agir aussi bien par la voie judiciaire (**§ 2**) que par les voies extra-judiciaires (**§ 1**).

§ 1 – L'action extra-judiciaire des syndicats

Sur le plan extra-judiciaire, certains moyens d'action appartiennent à tous les syndicats (**A**), d'autres sont réservés aux syndicats les plus représentatifs (**B**).

A. /Les moyens d'action communs à tous les syndicats

Le syndicat acquiert la personnalité juridique dès sa création. Il a ainsi la possibilité de mener diverses actions : la négociation collective (**1**), la revendication professionnelle (**2**), l'acquisition des biens (**3**), la perception des cotisations (**4**) et l'information des adhérents (**5**).

1. La négociation collective

La libre négociation des normes professionnelles, c'est-à-dire des conventions collectives, constitue le principal moyen dont disposent les syndicats pour réaliser une amélioration de la condition des travailleurs.[406] Elle correspond à la nature même et au rôle fondamental et traditionnel du syndicat. Non seulement elle a l'avantage de donner aux travailleurs le

[406] Cf. *infra*, deuxième Partie, Titre 3 de la deuxième partie de l'ouvrage

sentiment de la nécessité du syndicat, mais en même temps, elle donne vie et intérêt aux syndicats de base, et permet une large décentralisation de l'action syndicale.

Les syndicats restent généralement, compte tenu de leurs apports, très attachés aux conventions collectives. Ce qui les pousse le plus souvent à prendre une part essentielle, à leur négociation.

Mais, l'ouverture de la négociation des conventions se heurte généralement à des difficultés qui relèvent de la stratégie syndicale ou patronale. Le plus souvent, le patronat adopte une attitude qui s'inspire de la stratégie défensive. Il refuse les demandes syndicales de négociation, ou les laisse traîner.

2. La revendication professionnelle

La revendication professionnelle s'exerce de plusieurs manières. Mais, le droit de grève demeure un mode d'action traditionnel des syndicats. Cependant, il faut noter l'évolution globale à la baisse du nombre de jours de grève ; le droit de grève ayant tendance à s'exercer plus difficilement dans le secteur privé que dans le secteur public.

La grève s'accompagne généralement d'une manifestation destinée à faire connaître à l'opinion les motivations du conflit. Mais des manifestations existent également hors des périodes de grèves (par exemple : défilé traditionnel du 1er mai, au cours duquel les grandes centrales syndicales font connaître leurs revendications majeures).

3. L'acquisition des biens

Les syndicats peuvent affecter une partie de leurs ressources à la création de logements de travailleurs, à l'acquisition de terrains de culture ou de terrains d'éducation physique à l'usage de leurs membres. Ils peuvent créer, administrer ou subventionner des œuvres professionnelles telles que : caisses de solidarité, institutions de prévoyance, laboratoires, champs d'expérience, œuvres d'éducation scientifique, agricole ou sociale, cours et publications intéressant la profession (art. L. 16 et 17 C. trav.). Cette disposition permet de garantir l'indépendance du syndicat.

Les immeubles et objets mobiliers nécessaires à leurs réunions, à leurs bibliothèques et à leurs cours d'instruction professionnelle *sont insaisissables*. Les syndicats peuvent prendre l'initiative de la création de sociétés coopératives de production ou de consommation. Ils peuvent également subventionner ces sociétés.

4. La perception des cotisations

Les ressources financières des syndicats proviennent pour l'essentiel des cotisations versées par leurs membres. Par ailleurs, les syndicats peuvent aussi recevoir des subventions et dons, même si cela prête à discussion.

L'employeur, sur demande écrite et signée du salarié, prélève la cotisation syndicale directement à la source, au profit du syndicat professionnel désigné par le salarié concerné. Le montant de ce prélèvement est aujourd'hui de mille francs CFA par mois.[407] Ces retenues sont reversées par l'employeur dans un compte bancaire ou compte courant postal ouvert au nom du syndicat professionnel désigné par le travailleur, éventuellement au nom de la confédération également. Cette somme est répartie entre le syndicat professionnel à qui revient 60 % du montant des prélèvements et la Confédération syndicale à laquelle il est affilié (40 %).

5. L'information des adhérents

Le syndicat a un droit d'affichage dans l'entreprise (panneaux réservés à cet effet). Il peut diffuser des tracts, distribuer le journal syndical.

L'article 9 de la CCNIS prévoit, dans chaque établissement, la mise à la disposition des organisations syndicales de travailleurs, pour leur communication aux personnels, des panneaux d'affichage munis de grilles ou de vitre et fermés à clé en nombre suffisant. Ces panneaux sont apposés à l'intérieur de l'établissement dans un endroit proche de l'entrée ou de la sortie du personnel ou en tout autre lieu jugé plus favorable d'accord parties. Les clés de ces panneaux sont détenues exclusivement par la direction de l'entreprise.

Les informations diffusées doivent avoir un objet exclusivement professionnel et syndical. Elles sont affichées par

---

407 Arrêté interministériel n° 21699 en date du 26 novembre 2015 abrogeant et remplaçant l'arrêté interministériel n° 6508 du 30 juin 1997 modifiant le plafond de la cotisation syndicale sur les traitements et salaires des travailleurs, JO n° 6928 du samedi 16 avril 2016.

les soins d'un délégué du personnel ou d'un représentant syndical travaillant dans l'entreprise après communication d'un exemplaire à l'employeur.

B. /Les moyens d'action propres aux syndicats représentatifs

La liberté syndicale a engendré un pluralisme syndical qui a conduit les pouvoirs publics à reconnaître qu'il était difficile d'accorder, à tous les syndicats, sans distinction et dans tous les cas, les mêmes prérogatives. C'est ainsi que le législateur accorde aux syndicats les plus représentatifs (**1**) certaines prérogatives (**2**), notamment dans le domaine économique et social.

1. La notion de représentativité

La notion de syndicat représentatif est inséparable de la présence d'une pluralité d'organisations syndicales. Elle est au cœur des questions syndicales. La reconnaissance de la représentativité (**b**) apparaît comme le résultat d'une combinaison de critères (**a**).

a) Les critères de la représentativité

La notion de syndicat le plus représentatif trouve son origine dans le Traité de Versailles du 28 juin 1919, qui a créé l'Organisation Internationale du Travail.[408] Les délégués de travailleurs et d'employeurs à la Conférence internationale du travail devaient être désignés par les gouvernements en accord avec les *organisations professionnelles les plus représentatives.*

---

[408] Article 389 de la partie XIII du Traité de Versailles, aujourd'hui article 38 de la Convention de l'OIT. - A propos de l'interprétation de l'article 389 de la partie XIII de ce Traité de Versailles qui faisait obligation aux États membres de la Conférence Internationale du travail de désigner des délégués non gouvernementaux en accord avec les organisations syndicales les plus représentatives, la Cour permanente de justice internationale fut appelée à trancher la question de savoir si le délégué ouvrier des Pays Bas avait été régulièrement désigné. Elle estima le 31 juillet 1922, que si le nombre d'adhérents était un facteur important pour apprécier le caractère représentatif d'une organisation syndicale, il ne constituait pas le seul critère susceptible d'être utilisé pour déterminer ce caractère.

Cette notion a été, par la suite, intégrée au droit interne. Aux termes de l'article L.85 alinéa 5 du Code du travail, la représentativité des organisations syndicales se détermine par les critères suivants :

- les effectifs et les résultats des élections des délégués du personnel ;
- l'indépendance ;
- les cotisations ;
- l'expérience du syndicat, l'étendue et la nature de son activité.

Les critères de détermination de la représentativité ne sont pas limitatifs en raison de l'utilisation de l'adverbe « notamment ». L'autorité habilitée peut donc mettre en œuvre des critères supplémentaires. Ces critères ne sont pas exclusifs entre eux en ce sens qu'il s'agit de critères pouvant être cumulés. Par ailleurs, l'énumération n'est pas établie en termes de hiérarchie. Il s'agirait d'éléments d'égale importance.

L'importance des effectifs d'une organisation syndicale est un élément prépondérant dans l'appréciation de sa représentativité, et partant, de son poids. Le critère des effectifs permet de s'assurer que l'organisation représente un grand nombre de salariés. Mais, la connaissance des effectifs d'une organisation syndicale reste difficile que ce soit au niveau de la région, du département, de l'entreprise ou de l'État[409]. Les chiffres réels d'adhésion sont connus des seuls syndicats. Ils sont, malheureusement, dissimulés comme autant de secrets d'État.

L'indépendance s'apprécie par rapport aux relations du syndicat avec les pouvoirs publics, les employeurs, les autres syndicats et toute force susceptible de remettre en cause les buts poursuivis légalement par le syndicat. Elle se base essentiellement sur l'analyse du critère des cotisations (taux, régularité) dans le sens où elle renseigne sur l'attachement des syndiqués à leur organisation. Un autre critère est le lien des membres connus du syndicat avec l'employeur.

Les cotisations sont appréciées en fonction du nombre des membres qui cotisent, mais aussi des versements effectivement réalisés. C'est aussi le signe de l'attachement durable des travailleurs envers leur organisation. Ce critère permet aussi de vérifier la réalité des effectifs indiqués par le syndicat. À ce titre,

---

409 G. CAIRE, *Les syndicats ouvriers*, Paris, P.U.F., Thémis, 1971, p. 330 et s.

les cotisations constituent un critère quantitatif de la représentativité syndicale, contrairement à certains auteurs qui y voient un critère qualitatif[410].

L'expérience du syndicat peut être appréciée par rapport à ses activités scientifiques, économiques et sociales, au nombre et à la qualité des études et consultations qu'il a menées. L'ancienneté d'un syndicat, l'influence morale qu'il possède, même sur les non-syndiqués et ses possibilités de rayonnement, constituent toujours autant d'éléments d'appréciation dont il y a lieu de tenir compte pour jauger la force d'une organisation syndicale.

La loi n° 2016-11 du 4 juillet 2016 abrogeant et remplaçant l'article L. 85 bis du Code du travail[411] a introduit l'élection de représentativité, comme critère de la reconnaissance de la représentativité des syndicats.[412] Cette loi comporte deux innovations majeures. Elle instaure la possibilité de déterminer la représentativité des organisations professionnelles d'employeurs et des syndicats professionnels de base par voie d'élections. Elle donne compétence au ministre chargé du travail pour fixer, par arrêté, les modalités d'organisation de chaque type d'élection et le seuil de représentativité syndicale.

Désormais, la représentativité des organisations professionnelles d'employeurs, des centrales syndicales de travailleurs ou des syndicats professionnels de base pris par secteur ou branche d'activité peut être également appréciée à l'issue d'élections générales ou sectorielles de représentativité. Ces élections sont organisées simultanément sur toute

---

410 J.-M. VERDIER, *Syndicats et droit syndical,* in Traité du Droit du travail, Dalloz 1987, T. 1 p. 507.

411 JO n° 6956 du samedi 6 août 2016.

412 L'article L. 85 bis avait été introduit dans le code du travail, par l'adoption de la loi n° 2003-23 du 20 août 2003, pour donner une base légale aux élections de représentativité des centrales syndicales de travailleurs. Toutefois, les dispositions de l'article L. 85 bis ne prévoyaient pas la possibilité de déterminer la représentativité des syndicats professionnels sectoriels, par la voie des élections. Avec l'augmentation considérable du nombre de syndicats dans certains secteurs, le Gouvernement et les partenaires sociaux ont exprimé leur volonté de tenir des élections de représentativité sectorielle, pour avoir plus de lisibilité et de légitimité dans la représentation et la défense des droits et intérêts des travailleurs. C'est ainsi qu'est paru la nécessité de modifier et de remplacer l'article L. 85 bis du code du travail par de nouvelles dispositions permettant de corriger les insuffisances des dispositions actuelles des articles L. 85 et L. 85 bis dudit code.

l'étendue du territoire national ou dans un secteur ou branche d'activité déterminé.

b) La reconnaissance de la représentativité

La reconnaissance de la représentativité d'un syndicat relève de la compétence du ministre chargé du travail. Aux termes de l'article L.85 alinéa 4 du code du travail, « *Le caractère représentatif d'un syndicat ou d'un groupement professionnel est déterminé par le ministre chargé du travail qui réunira tous les éléments d'appréciation après avis de l'Inspection du Travail et de la Sécurité Sociale du ressort* ». Le ministre doit produire un dossier à cet effet.

Le ministre chargé du travail est en droit de demander au syndicat la production de tous les renseignements de nature à lui permettre d'apprécier son caractère représentatif. À cette fin, les dirigeants statutairement compétents autorisent l'inspecteur du travail à prendre connaissance des registres d'inscription des adhérents et des livres de trésorerie du syndicat. Lorsque lesdites justifications ne sont pas fournies par un syndicat, le ministre chargé du travail est en droit de lui dénier le caractère représentatif.

La décision du ministre est susceptible de recours devant la Cour suprême. C'est un recours pour excès de pouvoir dans la mesure où la décision du ministre est un acte administratif.

En cas d'élection de représentativité, un arrêté du ministre chargé du travail définit, pour chaque type d'élection, les modalités de son organisation. Cet arrêté fixe également un seuil de représentativité syndicale applicable obligatoirement pour déterminer les organisations professionnelles d'employeurs, les centrales syndicales de travailleurs et les syndicats professionnels de base les plus représentatifs à l'échelle sectorielle, nationale et internationale. Cet arrêté est prix après avis du Conseil consultatif national du Travail et de la Sécurité sociale.[413]

C'est l'application par le ministre chargé du travail de ces critères qui déterminent la représentativité.

---

[413] Voir Arrêté ministériel n° 5630 MFPTEOP-CAB en date du 30 juin 2004 fixant les règles d'organisation des élections générales de représentativité des centrales syndicales de travailleurs.

2. Les prérogatives liées à la représentativité

Certaines prérogatives sont liées à la représentativité. Ainsi, les syndicats les plus représentatifs sont seuls compétents pour élaborer les conventions collectives susceptibles d'extension et pour en demander l'extension. De même, seuls les syndicats les plus représentatifs sont admis à négocier et à conclure les accords collectifs d'entreprise ou d'établissement.

Les organisations syndicales les plus représentatives ont le pouvoir de présenter des assesseurs aux tribunaux du travail. Enfin, aux termes de l'article 3-5 ° de la Charte de l'Organisation Internationale du Travail, ils sont seuls capables de désigner des délégués à l'OIT.

§ 2 – L'action judiciaire des syndicats

Les syndicats, comme toute personne morale, peuvent agir en justice pour défendre leurs intérêts propres (**A**), mais aussi l'intérêt individuel des travailleurs (**B**) et l'intérêt collectif de la profession (**C**).

A. /La défense des intérêts propres au syndicat

Un syndicat peut agir en justice pour défendre ses propres intérêts. Il s'agit là d'une faculté qui n'est pas spécifique aux syndicats. Elle appartient aussi bien aux associations, aux sociétés commerciales, bref à toutes des personnes morales dotées de la personnalité juridique.

Ainsi, un syndicat peut agir en justice pour recouvrer les cotisations syndicales non reversées ou plus banalement lorsqu'il a des problèmes avec le propriétaire des locaux qu'il occupe.

B. /La défense de l'intérêt individuel d'un membre

En principe, la règle « nul ne plaide par procureur », telle qu'habituellement présentée, devrait interdire à un syndicat d'agir en justice au lieu et place d'un particulier, même s'il s'agit d'un de ses membres. Mais il n'en est pas ainsi. Le législateur social habilite, dans certains cas bien déterminés, mais de compréhension large et d'application fréquente, les groupements syndicaux à saisir les tribunaux en l'absence d'intérêt personnel du groupement et à exercer une action individuelle.

Une telle dérogation est sous-tendue par l'idée d'ordre public social qui est à la base des rapports sociaux dans l'entreprise. Bien que l'action individuelle du salarié contre l'employeur soit ici parfaitement recevable et concevable, il reste tout de même que cette action n'est pas sans risque, surtout lorsqu'elle est exercée avant la rupture du contrat de travail.

Ainsi, dans un souci de protection du salarié, la législation sociale, permet-elle au syndicat de suppléer à la carence du salarié par l'action individuelle (voir art. L. 15 C. trav.). Le syndicat est en effet le mieux placé pour se présenter devant le juge au nom et à la place d'un travailleur peu préparé à agir lui-même et dont l'action contre l'employeur l'exposerait à de trop grandes menaces. Cette action est exercée non seulement par le système de la représentation avec mandat exprès, mais aussi par le système de la substitution dès lors que l'intéressé ne s'y oppose pas.

Dans le système de représentation, le *syndicat doit justifier d'un mandat écrit* et *être agréé par le tribunal.*[414] Celui qui prétend agir en justice au nom et pour le compte d'autrui doit justifier du pouvoir qui l'habilite à exercer l'action. L'absence totale de pouvoir ou une insuffisance de pouvoir constitue un défaut de qualité, et, donc, une irrégularité de fond affectant la validité de l'acte.

Outre l'exigence d'un mandat écrit, l'article L. 244 du Code du travail exige que le mandataire des parties soit agréé par le tribunal. Le législateur social sénégalais en son article L. 246 apporte des précisions sur les conditions et la procédure d'agrément du mandataire. Ainsi, il ressort de cet article que l'agrément doit être refusé par décision motivée à tous ceux qui ne savent ni lire et écrire le français, à ceux qui ont été condamnés pénalement pour des faits contraires à la probité.

Il en est de même pour les mandataires qui ont fait l'objet d'une interdiction de représenter les parties en justice pour outrage à la juridiction du travail ou à l'un de ses membres ou

---

[414] Cass. soc., 2 novembre 2004, n° 15, *Samba SENE c./ La Seigneurie Afrique*, Bulletin des arrêts de la Cour de cassation du Sénégal : « Est irrecevable le pourvoi formé par un mandataire social qui n'a pas versé au dossier le mandat par lequel il a été constitué et qui n'a été agréé par le Président de la Chambre sociale. Le mandat donné selon les dispositions des articles L 244 et suivants du code du travail doit être renouvelé pour la procédure devant la Cour de Cassation. »

à l'inspecteur du travail. C'est notamment le cas, lorsque le mandataire porte entrave au déroulement des débats, délaisse des intérêts du mandat ou perçoit des fonds pour le travailleur en violation des dispositions de l'article L. 269 du Code du travail.

Bien que le système de représentation soit le plus fréquemment utilisé par les syndicats, il n'en demeure pas moins qu'il existe une autre forme d'action pour la défense des intérêts individuels des membres du groupement. Il s'agit de la *substitution.* Ainsi, les syndicats qui sont liés par une convention collective ou un accord d'établissement peuvent exercer toutes les actions qui naissent de cette convention ou de cet accord, *sans avoir à justifier d'un mandat de l'intéressé,* pourvu que celui-ci *ait été averti et n'ait pas déclaré s'y opposer* (voir art. L. 98 C. trav.).

C. /La défense de l'intérêt professionnel collectif

L'hypothèse considérée ici est celle dans laquelle un syndicat exerce une action, non dans son intérêt propre, ni même dans l'intérêt personnel de ses membres, mais dans l'intérêt collectif de la catégorie sociale qu'il prétend représenter.

Le syndicat, en tant que personne morale, peut ester en justice pour défendre ses propres intérêts et même les intérêts individuels de ses membres par dérogation à la règle « nul ne plaide par procureur ». Si cette catégorie d'actions n'a posé aucun problème quant à sa recevabilité, il en a été autrement de la défense des intérêts collectifs de la profession. La question fut difficilement acceptée tant par la jurisprudence que par la doctrine.

Il fut longtemps soutenu que cet intérêt collectif se confondait, pour chaque syndicat, à la somme des intérêts individuels de ses membres. Et qu'à cet effet, il n'avait donc ni un intérêt personnel à défendre devant le juge ni la qualité à agir, car le principe est que « nul ne plaide par procureur ». Et qu'en plus, même s'il y avait préjudice, il ne pouvait être direct, or c'est là une condition nécessaire pour agir en justice.

Cette thèse n'a pas prévalu. Et il est acquis depuis longtemps maintenant, que les syndicats peuvent agir pour la sauvegarde des intérêts collectifs de la profession. D'origine jurisprudentielle[415], cette solution a été consacrée par tous les législateurs en Afrique noire francophone. C'est ainsi que la loi permet aux syndicats d'exercer les droits de la partie civile pour les faits portant un préjudice direct ou indirect à l'intérêt collectif de la profession qu'ils représentent devant toutes les juridictions civiles, pénales ou administratives.

Le préjudice indirect signifie que le préjudice peut être personnel et collectif. Il reste entendu que pour retenir le caractère collectif du préjudice, il faut que le préjudice soit « distinct du dommage personnel subi par la victime ».

---

415 Jurisprudence française : Cass. Ch. réunies, 5 avril 1913, D.P. 1914, I, 65, rapp. FALCIMAIGRE, concl. SARUET et note NAST ; S. 1920, I, 49, note A. MESTRE.

CHAPITRE 2 : LES DÉLÉGUÉS DU PERSONNEL

L'institution des délégués du personnel a été introduite en Afrique-Occidentale Française par un décret du 20 mars 1937 (1936 en France) qui en formulait le principe tout en laissant aux conventions collectives le soin de définir les statuts et le rôle du délégué du personnel. Le législateur a voulu, à travers cette institution, permettre aux travailleurs de s'exprimer par le biais des représentants élus.[416]

Les délégués du personnel jouent un rôle de premier plan dans la défense des intérêts des travailleurs dans les entreprises. Ils sont les relais des salariés. Ils participent au dialogue social au sein de l'entreprise, même s'ils sont souvent considérés par les employeurs comme des contre-pouvoirs. Le législateur a précisé le cadre et les modalités de la mise en place de l'institution des délégués du personnel (**section 1**). Il a défini leurs missions et leur reconnaît, pour les exercer, certains moyens d'action (**section 2**).

SECTION 1 : LA MISE EN PLACE DES DÉLÉGUÉS DU PERSONNEL

Les délégués du personnel doivent être élus dans tous les établissements comprenant au moins 11 salariés. La mise en place de cette institution se fait dans un cadre précis (**§ 1**) qu'il convient de déterminer avant d'examiner les modalités de désignation des délégués du personnel (**§ 2**).

[416] L'institution des délégués du personnel est réglementée par les dispositions des articles L. 211 à L. 219 du code du travail, et du décret n° 67-1360 du 9 décembre 1967 fixant les conditions et les modalités de désignation des délégués du personnel dans les entreprises et définissant leur mission, JO n° 3932 du 23 décembre 1967, p. 1754 et par les conventions collectives (art. 70 CCNIS).

§ 1 – Le cadre de la mise en place de l'institution

Les délégués du personnel doivent être désignés dans les établissements (**A**) qui ont un certain effectif (**B**).

A. /L'établissement

L'établissement *est un groupe de personnes relevant d'une même entreprise et travaillant en commun, en un lieu bien déterminé, sous l'autorité directrice du chef d'entreprise ou de son représentant* (décret 67-1360, art. 1er). L'établissement est caractérisé par l'exercice d'une activité collective en un lieu donné qui peut être une usine, un local, un chantier, un atelier et non une ville ou une circonscription.

L'établissement constitue la véritable cellule du droit du travail.[417] C'est dans cette circonscription électorale que se déroulent les élections des délégués du personnel. Les délégués du personnel sont obligatoirement élus dans les établissements assujettis au Code du travail et groupant plus de 10 travailleurs. En d'autres termes, c'est au niveau de l'établissement et non de l'entreprise que le délégué du personnel est élu. Il en est ainsi lorsque l'entreprise est constituée de plusieurs établissements considérés comme distincts. À défaut, l'entreprise se confond avec l'établissement.

Les établissements employant moins de onze travailleurs échappent à l'obligation d'avoir en leur sein des délégués du personnel. Cependant, lorsque plusieurs établissements d'une même entreprise sont situés dans une localité ou dans un cercle d'un rayon de 10 kilomètres et lorsqu'ils ne comportent pas, pris séparément, plus de dix travailleurs, les effectifs de ces établissements seront totalisés pour constituer un collège électoral qui élira son ou ses délégués.

B. /L'effectif

L'effectif à prendre en compte pour déterminer le nombre de délégués titulaires et suppléants à élire comprend les travailleurs habituellement occupés dans l'établissement, qu'ils soient ou non obligatoirement inscrits au registre de l'employeur. Cet effectif comprend : les apprentis, les

[417] Gérard LYON-CAEN, « L'entreprise dans le droit du travail », Travaux et Recherches, IDC Paris, Ed. CUJAS, 1966, p. 323.

travailleurs engagés à l'essai, les travailleurs horaires, journaliers et saisonniers, travaillant de façon régulière dans l'établissement et y totalisant 6 mois de travail dans l'année, les gérants ou représentants liés par contrat de travail ou de fait.

Les travailleurs à domicile sont aussi à prendre en compte dans la détermination de l'effectif. Lorsqu'ils effectuent des travaux pour plusieurs établissements dépendant ou non de la même entreprise, ils sont considérés comme appartenant à l'établissement auquel ils consacrent la plus grande partie de leur activité et, subsidiairement, à celui où ils perçoivent leur plus grand gain.

Cette énumération, du fait de l'utilisation de l'adverbe notamment par l'article 3 du décret 67-1360, n'est pas limitative.

§ 2 – La désignation des délégués du personnel

Le choix des délégués du personnel s'effectue au sein de l'entreprise ou de l'établissement, par voie d'élection. On envisagera successivement le nombre de délégués à élire (**A**), les règles relatives à l'électorat et à l'éligibilité (**B**), les opérations électorales (**C**) et la durée du mandat des délégués (**D**).

A. /Le nombre de délégués à élire

Le nombre de délégués à élire varie en fonction de l'effectif des salariés de l'entreprise ou de l'établissement. Il est élu autant de délégués suppléants que de titulaires. L'effectif à prendre en compte est établi en principe à la date du premier tour du scrutin.

Tableau récapitulatif du nombre de délégués du personnel à élire suivant l'effectif

Effectif de l'établissement	Nombre de délégués du personnel	
	Titulaires	Suppléants
de 11 à 25 salariés	1	1
de 26 à 50 salariés	2	2
de 51 à 100 salariés	3	3
de 101 à 250 salariés	5	5
de 251 à 500 salariés	7	7
de 501 à 1000 salariés	9	9
1000 salariés et plus	Dès 1000 salariés, le nombre de délégués augmente d'un délégué titulaire et d'un délégué suppléant par tranche de 500 salariés supplémentaires.	

B. /Les règles relatives à l'électorat et à l'éligibilité

Pour être électeur (**1**) ou candidat (**2**) aux élections des délégués du personnel, il faut remplir certaines conditions.

1. L'électorat

L'électorat est attaché à la qualité de salarié de l'entreprise, indépendamment du sexe, de la nationalité. L'électeur doit être âgé de 18 ans révolus et n'être pas frappé d'une condamnation privative de ses droits civiques.

Une ancienneté de 6 mois dans l'entreprise est exigée, sauf autorisation spéciale de l'inspecteur du travail. En effet, il peut, après consultation des organisations syndicales patronales et ouvrières représentées dans l'établissement, autoriser des dérogations aux conditions d'ancienneté, notamment dans le cas où leur application aurait pour effet de réduire à moins du quart le nombre des électeurs.

2. L'éligibilité

Sont éligibles aux fonctions de délégué du personnel les électeurs âgés de 21 ans révolus, et ayant travaillé dans l'entreprise sans interruption depuis douze mois au moins. Il faut être de nationalité sénégalaise ou ressortissant d'un État ayant souscrit avec le Sénégal des conventions bilatérales ou multilatérales stipulant l'égalité d'accès aux emplois salariés et l'égalité de traitement en matière de législation sociale. Il faut savoir s'exprimer en français, n'avoir aucun lien de parenté ou d'alliance avec le chef d'entreprise (ascendants et descendants, frères et alliés au même degré du chef d'entreprise).

Dans la pratique, la condition relative à l'obligation de s'exprimer en français n'est pas souvent appliquée, car il existe plusieurs travailleurs qui ne peuvent pas satisfaire à cette exigence. L'inspecteur du travail peut également accorder des dérogations aux conditions d'ancienneté pour l'éligibilité.

D. /Les opérations électorales

Le chef d'établissement est responsable du déroulement des opérations électorales. Pour assurer la régularité de ces opérations, il est nécessaire de maîtriser tous les contours du processus électoral depuis l'initiative des élections (**1**), en passant par la constitution les collèges électoraux (**2**), le dépôt des candidatures (**3**), la campagne électorale (**4**), le vote (**5**), le mode de scrutin (**6**), les résultats (**7**) jusqu'au contentieux électoral (**8**).

1. L'initiative des élections

L'initiative des élections incombe à l'employeur. L'organisation des élections a lieu tous les *trois ans* dans le mois qui précède l'expiration normale des fonctions des délégués du personnel. Tout retard imputable à l'employeur constitue le délit d'entrave à la désignation et aux fonctions de délégués du personnel.

La décision d'organiser les élections doit être notifiée aux syndicats représentés au sein de l'entreprise et une copie de la lettre de notification adressée à l'inspecteur du travail. Cette lettre adressée aux syndicats propose la date, le lieu, les heures d'ouverture et de fermeture du scrutin. Elle constitue l'invitation des organisations syndicales à établir les listes des candidats. En effet, les organisations syndicales représentées dans l'établissement se sont vues reconnaître un certain monopole pour la présentation des candidatures aux élections.

Le chef d'établissement doit également informer le personnel par voie d'affichage de l'organisation des élections en vue de la désignation des délégués du personnel en précisant la date, le lieu, les heures d'ouverture et de fermeture du scrutin convenus avec les organisations syndicales intéressées. Cet affichage doit intervenir quinze jours au moins avant la date du scrutin.

2. Les collèges électoraux

Les électeurs sont répartis en plusieurs collèges afin de permettre la représentation des diverses catégories de travailleurs. Il existe, en principe, deux collèges électoraux : celui des ouvriers et des employés, d'une part, et celui des ingénieurs, chefs de service, techniciens, agents de maîtrise et assimilés, d'autre part.

Le nombre et la composition des collèges électoraux ne peuvent être modifiés que par une convention collective, un accord collectif, étendu ou non, ou un accord préélectoral signé par toutes les organisations syndicales représentées, s'il en existe, au sein de chaque établissement. À défaut d'accord, l'inspecteur du travail peut être saisi pour tenter une conciliation. En l'absence de conciliation, il statue.

3. Le dépôt des listes de candidats

L'établissement des listes électorales incombe aux organisations syndicales représentées au sein de l'établissement. Ces listes sont déposées auprès du chef d'établissement *quatre jours* au moins avant la date du scrutin, à peine d'irrecevabilité.

Les organisations syndicales représentées au sein de l'établissement ont le *monopole de présenter la liste des candidats du premier tour du scrutin.* Elles peuvent présenter le candidat de leur choix à condition que celui-ci réponde aux conditions d'éligibilité. S'il n'existe pas d'organisation syndicale représentée au sein de l'établissement ou du collège électoral ou si les organisations n'exercent pas leur droit de dépôt des listes de candidats, cette carence est constatée par l'inspecteur du travail qui autorise le vote pour des listes de candidats non présentés par les organisations syndicales. Dans ce cas, la date du scrutin est reculée d'une semaine.

Les listes des candidats sont affichées aux emplacements réservés à cet effet par les soins du chef d'établissement *trois jours au moins avant la date du scrutin.*

4. La campagne électorale

La campagne électorale n'est encadrée par aucune disposition légale. En pratique, les règles de la campagne sont fixées par le protocole d'accord préélectoral. À défaut, les principes généraux contenus dans le code électoral servent de référence.

La campagne s'exerce par affichage, tenue de réunions, diffusion de tracts, etc. Les moyens utilisés ne doivent pas être déloyaux. De même, il interdit d'effectuer des actes de propagande venant perturber le bon fonctionnement de l'entreprise. Les syndicats n'ont pas le monopole dans l'animation de la campagne électorale. Tout salarié peut exercer un rôle dans la campagne électorale, et ce, dès le premier tour du scrutin.

Pendant la période préélectorale, l'employeur doit observer une stricte neutralité, il ne doit pas utiliser des moyens de pression en vue d'influencer le vote des électeurs. À défaut, l'annulation des élections peut être prononcée. Par ailleurs, l'employeur doit assurer la liberté de choix de ses salariés. Pour cela, il dispose d'un pouvoir de police lui permettant de maintenir la discipline générale sur les lieux du travail et pendant les heures de travail.

5. Le vote

La date, le lieu et les heures d'ouverture du scrutin sont fixés par le chef d'établissement, après accord avec les organisations syndicales. Le chef d'établissement *préside le bureau de vote*, assisté d'un représentant, non-candidat, de chacune des listes en présence. Il *est responsable de l'organisation matérielle du vote. Il fournit et imprime les bulletins de vote et les enveloppes, met en place des urnes et des isoloirs.*

Par ailleurs, un bureau de vote doit être constitué pour chaque collège électoral. Il a pour mission de veiller à la régularité des opérations électorales, procéder à l'émargement des votants, proclamer la clôture du scrutin, procéder au dépouillement des bulletins de vote, rédiger le procès-verbal et proclamer les résultats. Les décisions du bureau de vote ne s'imposent pas au juge des élections.

6. Le mode de scrutin

Les élections se font au *scrutin de liste à deux tours avec représentation proportionnelle à la plus forte moyenne*. L'élection a lieu au scrutin secret et sous enveloppe. Le vote par procuration est interdit.

Il en est de même du panachage qui consiste à rayer des noms de candidats pour les remplacer par ceux d'une liste concurrente. Mais, les électeurs ont le droit de rayer des noms ou intervertir l'ordre de présentation des candidats d'une même liste. Par contre, le vote par correspondance est valable pour les travailleurs que leur occupation hors de l'établissement empêche de prendre part au scrutin, ceux en congé ou dont le contrat de travail est suspendu.

L'organisation d'un second tour d'élection n'est pas automatique. En effet, un second tour doit avoir lieu dans les quinze jours qui suivent le premier tour si le quorum n'a pas été atteint. Il en est ainsi lorsque le nombre des votants au premier tour, déduction faite des bulletins blancs[418] et nuls[419], est inférieur à la moitié des électeurs inscrits.[420] Au second tour, il

---

418 Sont considérés comme blancs : l'absence de bulletin dans une enveloppe, les bulletins sur lesquels tous les noms sont rayés. *Cf.* article L. 84 de la Loi n °2012-01 du 3 janvier 2012 abrogeant et remplaçant la loi n° 92-16 du 07 février 1992 relative au Code Électoral (Partie législative), modifiée.

419 Sont considérés comme des bulletins nuls : les bulletins trouvés dans l'urne sans enveloppe ou dans une enveloppe non réglementaire, les bulletins comportant des mentions injurieuses ou des signes de reconnaissance, les bulletins mentionnant une personne non candidate, les bulletins illisibles, les bulletins panachés (sur lesquels ont été ajoutés ou substitués des noms de candidats d'une autre liste ou de non candidats), les bulletins sur lesquels l'ordre des candidats a été modifié, les bulletins différents insérés dans une même enveloppe. *Cf.* article L. 84 de la Loi n° 2012-01 du 3 janvier 2012 abrogeant et remplaçant la loi n° 92-16 du 07 février 1992 relative au code électoral (Partie législative), modifiée.

420 Une omission existe dans l'article L. 211 du code du travail qui ne fait pas mention de la déduction des bulletins blancs ou nuls, pourtant prévue par

n'y a plus de monopole syndical. Toute personne qui remplit les conditions d'éligibilité peut se présenter. En clair, les électeurs peuvent voter pour des listes de candidats non présentées par les organisations syndicales.

$$\textbf{Quorum} = \frac{\textbf{Nombre d'électeurs inscrits}}{\textbf{2}}$$

Exemple 1 :

Un établissement compte 350 salariés relevant du collège des ouvriers et employés qui remplissent les conditions d'éligibilité. Sur les 300 salariés votants, on a enregistré au 1er tour 20 bulletins blancs. Les deux listes de candidats ont respectivement obtenu :

- *Liste A = 160 voix*
- *Liste B = 120 voix*
- *Quorum : 350 ÷ 2 = 175*
- *Suffrages valablement exprimés : 300 – 20 = 280*

Pour que les résultats du 1er tour soient valables, il faut que le quorum soit atteint, c'est-à-dire que le nombre de suffrages valablement exprimés soit supérieur ou égal à 175.

Les résultats du 1er tour sont valables et il n'y aura pas de 2nd tour, car le nombre de suffrages valablement exprimés (280) est supérieur à la moitié des électeurs inscrits (175).

Exemple 2 :

Un établissement compte 120 salariés relevant du collège des cadres et assimilés qui remplissent les conditions d'éligibilité. Sur les 80 salariés votants, on a enregistré au 1er tour 30 bulletins blancs. Les deux listes de candidats ont respectivement obtenu :

---

le décret de 67-1360. Par ailleurs, le quorum doit être apprécié séparément pour les titulaires et les suppléants et pour chaque collège électoral.

- *Liste A = 35 voix*
- *Liste B = 15 voix*

- *Quorum : 120 ÷ 2 = 60*

- *Suffrages valablement exprimés : 80 – 30 = 50*

Pour que les résultats du 1er tour soient valables, il faut que le quorum soit atteint c'est-à-dire que le nombre de suffrages valablement exprimés soit supérieur ou égal à 60.

Les résultats du 1er tour ne sont pas valables. Il y aura un 2nd tour, car le nombre de suffrages valablement exprimés (50) est inférieur à la moitié des électeurs inscrits (60).

7. Les résultats

Avant de proclamer les résultats des élections de délégués du personnel (**c**), il faut procéder au décompte des suffrages exprimés (**a**) et à l'attribution des sièges aux listes (**b**).

a) Le décompte des suffrages exprimés

Le bureau de vote ne doit pas comptabiliser les bulletins blancs, les bulletins exprimés à l'intention de candidat inéligible ou les bulletins nuls. Il comptabilise les suffrages valablement exprimés.[421] Par ailleurs, si une enveloppe contient plusieurs bulletins différents, le vote est considéré comme nul.

Le droit de raturage est autorisé. En effet, l'électeur peut rayer un ou plusieurs noms sur une liste. Mais, il ne doit pas remplacer les noms barrés par d'autres ne figurant pas sur la liste.

b) L'attribution des sièges aux listes

L'attribution des sièges aux listes se fait à l'issue du premier tour, si un second tour n'est pas organisé. Elle se fait à l'issue du second tour s'il est organisé. L'attribution se fait au quotient électoral (***b.1***). Les sièges qui demeurent à pourvoir sont attribués sur la base de la plus forte moyenne (***b.2***).

---

[421] Le nombre de suffrages valablement exprimés correspond au nombre des bulletins recueillis dans l'urne, déduction faite du nombre des bulletins blancs ou nuls.

b.1 – L'attribution au quotient électoral

Le *quotient électoral* ne doit pas être confondu avec le quorum qui sert uniquement à apprécier la validité du premier tour du scrutin et qui obéit à des règles de calcul différentes[422]. Pour attribuer les sièges, il faut calculer le quotient électoral ensuite, le nombre de voix recueillies par chaque liste et enfin procéder à la répartition des sièges.

- **Calcul du quotient électoral**

Le quotient électoral est le nombre total des suffrages valablement exprimés par les électeurs du collège, divisé par le nombre de sièges à pourvoir (décret n° 67-1360, art. 16).

$$\textbf{\textit{Quotient électoral}} = \frac{\textbf{\textit{Nombre total de suffrages valablement exprimés}}}{\textbf{\textit{Nombre de sièges à pouvoir}}}$$

***Exemple** :*

Un établissement compte 250 salariés dont 220 remplissent les conditions d'éligibilité. Sur les 220 inscrits, 210 ont voté. 10 bulletins blancs ou nuls ont été dénombrés. 5 sièges sont à pouvoir. Les trois listes de candidats ont respectivement obtenu :

- *Liste A = 110 voix*
- *Liste B = 35 voix*
- *Liste C = 55 voix*

Le nombre de suffrages valablement exprimés est de :

- *110 + 35 + 55 = 200*
- *ou 210 – 10 = 200*

Le quotient électoral est de 200 ÷ 5 = 40

- **Calcul du nombre de voix recueillies par chaque liste**

Le nombre de voix recueilli par chaque liste est la moyenne des voix obtenues par les candidats de la liste. Cette moyenne

---

[422] Quorum : nombre d'électeurs inscrits divisé par deux.

s'obtient en divisant le total des voix obtenues (suffrages valablement exprimés) par chaque candidat par le nombre de candidats de la liste (nombre de sièges à pouvoir).

$$\textbf{\textit{Moyenne des voix de la liste}} = \frac{\textbf{\textit{Nombre total des voix obtenues par chaque candidat}}}{\textbf{\textit{Nombre de candidats de la liste}}}$$

- **Répartition des sièges au quotient**

Lorsque le quotient électoral et le nombre de voix recueilli par chaque liste sont déterminés, le bureau de vote attribue des sièges sur la base du quotient électoral. On attribue à chaque liste autant de sièges que le nombre de voix recueillies par elle contient de fois le quotient électoral. Pour connaître le nombre de sièges à attribuer, on divise la moyenne des voix obtenues par chaque liste par le quotient électoral.

$$\textbf{\textit{Nombre de sièges}} = \frac{\textbf{\textit{Moyenne des voix de chaque liste}}}{\textbf{\textit{Quotient électoral}}}$$

Exemple :

Si l'on reprend l'exemple précédent, 5 sièges sont à pourvoir, le nombre de bulletins valables est de 200. Le nombre de sièges à attribuer à chaque liste est égal à la moyenne des voix obtenue par la liste, divisée par le quotient électoral.

- *Liste A : 110 ÷ 40 = 2,75 soit 2 sièges*
- *Liste B : 35 ÷ 40 = 0,87 soit 0 siège*
- *Liste C : 55 ÷ 40 = 1,5 soit 1 siège*

Après application du quotient électoral, la liste A a obtenu 2 sièges et la liste C 1 siège. Trois sièges ont donc été attribués. Il en reste donc 2, à attribuer à la plus forte moyenne.

b.2 – L'attribution à la plus forte moyenne

Les sièges non attribués au quotient électoral sont attribués à *la plus forte moyenne*. La moyenne de chaque liste s'obtient en divisant le nombre de voix qu'elle a recueillies par le nombre de sièges qui lui ont été attribués plus un. Cette opération doit être renouvelée jusqu'à l'épuisement des sièges restants.

$$\textbf{La plus forte moyenne} = \frac{\textbf{Moyenne des voix de chaque liste}}{\textbf{Nombre de sièges obtenus par le quotient électoral + 1}}$$

***Exemple** :*

Dans l'exemple précédent, la liste A a 2 sièges, la liste C en a 1. Il reste donc 2 sièges à attribuer à la plus forte moyenne.

- *Liste A : 110 ÷ (2 sièges obtenus précédemment + 1) = 36,6*
- *Liste B : 35 ÷ (0 siège obtenu précédemment + 1) = 35*
- *Liste C : 55 ÷ (1 siège obtenu précédemment +1) = 27,5*

La liste avec la plus forte moyenne est la liste A qui obtient donc un siège. Avec les sièges déjà pourvus précédemment, 4 sièges ont été répartis. Il convient donc de répéter l'opération pour l'attribution du 5e siège :

- *Liste A : 110 ÷ (3 sièges obtenus précédemment + 1) = 27,5*
- *Liste B : 35 ÷ (0 siège obtenu précédemment + 1) = 35*
- *Liste C : 55 ÷ (1 siège obtenu précédemment +1) = 27,5*

La liste avec la plus forte moyenne est la liste B qui obtient donc un siège.

La répartition finale des sièges est donc la suivante :

- *Liste A : 3 sièges*
- *Liste B : 1 siège*
- *Liste C : 1 siège*

c) La proclamation des résultats

Les résultats des élections sont proclamés par le bureau de vote, qui indique nominativement les élus avec le nombre de voix obtenues. Le bureau de vote dresse un procès-verbal des élections, qui doit être transmis par l'employeur dans les huit jours, en trois exemplaires à l'inspecteur du travail du ressort. Le procès-verbal doit être signé par le président et tous les membres du bureau de vote. Il doit préciser les noms des élus et le nombre de voix obtenus respectivement par chacun d'eux.

Un procès-verbal de carence doit être rédigé par l'employeur si l'institution n'a pas été mise en place ou renouvelée (par exemple, en cas d'absence de candidat).

8. Le contentieux électoral

Les *contestations relatives à l'électorat, à l'éligibilité des délégués du personnel, ainsi qu'à la régularité des opérations électorales* doivent être portées devant le tribunal du travail qui statue d'urgence et en dernier ressort. La décision du tribunal du travail doit être motivée. Elle ne peut faire l'objet d'un appel, mais elle peut être déférée devant la Cour suprême dans les formes et délais prévus à cet effet.

Le juge effectue un contrôle de la sincérité de l'élection. Si l'irrégularité constatée n'a pas d'influence sur l'élection, l'annulation des élections n'a pas à être prononcée. Cependant, si c'est une disposition d'ordre public qui n'a pas été respectée, l'annulation est systématiquement prononcée.

Un *recours administratif* peut également être formé contre une décision de l'inspecteur du travail ou du directeur du travail. C'est le cas, notamment, lorsque l'une ou l'autre des parties conteste la décision de l'inspecteur du travail sur la répartition du personnel et des sièges dans les collèges électoraux ou sur les dérogations aux conditions d'ancienneté. Un *recours hiérarchique* peut donc être formé auprès du ministre du Travail, puis un recours contentieux pour excès de pouvoir devant la Cour suprême.

Les opérations électorales peuvent donner lieu à un *contentieux répressif.* En effet, l'employeur peut être condamné pour délit d'entrave, par exemple lorsqu'il n'organise pas les élections. Les auteurs d'infractions aux dispositions fixant les conditions et les modalités de désignation des délégués du personnel et définissant leur mission sont punis de deux façons.

Ils s'exposent à des peines contraventionnelles s'il n'est établi à leur encontre aucune intention d'entraver la libre désignation des délégués du personnel. Par contre, si une telle intention est prouvée, ils s'exposent à des peines délictuelles (art. L. 278 C. trav.).

D. /La durée du mandat de délégué du personnel

Les délégués du personnel sont normalement élus pour une durée de trois ans renouvelable. Le mandat prend effet au jour de la proclamation des résultats. Toutefois, si à l'issue de la période de trois ans pour laquelle le délégué du personnel a été élu, aucune élection n'est organisée, son mandat est prolongé jusqu'à la désignation de son remplaçant.[423]

Le mandat de délégué peut cesser prématurément dans les cas suivants : décès du délégué, démission des fonctions représentatives, résiliation du contrat de travail (démission, licenciement, départ à la retraite, rupture amiable du contrat...), perte des conditions requises pour l'éligibilité. Dans ces cas, le délégué est remplacé par son suppléant qui a été élu dans les mêmes conditions que lui (art. L. 213 C. trav.). Toutefois, si le siège du délégué se trouve définitivement vacant, c'est-à-dire qu'il n'est plus occupé par son titulaire ou le suppléant de ce dernier, *il y a lieu d'entamer, sans délai, la procédure d'élections complémentaires* pour désigner le délégué titulaire et son suppléant (décret 67-1360, art. 27).

Le délégué du personnel peut être *révoqué en cours de mandat*, sur proposition de l'organisation syndicale qui l'a présenté. Cette proposition doit être approuvée au scrutin secret par la majorité du collège électoral auquel il appartient. S'il n'a pas été présenté par une organisation syndicale, il peut être révoqué sur pétition écrite et signée de la majorité de ce collège électoral et confirmée, au scrutin secret, par la majorité dudit collège.

---

[423] C.S. Sénégal, ch. soc., 25 juin 2014, n° 31, *La Société de Cosmétiques et Dentifrices c. / Omar NDIAYE*, Bulletin des arrêts de la Cour suprême du Sénégal.

SECTION 2 : L'EXERCICE DE LA FONCTION DE DÉLÉGUÉ DU PERSONNEL

L'exercice de la fonction de délégué du personnel se traduit essentiellement par les rapports qu'il est amené à entretenir avec l'employeur, mais aussi avec les travailleurs, ainsi que par les moyens d'action mis à sa disposition. Dans le cadre de l'exercice de leur mission, les délégués du personnel disposent un certain nombre de prérogatives. Afin de remplir ces missions (**§ 1**), les délégués du personnel bénéficient de moyens d'action et d'un statut protecteur qui est attaché à l'exercice de la fonction (**§ 2**).

§ 1 – La mission des délégués du personnel

À côté des missions traditionnelles (**A**), le Code du travail et les conventions collectives attribuent des missions spécifiques aux délégués du personnel (**B**).

A. /Les attributions traditionnelles

Les délégués du personnel ont pour mission de présenter les réclamations du personnel au chef d'entreprise et assurent la défense de leurs camarades (**1**). Ils interviennent auprès de l'inspecteur du travail pour l'application de la législation du travail (**2**) et participent à la gestion de l'entreprise (**3**).

1. La présentation des réclamations du personnel

Les délégués du personnel peuvent présenter aussi bien les réclamations collectives qu'individuelles. Les réclamations des délégués du personnel portent en priorité sur l'ensemble de la réglementation applicable à l'entreprise. Elles peuvent être relatives aux conditions de travail et salaires, à la protection sociale des travailleurs, à l'application des conventions collectives, aux mesures d'hygiène et de sécurité, etc.

Le texte de l'article L. 218 parle des réclamations qui n'auraient pas « été directement satisfaites... ». À s'en tenir à cet article, on peut croire que le délégué n'est fondé à intervenir que si le salarié échoue dans la présentation de sa requête au chef d'établissement ou d'entreprise.

Mais, il convient de relever que les délégués du personnel interviennent ici comme les porte-parole des travailleurs. Ils jouent le rôle de véritables intermédiaires entre l'employeur et les travailleurs. Ils n'ont donc pas un rôle subsidiaire. Simplement, il faut retenir de cet article que le délégué du personnel n'a pas le monopole dans la présentation des réclamations. Les salariés conservent le droit de présenter eux-mêmes leurs réclamations à l'employeur. Ainsi, les salariés ont toute latitude, soit de régler directement leurs problèmes, soit de solliciter l'entremise d'un délégué du personnel.

Les demandes des délégués du personnel doivent se limiter aux réclamations. Elles ne peuvent aller au-delà et avoir pour objet d'acquérir des avantages supérieurs. Il faut faire une distinction entre une réclamation qui vise l'application d'un droit et une revendication dont l'objet est l'amélioration, ce qui relève du domaine du délégué syndical.

2. L'intervention auprès de l'inspecteur du travail

Les délégués du personnel peuvent saisir l'inspecteur du travail de toute plainte ou réclamation relative à l'application des prescriptions légales ou réglementaires dont il est chargé d'assurer le contrôle. Le contrôle de l'inspecteur du travail porte essentiellement sur les conditions de travail dans l'entreprise, l'application de la réglementation relative aux salaires, aux congés payés, à la durée du travail, etc.

Les délégués du personnel sont donc chargés de veiller, pour le compte de l'inspecteur du travail, à l'application de la réglementation du travail. Ce sont en quelque sorte les auxiliaires de l'inspecteur du travail dans l'entreprise. Toutefois, cette prérogative ne retire pas aux salariés le droit de s'adresser directement à l'inspecteur du travail en cas de difficulté personnelle. Lorsque l'inspecteur du travail se rend dans l'entreprise pour effectuer une visite, il peut se faire accompagner d'un délégué du personnel s'il le désire.

3. La participation à la gestion de l'entreprise

Les délégués du personnel participent au bon fonctionnement de l'entreprise en communiquant à l'employeur toutes les suggestions utiles tendant à l'amélioration, à l'organisation et au rendement de l'entreprise. Cependant, c'est une fonction purement consultative et par conséquent très limitée, car les délégués du personnel ne peuvent pas intervenir dans la gestion administrative et financière de l'entreprise. Ils ne peuvent que proposer des mesures propres à assurer un meilleur fonctionnement de l'entreprise (art. L. 218 C. trav.).

B. /Les attributions spécifiques

Dans les entreprises, les délégués du personnel doivent être consultés ou informés. Ils doivent exprimer leurs avis chaque fois que les textes leur confèrent la compétence sur une question. Plusieurs dispositions législatives (**1**) ou conventionnelles (**2**) confèrent des *attributions ponctuelles* aux délégués du personnel.

1. Les missions spécifiques prévues par le Code du travail

Certaines dispositions du Code du travail confèrent des attributions spécifiques aux délégués du personnel en matière de licenciement économique (**a**), chômage technique (**b**), accords collectifs d'entreprise ou d'établissement (**c**), règlement intérieur (**d**), travail à temps partiel (**e**).

a) Le licenciement pour motif économique

Les délégués jouent un rôle non négligeable dans la procédure de licenciement pour motif économique.

L'employeur qui envisage de procéder à un licenciement pour motif économique dans une entreprise doit obligatoirement réunir et consulter les délégués du personnel. Pour tenter d'éviter un licenciement pour motif économique, l'employeur doit réunir les délégués du personnel et rechercher avec eux toutes les autres possibilités telles que la réduction des heures de travail, le travail par roulement, le chômage partiel, la formation ou le redéploiement du personnel.[424]

b) Le chômage technique

En cas de nécessité d'une interruption collective de travail résultant de causes conjoncturelles ou de causes accidentelles, l'employeur peut, *après consultation des délégués du personnel*, décider de la mise en chômage technique de tout ou partie du

[424] Cf. art. L. 61 et s. du code du travail.

personnel de l'entreprise.[425]Parmi les causes conjoncturelles ou accidentelles, on peut citer les accidents survenus au matériel, une interruption de la force motrice, un sinistre, des intempéries, une pénurie accidentelle de matières premières, d'outillage, de moyens de transport. La mise en chômage technique peut concerner aussi bien les salariés sous contrat de travail à durée déterminée qu'indéterminée.

c) Les accords collectifs d'entreprise ou d'établissement

Les délégués du personnel sont habilités à négocier des accords d'entreprise ou d'établissement. C'est l'une des innovations du Code du travail. Des accords concernant une entreprise, un ou plusieurs établissements déterminés, peuvent être conclus entre, d'une part, un employeur ou un groupement d'employeurs, et, d'autre part, *les délégués du personnel* et les représentants des syndicats les plus représentatifs du personnel de l'entreprise, du ou des établissements intéressés, et y étant effectivement employés (art. L. 92 C. trav.).

d) Le règlement intérieur

L'*avis des délégués du personnel* est requis au moment de l'élaboration du règlement intérieur dans l'entreprise. Il en est de même en cas de modification ou de retrait d'une clause du règlement intérieur. Lorsque le chef d'établissement élabore le projet de règlement intérieur, il doit en communiquer une copie aux délégués du personnel qui ont huit jours au maximum pour faire connaître à l'employeur, par écrit, leurs observations éventuelles (art. L. 100 C. trav.).

e) Le travail à temps partiel

L'introduction du travail à temps partiel dans l'entreprise suppose nécessairement l'avis préalable des délégués du personnel. Aux termes de l'article L. 137 du Code du travail, les horaires de travail à temps partiel peuvent être pratiqués *après avis des délégués du personnel* et information de l'inspecteur du travail.

---

[425] C. trav., art. L. 65.

2. Les missions spécifiques prévues par la CCNIS

La convention collective nationale interprofessionnelle du Sénégal confère des attributions ponctuelles aux délégués du personnel dans les domaines suivants : congés payés (**a**), jours fériés (**b**), reclassement (**c**), contestation du contenu du bulletin de paie (**d**), notification préavis de rupture (**e**), accidents de travail (**f**), assistance des salariés (**g**).

a) Les congés payés

Les délégués du personnel doivent être consultés pour la fermeture de l'entreprise pendant les congés. Dans les entreprises où la date des congés de la totalité ou d'une partie des travailleurs doit correspondre à une période d'arrêt annuel, total ou partiel, de l'entreprise, cette date est fixée par l'employeur, *après consultation des délégués du personnel.*[426]

b) Les jours fériés

Chaque année, huit jours fériés en plus de la fête du travail, de la fête nationale, de la Tamkharit et du grand Magal, sont chômés et payés dans les conditions prévues par la réglementation en vigueur pour la journée du 1er mai sauf s'ils tombent un dimanche. Le choix de six d'entre eux est fait dans chaque entreprise ou établissement par accords entre la Direction et *les délégués du personnel*, les deux autres jours sont laissés au choix de l'employeur (art. 52 CCNIS).

c) Le reclassement

Lorsqu'une suite défavorable est donnée à une réclamation de reclassement, le travailleur peut adresser ou *faire adresser sa requête par un délégué du personnel* à l'inspecteur du travail qui provoque la réunion de la commission de classement.[427]

Aussi, en cas de nécessité de service ou pour éviter le chômage, l'employeur, *après consultation des délégués du personnel*, pourra affecter momentanément un travailleur à un emploi relevant d'une catégorie inférieure à son classement habituel. Dans ce cas, le travailleur conserve le bénéfice du

---

[426] Art 56 CCNIS
[427] Art. 40 CCNIS

salaire perçu précédemment pendant la période de mutation qui, en règle générale, n'excède pas six mois (art. 14 CCNIS).

d) La contestation sur le contenu du bulletin de paie

En cas de contestation sur le contenu du bulletin de paie, le travailleur peut demander à l'employeur la justification des éléments ayant servi à l'établissement de ce bulletin. Il peut se faire *assister d'un délégué du personnel*, ou à défaut, d'un représentant syndical (art. 38 CCNIS).

e) La notification de la rupture du contrat de travail

Lorsque la notification du préavis de rupture du contrat de travail est rendue impossible par le fait du travailleur, elle *sera valablement notifiée à un délégué du personnel* de l'entreprise avec copie à l'inspecteur du Travail (art. 22 CCNIS).

f) Les accidents du travail

Le contrat du salarié accidenté du travail est suspendu jusqu'à consolidation de la blessure. Au cas où, après consolidation de la blessure, le travailleur ne serait plus à même de reprendre son service et de l'assurer dans les conditions normales, l'employeur recherchera, avec les *délégués du personnel* de son établissement, la possibilité de reclasser l'intéressé dans un autre emploi (art. 21 CCNIS).

g) L'assistance des salariés

Un salarié peut, sur sa propre demande, se faire *assister d'un délégué du personnel* à l'occasion des explications écrites ou verbales qu'il est appelé à fournir au chef d'établissement ou à son représentant, lorsqu'une faute lui est reprochée (art. 16 CCNIS).

§ 2 – Le statut des délégués du personnel

La situation des délégués du personnel dans l'entreprise est complexe. Exposés aux sanctions plus que les autres salariés parce que la mission qui leur est confiée inquiète l'employeur, les délégués du personnel sont protégés contre les licenciements et certaines sanctions disciplinaires (**B**). Ils disposent également de facilités dans l'exercice de leur mission (**A**).

A. /Les facilités accordées aux délégués du personnel

La loi a défini différents moyens matériels et juridiques qui permettent aux délégués du personnel de remplir leur mission. Ce sont : des heures de délégation (**1**), un local des réunions (**2**), des réunions avec l'employeur (**3**) et un panneau d'affichage (**4**).

1. Les heures délégation

Le chef d'établissement doit laisser à chaque délégué du personnel, dans la limite de quinze heures par mois, sauf circonstances exceptionnelles ou convention contraire, le temps nécessaire à l'exercice de ses fonctions représentatives. L'article 70-7 de la CCNIS a porté ce crédit d'heures réglementaire à vingt heures par mois.

Les heures utilisées pour l'exercice du mandat sont considérées et payées comme temps de travail. Ces heures doivent être exclusivement consacrées aux tâches de délégués du personnel, telles que définies par la loi et les conventions collectives. Si aucun texte n'empêche l'employeur de vérifier l'utilisation qui en est faite de ces heures de délégation, il reste toutefois que ce contrôle ne doit pas aboutir à entraver l'exercice régulier des fonctions des délégués du personnel.

Pendant les heures de délégation, les délégués du personnel bénéficient d'une liberté de déplacement dans l'entreprise, sans occasionner de gêne importante dans l'accomplissement du travail, et hors de l'entreprise.

2. Le local des réunions

Le chef d'établissement est tenu de mettre à la disposition des délégués du personnel un local fonctionnel, avec le mobilier (tables et chaises) nécessaire pour leur permettre de remplir leur mission et, notamment, de se réunir.

Même si le texte ne le précise pas, il va de soi que le choix du local incombe à l'employeur. Par conséquent, les délégués du personnel ne peuvent exiger de l'employeur un local précis ; l'essentiel c'est que le local soit fonctionnel. Le local doit disposer des tables et chaises en nombre suffisant pouvant accueillir aussi bien les délégués du personnel titulaires et suppléants de l'établissement.

Le local mis à la disposition des délégués du personnel doit être utilisé à des fins se rapportant à l'objet de leur mission. Le local ne saurait être utilisé pour tenir des réunions à caractère politique ou syndical.

3. Les réunions avec le chef d'établissement

Les réclamations des délégués du personnel sont présentées à l'occasion des réunions avec le chef d'établissement ou son représentant. Il peut s'agir de réunions ordinaires mensuelles (**a**), extraordinaires (**b**) ou restreintes (**c**).

a) Les réunions ordinaires mensuelles

Les délégués du personnel sont reçus collectivement, au moins une fois par mois, par le chef d'établissement ou son représentant. La réunion mensuelle a lieu à l'initiative de l'employeur. Il convoque les délégués titulaires et suppléants, y compris ceux dont le contrat est suspendu. La date de la réunion est fixée à l'avance afin de laisser le temps aux délégués du personnel de rédiger les réclamations et demandes des salariés. La loi ne prévoit pas de formalité particulière pour la convocation. Mais, le rythme mensuel de la réunion doit impérativement être respecté.

Sauf circonstances exceptionnelles, les délégués remettent au chef d'établissement ou à son représentant, deux jours avant la date où ils doivent être reçus, une note écrite exposant sommairement l'objet de la demande présentée. Une copie de cette note est transcrite à la diligence du chef d'établissement sur un registre spécial sur lequel doit être obligatoirement mentionnée, dans un délai n'excédant pas six jours, la réponse de l'employeur à cette note.

Ce registre spécial doit être tenu pendant un jour ouvrable par quinzaine, en dehors des heures de travail, à la disposition des travailleurs de l'établissement qui désirent en prendre connaissance. Il doit être également tenu en permanence à la disposition de l'inspecteur du travail et de la sécurité sociale.

Dans les sociétés anonymes, les délégués du personnel peuvent être reçus par le conseil d'administration si les réclamations ou suggestions présentées ne peuvent être examinées ou satisfaites qu'après délibération de cet organe. Si le conseil d'administration ne s'est pas réuni depuis plus d'un mois au siège du lieu de l'établissement ou de l'entreprise (en cas d'établissements multiples installés au Sénégal), les délégués pourront le saisir par lettre recommandée transmise obligatoirement et sans délai par les soins du chef d'établissement. Dans ce cas, le conseil d'administration est tenu d'envoyer sa réponse dans un délai de quinze jours à dater de sa prochaine réunion (décret n° 67-1360, art. 22).

La même procédure sera applicable dans le cas où il ne pourrait être donné suite aux réclamations ou suggestions des délégués que par un chef d'entreprise ne résidant pas au siège de l'établissement.

b) Les réunions extraordinaires ou exceptionnelles

En dehors de la réunion mensuelle, les délégués du personnel sont reçus par le chef d'établissement ou son représentant sur leur demande en cas d'urgence. L'organisation d'une réunion extraordinaire suppose donc la réunion de deux conditions : une *démarche expresse des délégués du personnel* et une *situation d'urgence.*

La demande des délégués du personnel peut être provoquée par toute circonstance justifiant une mesure ou décision qui ne peut attendre la prochaine réunion mensuelle. Il en est ainsi d'une demande relative à l'installation d'un dispositif de sécurité après un accident de travail. C'est également le cas, lorsque le climat social dans l'entreprise est fortement perturbé et qu'il est nécessaire de rétablir l'entente entre employeur et travailleurs.

Les circonstances exceptionnelles suppriment l'obligation du préavis de deux jours pour la réception des délégués du personnel par le chef d'établissement. Il doit donc les recevoir sans délai.

c) Les réunions restreintes

Les délégués peuvent également être reçus, sur leur demande, soit individuellement, soit par catégorie, atelier, service ou spécialité professionnelle, selon les questions qu'ils ont à traiter. L'objet des réunions restreintes est de permettre aux délégués du personnel de discuter avec le chef d'établissement des questions qui intéressent une catégorie des salariés, un atelier, une catégorie professionnelle ou même un salarié pris individuellement.

4. L'affichage

Les délégués du personnel peuvent afficher les informations qu'ils ont pour rôle de porter à la connaissance des travailleurs. Il en est ainsi du compte rendu des réunions avec l'employeur, de la liste de réclamations remises à l'employeur, du feed-back des actions qu'ils entreprennent, etc.

L'affichage doit se faire aux portes d'entrée des lieux de travail et dans les emplacements prévus pour les communications syndicales. Les entreprises doivent choisir ces emplacements dans un endroit apparent et de préférence sur les lieux de passage du personnel.

L'employeur ne dispose pas d'un droit d'autorisation préalable. Par conséquent, il ne peut ni refuser l'affichage de certains renseignements ni retirer les communications affichées. Si l'affichage sort du cadre des attributions des délégués du personnel, l'employeur doit saisir le tribunal en référé afin de faire cesser l'affichage litigieux.

B. /La protection des délégués du personnel

La protection du mandat des délégués du personnel se pose dans les termes semblables à celui de la protection du mandat des parlementaires. À l'instar des parlementaires dont la protection doit être assurée par rapport à l'exécutif, c'est vis-à-vis de l'employeur que les délégués du personnel doivent être protégés. Cependant, cette protection ne doit pas aboutir à une immunité de fait. Le but de la protection est d'empêcher l'employeur d'entraver ou de mettre fin à l'exercice naturel des fonctions du délégué sous prétexte d'user de sa faculté de résiliation unilatérale du contrat de travail. Il importe donc de préciser les bénéficiaires (**1**) et le contenu (**2**) de la protection.

1. Les bénéficiaires de la protection

La protection concerne les délégués du personnel titulaires et les délégués suppléants (**a**). Elle s'étend également, sous certaines conditions, aux anciens délégués, aux candidats à l'élection de délégués du personnel (**b**).

a) Les délégués titulaires et suppléants

Les délégués titulaires et les suppléants bénéficient de garanties particulières, d'autant plus qu'ils sont exposés dans l'accomplissement de leur mission de délégué du personnel aux mesures de représailles de l'employeur. À cet effet, le licenciement d'un délégué du personnel, qu'il soit titulaire ou suppléant, ne peut intervenir qu'après l'autorisation préalable de l'inspecteur du travail. Cette autorisation doit être sollicitée, quelles que soient les circonstances qui sont à l'origine du licenciement envisagé.[428]

b) Les candidats et les anciens délégués du personnel

Le statut protecteur s'applique aux salariés *candidats aux élections de délégué du personnel*. La protection couvre la période comprise entre la date de remise des listes de candidature à l'employeur et celle du scrutin (art. L. 216 C. trav.).[429] Toutefois, même en l'absence de cette formalité, la protection devrait, en principe, jouer lorsque l'employeur a eu connaissance de la future candidature du salarié.

La protection s'étend également aux anciens délégués du personnel, dont le mandat vient d'expirer. Ils bénéficient des mesures de protection à partir de l'expiration de leur mandat et jusqu'à trois mois après le nouveau scrutin.[430]

2. Le contenu de la protection

Les délégués du personnel titulaires et suppléants, parce qu'ils sont investis de fonctions particulières, sont protégés contre le licenciement (**a**), les mutations (**b**) et les mesures discriminatoires (**c**).

---

428 Cass. soc., 28 janvier 2003, n° 11, *SDE c./ Bilaly BARRY,* Bulletin des arrêts de la Cour de cassation du Sénégal : Le fait pour un délégué du personnel suppléant de changer de catégorie professionnelle n'entraîne pas à lui seul la perte de son mandat et de la protection qui y est attachée, si ce dernier n'a pas été remplacé en qualité de délégué du personnel.

429 CA Dakar 19 février 1968, TPOM 244 p. 5411 ; CA Dakar 22 juillet 1971, TPOM 350, p. 7306 ; CA Dakar 1er mars 1994, TPOM 853, p. 96.

430 CA Dakar 16 février 1976, TPOM 441, p. 205 ; CA Dakar, 3 mai 1967, *Etablissement Maurel et Prom c./ BC* ; CA Dakar 3 janvier 1962, TPOM 104 p. 2304 ; CA Dakar 16 février 1976, TPOM 441, p. 205.

a) La protection contre le licenciement

Tout licenciement d'un délégué du personnel ou de son suppléant envisagé par l'employeur doit être soumis à l'autorisation de l'inspecteur du travail. Lorsque la demande est adressée à l'inspecteur du travail, celui-ci peut soit autoriser (***a.1***), soit refuser le licenciement (***a.2***). Sa décision peut faire l'objet de recours (***a.3***).

a.1 – L'obtention de l'autorisation

L'employeur qui envisage de licencier un délégué du personnel est tenu d'informer celui-ci de la date de dépôt de la demande d'autorisation de licenciement. L'inspecteur du travail dispose d'un délai de quinze jours pour répondre à la demande d'autorisation de l'employeur. Dès lors que l'autorisation est sollicitée et qu'aucune réponse n'est intervenue dans les délais légaux prévus, le licenciement doit être considéré comme autorisé.[431] Toutefois, ce délai peut être porté à un mois si l'inspecteur estime qu'il lui faut un délai supplémentaire pour expertise.

La Cour suprême a jugé que lorsque le délai d'un mois est prorogé de quinze (15) pour une enquête complémentaire qui a vu la participation de l'employeur, ce dernier est mal fondé pour soutenir que la décision de l'inspecteur du travail n'a pas été prise dans le délai légal.[432] Cette décision est critiquable, car conformément aux dispositions de l'article L. 215 du Code du travail, le défaut de réponse dans le délai requis vaut autorisation. La Cour semble avoir privilégié le souci de recherche de vérité auquel a donné lieu la prolongation du délai.

Lorsque l'autorisation de l'inspecteur du travail est obtenue, le licenciement est, a priori, régulier en la forme et le tribunal n'a pas compétence pour annuler la décision de l'inspecteur du

---

431 C.S. Cameroun, 12 avril 1990, TPOM 772, p. 30.

432 C.S. Sénégal, ch. soc., 28 octobre 2008, n° 12, *Société BUHAN & TEISSEIRE c./ État du Sénégal*, Bulletin des arrêts de la Cour suprême du Sénégal : Dans la même affaire, la Cour a jugé que l'employeur « n'a pas établi en quoi le port de brassard rouge pour manifester son mécontentement, la menace d'organisation de sit-in, l'élaboration d'une pétition pour le départ du Directeur Général contre qui sont élevés des griefs, et le refus de recevoir individuellement des demandes d'explications précédemment envoyées collectivement au collège des délégués du personnel, peuvent constituer des fautes lourdes de nature à justifier le licenciement de délégués du personnel. »

travail ou apprécier les conditions dans lesquelles cette autorisation a été donnée. En effet, la contestation de l'autorisation donnée par l'inspecteur du travail n'est pas de la compétence des tribunaux judiciaires ; mais le tribunal peut, à la demande de l'une des parties, examiner le fond du litige pour lequel il reste compétent.

L'explication est simple : lorsque l'autorisation a été accordée par l'inspection du travail, le différend se déplace. Il n'a plus lieu entre l'employeur et l'inspection du travail, mais entre le délégué, en tant que travailleur, et son employeur. Tout comme un licenciement ordinaire, un licenciement même autorisé peut être déclaré abusif, car l'autorisation est principalement une question de forme. Sur le fond du litige, les juges peuvent donc être amenés à considérer qu'il y a eu abus de droit.

Par ailleurs, le délégué du personnel ne jouit pas d'une immunité en ce qui concerne l'exécution de son contrat de travail. À cet effet, l'inspecteur du travail a le devoir de faire la différence entre l'exercice par le travailleur de son mandat de délégué et l'exécution des tâches relevant de son contrat de travail.

Ce sont les fautes commises à l'occasion de l'exécution de son contrat de travail qui sont susceptibles de donner une suite positive à la demande d'autorisation de licenciement formulée par l'employeur. Il n'en demeure pas moins que l'inspecteur du travail dans l'examen des faits reprochés au travailleur, aura toujours en toile de fond le fait que ce travailleur est délégué du personnel.

Cependant, en cas de faute lourde du délégué, l'employeur n'est pas totalement désarmé. Il peut prononcer immédiatement la mise à pied conservatoire du délégué, en attendant l'autorisation de l'inspection du travail. Si après la mise à pied, l'inspecteur autorise le licenciement, aucun problème ne se pose.[433] L'employeur est dispensé du paiement du salaire pour la période de mise à pied. Si l'autorisation n'est pas accordée, la

---

433 Dans l'hypothèse où le licenciement est autorisé, mais que le tribunal estime qu'il n'y a pas de faute lourde, l'on peut se demander si le remboursement sous forme d'indemnité des salaires perdus pendant la période de mise à pied n'est pas dû, puisque le fondement de la mise à pied est une faute lourde. Lorsque l'employeur ne peut justifier de la faute lourde et que l'autorisation est refusée, la mise à pied est illégitime, le délégué est réintégré dans l'entreprise et les salaires de cette période de mise à pied doivent être versés.

mise à pied est rétroactivement annulée. Le délégué du personnel doit être réintégré dans l'entreprise et recevoir une indemnité correspondante à la rémunération qu'il aurait perçue s'il n'avait pas été irrégulièrement mis à pied.

a.2 – Le refus de l'autorisation

Il peut arriver que l'inspecteur du travail refuse le licenciement sollicité ; dans ce cas, le licenciement doit être considéré comme irrégulier en la forme et abusif.[434]

Par ailleurs, si le licenciement du délégué intervient avant que l'inspecteur du travail, saisi par l'employeur, ait, dans les délais prévus, répondu, ce licenciement est abusif. Mais si l'autorisation a été donnée, mais postérieurement au licenciement, les tribunaux considèrent généralement qu'il y a eu non-respect des formes et que le licenciement est donc abusif.[435]

a.3 – Le contentieux de l'autorisation

La décision de l'inspecteur accordant ou refusant le licenciement d'un délégué du personnel n'est susceptible d'aucun recours autre que le *recours hiérarchique* devant le ministre chargé du travail. À cet égard, les parties disposent d'un délai de 15 jours pour déférer au ministre la décision dans le cadre du recours hiérarchique.

Le Code du travail n'impose pas au ministre du Travail, qui statue sur un recours hiérarchique, l'obligation de motiver sa décision, comme il le fait pour l'inspecteur du travail. Lorsque la décision du ministre ne comporte pas de motifs propres, on peut considérer qu'elle est censée avoir adopté les motifs de la décision qu'elle confirme.[436] La décision du ministre est susceptible d'un recours pour excès de pouvoir qui est le recours en annulation d'une décision administrative.

Les actions des délégués du personnel devant les tribunaux du travail tendent généralement à faire déclarer leur licenciement abusif ou de leur faire accorder les indemnités de rupture. Tout licenciement d'un délégué qui n'aurait pas reçu

---

[434] C.S. Sénégal, 20 novembre 1980, TPOM 568, p. 511 ; CA Dakar 17 juillet 1986, TPOM 696, p. 279.

[435] CA Dakar 15 novembre 1961, TPOM 108, p. 2397.

[436] C.S. Sénégal, ch. soc., 5 mai 2009, n° 10, *Salif DIAGNE c./ État du Sénégal*, Bulletin des arrêts de la Cour suprême du Sénégal.

l'autorisation préalable de l'inspecteur du travail, ou qui intervient après l'annulation de cette autorisation est nul et de nul effet. Les conséquences de cette nullité sont que le délégué irrégulièrement licencié est réintégré d'office dans son emploi avec paiement d'une indemnité égale au salaire qu'il aurait perçu s'il n'avait pas été irrégulièrement licencié.[437]

Par ailleurs, l'employeur qui ne réintègre pas le délégué du personnel, quinze jours après la notification soit de la décision de refus opposé par l'inspecteur du travail, soit de la décision par laquelle le ministre infirme l'autorisation donnée, soit enfin de mise en demeure par l'inspecteur du travail de réintégrer le salarié lorsque l'employeur s'est abstenu de demander l'autorisation de licenciement, est tenu de verser au délégué du personnel, une indemnité supplémentaire (art. L 217 C. trav.).[438] Cette indemnité est égale à :

- 12 mois de salaire brut lorsqu'il compte 1 à 5 ans d'ancienneté dans l'entreprise ;
- 20 mois de salaire brut lorsqu'il compte 5 à 10 ans d'ancienneté ;
- 2 mois de salaire brut par année de présence avec un maximum de 36 mois, lorsqu'il compte plus de 10 ans d'ancienneté.

Le versement de cette indemnité est sans influence sur la nullité du licenciement.

En outre, l'employeur est passible des poursuites pénales s'il licencie un délégué du personnel dans le but de porter atteinte à l'exercice régulier de ses fonctions.

b) La protection contre les mutations

Le délégué du personnel a besoin d'une certaine stabilité et sérénité pour exercer ses fonctions. À cet effet, il est protégé contre les mutations. La CCNIS prévoit en article 70-5 ° que le délégué du personnel ne peut être muté contre son gré pendant la durée du mandat, sauf appréciation de l'inspecteur du travail.

Par conséquent, l'employeur qui envisage de muter un délégué du personnel doit en cas de refus de ce dernier solliciter

---

437 C.S. Sénégal, ch. soc., 25 juin 2014, n° 30, *Omar NDIAYE c. / La Société de Cosmétiques et Dentifrices*, Bulletin des arrêts de la Cour suprême du Sénégal.

438 C.S. Sénégal, ch. soc., 13 novembre 2013, n° 47, *Basile PEREIRA c. / NESTLÉ SÉNÉGAL*, Bulletin des arrêts de la Cour suprême du Sénégal.

l'autorisation de l'inspecteur du travail. Il n'est pas nécessaire que la mutation entraîne une modification substantielle de son contrat de travail. Il suffit simplement que la mutation soit de nature à affecter l'exercice des fonctions du délégué du personnel.

En revanche, le déplacement d'un délégué du personnel de son poste d'origine pour les besoins d'une mission d'inventaire annuel d'une dizaine de jours ne constitue pas une mutation. Ainsi, le refus par un salarié, fût-il délégué du personnel, de participer à cette mission d'inventaire qui est un acte de gestion relevant du pouvoir de direction de l'employeur constitue un acte d'insubordination.[439]

c) La protection contre les mesures discriminatoires

Le délégué du personnel peut faire l'objet de mesures discriminatoires en raison des positions qu'il prend au sein de l'entreprise ou de son appartenance syndicale. De telles discriminations constituent le délit d'entrave ou d'atteinte à la liberté syndicale.

L'employeur ne doit pas prendre en compte l'activité de représentation du personnel pour arrêter toute décision relative à l'exécution du contrat de travail du délégué. Il ne doit pas abuser de son pouvoir de direction. Le délégué du personnel doit être traité comme les autres salariés.

La mesure discriminatoire est en général très subtile. Par conséquent, il est souvent difficile de prouver la nature discriminatoire de mesures qui se réclament souvent du pouvoir souverain d'appréciation de l'employeur sur les aptitudes professionnelles de ses salariés. Mais, la comparaison objective du sort réservé à différentes catégories de salariés peut permettre de mettre en évidence la discrimination.

Toutefois, il convient de préciser que le délégué du personnel est un salarié au même titre que les autres. Il peut donc se voir infliger des sanctions. Il suffit simplement que cette sanction soit justifiée.

---

[439] C.S. Sénégal, ch. soc., 27 mars 2014, n° 16, *Société MATFORCE SA c./ État du Sénégal,* Bulletin des arrêts de la Cour suprême du Sénégal.

TITRE 2

LES CONFLITS COLLECTIFS

Le plus souvent les conflits entre employeurs et salariés sont de nature individuelle. Ce sont généralement des litiges nés de l'exécution du contrat du travail. La résolution de tels litiges révèle en principe de la compétence du tribunal du travail qui est une juridiction spécialisée en la matière.

Mais, il arrive également que les conflits prennent une dimension collective avec des manifestations extrêmes qui aboutissent à la grève ou au lock-out. Pour autant, il ne faut pas conclure que les conflits collectifs entre les partenaires aux relations de travail se réduisent aux situations de grève, débrayage ou lock-out. Il ne s'agit là que des modalités les plus visibles, celles qui manifestent sûrement la présence d'un conflit existant.

Les relations professionnelles peuvent avoir une dimension conflictuelle parce que salariés et employeurs ont des intérêts divergents. Et lorsque la négociation n'aboutit pas positivement, on passe à des extrêmes que sont la grève et le lock-out qui constituent les principales manifestations des conflits collectifs. Si du côté des salariés, le conflit peut se traduire par la grève (**chapitre 1**), l'employeur de son côté, peut essayer de riposter à cette grève, à travers notamment le lock-out (**chapitre 2**).

CHAPITRE 1 : LE DROIT DE GRÈVE

Considérée pendant longtemps comme un simple phénomène de violence, la grève est devenue, dans les sociétés démocratiques, une liberté collective nécessaire ou encore une modalité légitime de défense des intérêts professionnels, faisant contrepoids au pouvoir de la direction.[440] La grève est destinée à contraindre une personne à accorder des avantages ou à entrer en négociation.

L'usage de la grève est constaté traditionnellement dans les rapports de travail, notamment entre salariés et employeurs de droit privé, mais pas seulement dans les rapports régis par le droit du travail. Des fonctionnaires peuvent se mettre en grève de même que certaines professions libérales voire même des commerçants. Aussi compte tenu de la place qu'occupe la grève dans les conflits collectifs, il convient d'étudier, d'une part, les conditions d'exercice de la grève (**section 1**) et, d'autre part, ses effets (**section 2**).

SECTION 1 : LES CONDITIONS D'EXERCICE DE LA GRÈVE

Le mouvement doit recevoir la qualification de grève, à défaut de quoi il est illicite. Pour déterminer si le mouvement répond à la qualification de grève, il faut examiner les éléments de définition de la grève (**§ 1**) et analyser ses modalités de déclenchement (**§ 2**).

---

[440] Hélène SINAY et Jean-Claude JAVILLIER, *La grève*, tome 6 du Traité de droit du travail de Guillaume Henri CAMERLYNCK, 2ème éd., Paris, Dalloz, 1984. – Bernard TEYSSIE, *Les conflits collectifs du travail, grève et lock-out*, Paris, Litec, 1981. - Hélène SINAY, *Les méandres du droit de grève*, Mélanges M. DAVID, p. 407. – Sophie DION-LOYE, *Le fait de grève*, thèse de Doctorat, Dijon, 1989.

§ 1 – La définition de la grève

Qu'est-ce qu'une grève ? En l'absence de précision législative, les juges ont été conduits à définir la grève comme la cessation collective et concertée du travail en vue d'appuyer de revendications professionnelles. De cette définition ressortent les trois conditions de l'exercice du droit de grève : l'arrêt de travail (**A**), le mouvement concerté (**B**) et les revendications professionnelles (**C**).

A. /Un arrêt de travail

L'arrêt de travail est un critère nécessaire à la définition de la grève (**1**). Il permet d'exclure de la qualification de la grève certaines actions collectives des salariés, qui en réalité sont de fausses grèves[441] (**2**).

1. Une cessation franche du travail

La grève implique une cessation franche du travail, même si celle-ci n'est que de brève durée. Le mouvement qui ne se traduit pas par une cessation d'activité, mais par un ralentissement d'activité ou une exécution de l'activité dans des conditions différentes des conditions habituelles, ne constitue pas une grève. Il constitue une exécution fautive du contrat de travail pouvant être sanctionnée par l'employeur.

La loi n'a fixé aucune durée minimale ou maximale aux arrêts de travail liés à la grève. La durée de la grève importe donc peu dès lors qu'il y a cessation totale du travail. À cet effet, la grève peut être de très courte durée (une heure ou même moins) ou être suivie pendant plusieurs semaines ou mois.

2. Les fausses grèves

Le critère de cessation de travail permet d'exclure du domaine de la grève des mouvements de protestation des travailleurs qui consistent en une exécution de mauvaise foi du contrat de travail. Ces mouvements qui n'ont de grève que le

---

441 Viviane VANNE, *Le droit de grève, Concilier le droit de grève et les autres droits fondamentaux : recours au principe de proportionnalité ?* Larcier, Coll. Droit social, 2013, p. 368.

nom, sont de fausses grèves. Il en est ainsi de la « grève perlée » ou de la « grève de zèle ».

La « grève perlée » se traduit par un ralentissement volontaire de l'activité. Dans ce cas, le salarié ne participe pas à une grève véritable, car il ne cesse pas le travail, mais à une mauvaise exécution de ses obligations contractuelles. L'exécution du travail dans des conditions autres que celles prévues au contrat ne relève pas de l'exercice du droit de grève. Pour savoir si on est en présence d'une « grève perlée », il suffit d'examiner le rendement des salariés pendant la période concernée par le mouvement avec leur rendement habituel dans l'entreprise.

La « grève du zèle » consiste à appliquer minutieusement toutes les consignes de travail et à exécuter avec un perfectionnisme exagéré les tâches confiées, ce qui a pour effet de ralentir ou de rendre impossible l'activité. Exemple : grève du zèle des douaniers, des postiers, des contrôleurs de la navigation aérienne. En Europe, les douaniers en ont fourni un exemple saisissant. En instituant un contrôle systématique et approfondi des bagages de très nombreux voyageurs, ils ont retardé gravement le transport aérien ou autoroutier. Ils ont embouteillé le service public et alourdi sa gestion.

Il n'est pas nécessaire, pour se prononcer sur la licéité de tels évènements, de relever le caractère « sournois » du procédé, opposé à la « franchise » d'un arrêt véritable de travail, ni la « déloyauté » de ceux qui voudraient désorganiser la production sans subir la perte du salaire qui résulterait d'une grève « franche ». De tels mouvements peuvent être considérés comme une réalisation volontairement défectueuse du travail.

En revanche, la grève bouchon par laquelle quelques salariés cessent le travail, bloquant toute la chaîne de production, n'est pas illicite en elle-même.

B. /Un acte concerté et collectif

La grève est un droit individuel (**2**) exercé collectivement. Elle suppose une cessation collective de travail (**1**).

1. Un arrêt collectif de travail

Le mouvement doit être collectif et concerté, peu importe si les grévistes sont peu nombreux. L'essence même de la grève repose sur son caractère collectif. On ne peut pas faire grève tout seul. Le pluriel commence, en effet, à deux. En revanche, il est admis qu'un salarié isolé peut s'associer à un mot d'ordre de grève nationale qui dépasse le cadre de son entreprise.[442]

La grève n'a pas à être précédée par une décision majoritaire des salariés concernés. Elle peut être partielle, minoritaire, voire ultra-minoritaire. Un arrêt de travail ne perd pas le caractère d'une grève par le seul fait qu'il n'a pas été observé par la majorité du personnel. [443]

Toutefois, la jurisprudence manifeste une sévérité particulière à l'encontre des salariés qui ne reprennent pas le travail alors que la plus grande partie du personnel a décidé collectivement l'arrêt de la grève. Le comportement d'une minorité de réfractaires qui agissent individuellement sans concertation ni nouvelle revendication et qui sont désavoués par les représentants du personnel ne constitue plus une grève. La poursuite du conflit ne se justifie plus lorsque les revendications ont été satisfaites.[444]

2. Un droit individuel

La grève étant une liberté individuelle, chaque salarié peut choisir de participer à une grève ou de ne pas y participer. L'exercice du droit de grève n'est pas subordonné à une approbation syndicale. De même, il n'est pas nécessaire qu'un syndicat soit implanté dans une entreprise pour que les salariés puissent faire grève. Même si des syndicats sont présents dans l'entreprise, ce n'est pas parce qu'un arrêt de travail n'a pas été déclenché à l'appel d'un syndicat qu'il perd le caractère de grève.

La liberté de grève est reconnue par la Constitution au même titre que la liberté du travail. À cet effet, les grévistes ne doivent pas adopter des comportements qui empiètent sur d'autres droits fondamentaux. L'organisation de piquets de grève doit rester dans les bornes de la légalité.

Le piquet de grève consiste dans la présence des grévistes à la porte de l'entreprise où se déroule le conflit collectif afin de dissuader leurs collègues ou camarades de travail de rejoindre

---

[442] Jurisprudence française : Cass. soc., 29 mars 1995, n° 93-41.863, RJS 5/95, n° 553.

[443] Jurisprudence française : Cass. soc., 1er juin 1951, Dr. soc. 1951, p. 530 : grève effectuée par deux époux. – Cass. soc., 27 mars 1952, S. 1952, 1, p. 179 : grève de deux sous-directeurs. – Cass. soc., 21 juin 1967, D. 1967, p. 753 : la grève était observée par 76 salariés sur 1 468.

[444] Jurisprudence française : Cass. soc., 6 novembre 1985, n° 82-43.336, Dr. soc., 1986, p. 610.

leurs postes et de les inviter à se joindre au mouvement de grève. S'il s'agit tout simplement pour les grévistes d'informer leurs collègues et de les inviter pacifiquement à rejoindre le mouvement, le piquet, sous cet aspect, est licite. Cela revient à exercer la liberté d'association et la liberté d'expression, sans entraver les droits d'autrui.

Le problème naît si le piquet de grève devient bloquant. Il en est ainsi lorsque les grévistes tentent d'empêcher, totalement ou partiellement, l'accès à l'entreprise en grève aux dirigeants, aux fournisseurs, aux clients ainsi qu'aux salariés non grévistes. Le fait de faire entrave à l'exercice de la liberté de travail rend le piquet de grève illicite.[445]

Par ailleurs, le piquet de grève doit rester extérieur à l'entreprise. L'occupation des lieux de travail constitue un obstacle au travail des salariés qui ne veulent pas se joindre au mouvement collectif. La liberté de travail des non-grévistes est aussi respectable que la liberté de cesser le travail des grévistes.

De façon péremptoire, l'article L. 276 alinéa 4 du Code de travail dispose : « En aucun cas, l'exercice du droit de grève, ne peut s'accompagner d'occupation des lieux de travail ou de leurs abords immédiats, sous peine de sanctions prévues aux articles L. 275 et 279. » Cependant, le port du brassard rouge, pour manifester son mécontentement, par des salariés qui continuent de travailler n'est pas constitutif de faute lourde de nature à justifier le licenciement.[446]

C. /Un motif : la revendication professionnelle

La grève doit avoir pour motif une revendication professionnelle que l'employeur refuse de satisfaire. Elle doit

---

[445] Selon la Cour de cassation française, l'illicéité du piquet de grève est constitué lorsque les grévistes ont formé des barrages "au coude à coude sur toute la largeur de la rue pour empêcher les ouvriers et employés qui viennent prendre leur travail d'entrer à l'usine", et sont opposés en particulier "à l'entrée du responsable du dépôt qui devait assurer la distribution du lait aux hôpitaux, crèches et cliniques". Cass. soc., 6 mai 1971, Bull. civ. V, n° 311, p. 287, Dr. soc. 1971. 544, note Jean SAVATIER. – Cass. soc., 8 février 1972, D. 1972, 656, note Jean SAVATIER.

[446] C.S. Sénégal, ch. soc., 28 octobre 2008, n° 12, *Société BUHAN & TEISSEIRE c./ État du Sénégal,* Bulletin des arrêts de la Cour suprême du Sénégal. *Adde,* Le port du brassard rouge qui est vite entré dans les mœurs sénégalaises est inspiré de la « grève à la japonaise ». Les grévistes mécontents portent un brassard durant leurs heures de travail pour manifester leur mécontentement. C'est un cri d'alarme.

tendre à modifier ou à améliorer les conditions de travail et s'inscrit, en principe, dans le cadre de l'entreprise et du contrat de travail. Du caractère professionnel des revendications, on déduit l'exclusion des grèves politiques (**1**). Il se pose aussi la question de la grève de solidarité (**2**).

1. La grève politique

La grève est politique lorsqu'elle est détournée de sa fin sociale et s'immisce dans l'exercice des actes réservés à la puissance publique, faussant ainsi le jeu des institutions professionnelles. De manière rigoureuse, il faudrait même dire que la « grève politique » n'est pas une grève du tout – la grève par définition étant axée sur la défense d'intérêts professionnels.[447]

Il existe cependant des grèves mixtes, dont les mobiles sont à la fois professionnels et politiques. Pour la chambre sociale de la Cour de cassation française, ces mouvements sont illicites lorsque l'aspect politique est prédominant.[448]

À l'inverse, une grève déclenchée pour protester contre la politique économique et sociale du gouvernement sera licite lorsqu'elle a « pour objet le refus du blocage des salaires, la défense de l'emploi et la réduction du temps de travail, revendications étroitement liées aux préoccupations quotidiennes des salariés au sein de leur entreprise ».[449] La frontière entre motif politique et motif professionnel n'est pas toujours étanche.

En dépit de cette difficulté, la Cour de cassation française a jugé que la participation à une grève politique est, à elle seule, une faute lourde justifiant la rupture du contrat de travail[450] ; la responsabilité du syndicat qui a donné le mot d'ordre de grève, pouvant en même temps, être recherchée[451].

---

[447] Paul DURAND, « Le régime juridique de la grève politique », Dr. soc. 1953, p. 27 et s. – Maurice BOITEL, « Les grèves politiques bénies et les grèves politiques maudites », Dr. ouvr. 1962, p. 71. – Hélène SINAY & Jean-Clude JAVILLIER, op. cit. p.167, p. 212 et s.

[448] Cass. soc., 10 mars 1961, Bull. IV, n° 333, Dr. soc. 1961, p. 363, obs. Jean SAVATIER.

[449] Bull. IV, n° 333, Dr. soc. 1961, p. 363, obs. Jean SAVATIER.

[450] Bull. IV, n° 333, Dr. soc. 1961, p. 363, obs. Jean SAVATIER. – D. 1980. I.R. 23, Obs. Jean PELISSIER. – Gaz. Pal. 1979. 2. 669. – Cass. soc., 20 février 1959, Bull. civ. V, n° 274. – Cass. soc., 5 octobre 1960, D. 1960. 710. – Cass. soc., 10 mars 1961, préc.

[451] Cass. soc., 8 janvier 1959, Bull. V, n° 40.

2. La grève de solidarité

La grève de solidarité proprement dite est celle qui est déclenchée en faveur d'intérêts qui ne sont pas ceux de la collectivité de travail à laquelle appartiennent les grévistes. La solidarité peut être externe ou interne à un groupe d'entreprises ou à une profession.

La grève de solidarité suscite des questions. Peut-on faire grève pour défendre les intérêts professionnels d'autrui ? La grève n'est-elle licite que si elle est dirigée contre un employeur qui peut y mettre fin par des concessions réciproques ?

Lorsque les salariés d'une entreprise se mettent en grève pour appuyer les revendications de salariés d'autres entreprises, on parle de « solidarité externe ». Pour être déclarée licite, la grève doit avoir pour objet de protester pour la défense d'intérêts professionnels menacés et communs à toutes les entreprises en cause.[452] Concrètement, la grève doit porter des revendications partagées par les salariés de l'entreprise.

Il y'a « solidarité interne » lorsque les salariés d'une entreprise se mobilisent dans l'intérêt de l'un ou de quelques-uns d'entre eux. Le plus souvent, c'est pour soutenir un collègue de travail menacé d'un licenciement ou d'une sanction disciplinaire. La question qui vient très logiquement à l'esprit est celle de savoir si une grève peut être déclenchée, non dans l'intérêt collectif de ceux qui y participent, mais dans l'intérêt purement personnel de tel ou de tel salarié.

À vrai dire, même la jurisprudence a du mal à se prononcer clairement sur la question. En France, elle a décidé que la grève était licite dès lors qu'elle avait pour but de protester contre le licenciement d'un salarié qui s'était fait porte-parole de l'ensemble du personnel, pour présenter des revendications, d'ailleurs justifiées.[453] Il en est de même lorsque les mesures prises à l'encontre d'un salarié ont des répercussions ou sont susceptibles d'avoir des répercussions sur l'ensemble des salariés.[454] Elle a également décidé que la grève était illicite, si la sanction ou le licenciement invoqués avaient été décidés pour

---

[452] Cass. soc., 30 juin 1976, Bull. civ. , n° 402 et 403, p. 331.

[453] Cass. soc., 30 juin 1976, Bull. civ., n° 402 et 403, p. 331.

[454] Par exemple, est licite la grève déclenchée à la suite de l'annonce d'un projet de licenciement économique d'un salarié compte tenu de la menace que ce licenciement fait peser sur l'emploi.

des motifs purement personnels aux salariés concernés et étaient pleinement justifiés.[455]

En conclusion, la grève de solidarité interne est licite lorsqu'elle présente en plus de la solidarité manifestée à un salarié, une revendication d'ordre professionnel et collectif. Par conséquent, une grève de pure solidarité envers un salarié, sans revendication concernant les grévistes eux-mêmes, est illicite.

§ 2 – Les modalités de déclenchement de la grève

Le Code du travail a réaménagé la procédure de déclenchement d'un conflit collectif. Deux conditions sont prévues : la notification du conflit (**A**) et la tentative de conciliation (**B**).

A. /La notification du conflit

Dès son apparition, le conflit collectif doit être immédiatement notifié par la partie la plus diligente :

- à l'inspecteur du travail et de la sécurité sociale lorsque le conflit est limité au ressort d'une inspection régionale du travail et de la sécurité sociale ;
- au directeur général du travail et de la sécurité sociale lorsque le conflit s'étend sur les ressorts de plusieurs inspections régionales du travail et de la sécurité sociale.[456]

C'est cette notification qui permet de déclencher la procédure de règlement du conflit.

B. /La tentative de conciliation

La conciliation vise à obtenir un accord qui comportera des engagements ; c'est donc une négociation de type contractuelle. On ne cherche pas à juger les positions de chacune des parties, on ne cherche pas non plus à imposer aux parties des solutions. Ce sont les parties qui forgent elles-mêmes leurs propres solutions par la négociation.

---

455 Cass. soc., 18 mars 1982, Bull. civ. V, n° 182, p. 135. – Cass. soc., 16 octobre 1985, Bull. civ. V, n° 459, p. 332 ; Soc. 30 mai 1989, Bull. civ. V, n° 405, p. 224. – *Adde*, J. DEPREZ, Grève de solidarité et pouvoir sanctionnateur du chef d'entreprise : vers un assouplissement des conditions de licéité de la grève de solidarité, Dr. soc. 1988, p. 143 et s.

456 C. trav., art. L. 272.

La procédure de conciliation sera celle prévue par la convention collective pour le règlement des différends collectifs.[457] Si la convention collective n'en prévoit aucune ou en cas d'échec de celle-ci, l'inspecteur du travail ou le directeur général doit dans les 48 heures après sa saisine, convoquer les parties. Un délai de dix jours est accordé aux parties pour se concilier.

En cas de conciliation, un procès-verbal en tenant acte est dressé sur le champ par l'inspecteur du travail ou par le directeur général du travail et signé par les parties auxquelles il en est délivré copie. En l'absence de conciliation, les parties sont libres, après le dépôt d'un *préavis de 30 jours* au niveau des syndicats des employeurs ou des travailleurs concernés, de déclencher le mouvement de grève ou de lock-out.

SECTION 2 : LES EFFETS DE L'EXERCICE DE LA GRÈVE

L'exercice du droit de grève entraîne inéluctablement des conséquences. Celles-ci diffèrent suivant qu'il s'agit des grévistes (**§ 1**) ou des non-grévistes (**§ 2**).

§ 1 – La situation des salariés grévistes

La grève ne rompt pas le contrat de travail, sauf faute lourde imputable au salarié. Le contrat est suspendu pour la durée du conflit (**A**). Corrélativement, il n'y a pas de rémunération (**B**).

A. /La suspension du contrat de travail

La grève déclenchée dans le respect des procédures légales et conventions susdécrites est licite et constitue un cas de suspension du contrat du travail. Dans ce cas, les parties sont momentanément dispensées d'exécuter leurs obligations. Si le contrat semble suspendu pendant la durée du mouvement de grève, c'est techniquement seulement l'exécution de l'obligation de fournir le travail convenu qui l'est ; le salarié demeure lié par les obligations de fidélité, de non-concurrence, etc.

Cette suspension a plusieurs conséquences. Le pouvoir disciplinaire est suspendu à l'égard des grévistes n'ayant pas commis de faute lourde et aucune sanction ne peut être prise à

[457] C. trav., art. L. 273.

leur encontre. Puisque le gréviste n'est plus subordonné, il perd toute protection en matière d'accident de travail ou de trajet.

Si la grève constitue un cas de suspension du contrat, elle n'est pas la seule et deux suspensions peuvent entrer en conflit. Lorsque d'autres causes de suspension interfèrent avec la suspension due à la grève, on tient généralement compte de l'ordre chronologique pour déterminer le régime juridique applicable à un gréviste. Par exemple, le salarié en grève qui tombe malade est toujours considéré comme gréviste ; il ne peut obtenir de l'employeur l'indemnisation du congé de maladie. De même, les accidents survenus au cours de la suspension du contrat de travail due à une grève n'ont pas un caractère professionnel, le salarié gréviste ne se trouvant pas sous l'autorité de l'employeur.

Par contre, un problème peut se poser en cas de survenance d'un jour férié pendant la grève. Le salarié en grève peut-il prétendre au paiement d'une rémunération pour ce jour chômé s'il s'agit d'un jour chômé et payé ? En principe, non, dans la mesure où il est considéré comme gréviste pendant toute la durée du mouvement. Le fait que la période de grève comporte un jour férié n'a aucune incidence sur la qualité de gréviste.

B. /L'absence de rémunération

Pendant la grève, la durée de l'arrêt de travail détermine celle de la suspension du contrat. Le contrat étant suspendu, les parties sont autorisées à ne point exécuter leurs obligations.

Du côté de l'employeur, et comme effet du caractère synallagmatique du contrat de travail, l'arrêt du travail entraîne la suspension corrélative de l'obligation de payer le salaire. Cette conséquence n'est pas une sanction qui serait irrégulière, mais un effet de la suspension qui s'applique même au cas de grève licite.

L'employeur est donc libéré du paiement des salaires aux grévistes pendant la période où le travail s'est trouvé interrompu. La retenue sur le salaire en raison de la participation à une grève ne doit pas avoir le caractère d'une sanction, mais doit être proportionnelle à la durée de cessation du travail, quelles que soient les conséquences de l'arrêt de travail sur la production.

Si les salariés ont cessé de travailler pendant trois heures, l'employeur ne peut retenir sur leur paie que le salaire correspondant à ces trois heures. Il en est ainsi, même si la cessation du travail du fait de la grève, étant de courte durée, a entraîné une grosse perte de production. De même, l'employeur ne peut retenir plus de trois heures au motif qu'après l'arrêt du conflit il a fallu observer une demi-heure pour remettre en route les machines, donc la production.

En procédant à la retenue, l'employeur doit éviter de faire mention de la grève sur le bulletin de paie du salarié gréviste. Il doit utiliser un terme plus neutre, comme celui d'absences non rémunérées. Il ne doit pas indiquer la cause de la retenue.

L'employeur doit reprendre les travailleurs à la fin de la grève. Il ne peut les licencier pour cause de grève, sauf si les salariés ont commis certains délits. Il ne peut opérer, à la suite d'une grève, des discriminations en matière de rémunération et d'avantages sociaux entre les grévistes et les non-grévistes.

§ 2 – La situation des salariés non grévistes

En cas de grève, l'employeur a l'obligation de fournir le travail aux salariés non grévistes (**A**). En contrepartie, ils auront droit, sauf circonstances exceptionnelles (**B**) à la rémunération.

A. /La fourniture du travail

La grève ne modifie pas les obligations de l'employeur vis-à-vis du personnel non gréviste dont le contrat de travail n'est pas suspendu. L'employeur doit fournir du travail aux salariés non grévistes.

Si les non-grévistes ont pu continuer à exécuter leurs tâches, ils perçoivent normalement leurs salaires, ceci même si la production tourne au ralenti. L'employeur ne peut donc prétexter d'une réduction de la production occasionnée par la grève pour réduire le salaire des travailleurs non grévistes.

B. /Le non-paiement de la rémunération

L'employeur peut se trouver dans l'impossibilité de fournir le travail aux salariés non grévistes. Il en est ainsi notamment, lorsque par le comportement fautif des grévistes (occupation des lieux de travail, piquets de grève, destruction des instruments de travail, etc.), les salariés non grévistes ont été empêchés de travailler, voire même d'accéder au lieu de travail.

Dans ces cas, les salariés non grévistes peuvent se retourner contre les grévistes ou les syndicats fautifs pour demander réparation du préjudice résultant de la dispense de l'employeur de leur payer les salaires. Si les grévistes occupent les lieux de travail, l'employeur ne peut être dispensé de son obligation de payer les salariés non grévistes que s'il a, par exemple, tenté sans succès d'obtenir une ordonnance d'expulsion des grévistes.

En tout état de cause, l'employeur doit apporter la preuve de l'impossibilité absolue de fournir le travail aux salariés non grévistes en dépit de ses efforts.

CHAPITRE 2 : LA RÉACTION DE L'EMPLOYEUR FACE À LA GRÈVE

Pendant la grève, un arrêt de production important est toujours catastrophique pour le chef d'entreprise. Non seulement l'image de l'entreprise est atteinte, mais les non-grévistes vivent mal cette situation ; sans oublier que l'entreprise court le risque d'une assignation en justice de la part des clients tout comme des fournisseurs. Malgré ce fait, l'employeur, à l'égard de toutes ces catégories, doit exécuter ses obligations ; la grève ne constituant pas *stricto sensu* un cas de force majeure puisqu'elle n'est ni imprévisible ni irrésistible en droit ni extérieure aux parties.[458]

Au nom de la liberté d'entreprendre et du droit des contrats, le chef d'entreprise va donc chercher malgré tout le bon fonctionnement de sa société. Selon les circonstances, il optera pour une des deux voies qui lui sont ouvertes. Soit, il mettra tout en œuvre pour poursuivre l'activité de l'entreprise malgré la grève, par exemple avec les non-grévistes ; soit au contraire, il décidera de fermer complètement certains services ou ateliers, ou même parfois de cesser toute activité. Il peut aussi exercer son pouvoir disciplinaire.

C'est à travers les limites du droit de grève que se situent les mesures qu'à l'occasion d'un conflit, l'employeur peut prendre à l'égard des grévistes ou relativement à la marche de l'entreprise (**section 1**). Le lock-out qui se matérialise par la fermeture de l'entreprise est une arme à utiliser avec précaution (**section 2**).

---

[458] Cass. soc., 20 octobre 2004, n° 142, *SENELEC c./ POPEC*, Bulletin des arrêts de la Cour de cassation du Sénégal : Les 28, 29, 30 et 31 octobre 1992, une grève à la SENELEC a empêché toute fourniture d'électricité, ce qui a entraîné des détériorations des produits de mer congelés dans les chambres froides de la société POPEC. Cette dernière a engagé une action en responsabilité contre la SENELEC qui a convoqué la force majeure, moyen de défense rejeté par la Cour de cassation.

SECTION 1 : LES MESURES POSSIBLES DE L'EMPLOYEUR FACE À UN MOUVEMENT DE GRÈVE

L'exercice du droit de grève ne doit pas donner lieu à des abus. L'abus de droit peut être défini comme « le détournement de la fonction sociale ou économique du droit dans le but d'en tirer un avantage supérieur ou différent de celui qu'aurait procuré l'exercice normal du droit causant un préjudice particulier à autrui »[459]. À cet effet, des sanctions peuvent être envisagées en cas d'abus à l'occasion d'une grève. L'employeur peut exercer son pouvoir disciplinaire (**§ 1**) ou engager une action en responsabilité contre les salariés grévistes ou les syndicats (**§ 2**). Par ailleurs, l'employeur peut, sous certaines conditions, faire réquisitionner le personnel (**§ 3**).

§ 1 – L'action disciplinaire

La grève est un droit constitutionnel. En principe, son exercice ne peut être sanctionné. Toutefois, si le salarié commet une faute lourde (**A**), il peut être sanctionné (**B**).

A. /La notion de faute lourde au cours de la grève

La faute lourde en matière de grève doit être distinguée de la définition classique de la faute lourde qui révèle une intention de nuire. Il serait en effet difficile d'apprécier l'intention de nuire à l'employeur en période de grève, puisque par essence la grève cherche à nuire aux intérêts de l'employeur.

Selon la jurisprudence, constitue une faute lourde un acte détachable de l'exercice normal du droit de grève. Il en est ainsi des actions suivantes : entrave à la liberté du travail, entrave à la liberté de circulation dès lors que tous les accès au site ont été bloqués, séquestration des dirigeants de l'entreprise, sabotage des machines, violences et voies de fait exercées à l'encontre des non-grévistes ou des dirigeants, destruction, dégradation ou détérioration des biens appartenant à l'employeur, occupation des locaux, etc. La Cour d'Appel de

459 BATHMANABANE (P.), *L'abus du droit syndical*, Paris, L.G.D.J., Bibliothèque de droit social, t. 26, 1993, pp. 5 - 7.

Dakar a même jugé que le fait d'inciter à une grève illégale constitue une faute lourde.[460]

De manière très tranchée, l'article L. 276 alinéa 4 du Code du travail dispose : « *En aucun cas, l'exercice du droit de grève, ne peut s'accompagner d'occupation des lieux de travail ou de leurs abords immédiats, sous peine de sanctions prévues aux articles L. 275 et 279.* »[461]

B. /Les sanctions disciplinaires

La faute lourde entraîne généralement un licenciement sans préavis ni indemnités. Des précisions méritent cependant d'être faites. D'abord, le Code du travail fait seulement mention de la perte du droit à l'indemnité de préavis et aux dommages-intérêts pour rupture de contrat. C'est donc de façon indirecte que la grève illicite est considérée comme cause de rupture du contrat de travail (art. L. 275 C. trav.).

Ensuite, il faut relever que même si la grève illicite est considérée comme une cause de licenciement légitime pour faute lourde[462], un problème délicat qui se pose. C'est celui de savoir si la grève illicite entraîne automatiquement la rupture du contrat ou si c'est seulement une cause facultative de rupture. La Cour d'Appel de Dakar a très tôt pris position sur la question en décidant, à juste titre, que la grève illicite constituait une cause légale de rupture du contrat. Elle laisse, cependant, à l'employeur la faculté de s'en prévaloir.[463] La faute lourde n'entraîne donc pas la rupture automatique du contrat de travail. Il revient à l'employeur d'en décider en vertu de son pouvoir de direction.

---

460 CA Dakar, 23 janvier 1974, TPOM 415, p. 158.

461 Cass. soc., 28 juillet 2004, n° 57, *Samba DIA et autres c./ La SACEP*, Bulletin des arrêts de la Cour de cassation du Sénégal : L'occupation de la cour de l'usine par les grévistes qui refusent de libérer les lieux s'analyse en une grève illicite légitimant le licenciement.

462 C.S. Sénégal, 23 avril 1980, Joseph KOFFI c./ S.A.R., n° 16.

463 CA Dakar, 3 mars 1965, TPOM n° 174, p. 3868. – CA Dakar, 7 juin 1967, n° 373, *Bocar DIENG c./ Société des Pêcheurs de France.* – CA Dakar, 6 janvier 1971, TPOM n° 314, p. 6958 ; CA Dakar, 21 juin 1978, TPOM 559. – CA Dakar, 19 mars 1980, *SOGES c./ Ansou SONKHO*, n° 473.

§ 2 – L'action en responsabilité

En face d'un mouvement de grève, l'employeur n'est pas juridiquement désarmé. Si des actes illicites sont commis à l'occasion de la grève, des actions en responsabilité civile (**A**) ou pénale (**B**) sont envisageables.

A. /L'action en responsabilité civile

La grève peut être une cause de préjudice pour l'entreprise. Il peut s'agir d'un préjudice commercial ou du préjudice découlant du maintien des salaires des non-grévistes ou de la perte de salaire pour les non-grévistes si l'employeur est dans l'impossibilité absolue de maintenir le travail pendant la grève. L'action en responsabilité peut donc être dirigée contre les grévistes (**1**) ou les syndicats (**2**).

1. L'action contre les grévistes

Seule la faute lourde imputable au salarié permet de rompre le contrat de travail en cas de grève. Tout licenciement prononcé en dehors de ce cas est nul de plein droit.

La faute lourde autorise le licenciement ou la sanction disciplinaire. La procédure de licenciement ou de sanction ne présente pas de particularité. La faute lourde justifie un licenciement immédiat et sans indemnité de rupture, mais ne dispense pas l'employeur d'accomplir les formalités requises pour le licenciement. En cas de faute lourde, la Cour de cassation française a admis que l'employeur puisse prononcer une sanction inférieure au licenciement, et qu'il puisse sanctionner différemment les salariés auteurs de la faute lourde.[464] Si l'individualisation de la sanction peut justifier une telle différenciation, la décision de l'employeur ne doit pas être discriminatoire ou arbitraire. Elle doit reposer sur des faits objectifs.

Les délégués du personnel continuent d'exercer leur mandat pendant la grève même si le contrat de travail est suspendu. La grève n'est pas de nature à interrompre l'exercice des mandats des représentants du personnel et laisse à ceux-ci la liberté de circuler dans l'établissement pour l'exécution de leurs missions.

---

[464] Cass. soc., 15 mai 1991, n° 89-42.270, Bull. civ. V, n° 236. – Cass. soc., 1er février 1995, n° 91-44.908, Bull. civ. V, n° 45.

Au cours de la grève, la présence du délégué du personnel sur les lieux du conflit est parfois nécessaire. Naturellement, il est l'interlocuteur de l'employeur, des salariés non grévistes et des tiers dans la transmission des décisions collectives prises par les participants à la grève. Lorsqu'il exerce cette mission de façon normale, aucune faute lourde ne peut être établie à son encontre. Ce temps peut d'ailleurs s'imputer sur le crédit d'heures de délégation.

L'employeur peut envisager une action en responsabilité pour les dommages qu'il subit à l'occasion d'une grève licite. Le préjudice commercial, le dommage de fonctionnement que l'employeur subit du fait de la grève ne peuvent pas faire l'objet d'une action en responsabilité, puisque la grève est un droit. Le préjudice que la grève crée à l'employeur est licite. Or, un préjudice licite ne donne pas lieu à indemnisation.

En revanche, si des actes illicites sont commis, ils peuvent engager la responsabilité de leurs auteurs sur le fondement de l'article 118 du code des obligations civiles et commerciales du Sénégal. Toutes les personnes qui ont participé à la réalisation du dommage sont exposées à une condamnation *in solidum* à la réparation du préjudice causé.

2. L'action contre les syndicats

Les syndicats peuvent aussi être poursuivis par l'employeur. Mais, ils ne sauraient être responsables de plein droit des actes commis par les grévistes, dans la mesure où le droit de grève appartient aux salariés et non aux syndicats. Le syndicat n'est pas le commettant des grévistes.

Toutefois, la responsabilité du syndicat peut être engagée en cas de grève illicite. Il faut pour cela qu'au moins trois conditions soient réunies. Le syndicat doit avoir participé activement aux agissements illicites, en appelant par exemple à une grève illicite.[465] Il faut un préjudice. Enfin, il doit avoir un lien de causalité entre le préjudice et les agissements illicites.

Les agissements illicites commis par les salariés grévistes au cours d'une grève ne sauraient à eux seuls engager la responsabilité du syndicat, puisque l'appel à la grève n'est pas la cause des dommages subis par l'entreprise. Il faut un lien de

[465] Il en est ainsi si le syndicat donne des instructions aux grévistes de commettre des actes illicites.

causalité entre le préjudice et ces agissements.[466] De même, les actes illicites commis par les délégués syndicaux au cours de la grève ne sauraient engager la responsabilité du syndicat en l'absence de lien de causalité.[467]

B. /L'action en responsabilité pénale

La responsabilité pénale des participants à un mouvement de grève peut être engagée si certains actes illicites commis à l'occasion de la grève constituent des infractions pénales. Il en est ainsi en cas d'entrave à la liberté du travail (**1**) ou de séquestration (**2**).

1. L'entrave à la liberté de travail

L'*entrave à la liberté du travail* peut donner lieu à des sanctions pénales. Elle permet de réprimer les atteintes par des grévistes à la liberté du travail des non-grévistes. Même si le Code pénal ne vise pas directement la liberté du travail, il punit l'emploi de certains moyens illicites destinés à provoquer une cessation d'activité (voir art. 98 C. pén.).

Il en est ainsi lorsque les membres d'un piquet de grève, par leur comportement (propos violents, voies de fait...), ont empêché les non-grévistes d'accéder à leur lieu de travail. De même, la responsabilité pénale des grévistes peut être engagée s'ils se rendent coupables de la destruction du matériel de l'entreprise. Le Code pénal réprime les *coups et blessures volontaires et involontaires, la détérioration de marchandises, de matériel, d'instrument du travail.*

2. La séquestration

Le Code pénal réprime la *séquestration*, qui est un crime. La sanction pénale est très sévère. Aux termes de l'article 334 alinéa 1 du Code pénal, seront punis de la peine des travaux

---

[466] Voir Claude D'AOUST, « Les fondements de la responsabilité civile des syndicats en cas de grève illégale », Revue du Barreau, Tome 41, n° 4, sept.-oct.1981, pp. 565-570. – Marcel PEPIN, « L'évolution récente de la jurisprudence en matière de responsabilité civile des syndicats », Revue du Barreau, Tome 41, n° 4, sept.-oct.1981, pp. 584-600.

[467] D'une manière générale, la responsabilité civile délictuelle exige la preuve d'une faute personnelle, ce type d'action se heurte souvent à l'insuffisance des preuves.

forcés à temps de dix à vingt ans ceux qui, sans ordre des autorités constituées et hors les cas où la loi ordonne de saisir des prévenus, auront arrêté, détenus ou séquestrés des personnes quelconques.

Cette infraction est commise parfois dans les conflits qui s'enlisent où l'on assiste souvent à la séquestration des premiers dirigeants et particulièrement du Directeur des Ressources Humaines. Il revient en principe à la victime de la séquestration de déposer plainte avec constitution de partie civile. Dans la pratique, l'employeur qui recherche une issue au conflit hésite souvent à déposer plainte. Dans le souci d'apaisement du climat social, il préfère souvent négocier un accord amiable.

§ 3 – La réquisition du personnel

La grève peut entraîner l'arrêt de la production, ce qui peut être préjudiciable à l'employeur et aux tiers. L'employeur peut user de son pouvoir de direction pour le redéploiement des non-grévistes. Il peut, dans certains cas, solliciter la réquisition du personnel, dont il convient de définir la notion (**A**), préciser le domaine (**B**) et les modalités (**C**).

A. /La définition de la réquisition

Le droit de grève, qui est reconnu par la Constitution, n'est pas un droit absolu. Il s'exerce « dans le cadre des lois qui le réglementent ». L'article L. 276 du Code du travail reconnaît à l'autorité compétente le droit de recourir, en cas de besoin, à la réquisition de travailleurs d'entreprises privées ainsi que d'établissements publics assurant des missions indispensables à la continuité et au maintien de l'ordre public, à la sécurité des biens et des personnes ainsi qu'à la satisfaction de tout besoin d'intérêt public.

De même, l'article 7 du Statut général des fonctionnaires permet à l'autorité administrative compétente de procéder à la réquisition des fonctionnaires qui occupent des fonctions indispensables à la sécurité des personnes et des biens, au maintien de l'ordre public, à la continuité des services publics ou à la satisfaction des besoins essentiels de la nation. Cette disposition est reprise par l'article 8 du Statut général des fonctionnaires des collectivités locales.

B. /Le domaine de la réquisition

Selon l'article L. 276 du Code du travail, la réquisition peut concerner des emplois publics, les établissements publics ou sociétés d'économie mixte, mais aussi des entreprises privées. La liste des postes, emplois et fonctions concernés par la réquisition est définie par décret.[468] L'énumération de ces emplois est assez large. Par conséquent, on peut craindre que la réquisition trouve à s'appliquer à l'occasion de n'importe quelle grève survenant dans une entreprise.

Les *emplois publics* concernés par la réquisition sont ceux de l'administration générale et des collectivités locales. Par exemple, au niveau des ministères, peuvent être réquisitionnés tous ceux occupant les fonctions de directeur, de chef de division, de chef de service, de chef de bureau, également ceux occupant les postes de secrétaire de directeur, de chef de division, de chef de service, de chef de bureau.

La réquisition couvre également les emplois publics *des établissements publics et des sociétés d'économie mixte*. Sont concernés les sociétés suivantes : Société Nationale des Télécommunications, Société Nationale des Chemins de fer, Société Nationale de la Poste, Société Nationale du Port Autonome de Dakar, Société Nationale des Transports en commun du Cap-Vert, Office des Habitations à Loyer Modéré, Société Immobilière du Cap-Vert, Radiotélévision Sénégalaise, Université Cheikh Anta DIOP de Dakar. Cette liste mérite d'être actualisée.

La réquisition concerne aussi les *entreprises privées*. Dans le secteur privé, la réquisition couvre les domaines suivants : production d'énergie (raffinage et électricité), production d'eau, sucreries et meuneries, ateliers et chantiers maritimes, transports aériens, extraction minière, sociétés de distribution de pétrole, sociétés de nettoiement.

---

468 Décret n° 72-017 du 11 janvier 1972 fixant la liste des postes, emplois ou fonctions dont les occupants peuvent faire l'objet de réquisition, JO n° 4209 du 19 février 1972, p. 278 ; Décret n° 72-710 du 16 juin 1972 complétant le décret n° 72017 du 11 janvier 1972 fixant la liste des postes, emplois ou fonctions dont les occupants peuvent faire l'objet de réquisition.

C. /Les modalités de la réquisition

Les conditions et les modalités de la réquisition des travailleurs occupant les postes, emplois ou fonctions pouvant faire l'objet de réquisition sont fixées par l'autorité compétente.

La réquisition prend en général la forme d'un ordre de service notifié à chaque travailleur concerné. L'ordre de service est signé soit par l'autorité compétente, soit par l'employeur ou son représentant. La réquisition peut résulter de la publication au journal officiel, de la diffusion radiophonique ou de l'affichage sur les lieux de travail, d'un décret requérant collectivement et anonymement les personnes occupant tout ou partie des emplois énoncés dans la liste préalablement fixée par le décret n° 72-017 du 11 janvier 1972.

Tout salarié requis conformément aux dispositions de l'article L. 276 précité et des textes pris pour son application et n'ayant pas déféré à l'ordre de réquisition s'expose à des sanctions pénales. Indépendamment de cette sanction, ledit salarié pourra être immédiatement licencié sans préavis ni autre indemnité que, le cas échéant, l'indemnité compensatrice de congés payés.

SECTION 2 : LE LOCK-OUT

Le lock-out est une expression d'origine anglo-saxonne. Il désigne la fermeture temporaire de l'entreprise décidée par l'employeur dans le cadre d'un conflit collectif.[469] L'initiative patronale de fermer l'entreprise peut être motivée par le souci de déjouer une grève imminente – cas de lock-out préventif – ou de riposter à une grève déclenchée – cas de lock-out défensif. Le législateur sénégalais a consacré le droit au lock-out (**§ 1**) dont il convient d'en présenter les effets (**§ 2**).

---

[469] Voir not. Guillaume-Henri CAMERLYNCK, « La Cour de cassation et le lock-out en droit français », D. 1960, chron. p. 211, Dr. ouvr., 1967, p. 150. – Gérard LYON-CAEN, « Le lock-out », Dr. ouvr., 1950, p. 55. – Alain RAMIN, *Le lock-out et le chômage technique*, Paris, L.G.D.J., t. XX, 1977, 375 pp. – Eugène SCHAEFFER, « Le droit de lock-out », Dr. soc. 1957, p. 203. – Jean-Marc SPORTOUCH, « La fermeture de l'entreprise en cas de conflit collectif », Dr. soc., 1988, p. 682. – Henri-Joël TAGUM FOMBENO, « Propos sur le droit de grève dans la nouvelle Constitution du Sénégal », Juriscope, Revue de l'Actualité juridique, Poitiers, www.juriscope.org, RIDA n°65, 2005, p. 23 et s. – Bernard TESSIE, « Le droit au lock-out », Dr. soc., 1994, p. 795.

§ 1 – Le droit au lock-out

Le lock-out s'apparente à une grève patronale. Mais, en l'absence de définition légale du lock-out, il convient de ne pas le confondre avec des notions voisines (**A**). L'exercice du lock-out est encadré par la loi (**B**).

A. /La distinction du lock-out des concepts voisins

Le lock-out est la fermeture totale ou partielle de l'entreprise décidée par son chef à l'occasion d'un conflit collectif. Il se distingue de la mise à pied et du chômage technique, même s'ils peuvent avoir des similitudes.

La mise à pied est une cessation temporaire de travail imposée par l'employeur au salarié qui a commis une faute. Elle est une sanction disciplinaire – individuelle – alors que le lock-out est une mesure collective qui ne suppose pas nécessairement une faute de la part de ceux qui en sont l'objet. En outre, en cas de mise à pied, l'employeur fait usage de son pouvoir disciplinaire alors qu'en cas de lock-out, il use son pouvoir de direction.

Le chômage technique – mise à pied économique – désigne la situation qui caractérise le salarié d'une entreprise à qui on impose une réduction partielle de son temps d'activité ou une interruption totale de son activité pendant une durée limitée. Il est imputable à la conjoncture économique, à un sinistre ou des intempéries, à une transformation, restructuration ou modernisation de l'entreprise.

Le chômage technique est une mesure relevant du pouvoir économique du chef d'entreprise et survenant en dehors de tout contexte conflictuel, contrairement au lock-out qui intervient dans le cadre d'un conflit ouvert.[470] Il est imposé par la situation déficitaire de l'entreprise, par une nécessité économique ou technique (manque de matière première, arrêt de fourniture d'énergie...).

B. /La licéité du lock-out

Le droit au lock-out n'est pas consacré par la Constitution, comme le droit de grève. Toutefois, il n'est pas interdit, car il est

---

470 Nicole CATALA, « La mise en chômage technique », Dr. soc., 1981, p. 679 ; Alain RAMIN, *Le lock-out et le chômage technique, op. cit.*, p. 75.

reconnu par le Code du travail qui précise ses conditions de licéité (**1**). Les employeurs recourent à cette pratique pour plusieurs raisons (**2**).

1. Les conditions du lock-out

Le législateur sénégalais, même si on peut discuter de l'opportunité, a consacré le droit au lock-out. Le Code du travail en fait une cause de suspension du contrat de travail (art. L. 70-6 C. trav.). De même, il réglemente son exercice au même titre que la grève dans les mêmes chapitres et avec les mêmes dispositions.

Dès lors, on peut convenir que le législateur sénégalais a consacré ce qu'on appelle le principe de l'égalité des armes déjà connu du droit allemand.[471] Ce principe consiste à considérer la grève et le lock-out comme des épreuves de force qui permettent aux salariés et aux employeurs de lutter à armes égales dans les conflits collectifs. Si l'on admet que le salarié peut priver l'employeur de sa prestation de travail, il faut aussi accepter que l'employeur puisse fermer temporairement son entreprise, avec pour conséquence la privation de la collectivité des salariés de la rémunération. Cependant, si tel était l'intention du législateur, alors celui-ci a peut-être neutralisé ce droit d'expression des salariés en donnant à l'employeur le droit légal de faire obstacle à l'exercice du droit de grève. Il a introduit un déséquilibre supplémentaire dans les relations de travail entre l'employeur et le salarié.

Le lock-out est licite lorsqu'il est déclenché conformément à la procédure prévue par les articles L. 272 et 273 du Code du travail. Le lock-out déclenché en violation de la procédure de conciliation et du respect du délai de préavis est illicite.

2. Les applications pratiques du lock-out

Les mesures de lock-out sont souvent adoptées par l'employeur pour répondre à une situation spécifique. Il peut s'agir d'un lock-out préventif ou défensif.

Le lock-out préventif, agressif ou d'intimidation consiste à fermer l'entreprise pour faire échec à une grève annoncée ou

---

[471] Sur le principe de droit allemand - Waf fengleichheit Kampfparität – voir Hélène SINAY et Jean Claude JAVILLIER, *La grève*, tome 6 du Traité de droit du travail de G.H. CAMERLYNCK, 2e éd., 1984, n° 79 - 2, p. 122.

pressentie. Par cette décision, l'employeur prive d'un droit constitutionnellement reconnu les salariés qui souhaiteraient suivre le mot d'ordre de grève. Il prive également ceux qui ne souhaiteraient pas suivre ce mot d'ordre de la fourniture du travail, en raison de la fermeture de l'entreprise.

Le lock-out défensif, de riposte ou concomitant à la grève est celui qui est décidé alors que tout ou partie du personnel est en grève et que le risque de désorganisation de l'entreprise peut se réaliser. C'est le cas lorsque, en raison de l'occupation des lieux de travail par les salariés grévistes, l'employeur est dans l'impossibilité d'accéder dans les locaux et d'exercer son pouvoir de direction. La particularité du lock-out de riposte est qu'il frappe nécessairement et uniquement les non-grévistes.

Les auteurs hostiles à l'affirmation de la licéité du lock-out estiment que la fermeture de l'entreprise devrait constituer une violation de l'exécution de l'obligation patronale de fourniture de travail aux salariés.[472] Par la fermeture de l'entreprise, l'employeur se dérobe soudainement, par décision unilatérale, à son engagement. En plus, on comprend mal que les salariés soient privés de travail, donc de salaire, alors qu'ils ne sont pas grévistes et ne demandent qu'à travailler.

L'option du législateur sénégalais est tout autre, parce qu'il a consacré le droit au lock-out. Cette option semble dictée par la nécessité d'assurer un équilibre des rapports de force au sein de l'unité de travail, mais également par la survie de l'entreprise et la sauvegarde de nombreux intérêts qui en dépendent. Ainsi, le recours au lock-out peut être dicté par des impératifs de sécurité ou par l'inexécution de leurs propres obligations par les salariés.

L'employeur étant responsable de l'ordre et de la sécurité dans l'entreprise, il doit être à mesure de fermer l'entreprise lorsqu'il ne peut plus fournir le travail aux salariés dans des conditions de sécurité. Il peut, dans le respect de la procédure en matière de lock-out, fermer temporairement son entreprise. Il en est ainsi lorsque les agissements des grévistes ont entraîné l'intervention de la force publique ou encore lorsque la sécurité des salariés et usagers extérieurs (clients, fournisseurs...) n'est plus assurée.

---

472 Hélène SINAY et Jean Claude JAVILLIER, *La grève*, tome 6 du Traité de droit du travail de Guillaume Henri CAMERLYNCK, 1966, n° 163, p. 346.

§ 2 – Les effets du lock-out

Les conséquences du lock-out varient suivant qu'on est en présence d'un lock-out licite (**A**) ou illicite (**B**).

A. /Les conséquences du lock-out licite

Le lock-out licite produit les mêmes effets que la grève licite, à savoir la suspension du contrat de travail, de la prestation de travail et de la rémunération.

Pendant le lock-out, aucun travail n'est demandé aux salariés (grévistes ou non grévistes) en raison de la suspension de leurs contrats de travail. Corrélativement, l'employeur est dispensé de payer les salaires correspondant à la période de fermeture de l'entreprise.

Le lock-out pénalise beaucoup plus les salariés non grévistes, car le contrat de travail des salariés grévistes est déjà suspendu du fait de la grève. Par conséquent, le lock-out n'a aucun effet à l'égard des salariés grévistes s'il se termine avant la grève, c'est-à-dire la reprise du travail.

Les salariés non grévistes ne peuvent prétendre au versement de leur rémunération que dans le cadre d'un lock-out irrégulier. Toutefois, si en dépit du lock-out l'employeur fait travailler certains salariés, il doit leur payer les salaires.

B. /Les conséquences du lock-out illicite

Le lock-out illicite, donc pratiqué en violation des procédures légales, produit deux types d'effets. D'abord, l'employeur est tenu de verser aux salariés des indemnités équivalentes aux rémunérations auxquelles ils pouvaient prétendre si l'entreprise n'avait pas été fermée illégalement. Logiquement, il revient au tribunal du travail, en cas de difficulté, de déterminer le montant de ces indemnités.

Ensuite, l'employeur encourt, pour une période de deux ans, l'inéligibilité aux fonctions des membres des chambres de commerce et des organismes consultatifs du travail. Pendant cette période, il est interdit à l'employeur de faire partie des commissions ou conseils consultatifs du travail, de la main d'œuvre ou de la sécurité sociale. Il lui est également interdit de participer à une entreprise de travaux ou un marché pour le compte de l'État ou d'une collectivité publique.

TITRE 3

LES CONVENTIONS ET ACCORDS COLLECTIFS DE TRAVAIL

Le droit du travail est marqué par l'intervention législative. Les dispositions du Code du travail sont d'ordre général. Ainsi, pour mieux adapter ce droit aux spécificités des entreprises et des branches d'activités, il est complété par des conventions collectives applicables dans des branches ou entreprises en particulier. On parle d'un droit négocié.

La négociation collective est l'ensemble des discussions entre des représentants des employeurs et des organisations syndicales représentatives des salariés. Cette négociation met en présence les employeurs ou les groupements d'employeurs et les syndicats représentatifs de collectivités de salariés. Elle porte sur l'ensemble des conditions d'emploi et des garanties sociales et contribue à façonner le droit du travail. À cet effet, la négociation collective est la pierre angulaire de la relation employeur/travailleur.[473]

Il existe trois niveaux de négociation : la négociation d'entreprise, la négociation de branche et la négociation interprofessionnelle. La négociation d'entreprise, comme son nom l'indique, est menée au niveau de l'entreprise. Elle est donc est mieux adaptée aux nécessités et aux contraintes de l'entreprise.

---

473 Le droit à la négociation collective est un droit fondamental qui fait partie des objectifs prioritaires de l'Organisation Internationale du Travail. À cet effet, la négociation collective occupe une place de choix dans les programmes définis par les organes de l'OIT. Les instruments de l'OIT qui traitent de la négociation collective sont la convention n° 98 sur le droit d'organisation et de la négociation collective (1949), la recommandation n° 91 sur les conventions collectives (1951), la convention n° 154 sur la négociation collective (1981) et la recommandation n° 163 sur la négociation collective (1981).

La négociation de branche concerne toutes les entreprises situées dans une même branche[474], par exemple le transport aérien ou les banques. La négociation interprofessionnelle traite des sujets qui concernent toutes les professions telles que les conditions générales de travail.

Lorsque la négociation aboutit, les parties peuvent conclure une convention collective si elle aborde tous les points de la relation de travail ou un accord collectif d'entreprise ou d'établissement si la négociation n'aborde qu'un ou quelques points.[475] L'accord obtenu marque donc l'objet et le dénouement de la négociation.

Le champ de la négociation collective a sensiblement évolué au cours de ces dernières années pour embrasser des domaines qui vont au-delà de la simple négociation d'accords collectifs. La négociation collective aborde désormais un grand nombre de questions. Après l'examen du régime juridique général des conventions collectives (**chapitre 1**), il convient de présenter les règles particulières à certaines catégories de conventions collectives (**chapitre 2**).

---

[474] La branche professionnelle couvre tous les emplois rattachés à une même famille professionnelle (Exemple : les transports aériens, le bâtiment, le textile, les banques).

[475] Voir Annexe III sur la liste des principales conventions collectives applicables au Sénégal.

CHAPITRE 1 : LE RÉGIME GENERAL DES CONVENTIONS COLLECTIVES

L'introduction de la convention collective en Afrique noire d'expression française est relativement récente. Elle est le fait des décrets du 20 mars 1937 pour l'Afrique-Occidentale française et du 16 janvier 1947 pour l'Afrique Équatoriale française.[476] La convention collective est un accord relatif aux conditions de travail conclu entre un employeur (ou un groupement d'employeurs) et une (ou plusieurs) organisation syndicale de travailleurs.[477] Cette définition met en évidence la nature dualiste de la convention collective qui oscille entre contrat et règlement.[478]

La convention collective, de par son processus d'élaboration, est un contrat, car il n'y a pas de convention collective sans, à la base, un accord. La convention collective est donc un contrat soumis aussi bien aux règles générales du droit des obligations qu'aux règles spéciales issues du Code du travail. C'est un contrat qui va bénéficier à tous les salariés, qu'ils soient syndiqués ou non. Bref, la convention collective a le « corps d'un contrat et l'âme d'une loi ».[479] La nature contractuelle de la convention collective semble, toutefois, prévaloir sur l'aspect réglementaire. Cela peut être observé aussi bien lors de

---

476 Décrets promulgués respectivement par les Arrêtés du 10 avril 1937, JO AOF 1937, p. 500 et du 31 août 1951, JO AEF du 1er octobre 1951, p. 1444.

477 C. trav., art. L. 80.

478 Pour une étude approfondie de la question : Michel DESPAX, *Conventions collectives*, T. VII du *Traité de droit du travail,* sous la direction de G. H. CAMERLINK, Paris, Dalloz, 1996, 454 pages. – Gilles LHUILIER, « Le dualisme de la convention collective devant la Cour de cassation », Dr. soc. 1995, p. 162. – André ROUAST, « La nature et l'efficacité de la convention collective de travail », Dr. soc. 1960, p. 639. – Paul DURAND, « Le dualisme de la convention collective de travail », Rev. trim. dr. civ. 1939, 353. Dans cet article, Paul DURAND explique que la convention collective est tout à la fois un contrat générateur d'obligations entre les groupements signataires – partie obligatoire – et un règlement générateur de normes s'imposant aux individus – partie normative.

479 Selon l'expression du juriste italien Francesco CARNELUTTI (1879-1965).

l'élaboration (**section 1**) que de l'exécution de la convention collective (**section 2**).

SECTION 1 : L'ÉLABORATION DES CONVENTIONS COLLECTIVES

La négociation des conventions collectives constitue le principal moyen dont disposent les syndicats pour réaliser une amélioration de la condition des travailleurs. Elle correspond à la nature même, et au rôle fondamental et traditionnel du syndicat. Elle a l'avantage de donner aux travailleurs le sentiment de la nécessité du syndicat, mais en même temps, elle donne vie et intérêt aux syndicats de base, et permet une large décentralisation de l'action syndicale.[480] L'élaboration d'une convention collective suppose le respect des conditions de fond (**§ 1**) et de forme (**§ 2**).

§ 1 – Les conditions de fond

Du fait de son caractère contractuel, la convention collective est soumise aux conditions habituelles de validité des contrats. Certaines de ces conditions concernent les parties à la négociation (**A**), d'autres sont relatives à l'objet, c'est-à-dire au contenu de la convention collective (**B**).

A. /Les parties à la négociation

La capacité de négocier revêt une importance particulière à ce niveau. La détermination des parties contractantes (**1**), tout comme des parties aptes à négocier et à conclure la convention (**2**) met en lumière l'insuffisant particularisme des dispositions légales ; et ceci qu'il s'agisse de la représentation des salariés ou de celle des employeurs.

---

[480] Le droit du travail américain connaît le "*duty to bargain*" qui permet d'éviter des conflits collectifs coûteux pour les deux parties (patronat, syndicats) en les obligeant à se rencontrer périodiquement, et ouvrir les négociations, sans obligation de conclure. En effet, plutôt que de devoir faire grève pour négocier ensuite à chaud, ne serait-il pas plus économique pour les deux parties de se retrouver annuellement sur les principaux sujets habituels de litiges ?

1. La détermination des parties contractantes

Aux termes de l'article L. 80 alinéa 1er du Code du travail, la convention collective de travail est un accord relatif aux conditions de travail conclu entre, d'une part, les représentants d'un ou plusieurs syndicats ou groupements professionnels de travailleurs, et, d'autre part, une ou plusieurs organisations syndicales d'employeurs, ou un ou plusieurs employeurs pris individuellement. Il y'a dissymétrie entre la partie salariée (**a**) et la partie patronale (**b**).

a) La représentation des salariés

Suivant l'article L. 80 du Code du travail, la représentation des salariés ne peut être assurée que par des syndicats ou des groupements professionnels de travailleurs. En conséquence, des salariés ne peuvent conclurent individuellement des conventions collectives. Dans le cas contraire, ils n'engageraient qu'eux-mêmes et non une collectivité des salariés.

Ce monopole est sûrement fondé sur l'idée que les syndicats ou groupements professionnels sont toujours les mieux aptes à exprimer les intérêts de la collectivité des salariés et à en assurer l'articulation avec les collectivités situées à des niveaux différents. Ainsi, pour conclure une convention collective, les salariés doivent être représentés par un groupement seul capable de les défendre et de les engager valablement et collectivement.

Si la justification de ce monopole paraît logique, il reste que la détermination de la nature juridique des groupements admis à conclure des conventions pose problème. L'allusion faite aux « groupements professionnels de travailleurs » suscite des difficultés d'interprétation. En effet, que faut-il entendre par « groupements professionnels de travailleurs » ? Doit-on comprendre que le législateur, en utilisant cette expression, ait voulu certainement englober les unions de syndicats ou d'autres groupements ?

Au niveau national, régional ou même départemental, la collectivité salariale n'a pas d'autre expression juridique et n'a guère d'autre réalité sociale que celle que lui confèrent les syndicats. Au niveau de l'entreprise, le personnel est une entité communautaire intégrée et légalement dotée de structures propres de représentation.

Dès lors, n'est-on pas en droit d'affirmer que la notion de « groupement professionnel de travailleurs » englobe aussi les institutions représentatives du personnel ? Certains pourront sans doute objecter que les institutions représentatives du personnel ne sont pas dotées de personnalité juridique. Mais c'est évidemment là où le problème paraît plus délicat puisque les textes eux-mêmes gardent le mutisme sur la personnalité juridique de ces groupements.

Sur la question, certains auteurs, en l'occurrence MM GONIDEC et KIRSH concluant la discussion suscitée par l'article 68 du Code de 1952, ont considéré que cette expression avait un sens général et visait « tout groupement de travailleurs constitué en vue de la défense des intérêts de la profession, aussi bien une association professionnelle de droit coutumier, qu'un comité de grève, groupement essentiellement temporaire[481] ».

Si la question reste sans réponse en ce qui concerne les autres groupements professionnels visés par les textes, il est clair par contre que les associations professionnelles coutumières (voir article L. 28 C. trav.) peuvent négocier et conclure des conventions collectives. C'est un héritage du code de 1952.

L'article L. 28 assimile les associations professionnelles aux syndicats sur certains points, précisément en ce qui concerne la capacité d'ester en justice, de subventionner des coopératives de production ou de consommation, de passer des contrats ou des conventions, de déposer et de disposer des marques syndicales et de constituer, entre leurs membres, des caisses spéciales de secours mutuels et de retraite.

Mais il reste d'une part, et c'est là une condition essentielle, que ces associations pour être ainsi assimilées doivent être reconnues par décret. D'autre part, et c'est là un constat, aucune convention collective en notre connaissance n'a été conclue par de telles associations.

b) La représentation patronale

La convention peut être signée par une ou plusieurs organisations syndicales d'employeurs, ou tout autre groupement d'employeurs ou un ou plusieurs employeurs pris individuellement. Une telle possibilité est importante.

---

[481] GONIDEC et KIRSH, *Droit du travail des T.O.M.*, Paris, L.G.D.J. 1958, n° 120.

Tout d'abord, il existe plusieurs organismes patronaux qui ont écarté la forme syndicale pour se constituer sous la forme d'associations de droit commun. Ensuite, ce libéralisme permet aux professions libérales, constituées en ordre et souvent soumises à un statut légal impératif les privant de la forme syndicale, de bénéficier de la législation sur les conventions collectives.

Ce libéralisme de la loi à l'égard des employeurs se comprend. Certains employeurs sont non seulement en situation de monopole, mais aussi parce que, l'employeur se trouvant à la tête d'une entreprise, l'accord qu'il conclura concernera l'ensemble des travailleurs de cette entreprise. En plus, même isolé, un employeur se trouve dans une situation de prédominance économique suffisante pour être dispensé de la couverture syndicale.

La seule hypothèse qui peut ici poser problème est celle de la négociation de groupe. En l'absence de mécanisme légal approprié, la participation individuelle de chacun des employeurs est un principe nécessaire, sauf à recourir aux formules de droit commun de la représentation conventionnelle afin de donner à la société un pouvoir de négocier pour le groupe, qu'elle n'a pas de plein droit.

Quoi qu'il en soit, il faut dire que la constitution régulière des syndicats ou de groupements professionnels ne suffit pas à donner à leurs représentants la qualité pour la signature des conventions collectives. Encore faut-il qu'ils soient spécialement habilités à cet effet.

2. L'habilitation des parties contractantes

Représenter fidèlement les aspirations de la base est l'attribution essentielle des syndicats. Dès lors, le droit à la négociation collective est le reflet de la liberté syndicale. Il s'agit d'un droit individuel s'exerçant collectivement.

En ce domaine, l'article L. 81 du Code du travail dispose :

« Les représentants des organisations syndicales ou tout autre groupement professionnel visés à l'article précédent peuvent contracter au nom de l'organisation qu'ils représentent, en vertu :

- soit des stipulations statutaires de cette organisation ;
- soit d'une délibération spéciale de cette organisation ;

- soit de mandats spéciaux et écrits qui leur sont donnés individuellement par tous les adhérents de cette organisation.

À défaut, pour être valable, la convention collective doit être ratifiée par une délibération spéciale de ce groupement.

Les groupements déterminent eux-mêmes leur mode de délibération. »

Ainsi, à défaut d'une habilitation, la convention collective encourt la nullité sauf si elle est ratifiée par une délibération spéciale du groupement ou par une ratification individuelle de tous les membres ou « adhérents » du groupement. La nullité d'une convention collective, suivant le droit commun des contrats, peut être prononcée en raison du fait que l'acte, dans ses conditions d'élaboration ou d'édiction, est entaché d'un vice.

B. /L'objet des conventions collectives

Les négociateurs d'une convention collective ordinaire sont libres de déterminer son contenu. Toutefois, il n'en demeure pas moins que le contenu des conventions collectives est gouverné par le principe de l'ordre public social (**1**) qui supporte quelques exceptions (**2**).

1. Le principe de l'ordre public social

Un principe majeur gouverne le droit des conventions collectives : *celui de l'ordre public social* qui est à l'œuvre dans les rapports entre employeur et salarié et qui encadre le contrat de travail. Il est avant tout un ordre public social, car il constitue le « minimum social » forgé par les normes étatiques.[482]

Aux termes de l'article L. 80 du Code du travail, la convention peut mentionner des dispositions *plus favorables aux travailleurs que celles des lois et règlements en vigueur.* Elle ne peut déroger aux dispositions d'ordre public définies par ces lois et règlements. Pour comprendre l'ordre public social, il faut faire appel au principe de la hiérarchie des normes juridiques. Ce principe rappelle qu'en droit, les normes juridiques sont classées dans un ensemble hiérarchique cohérent que l'on appelle la *« pyramide des normes »*.

---

482 Antoine Mazeaud, *Droit du travail*, Paris, Domat, Droit privé, 2000, p. 33, n° 63.

Cette pyramide comprend plusieurs étapes dont chacune correspondant au degré d'une hiérarchie, de telle sorte que dans cet ensemble, chaque élément respecte la norme du degré supérieur (il lui est subordonné) et s'impose à son tour aux normes du degré inférieur. Cela signifie qu'une règle de droit inférieure ne peut contredire une règle de droit qui se situe dans la hiérarchie supérieure.

Dans la pratique, c'est la Constitution qui occupe la première place de la hiérarchie, la loi, la troisième place après les traités internationaux. Par conséquent, une loi qui est contraire à la Constitution est illégale, de même qu'est illégale une loi contraire à un traité.

Le principe de l'ordre public social remet en cause le principe de la hiérarchie des normes juridiques d'autant plus qu'il est admis que la convention collective, source privée du droit du travail, peut contredire la loi dès l'instant qu'elle apporte une amélioration au statut des travailleurs. C'est ce qu'on appelle *la dérogation in melius*, c'est-à-dire dans un sens favorable.[483]

Cela signifie concrètement qu'en droit du travail toutes les règles légales et réglementaires constituent un minimum auquel la convention collective peut toujours déroger dans un sens favorable aux salariés. C'est dans cela que le principe de l'ordre public social est remarquable par sa portée.[484] Les parties à la négociation collective peuvent donc donner tout son sens à ce principe en concluant des conventions collectives plus favorables.

2. Les exceptions au principe de l'ordre public social

En principe, une convention peut déroger aux lois et règlements à condition que ce soit dans un sens favorable. *Mais ce principe connaît des exceptions*. Certaines dispositions ne peuvent jamais être écartées, qu'elles soient plus ou moins favorables pour les salariés.

Ces dispositions qui sont dites « *d'ordre public absolu* » sont absolument intangibles : cela signifie qu'une convention ne peut

---

[483] La dérogation *in melius* s'oppose à la dérogation *in pejus*, c'est-à-dire dans un sens défavorable, notamment dans le cadre des accords donnant-donnant. C'est le cas par exemple lorsqu'une entreprise s'engage à maintenir l'emploi en échange d'une diminution de salaire.

[484] Yves CHALARON, « L'application de la disposition la plus favorable », in Les Transformation du droit du travail, Etudes offertes à Gérard Lyon-Caen, Paris, Dalloz, 1989, p. 243.

y déroger, ni en plus favorable, ni en moins. Il s'agit des dispositions qui, par leurs termes, présentent un *caractère impératif* (compétence matérielle des tribunaux du travail par exemple). C'est le cas des *principes fondamentaux énoncés dans la Constitution* (non-discrimination syndicale par exemple). Ainsi, une convention collective ne peut avoir pour effet de limiter ou de réglementer l'exercice du droit de grève par les salariés. C'est une liberté constitutionnelle qui relève du domaine de la loi.

Les normes contenues dans une convention collective peuvent prendre de nombreuses formes, en raison de la diversité et de la variabilité de la notion de « condition de travail » évoquée dans la définition donnée par l'article L. 80 du Code du travail.[485] Sous réserve de respecter les dispositions d'ordre public, la convention collective peut contenir des dispositions concernant l'ensemble des relations de travail.

Ce contenu peut, notamment, porter sur les conditions d'accès à la vie professionnelle[486], les conditions d'emploi[487], les éléments de rémunération[488], les modalités de cessation de la relation de travail[489], les garanties sociales[490]. Naturellement, la convention collective contient des mentions relatives à son champ d'application, au lieu et à la date de sa conclusion, à la désignation des parties contractantes. Il est donc possible de traiter de toutes les questions se rapportant à la relation de travail. La liberté contractuelle n'est limitée que par le rapport de force entre les parties et l'ordre public. La convention collective est donc un vivier du droit du travail dans la mesure où elle contribue à façonner le régime.

---

[485] Le code du travail ne définit pas la notion de « condition du travail » qui sert pourtant de base pour déterminer le contenu de la convention collective. La définition du contenu des conventions collectives est donc l'œuvre de la pratique des relations sociales.

[486] Recrutement, engagement à l'essai, apprentissage

[487] Catégories professionnelles, conditions d'avancement et de promotion, discipline, différents congés et absences (congés payés, congés de maternité, maladie, jours fériés...), etc.

[488] Grilles des salaires, primes, indemnités, avantages en nature, ...

[489] Démission, licenciement, départ à la retraite, préavis, indemnité de rupture du contrat de travail...

[490] Œuvres sociales, assurances sociales, etc.

§ 2 – Les conditions de forme

L'importance sociale de la convention collective a amené le législateur à exiger la rédaction d'un écrit (**A**) et le respect des formalités de dépôt (**B**) et de publicité (**C**).

A. /L'exigence d'un écrit

La convention collective *doit être écrite en langue française à peine de nullité* (art. L. 83 C. trav.). Elle est établie sur papier libre et signée par chacune des parties contractantes. Par conséquent, une convention rédigée en langue étrangère ne peut être opposée au salarié.

Cette exigence légale d'un écrit se justifie. D'abord, la convention collective constitue une véritable charte professionnelle qui, pour des raisons de sécurité juridique, ne peut rester purement verbale. Ensuite, l'écrit est indispensable pour accomplir les formalités de dépôt et de publicité.

B. /Les formalités de dépôt

La convention collective *doit être déposée au secrétariat du tribunal du travail du lieu où elle a été conclue* ou au greffe du tribunal civil (en principe, le tribunal d'instance).[491] En principe, le problème ne devait plus se poser aujourd'hui, dans la mesure où il existe un tribunal de travail dans chaque chef-lieu de région. Les parties peuvent convenir que la convention collective ne sera applicable dans le ressort d'un tribunal de travail ou d'un tribunal civil que si elle a été déposée au secrétariat ou au greffe des autres juridictions.

Le dépôt de la convention collective est effectué *aux soins de la partie la plus diligente, à frais communs et en trois exemplaires*. Le secrétaire conserve un exemplaire et adresse les deux autres à l'inspection du travail du ressort dans les deux jours suivant le dépôt. L'inspection du travail transmet, à son tour, un exemplaire à la Direction du travail et de la sécurité sociale.

---

[491] Décret n° 67-1358 du 09 décembre 1967 déterminant les conditions dans lesquelles les conventions collectives sont déposées, publiées, traduites et les conditions dans lesquelles s'effectuent les adhésions à ces conventions, J.O. n° 3932 du 23 décembre 1967, p. 1751.

Lors du dépôt, le secrétaire dresse un procès-verbal attestant du dépôt et en délivre un récépissé. La date du dépôt portée sur le récépissé sert de point de départ pour le délai d'application de la convention collective. En effet, la convention collective est applicable, sauf stipulation contraire, à partir du jour qui suit son dépôt.

C. /Les formalités de publicité

Après les formalités de dépôt, la convention collective fait l'objet de publicité, notamment par voie d'affichage. L'affichage qui est limité à un simple avis est fait dans tous les établissements où la convention collective est appliquée.

L'employeur est tenu de communiquer le texte de la convention collective à toute personne qui en fait la demande. Des copies certifiées conformes de ces conventions collectives ainsi que des modifications, adhésions, démissions ou dénonciations sont délivrées sur papier libre par le secrétaire du tribunal du travail ou le greffier à toute personne qui en fait la demande. Les frais sont à la charge des demandeurs.

Par ailleurs, il est possible d'obtenir auprès de l'inspecteur du travail la traduction verbale de la convention dans une autre langue que la langue française.

SECTION 2 : L'EXÉCUTION DES CONVENTIONS COLLECTIVES

L'article L. 92 du Code du travail met à la charge des groupements de travailleurs ou d'employeurs liés par une convention collective ou un accord d'établissement, l'obligation de ne rien faire qui soit de nature à en compromettre la loyale exécution. Une fois conclue, la convention collective doit être exécutée. L'application d'une convention collective à une entreprise suppose le respect de certaines règles (**§ 1**). Lorsque celle-ci s'applique, elle produit des effets (**§ 2**).

§ 1 – Les règles relatives à l'application de la convention collective

Une convention collective ne peut s'appliquer à une relation de travail déterminée que si elle remplit certaines conditions (**A**). Au-delà de ces conditions, il faut s'assurer que la convention est en vigueur, en vérifiant sa durée (**B**).

A. /Les critères d'applicabilité d'une convention collective

L'applicabilité d'une convention collective à une entreprise dépend de trois critères. Il s'agit des critères géographique (**1**), économique (**2**) et juridique (**3**).

1. Le critère géographique

Le critère géographique renvoie à l'espace géographique que la convention collective entend couvrir. À cet effet, une convention collective ne peut s'appliquer à une entreprise (ou un établissement) que si celle-ci est située dans cet espace. Le législateur a prévu que les conventions collectives détermineraient elles-mêmes leur champ d'application géographique. Celui-ci peut être national, régional ou local (art. L. 80 al. 3 C. trav.).

Avec l'internationalisation des relations de travail, le salarié peut être amené à se déplacer à l'étranger pour exécuter son contrat de travail. Des difficultés peuvent alors naître au moment de déterminer la convention collective applicable au contrat de travail du travailleur expatrié. Le principe de territorialité veut qu'une convention collective s'applique au travail exécuté dans son champ territorial. En d'autres termes, c'est la convention collective du lieu où le travail est exécuté qui doit en principe s'appliquer.

Toutefois, une telle solution présente des limites, car l'internationalisation des relations de travail introduit des éléments d'extranéité. Le lieu de recrutement, le lieu où est établi l'employeur ainsi que le lieu du travail peuvent être localisés sur plusieurs territoires. Il faut donc au préalable déterminer la loi applicable au contrat de travail. De la loi applicable au contrat de travail international, dépendra la convention collective applicable dans la mesure où le droit conventionnel fait partie de l'ordre juridique. Autrement dit, si la relation de travail est régie par le droit sénégalais, la convention collective applicable à la relation de travail sera sénégalaise. À ce sujet, la Cour de cassation française a jugé que les règles d'application des conventions collectives étant fixées par des normes légales et impératives tendant à protéger les salariés, l'application du droit français emporte celle des conventions qu'il rend obligatoire.[492]

Lorsque les parties signataires ont omis de préciser le champ d'application territorial de la convention, ce qui est rare, la jurisprudence estime qu'il faut prendre en considération l'influence ou la compétence des organisations signataires.

2. Le critère économique

L'applicabilité de la convention collective dépend également de l'*activité économique de l'entreprise*. Une convention collective ordinaire ne s'appliquera dans une entreprise que si l'activité économique de celle-ci rentre dans son champ d'application professionnel. L'appréciation de l'activité économique porte sur l'activité principale de l'entreprise (**a**). Mais, il peut arriver que l'entreprise exerce plusieurs activités (**b**).

a) L'activité principale de l'entreprise

Pour savoir si l'activité économique de l'entreprise entre bien dans le champ d'application professionnel, il faut rechercher son activité principale. Il ne suffit pas de se référer au numéro du NINEA. Il faut rechercher l'activité réelle de l'entreprise, car l'activité exercée par les entreprises est de nature à évoluer constamment. Dans ce cas, l'activité figurant dans les statuts peut ne pas correspondre à l'activité réelle de l'entreprise.[493]

En outre, l'activité réelle doit être *l'activité principale*. Elle doit correspondre au cœur de métier de l'entreprise. Si l'activité principale et réelle n'entre pas dans le champ d'application de la convention collective, la convention même étendue régissant l'activité secondaire ne saurait s'appliquer.[494] Ainsi, un chauffeur de camion qui transporte les produits oléagineux

---

[492] Cass. soc., 29 septembre 2010, n° 09-68.851, Dr. soc. 2011, p. 209. – *Adde*, Cass. soc., 28 janvier 2015, n° 13-14.315, *Sté Atelier Théo Ballmer c/ V.*, RJS 4/15 n° 240 : Elle a également précisé qu'à l'instar des dispositions du code du travail relatives à la rupture du contrat de travail, celles relatives à la durée du travail sont des dispositions impératives plus favorables en droit français qu'en droit suisse.

[493] Mais les statuts contiennent souvent une clause statutaire, dite "clause parapluie", qui donne une énumération assez longue des opérations que la société peut accomplir en y ajoutant les opérations financières, commerciales ou industrielles se rattachant directement ou indirectement aux activités spécifiées.

[494] C.S. Sénégal, 30 juin 1965, Rec. législ. jurisp. 1965, Cour suprême, p. 130.

dans une huilerie ne pourra se voir appliquer la convention collective des transports routiers et des activités auxiliaires du transport qui est pourtant mieux adaptée à son quotidien. Il se verra appliquer la convention collective des industries des corps gras.

La recherche de l'activité principale est souvent délicate. Il peut arriver que l'activité de l'employeur ressemble à celle d'une profession voisine sans y être totalement assimilable. Un cuisinier à domicile chez un particulier n'exerce pas une activité hôtelière, mais celle des gens de maison.[495] À cet effet, il doit être assujetti aux conditions générales d'emploi des domestiques et gens de maison.

b) Le cas de la pluralité d'activités

Il peut arriver que l'*employeur mène plusieurs activités*. Dans ce cas, il faut distinguer deux hypothèses. La première est celle où toute l'entreprise n'est assujettie qu'à une convention collective, alors tout le personnel sera soumis à la convention collective régissant l'activité principale.

Si l'entreprise peut être assujettie à plusieurs conventions à la fois, *il est fait application distributive de ces différentes conventions*. Il en sera ainsi dans une entreprise menant à la fois des activités industrielles et des activités commerciales. Il sera fait application de la convention collective du commerce au travailleur qui ne participe pas à la production, mais à l'écoulement dans le public, des marchandises des usines.

Toutefois, lorsque les activités sont exercées dans les établissements distincts, rien *a priori* n'interdit d'appliquer à chacun de ceux-ci la convention collective correspondant à son activité propre. Sur ce point, le droit du travail doit se montrer pragmatique, en permettant à chaque entité autonome de l'entreprise de se voir appliquer une convention collective distincte, même si elle n'est pas strictement constituée en établissement. Il faut simplement veiller à ce que cela n'entraîne pas une disparité de statuts au sein de la même entreprise.

---

[495] CA Dakar, 15 janvier 1969, *Baba c./ Abdou GAYE*, inédit.

3. Le critère juridique

L'application d'une convention collective à une entreprise, sauf lorsqu'elle est étendue, résulte d'actes de volonté. La décision de l'employeur est un élément déterminant pour l'application de la convention collective. L'employeur est tenu par la convention collective soit parce qu'il en est le signataire ou parce qu'il appartient à un groupement patronal signataire ou adhérent (**a**). La convention collective peut également s'appliquer lorsque l'employeur a personnellement adhéré à la convention (**b**), lorsqu'elle a été étendue (**c**) ou lorsque, dans des cas rares, l'employeur décide de l'appliquer volontairement (**d**).

a) La signature de la convention par l'employeur ou son affiliation à une organisation signataire ou adhérente

Selon l'article L. 84 du Code du travail, les conventions collectives obligent toutes les personnes qui les *ont signées* ou qui sont *membres des organisations ou groupements signataires*. Comme tout contrat, la convention lie les personnes qui l'ont signée. L'entreprise ne sera pas soumise aux dispositions de la convention collective même si celle-ci rentre dans son champ d'application territorial et professionnel, tant que l'employeur ne l'a pas personnellement signée. Par conséquent, les salariés adhérents ou non d'une organisation syndicale signataire ne peuvent pas réclamer l'application d'une convention collective si leur employeur n'est pas lié par cette convention collective. La *décision de l'employeur est donc un élément déterminant pour l'application de la convention collective.*

L'affiliation de l'employeur à une organisation signataire d'une convention collective emporte l'assujettissement de l'entreprise adhérente à ladite convention. Ainsi, l'employeur qui adhère à une organisation patronale signataire *s'engage à appliquer le texte en vigueur lors de son adhésion et toutes les modifications* qui pourraient être approuvées ultérieurement par l'organisation à laquelle il appartient. S'il démissionne du groupement d'employeurs signataires, il reste lié par tout ce qui a été signé pendant le temps de son adhésion ; par contre, *il n'est pas lié par ce qui pourra être signé à l'avenir.*

b) L'adhésion à une convention ou à l'accord

L'adhésion est l'acte par lequel une organisation patronale ou syndicale non-signataire d'un accord, ou non présente au moment de la conclusion de l'accord, y appose *a posteriori* sa signature. La convention collective est un accord ouvert. L'adhésion peut intervenir à tout moment, tant que l'accord continue de produire ses effets.

L'adhésion de l'employeur à la convention collective *ne l'engage que pour l'avenir* ; l'application de la convention n'est pas rétroactive à son endroit. Par la suite, *l'employeur qui a adhéré à un texte ne semble tenu que par les dispositions du texte auquel il a adhéré* et qu'il a donc approuvé personnellement.

c) L'extension de la convention collective

L'extension d'une convention collective est le procédé par lequel le domaine d'application de la convention est étendu à tous les employeurs et tous les travailleurs compris dans le champ d'application professionnel et territorial de la convention, qu'ils aient été parties ou non à la convention. La convention étendue s'appliquera donc, non seulement aux adhérents de l'organisation patronale signataire, mais aussi aux entreprises n'appartenant pas à cette organisation.

L'extension est une prérogative qui appartient au ministre du Travail. Elle permet de faire bénéficier au plus grand nombre de travailleurs possible des conditions de travail prévalant dans les entreprises du même secteur d'activité. Elle permet d'ailleurs de réduire les risques d'une concurrence déloyale sur le marché du travail.

d) L'application volontaire

L'application d'une convention collective peut avoir été convenue dans le contrat de travail d'un salarié. Lorsque les parties contractualisent les dispositions d'une convention collective en prévoyant dans le contrat de travail l'application de tout ou partie d'une convention collective, l'application obéit au régime du contrat de travail. Par conséquent, pour modifier ou mettre fin aux avantages qui découlent de cette application, il faudra l'accord du salarié.

Un accord peut aussi être appliqué volontairement par l'employeur à l'ensemble de ses salariés ou à une catégorie d'entre eux. Lorsque l'employeur décide d'appliquer une convention collective, notamment en y faisant référence à ses clauses, il se trouve lié par son engagement ou cette habitude. La convention collective s'applique en tant qu'engagement unilatéral. En principe, pour mettre fin à cette application, il suffit de modifier le contrat de travail ou de dénoncer la décision unilatérale ou l'usage qui constituent en réalité les *seules causes juridiques* de cette application volontaire.[496]

B. /La durée d'application de la convention collective

Une convention collective ne peut s'appliquer à une relation de travail que si elle est en vigueur. Elle peut être conclue pour une durée déterminée (**1**) ou indéterminée (**2**).

1. Les conventions collectives à durée déterminée

Les conventions à durée déterminée sont traditionnellement rares. Lorsqu'une convention collective est conclue pour une *durée déterminée*, le terme convenu ne peut excéder *5 ans* (art. L. 82 C. trav.). À l'issue de ce délai et sauf clause contraire, elle continue de produire ses effets *comme une convention collective à durée indéterminée.*

En présence d'une stipulation contraire, la convention à durée déterminée peut donc cesser totalement de s'appliquer à l'arrivée de son terme. À cet effet, la rédaction d'une clause claire et précise excluant la prolongation des effets de l'accord après l'arrivée de son terme permettra de mettre fin à celui-ci. En l'absence de clause, la convention à durée déterminée sera transformée en une convention à durée indéterminée.[497] Il n'y a, dans ces hypothèses, aucune disposition imposant un maintien des avantages acquis ; les salariés perdent donc le bénéfice de ces stipulations.

2. Les conventions collectives à durée indéterminée

Une convention collective *à durée indéterminée* peut prendre fin si elle a été dénoncée. Tout comme la convention collective à durée déterminée, la convention collective à durée indéterminée

---

[496] Voir jurisprudence française : Cass. soc., 4 décembre 1991, Bull. V n°553. – Cass. soc., 10 mai 1994, Dr. soc. 1994, p. 718, note Bélier

[497] Dans cette hypothèse, la convention peut faire l'objet de dénonciation.

peut faire l'objet de révision. Ces deux vecteurs de remise en question de la convention que sont la dénonciation (**a**) et la révision (**b**) diffèrent tant par les règles qui leur sont afférentes que par leur but.

a) La dénonciation de la convention collective

La dénonciation est l'expression consacrée pour désigner la résiliation unilatérale de la convention collective conclue à durée indéterminée. Il s'agit simplement de l'application du *principe de prohibition des engagements perpétuels*. Aucune disposition ne vient exiger des parties d'invoquer un motif particulier pour mettre fin à ses engagements. Mais, une procédure particulière, dont il convient de déterminer les conditions d'exercice (***a.1***) et les effets (***a.2***), doit être suivie.

a.1 – Les conditions de la dénonciation

La convention collective à durée déterminée *est exclue du champ de la dénonciation*, car elle arrive en principe à extinction à l'issue de la durée pour laquelle elle a été conclue. Pour dénoncer valablement une convention collective, il convient, tout d'abord, *de notifier aux autres signataires et adhérents*, la décision prise de mettre fin à l'accord.

La dénonciation peut être totale ou partielle. Mais une dénonciation partielle ne sera valable que si elle est formellement prévue dans la convention, et ce, uniquement dans les limites prévues par celle-ci.

En principe, en respectant la règle du parallélisme des formes, toutes les parties signataires d'une convention collective peuvent engager une procédure de dénonciation. De même, les organisations de salariés ou d'employeurs ayant adhéré à la convention peuvent ensuite la dénoncer. Les organisations adhérentes ont les mêmes droits que les signataires de la convention collective.

a.2 – Les effets de la dénonciation

La dénonciation ne produit pas ses effets immédiatement ; elle n'est effective qu'*après un préavis dont la durée* doit être fixée par la convention elle-même. En l'absence de stipulation expresse, le législateur sénégalais, contrairement à son homologue français qui prévoit un délai légal de trois mois de préavis, ne fixe aucune durée.

La dénonciation peut aboutir à la *cessation de toute application* de la convention collective si elle émane de l'ensemble des signataires représentant les employeurs ou de l'ensemble des signataires représentant les salariés. Par contre, si seuls certains des signataires représentant l'un ou l'autre des protagonistes ont dénoncé l'accord, cela permet le *maintien de l'application* de l'accord entre ceux qui n'ont pas souhaité y mettre un terme en ce qui les concerne.

Aux termes de l'article L. 83 du Code du travail, les conventions collectives sont applicables, sauf stipulation contraire, à partir du jour qui suit leur dépôt dans les conditions et au lieu qui sont indiqués par les dispositions réglementaires. Le principe de l'application immédiate de la convention collective vaut aussi dans les rapports entre les conventions collectives. Il en résulte que la convention nouvelle doit immédiatement s'appliquer à tous les salariés, y compris ceux qui bénéficiaient auparavant de la convention précédente. Un problème peut alors survenir, *c'est celui des avantages acquis.*

Que répondre, par exemple, à un salarié qui invoque le bénéfice d'avantages prévus par une convention qui a été remplacée par une autre ne contenant plus les mêmes dispositions favorables. La notion d'avantages individuels acquis est assez difficile à cerner en pratique. En l'absence de définition légale, les contours de cette notion ont été tracés par la jurisprudence.

Constitue un avantage individuel acquis celui qui, au jour de la dénonciation de la convention ou de l'accord collectif, procurait au salarié une rémunération ou un droit dont il bénéficiait à titre personnel et qui correspondait à un droit ouvert et non simplement éventuel.[498] L'avantage individuel acquis correspond à un droit dont le salarié a déjà pu se prévaloir et dont il peut toujours continuer à se prévaloir (exemple : niveau de rémunération, primes d'ancienneté).

Deux éléments ressortent donc de la définition de l'avantage acquis. D'abord, l'avantage acquis correspond, soit à un avantage dont le salarié a déjà bénéficié au jour de la dénonciation, soit à un avantage dont le droit était ouvert au

---

[498] *Cf.* jurisprudence française, Cass. soc., 13 mars 2001, n° 99-45.651. – *Adde*, Emmanuel DOCKES, « L'avantage individuel acquis », Dr soc. 1993, p. 826.

jour de la dénonciation. Ensuite, l'avantage acquis est un avantage dont le salarié bénéficie à titre personnel, c'est-à-dire que, même si cet avantage peut concerner l'ensemble des salariés, le salarié en a bénéficié individuellement.

L'avantage individuel acquis s'opposerait au droit simplement éventuel. Ainsi, en est-il du montant de l'indemnité de licenciement qui ne s'ouvre qu'à la rupture du contrat de travail et ne peut donc faire l'objet d'un avantage acquis avant cette rupture. Une clause expresse est nécessaire pour assurer le maintien des avantages acquis sous l'empire de l'ancienne convention.[499] À défaut, aucun salarié ne peut invoquer les dispositions de l'ancienne convention collective.

En conséquence, c'est un bien mauvais terme que celui « d'avantages acquis », car précisément rien n'est acquis dans ce domaine. En effet, tout peut être remis en question à tout moment, moyennant le respect de certaines conditions de forme.

Les bénéficiaires d'avantages individuels acquis sont les salariés qui étaient déjà en poste au moment de la dénonciation de la convention collective. Les salariés recrutés après la dénonciation de la convention ne sont pas concernés par le maintien des avantages individuels acquis.

La reconnaissance d'un avantage individuel acquis *a pour conséquence de changer la nature de cet avantage qui est désormais considéré comme incorporé au contrat de travail.* L'avantage acquiert une valeur contractuelle et l'employeur ne pourra le modifier qu'avec l'accord du salarié.

b) La révision de la convention collective

La révision de la convention collective est une condition de son adaptation à la situation qui a nécessairement évolué. Il s'agit d'une remise en conformité par rapport à la situation économique, toujours en coopération entre les partenaires sociaux. La révision est la modification par voie d'avenant de

---

[499] Cass. soc., 23 avril 1997, n° 52, *BA Balla c./ SONACOS*, Bulletin des arrêts de la Cour de cassation du Sénégal : « Qu'il découle enfin du caractère normatif de la Convention Collective que ses dispositions ne régissent les contrats de travail que tant qu'elles sont en vigueur, aussi, pour éviter la disparition des normes plus avantageuses que la Convention ancienne pouvait contenir, les signataires de la nouvelle Convention prévoient, en principe, au moyen d'une clause spéciale, le maintien des avantages acquis ; ... »

tout ou partie d'une convention ou d'un accord collectif initial (*Cf.* art. L. 82 al. 4 C. trav.).

La révision connaît une certaine faveur auprès des groupements patronaux et auprès des employeurs, car elle présente pour l'employeur de nombreux avantages par rapport à la dénonciation. Le risque que l'échec de la négociation qui suit la dénonciation ne pérennise les avantages individuels acquis n'existe pas en cas de révision.

En droit privé, lorsqu'il est question de réviser une convention, on applique l'effet relatif des contrats. On demande donc aux contractants de réviser ensemble, par un commun accord. Ce qui permet de respecter la règle du parallélisme des formes. Les choses semblent différentes en ce qui concerne les conventions et accords collectifs.

Dans la célèbre affaire *Basirico*, l'Assemblée plénière de la Cour de cassation française a jugé qu'un accord non signé par l'ensemble des signataires originaires et l'ensemble des adhérents ne pouvait être opposé aux salariés.[500] En d'autres termes, pour se libérer des obligations prévues par la convention collective initiale, les groupements patronaux signataires doivent, soit obtenir la signature de toutes les organisations syndicales ayant signé cette convention ou y ayant adhéré, soit dénoncer cette convention. Deux syndicats ne pouvaient donc pas défaire ce que trois ont signé.[501]

§ 2 – Les effets de l'application de la convention collective

Les parties à une convention collective sont, non seulement, tenues d'observer les règles convenues dans la convention ou l'accord, mais elles doivent aussi veiller à l'application des

---

[500] Cass. ass. plén., 20 mars 1992, n° 90-44.359, Bull. civ. ass. plén., n° 3 (3 arrêts), Dr. soc. 1992, p. 360 : « ...si des organisations syndicales représentatives peuvent valablement signer un accord collectif modifiant partiellement une convention collective, le nouvel accord, s'il n'a pas été conclu par l'ensemble des signataires initiaux de la convention collective et adhérents ultérieurs, ne peut, en l'absence de stipulation expresse relative à la révision ou, à défaut, de dénonciation régulière de la convention, être opposé à des salariés qui réclament le bénéfice de l'avantage prévu à ladite convention et supprimé par l'accord. »

[501] Jean PELISSIER, Gilles AUZERO et Emmanuel DOCKES, *Droit du travail*, Précis Dalloz 25e éd., 2010, n° 1159. – *Adde*, La loi du 31 décembre 1992 est venue renverser cette jurisprudence en modifiant l'article L. 132-7 du code du travail français.

dispositions conventionnelles aux contrats individuels. Ainsi, il convient de préciser les effets de la convention collective (**A**) et les sanctions du défaut d'application (**B**).

A. /Les effets sur les contrats de travail

Les effets de la convention collective sur les contrats de travail découlent de l'article L. 84 alinéa 2 du code du travail qui dispose : *« Lorsqu'un employeur est lié par les clauses d'une convention collective, ces clauses s'appliquent aux contrats de travail conclus avec lui, sauf dispositions plus favorables »*. La convention collective a un effet automatique (**1**), immédiat (**2**) et impératif (**3**) sur les contrats de travail.

1. L'effet automatique

La convention collective produit un effet automatique. À cet effet, si le contrat de travail contient des clauses moins favorables aux salariés, *elles sont écartées automatiquement* au profit des clauses de la convention collective.[502] Il s'agit tout simplement d'une application du *principe de faveur* ; en présence d'une convention et d'un contrat de travail applicables

---

[502] Cass. soc., 23 avril 1997, n° 52, *BA Balla c./ SONACOS*, Bulletin des arrêts de la Cour de cassation du Sénégal : « les Conventions Collectives s'appliquent de façon automatique, immédiate, générale et uniforme aux contrats de travail qui leur sont soumis et se substituent au contenu de ceux-ci sauf clauses contractuelles plus favorables ; Que l'on déduit également du caractère impératif de la Convention Collective l'impossibilité pour le salarié de renoncer aux droits déjà acquis résultant de la Convention Collective, qu'il s'agisse de droits d'origine législative, réglementaire, conventionnelle ou contractuelle par application des dispositions de l'article 115 alinéas 7, 8 et 9 du Code du Travail, une telle renonciation équivaut, en effet, à une transaction qui ne peut être valablement souscrite que dans les formes et conditions prévues aux articles 211 et 219 du Code du Travail ; Qu'il découle enfin du caractère normatif de la Convention Collective que ses dispositions ne régissent les contrats de travail que tant qu'elles sont en vigueur, aussi, pour éviter la disparition des normes plus avantageuses que la Convention ancienne pouvait contenir, les signataires de la nouvelle Convention prévoient, en principe, au moyen d'une clause spéciale, le maintien des avantages acquis; Que tel est bien le cas de l'espèce, l'article 4 de la Convention Collective des Corps Gras disposant que : "La Présente Convention ne peut en aucun cas, être la cause des restrictions d'avantages individuels acquis, que ces avantages soient particuliers à certains salariés ou qu'ils résultent de l'application dans l'établissement de dispositions collectives..." »

à une même situation, on applique la disposition la plus favorable.

La convention ne s'intègre pas aux contrats de travail. Le contrat de travail n'est pas modifié par l'entrée en vigueur d'une convention collective. On dit que les dispositions de la convention collective ne sont pas intégrées aux contrats de travail. Les salariés peuvent toujours se prévaloir des clauses dont ils sont individuellement convenus avec leur employeur si elles sont plus favorables. Par conséquent, lorsque l'application de la convention collective suppose une modification des contrats de travail, il faut obtenir l'accord individuel de chaque salarié concerné.

2. L'effet immédiat

Les conventions collectives ont un effet immédiat. Une fois en vigueur, la convention collective *s'applique aux contrats individuels conclus postérieurement à sa mise en vigueur, mais aussi aux contrats en cours d'exécution.*[503]

Exemple : Le contrat de travail a prévu une période d'essai de 6 mois. Une convention collective nouvellement applicable prévoit que la période d'essai ne saurait excéder 3 mois. L'entrée en vigueur de cette convention a pour conséquence de réduire immédiatement la durée de la période d'essai à 3 mois en écartant la durée de 6 mois stipulée dans le contrat. Si la rupture intervient au bout de 4 mois de travail, celle-ci doit être considérée comme se situant en dehors de la période d'essai et s'analysera comme un licenciement.

De même, un contrat de travail à durée déterminée prévoit qu'à l'issue du terme le salarié aura droit à une indemnité de fin de contrat au taux de 8 %. Une convention collective nouvellement applicable prévoit une indemnité de fin de contrat au taux de 10 %. C'est le taux prévu par la nouvelle convention qui s'appliquera.

3. L'effet impératif

L'application de la convention collective aux contrats de travail est impérative. C'est en ce sens que le contrat de travail a l'âme d'une loi. Les dispositions de la convention collective s'imposent à l'employeur et au salarié comme une loi le ferait.

---

[503] Cass. soc., 23 avril 1997, n° 52, *BA Balla c./ SONACOS*, précité.

Par conséquent, un salarié *ne peut pas renoncer*, tant que son contrat de travail est en cours, aux dispositions plus favorables d'une convention collective, c'est-à-dire aux avantages qu'il tient de la convention collective. L'employeur ne peut pas non plus écarter l'effet impératif d'une disposition conventionnelle. Exemple : une entreprise qui fait face à de graves difficultés financières, et dont les salaires minima conventionnels sont trop élevés, ne peut recourir à la volonté individuelle pour écarter l'application de ces stipulations.[504]

Par extension, un salarié ne peut renoncer à des droits qu'il tient de son contrat de travail. Ces droits peuvent être d'origine législative, réglementaire, conventionnelle (issus d'une convention collective) ou contractuelle, peu importe.[505] Une telle renonciation serait nulle en application des dispositions de l'article L. 116 alinéa 6 du Code du travail. Pour être valable, la renonciation doit être souscrite dans les formes prévues aux articles L. 241 et 251 du Code du travail,[506] car une telle renonciation équivaudrait à une transaction.

En revanche, un salarié peut renoncer, pour l'avenir, à certains avantages découlant de son contrat de travail dans le respect de la procédure de modification substantielle du contrat de travail. Dans ce cas, la modification ne concerne que les avantages contractuels. Sont exclus du champ de la modification, les droits que le salarié tient de la loi, des règlements et des conventions collectives. Ces droits sont d'ordre public et échappent à toute minoration par l'effet de la volonté individuelle.[507]

B. /La sanction du défaut d'application

Si l'un des signataires ou une personne liée par la convention collective refuse de l'appliquer, le litige peut être porté devant les tribunaux. L'action peut être civile (**1**) ou pénale (**2**).

---

504 *Cf.* Cass. soc., 14 juillet 1999, n° 69, *Mamadou MBAYE c./ La BIAO Sénégal*, Bulletin des arrêts de la Cour de cassation du Sénégal.

505 Cass. soc., 23 avril 1997, n° 52, *BA Balla c./ SONACOS*, précité.

506 Ces articles traitent de la procédure de règlement, respectivement, devant l'inspecteur du travail et devant le tribunal du travail.

507 ISSA-SAYEGH (J.), *Droit du travail sénégalais*, N.E.A. 1987, p. 146.

1. L'action civile

Les groupements capables d'ester en justice, liés par une convention collective ou un accord d'établissement, peuvent, en leur nom propre, intenter une action en dommages et intérêts à tous autres groupements, à leurs propres membres ou à toutes personnes liées par la convention ou l'accord, qui en violeraient les engagements contractés (art. L. 96 C. trav.). Le groupement signataire agit en son propre nom à l'encontre d'un autre groupement signataire ou d'une personne qui ne respecte pas la convention collective (un employeur par exemple), pour obtenir son application. Il s'agit d'une *action collective.*

Cette action est réservée aux groupements capables d'ester en justice, c'est-à-dire qui sont dotés de la personnalité morale. Ainsi, la possibilité d'agir en justice pour faire respecter des conventions ou accords est exclue aux groupements de fait.

Les groupements capables d'agir en justice, peuvent intervenir dans une action intentée par une personne ou exercer l'action en dommages et intérêts en faveur de leurs adhérents sans avoir à justifier d'un mandat de l'intéressé pourvu que celui-ci ait été averti et n'ait pas déclaré s'y opposer (art. L. 98 C. trav.). C'est ce qu'on appelle l'*action en substitution.* L'intervention du groupement est fondée sur l'idée de mandat implicite de l'adhérent et correspond au devoir d'aide et d'assistance du groupement vis-à-vis de ses adhérents. La cause de cette action est la lésion des intérêts individuels et l'action tend à la réparation des préjudices individuels causés.

Tout syndicat même non représentatif peut se substituer à l'intéressé dans l'action née de la convention ou de l'accord, ceci dès lors que ses membres sont liés par celui-ci, alors même qu'il n'est pas partie signataire. Une telle extension se justifie par le fait que les membres du syndicat peuvent se trouver liés à une convention ou à un accord que leur syndicat n'a pas signé. Or la seule condition exigée est que les membres du syndicat soient liés par la convention ou l'accord violé. Cette action vise à protéger l'intérêt collectif du groupement ou de la profession.

Outre l'allocation des dommages et intérêts, l'action peut légalement tendre, au respect de l'obligation contractée, au besoin sous astreinte. Elle peut aussi tendre à la réalisation de la convention, si le manquement est grave, par application du droit commun des contrats (art. 105 COCC) que rien ne permet d'écarter ici.[508]

2. L'action pénale

La méconnaissance d'une convention collective ne peut être pénalement sanctionnée que si la loi elle-même le prévoit. En vertu du principe de légalité des délits et des peines, la négociation collective ne peut pas porter sur la définition des infractions pénales. Il ne revient donc pas aux parties à la négociation collective de créer des sanctions pénales. L'action pénale concerne des violations qui tombent sous le coup de la loi pénale.

L'action pénale peut être introduite par le dépôt d'une plainte effectuée par un syndicat ou, plus rarement, par un salarié. La violation d'une convention collective ne constitue pas, en principe, une infraction. Seules certaines violations sont sanctionnées pénalement.

C'est le cas, notamment, pour tout employeur, relevant d'une convention collective ne prévoyant pas de rémunération à la tâche ou aux pièces, qui aura pratiqué ce mode de rémunération, en violation de l'interdiction stipulée au quatrième alinéa de l'article L. 111 du Code du travail. À ce sujet, l'article L. 279 du Code du travail, punit d'une amende de 500.000 à 1.000.000 de francs et d'un emprisonnement de trois mois à un an, ou de l'une de ces deux peines seulement l'employeur qui se serait rendu coupable d'une telle infraction.

---

[508] ISSA-SAYEGH (J.), *Droit du travail sénégalais,* LGDJ, NEA, n°327, p. 145

CHAPITRE 2 : LES RÈGLES SPÉCIFIQUES ONT CERTAINES CATÉGORIES DE CONVENTIONS COLLECTIVES

Le droit commun des conventions collectives a été conçu à partir des conventions de branche, encore appelées conventions collectives ordinaires. Ces conventions n'appellent pas de développements particuliers.

À côté des conventions de branche, il existe d'autres types de conventions, notamment les conventions collectives extensibles, les conventions collectives générales, les accords d'entreprise ou d'établissement. Ces conventions sont soumises à un régime spécifique qu'il convient d'examiner à travers l'étude des conventions extensibles (**section 1**), des conventions générales et accords collectifs d'entreprise (**section 2**).

SECTION 1 : LES CONVENTIONS COLLECTIVES EXTENSIBLES

La convention collective extensible est une convention dont la loi fixe très précisément les conditions d'élaboration et le contenu. Ce domaine est tellement vaste qu'on peut dire que cette convention constitue la charte de la profession. En raison de l'importance d'une convention collective étendue, le législateur n'a pas voulu que ce procédé soit applicable à n'importe quelle convention collective. Pour qu'une convention collective produise ses effets (**§ 2**), certaines conditions sont exigées (**§ 2**).

§ 1 – Les conditions de l'extension

L'extension obéit à toutes les règles générales qui s'imposent aux conventions collectives ordinaires, mais sa portée devant être plus grande que ces dernières, elle est, par voie de conséquence, soumise à des conditions supplémentaires qu'il convient de préciser à travers l'examen des conditions de fond (**A**) et de forme (**B**).

A. /Les conditions de fond

Le mécanisme d'extension renvoie au respect de certaines conditions relatives à la négociation (**1**) et au contenu (**2**) de la convention extensible.

1. La négociation de la convention extensible

Le législateur a tenu à ce que la convention extensible soit l'œuvre d'une commission. Les conventions doivent avoir été négociées et conclues dans le cadre d'une *commission paritaire mixte*. Cette commission doit comprendre en nombre égal, d'une part, les représentants des organisations syndicales les plus représentatives des travailleurs, d'autre part, les représentants des organisations syndicales les plus représentatives des employeurs ou, à défaut, les employeurs eux-mêmes.

La réunion d'une commission mixte est provoquée par le ministre du Travail à la demande de l'une des organisations syndicales d'employeurs ou de travailleurs intéressées, considérées comme *les plus représentatives*. Le ministre du Travail a également la faculté de convoquer cette commission de son propre chef. Le ministre chargé du travail est en droit de demander au syndicat la production de tous les renseignements de nature à lui permettre d'apprécier son caractère représentatif.

Les conventions annexes peuvent être conclues pour chacune des catégories professionnelles qui existent. Elles peuvent s'intéresser aux conditions de travail particulières à ces catégories et sont discutées par les représentants des organisations syndicales les plus représentatives des catégories concernées. En principe, ces annexes sont destinées à expliquer ou appliquer certaines normes de la convention à des catégories professionnelles déterminées. Elles sont conclues en général après la convention collective proprement dite.

2. L'objet de la convention extensible

La convention extensible constitue en quelque sorte la charte de la profession. Compte tenu de son importance, le législateur en a réglementé le contenu en édictant des clauses obligatoires (**a**) et des clauses facultatives (**b**).

a) Les clauses obligatoires

Pour éviter la conclusion de conventions squelettiques, la loi a imposé un contenu minimum aux partenaires sociaux. Ainsi, la convention collective extensible doit contenir les clauses concernant :

- le libre exercice du droit syndical et de la liberté d'opinion des travailleurs ;
- les salaires minima correspondant aux diverses qualifications de la hiérarchie professionnelle de la branche d'activité considérée ;
- les modalités d'exécution et les taux des heures supplémentaires effectuées le jour ou la nuit, pendant les jours ouvrables, les dimanches et les jours fériés ;
- la durée de l'engagement à l'essai et celle du préavis ;
- les délégués du personnel ;
- les dispositions concernant la procédure de révision, modification et dénonciation de tout ou partie de la convention collective ;
- les modalités d'application du principe à travail égal, salaire égal pour les femmes et les jeunes ;
- les congés payés ;
- les indemnités de déplacement ;
- la classe de passage et le poids des bagages, en cas de déplacement du travailleur et de sa famille, qu'il s'agisse d'un déplacement pour se rendre de sa résidence habituelle au lieu d'emploi et inversement ou qu'il s'agisse d'un déplacement occasionnel du lieu d'emploi.

b) Les clauses facultatives

De façon non exhaustive, l'article L. 86 du Code du travail énumère un certain nombre de points que les partenaires sociaux peuvent prévoir dans les conventions collectives extensibles, sans y être obligés. Ces clauses facultatives concernent :

- les primes d'ancienneté, d'assiduité et de rendement ;
- les indemnités pour frais professionnels et assimilés, les indemnités de transport ;
- les primes de panier pour les travailleurs devant prendre leur repas sur le lieu de travail ;
- les conditions générales de la rémunération au rendement ou à la commission chaque fois qu'un tel

mode de rémunération sera reconnu possible, intégralement ou partiellement ;
- les indemnités pour travaux pénibles, dangereux, insalubres, salissants ;
- les conditions d'embauche et de licenciement des travailleurs, sans que les dispositions prévues puissent porter atteinte au libre choix du syndicat par le travailleur ;
- quand il y a lieu, l'organisation et le fonctionnement de l'apprentissage et de la formation professionnelle dans le cadre de la branche d'activité considérée ;
- les conditions particulières de travail des femmes et des jeunes dans certaines entreprises se trouvant dans le champ d'application de la convention ;
- quand il y a lieu, les modalités de constitution du cautionnement visé au titre VIII du Code du travail ;
- l'emploi à temps réduit de certaines catégories de personnel et leurs conditions de rémunération ;
- l'organisation, la gestion et le financement des services sociaux et médico-sociaux ;
- les conditions particulières du travail : travaux par roulement, travaux durant le repos hebdomadaire et durant les jours fériés ;
- les procédures conventionnelles d'arbitrage, suivant lesquelles seront ou pourront être réglés les différends collectifs de travail susceptibles de survenir entre les employeurs et les travailleurs liés par la convention.

C'est dans le souci d'inciter les partenaires sociaux à plus amples négociations que le législateur a voulu que cette liste ne soit pas limitative.

B. /Les conditions de forme

La procédure d'extension est une procédure particulière. Elle comporte les étapes suivantes : initiative (**1**), décision ministérielle (**2**) et publicité (**3**) de l'arrêté d'extension.

1. L'initiative

La procédure d'extension peut être déclenchée à l'initiative du ministre du Travail ou à la demande de l'une des organisations syndicales les plus représentatives (art. L. 88 C. trav.). Bien que le texte ne précise pas, il va de soi que les organisations syndicales en question sont celles qui ont signé la convention.

2. La décision ministérielle

L'extension de la convention se réalise par un arrêté du *ministre du Travail.* Il doit consulter le *Conseil consultatif national du travail et de la sécurité sociale.*

Le ministre du Travail n'est pas obligé d'étendre la convention. Il doit exclure de l'extension, après avis motivé du Conseil consultatif national du travail et de la sécurité sociale, les dispositions qui seraient en contradiction avec les textes législatifs et réglementaires en vigueur.

Un arrêté du ministre chargé du travail peut, à défaut ou en attendant l'établissement d'une convention collective extensible, réglementer les conditions du travail pour une profession déterminée. Cet arrêté peut être pris pour une profession déterminée ou, le cas échéant, pour un groupe de professions dans lesquelles les conditions d'emploi sont comparables. Il peut abroger des conventions collectives conclues antérieurement au Code du travail et dont les dispositions, non contraires à la loi, sont demeurées en vigueur en attendant l'établissement de nouvelles conventions.

À défaut, ou en attendant l'établissement d'une convention collective, des décrets réglementent les conditions de travail des professions relevant des établissements ou des services publics.

3. La publicité de l'arrêté d'extension

L'arrêté d'extension doit être publié au journal officiel, faute de quoi la convention ne peut avoir les effets d'une convention collective étendue. C'est la date de publication qui constitue le point de départ de l'application de la convention étendue.

§ 2 – Les effets de l'extension

L'extension n'entraîne pas novation de la nature juridique de la convention contractuelle, notamment en ce qui concerne sa validité, sa durée. Elle reste, d'ailleurs, un acte de droit privé. L'extension produit un effet obligatoire (**A**), lequel peut cesser sous certaines conditions (**B**).

A. /L'effet obligatoire

Lorsqu'une convention collective susceptible d'être étendue a été acceptée et régulièrement déposée, elle produit les mêmes effets qu'une convention collective ordinaire tant qu'une disposition réglementaire visant l'extension n'aura pas été prise.

L'extension a pour effet de rendre obligatoire la convention collective pour tous les employeurs situés dans son champ d'application professionnel et géographique. La convention étendue s'appliquera donc, non seulement aux adhérents de l'organisation patronale signataire, mais aussi aux entreprises n'appartenant pas à cette organisation.

Cependant, l'extension ne modifie pas le champ d'application de la convention. Elle se contente de généraliser la convention collective dans son champ d'application initial. C'est un moyen commode de bonifier les conditions minimales de travail en mettant en place des avantages sociaux.

L'*élargissement* qui n'est pas régi par le Code du travail s'apparente à l'extension, mais elle va au-delà. Elle consiste à rendre applicable, à un secteur professionnel ou géographique donné, une convention ou accord collectif qui a déjà fait l'objet d'une extension dans un autre secteur d'activité ou territorial. Elle permet d'appliquer la convention collective en dehors de son champ d'application initial. Cette technique permet d'élargir l'application des conventions collectives dans des secteurs où est observée une impossibilité persistante de conclure une convention.

B. /La cessation de l'extension

Parmi les modes de cessation de l'extension prévus par le Code du travail, on peut citer : la disparition de la convention collective par dénonciation ou non-renouvellement (**1**) et le retrait de la disposition réglementaire (**2**).

1. La disparition de la convention collective

L'arrêté ministériel d'extension cessera d'avoir effet lorsque la convention collective aura cessé d'être en vigueur entre les parties, par suite de sa dénonciation s'il s'agit d'une convention à durée indéterminée ou de son renouvellement s'il s'agit d'une convention à durée déterminée. Les salariés ne sauraient se prévaloir des dispositions collectives qui, du fait de la disparition de la convention, ne peuvent être appliquées. À cet effet, l'arrêté d'extension d'une convention devient caduc dès que la convention cesse de produire effet.

2. Le retrait de la disposition réglementaire

Le retrait peut intervenir à la demande d'une des parties signataires ou à l'initiative de l'autorité qui a pris la disposition réglementaire. Il en est ainsi lorsque la convention ou certaines de ses dispositions ne répondent plus à la situation de la branche d'activité dans le champ d'application considéré. Dans ce cas, la convention subsiste avec ses effets ordinaires.

La décision de retrait d'extension doit être précédée d'une consultation des organisations professionnelles et de toutes personnes intéressées, qui doivent faire connaître leurs observations dans un délai de trente jours.

SECTION 2 : LES AUTRES TYPES DE CONVENTION ET D'ACCORDS

À côté des conventions collectives, le Code du travail a prévu une forme d'accord à champ d'application territorial réduit : les accords d'entreprise ou d'établissement **(§ 1)**. Il a également prévu la possibilité de conclure des conventions interprofessionnelles ou des conventions dans les services, entreprises et établissements publics (**§ 2**).

§ 1 – Les accords collectifs d'entreprise ou d'établissement

Le Code du travail prévoit la possibilité de conclure des accords collectifs de travail aussi bien au niveau de l'entreprise que de l'établissement. L'accord collectif d'entreprise ou d'établissement est un accord dont le champ d'application est limité soit à une entreprise déterminée, soit à un ou plusieurs établissements appartenant à une entreprise. Il convient de déterminer les parties contractantes (**A**) et l'objet des accords collectifs d'entreprise (**B**).

A. /Les parties contractantes

Les acteurs de la négociation d'entreprise sont les représentants de l'employeur (**1**) et ceux des salariés (**2**).

1. La représentation patronale

Les représentants de l'employeur peuvent être un employeur pris isolément ou un groupement d'employeurs (art. L. 92 C. trav.). L'employeur est la personne physique ou morale au sens de l'article L. 3 du Code du travail qui emploie un ou plusieurs travailleurs. L'employeur peut négocier lui-même ou se faire représenter, par mandat, à la négociation par une personne de son choix.

Même si le texte ne le mentionne pas, il semble logique que l'employeur puisse se faire assister lors des négociations. Il peut se faire assister par des collaborateurs choisis parmi le personnel de l'entreprise. Exemple : le Directeur des Ressources Humaines ou le Chef service du personnel. Il est cependant peu commode pour l'employeur de se faire représenter par une personne extérieure à l'entreprise.

Aux termes de l'article L. 92 du Code du travail, la représentation patronale peut être un groupement d'employeurs. Cette expression peut être source de confusion dans la mesure où le champ de la négociation est limité à l'entreprise ou à l'établissement. Or, dans une entreprise ou un établissement, il y a un seul employeur. Mais, on peut penser que le législateur en utilisant cette expression a envisagé les groupes de sociétés ou les holdings qui peuvent regrouper plusieurs employeurs.

2. La représentation des salariés

Les représentants des salariés sont les représentants des syndicats les plus représentatifs des travailleurs de l'entreprise, du ou des établissements intéressés et les délégués du personnel. La première originalité apparaît du côté salarial. L'accord collectif d'entreprise ou d'établissement ne peut être signé que par un syndicat représentatif. L'objectif de cette exigence de représentativité est d'éviter que l'employeur ne négocie avec un « syndicat maison ».

La seconde originalité est l'implication des délégués du personnel dans les négociations. Depuis le code de travail de

1997, les délégués du personnel peuvent être désormais parties à un accord collectif d'entreprise ou d'établissement.

B. /L'objet des accords collectifs d'entreprise

L'objet de ces accords est d'adapter aux conditions particulières des établissements, les dispositions des conventions collectives. Cet objet est limité selon qu'il existe une convention collective ou un arrêté tenant lieu de convention collective dans l'entreprise (**1**) ou non (**2**).

1. En présence d'une convention collective ou d'un arrêté tenant lieu

Lorsqu'il existe une convention collective nationale, régionale ou locale, ou un arrêté en tenant lieu auquel se trouve assujettie l'entreprise ou l'établissement, l'accord collectif d'entreprise ou d'établissement *ne peut qu'adapter les dispositions de cette convention ou de cet arrêté aux conditions particulières du ou des établissements considérés.*

Aux termes de l'article L. 92 alinéa 4, ces accords peuvent prévoir des dispositions nouvelles et des clauses plus favorables aux travailleurs que les dispositions de la convention ou de l'arrêté existant. Il en est ainsi de la participation des travailleurs aux résultats de l'entreprise.

Lorsque le périmètre de négociation est l'entreprise, les dispositions de l'accord collectif doivent être en principe uniformes pour l'ensemble des salariés de l'entreprise, quel que soit leur établissement d'appartenance ou d'affectation. Cela permet d'éviter d'avoir une disparité de statut collectif au sein d'une même entreprise. C'est en outre une déclinaison du *principe d'égalité de traitement.*

2. En l'absence d'une convention collective ou d'un arrêté tenant lieu

Lorsqu'il n'existe pas de convention collective ou d'arrêté en tenant lieu, l'accord d'entreprise ou d'établissement *ne peut porter que sur les salaires et les accessoires.* Cette restriction semble se justifier par le souci du législateur d'éviter une multiplication des accords collectifs d'établissement, ce qui gênerait la conclusion des conventions collectives ordinaires ou extensibles.

§ 2 – Les autres conventions

Certains États africains se sont ralliés à la conception d'une convention collective générale comportant parfois des annexes spécifiques aux diverses branches d'activité (**A**).[509] La convention collective nationale interprofessionnelle du Sénégal intègre cette perspective. Par ailleurs, le Code du travail prévoit la possibilité de conclure des conventions dans les services, entreprises et établissements publics (**B**)

A. /Les conventions collectives interprofessionnelles

L'existence de grandes confédérations syndicales a favorisé la négociation d'accords collectifs qui dépassent le cadre d'une branche d'activité spécifique. On parle alors de convention interprofessionnelle dont il convient de déterminer la valeur juridique (**1**) et normative (**2**).

1. La valeur juridique des conventions collectives interprofessionnelles

Une convention interprofessionnelle ne s'applique qu'aux salariés des entreprises adhérentes dans les branches couvertes par les organisations patronales signataires. Elle n'a aucune valeur juridique directe. Pour produire des effets, la convention interprofessionnelle doit être étendue. C'est le cas de la convention collective nationale interprofessionnelle du Sénégal

---

509 Bénin : Convention collective générale du travail applicable aux entreprises du secteur privé, J.O. du 1er octobre 1974, p. 969. – Burkina-Faso : convention collective interprofessionnelle du 9 juillet 1974. – Côte d'ivoire : Convention collective interprofessionnelle du 20 juillet 1977, T.P.O.M. n°449 du 20 octobre 1977, p. 338, T.P.O.M. n°451 du 20 novembre 1977, p. 429, T.P.O.M. n°452 du 16 novembre 1977, p. 455, J.O. du 3 mai 1974, p. 181 et s. – Niger : Convention collective interprofessionnelle du 15 novembre 1972 appliqué à partir du 1er mai 1973 par décret n°73-52 du 30 avril 1973, J.O. du 10 mai 1973. – Sénégal : Convention collective nationale interprofessionnelle du 27 mai 1982, J.O. du 18 octobre 1982, p. 666. – Tchad : Convention collective générale du travail du 14 septembre 1967, rendue exécutoire par le décret n°20/PR/NTJS/DTMOPS du 23 juillet 1969 et annexes publiés au J.O. du 1er juin 1970, p. 253 et s. – Togo : Convention collective interprofessionnelle du 1er mai 1978, Droit africain du travail, n°482, p. 105.

conclue le 27 mai 1982. Elle a fait l'objet d'un arrêté d'extension le 21 mars 1983.[510]

Cet arrêté d'extension appelle quelques observations. Dans son article 1er, l'arrêté étend expressément le champ d'application de la CCNIS au champ d'application défini par les parties, c'est-à-dire à l'ensemble des entreprises exerçant leurs activités sur le territoire national.

Or, conformément aux dispositions de l'article L. 85 du Code du travail, la convention extensible a pour objet de régler les rapports entre employeurs et travailleurs d'une branche d'activité déterminée. Ce qui n'est manifestement pas le cas en l'espèce, car le champ d'application de la CCNIS a été étendu à plusieurs branches d'activités n'ayant entre elles aucun lien de connexité. On n'est pas loin de l'*élargissement.*

2. La valeur normative des conventions collectives interprofessionnelles

Les conventions interprofessionnelles ont la particularité d'édicter des normes sociales qui s'appliquent à plusieurs branches professionnelles en raison de leur caractère impératif. En raison de leur extension, elles s'appliquent en effet à des personnes qui n'en sont ni signataires ni adhérentes, ou parfois ne sont même pas informées de son contenu.

Les conventions interprofessionnelles traitent les grands problèmes communs à toutes les professions. Elles interviennent sur des sujets généraux qui constituent un régime protecteur minimum qui ne peut, en vertu de l'ordre public social, être réduit, ni par les dispositions du contrat individuel de travail ni par celles résultant des conventions collectives.

L'article 71 de la CCNIS a prévu une commission paritaire, chargée de rechercher une solution amiable aux différends pouvant résulter de l'interprétation et de l'application des clauses de la convention collective, de ses annexes et additifs. Il doit s'agir de conflits de nature juridique mettant en cause l'interprétation ou l'application des dispositions de la convention collective, à l'exclusion des litiges concernant d'autres règles de droit et des conflits de nature économique.

---

510 Arrêté interministériel n°3105 M.F.P.E.T.-D.T.S.S. en date du 21 mars 1983 portant extension de la Convention collective nationale interprofessionnelle du Sénégal conclue le 27 mai 1982

La première limite à la compétence de cette commission est de ne pouvoir connaître des litiges individuels. La seconde est que les solutions qu'elle préconise sont nécessairement amiables. Ce qui fait que l'interprétation donnée par les commissions ne lie pas les parties.

Cela peut *a priori* paraître paradoxal. On peut, en effet, penser que l'avis d'interprétation émanant d'une commission composée des représentants des parties signataires traduit l'interprétation la plus fidèle de la volonté originaire des auteurs de ladite convention.[511] Ainsi, il n'est pas douteux que les membres de la commission paritaire soient les plus à même de dire la volonté des organisations signataires dont ils sont délégués.

B. /Les conventions collectives dans les services, entreprises et établissements publics

Lorsque le personnel des services, entreprises et établissements publics n'est pas soumis à un statut législatif ou réglementaire particulier, des conventions collectives peuvent être conclues conformément aux dispositions du code du travail. La liste des personnes morales de droit public employant du personnel soumis à statut dans ces entreprises sera établie par décret.

Lorsqu'une convention collective fait l'objet d'un arrêté portant extension, pris en application de l'article L. 88, elle est, en l'absence de dispositions contraires, applicable aux personnes morales de droit public concernées qui, en raison de leur nature et de leur activité, se trouvent placées dans son champ d'application.

---

511 Henri-Joël TAGUM FOMBENO, *L'action des syndicats professionnels en Afrique noire francophone*, L'Harmattan, Paris, 2006, p. 72.

ANNEXES

ANNEXE I

Tableau des conventions de l'OIT ratifiées par le Sénégal au 1er octobre 2017

N°s	Dénomination	Date de ratification	Obs.
1	Convention n° 4 sur le travail de nuit des femmes, 1919	4 nov. 1960	
2	Convention n° 5 sur l'âge minimum (industrie), 1919	4 nov. 1960	Dénoncée[512] 14/12/00
3	Convention n° 6 sur le travail de nuit des enfants (industrie), 1919	4 nov. 1960	
4	Convention n° 10 sur l'âge minimum dans l'agriculture, 1921	22 oct. 1962	
5	Convention n° 11 sur le droit d'association (agriculture), 1921	4 nov. 1960	
6	Convention n° 12 sur la réparation des accidents de travail (agriculture), 1919	22 oct. 1962	
7	Convention n° 13 sur la céruse (peinture), 1921	4 nov. 1960	
8	Convention n° 14 sur le repos hebdomadaire (industrie), 1921	4 nov. 1960	
9	Convention n° 18 sur les maladies professionnelles, 1925	4 nov. 1960	Dénoncée 10/05/71
10	Convention n° 19 sur l'égalité de traitement (accidents du travail), 1925	22 oct. 1960	

512 Dénonciation automatique le 14 décembre 2000 en raison de l'entrée en vigueur de la convention n° 138.

N°s	Dénomination	Date de ratification	Obs.
11	Convention n° 26 sur les méthodes de fixation des salaires minima, 1928	4 nov. 1960	
12	Convention n° 29 sur le travail forcé, 1930	4 nov. 1960	
13	Convention n° 33 sur l'âge minimum (travaux non industriels), 1932	4 nov. 1960	Dénoncée[513] 14/12/00
14	Convention n° 41 révisée du travail de nuit (femmes), 1934	4 nov. 1960	Dénoncée[514] 22/10/63
15	Convention n° 52 sur les congés payés, 1936	22 oct. 1962	
16	Convention n° 81 sur l'inspection du travail, 1947	22 oct. 1962	
17	Convention n° 87 sur la liberté syndicale et la protection du droit syndical, 1948	4 nov. 1960	
18	Convention n° 89 sur le travail de nuit (femmes) (révisée), 1948	22 oct. 1962	
19	Convention n° 95 sur la protection du salaire, 1948	4 nov. 1960	
20	Convention n° 96 sur les bureaux de placement payés (révisée),[515] 1949	22 oct. 1960	
21	Convention n° 98 sur le droit d'organisation et de négociation collective, 1949	28 juil. 1961	
22	Convention n° 99 sur les méthodes de fixation des salaires minima (agriculture), 1951	22 oct. 1962	

513 Dénonciation automatique le 14 décembre 2000 en raison de l'entrée en vigueur de la convention n° 138.

514 Dénonciation automatique le 22 octobre 1963 en raison de l'entrée en vigueur de la convention n° 89.

515 Le Sénégal a accepté les dispositions de la partie III.

N °s	Dénomination	Date de ratification	Obs.
23	Convention n° 100 sur l'égalité de rémunération, 1951	22 oct. 1962	
24	Convention n° 101 sur les congés payés (agriculture), 1952	22 oct. 1962	
25	Convention n° 102 concernant la sécurité sociale (objectifs et normes de base),[516] 1962	22 oct. 1962	
26	Convention n° 105 sur l'abolition du travail forcé, 1957	28 juil. 1961	
27	Convention n° 111 concernant la discrimination (emploi et profession), 1958	13 nov. 1967	
28	Convention n° 116 portant révision des articles finals, 1961	13 nov. 1967	
29	Convention n° 117 sur la politique sociale (objectifs et normes de base), 1962	13 nov. 1967	
30	Convention n° 120 sur l'hygiène (commerce et bureaux), 1964	25 avr. 1966	
31	Convention n° 121 sur les prestations en cas d'accidents du travail et de maladies professionnelles, 1964 [tableau I modifié en 1980]	25 avr. 1966	
32	Convention n° 122 sur la politique de l'emploi, 1964	25 avr. 1966	
33	Convention n° 125 sur les brevets de capacité des pêcheurs, 1966	15 juil. 1968	
34	Convention n° 135 concernant les représentants des travailleurs, 1971	24 août 1976	

516 Le Sénégal a accepté les parties VI à VIII. La partie VI a cessé de s'appliquer par suite de ratification de la convention n° 121.

N°s	Dénomination	Date de ratification	Obs.
35	Convention n° 138 sur l'âge minimum, 1973[517]	15 déc. 1999	
36	Convention n° 144 sur les consultations tripartites relatives aux normes internationales du travail, 1976	19 nov. 2004	
37	Convention n° 182 sur les pires formes de travail des enfants, 1999	1er juil. 2000	
38	Convention n° 183 sur la protection de la maternité, 2000[518]	18 avr. 2017	

Il ressort de ce tableau que sur 38 conventions ratifiées par le Sénégal, 4 conventions ont été dénoncées. Ces conventions sont essentiellement relatives aux droits fondamentaux du travail tels que les conditions de travail, l'emploi des femmes, des enfants, les droits fondamentaux de l'Homme, etc. Le Sénégal s'est abstenu de ratifier les conventions dont la teneur est incompatible avec son niveau de développement – assurance maladie, chômage – et celles relatives à des activités inexistantes dans le pays.

En résumé, le Sénégal a ratifié suivant les domaines :

- Conventions fondamentales[519] : 8 sur 8
- Conventions de gouvernances (prioritaires)[520] : 3 sur 4
- Conventions techniques[521] : 27 sur 177.

[517] L'âge minimum spécifié dans la convention n° 138 est de 15 ans. En conformité avec l'article 5, paragraphe 2, de la convention, le Gouvernement a déclaré que cet âge minimum ne s'applique pas aux travaux traditionnels champêtres ou ruraux non rémunérés effectués dans le cadre familial, par des enfants de moins de quinze ans et qui sont destinés à mieux les intégrer dans leur milieu social et dans leur environnement.

[518] Durée du congé de maternité : 14 semaines.

[519] Conventions n° 29, 87, 98, 100, 105, 111, 138 et 182.

[520] Conventions n° 81, 122 et 144.

[521] Conventions n° 4, 5, 6, 10, 11, 12, 13, 14, 18, 19, 26, 33, 41, 52, 89, 95, 96, 99, 101, 102, 116, 117, 120, 121, 125, 135 et 183.

ANNEXE II

Tableau récapitulatif des équivalences admises par les différents textes réglementaires sur la durée du travail

Branches d'activité concernées	Emplois concernés	Durées d'équivalence
Toutes branches d'activités sauf les entreprises de transport et de travail aérien	Gardiens, Personnel de surveillance, personnels des services d'incendie	56 heures
Hôpitaux et établissements hospitaliers	Personnel autre que médecins, chirurgiens, dentistes, pharmaciens, internes, externes, sages-femmes	45 heures
Pharmacies vendant au détail	Personnel affecté à la vente si l'établissement occupe plusieurs employés	42 heures
	Personnel affecté à la vente si l'établissement n'occupe qu'un employé	44 heures
Débits de boissons, cafés, restaurants et hôtels	Cuisiniers	45 heures
	Autres personnels que cuisiniers	50 heures
	Porteurs-bagagistes, chasseurs-coursiers	56 heures
Brasseries, fabriques d'eau et de boissons gazeuses, de	Personnel occupé exclusivement au démoulage de la glace (travailleurs masculins adultes)	45 heures

Branches d'activité concernées	**Emplois concernés**	**Durées d'équivalence**
glace artificielle, etc.		
Entreprises de transport et de travail aérien	Bagagistes, manutentionnaires, personnel d'escales, chauffeurs de car et de tourisme, infirmières	Elle est fixée par l'inspecteur du travail et varie de 40 à 48 heures
	Personnel d'accueil et de comptoir, personnel des stations « arrivées-départs » lorsqu'elles sont distinctes des agences, garçons de bureau	42 heures
	Personnel de gardiennage, surveillance et incendie	Elle est fixée par l'inspecteur du travail et varie de 40 à 48 heures
Boulangeries	Personnel affecté à la vente	46 heures
Établissements de vente au détail de pâtisserie	Personnel affecté à la vente si l'établissement accorde deux journées entières de repos par semaine	45 heures
	Personnel affecté à la vente si l'établissement accorde en plus du repos hebdomadaire la demi-journée de repos le dimanche après-midi	44 heures
	Personnel affecté à la vente si l'établissement n'accorde qu'un jour de repos par semaine	43 heures 30
Entreprise de production, de transport et de distribution d'énergie électrique	Personnel affecté à la conduite et à la surveillance des machines, si un ou deux ouvriers sont occupés par poste	60 heures

Branches d'activité concernées	**Emplois concernés**	**Durées d'équivalence**
(dans les deux cas, il faut que les travailleurs bénéficient d'un congé supplémentaire d'une semaine par an. En outre, ces équivalences ne s'appliquent qu'aux travailleurs masculins)	Personnel affecté à la conduite et à la surveillance des machines, si trois ouvriers sont occupés par poste (usine hydraulique)	48 heures
Établissements de vente au détail des denrées alimentaires	Personnel affecté à la vente	46 heures
Commerce de détail des marchandises autres que les denrées alimentaires	Personnel affecté à la vente	52 heures
Magasins et salons de coiffure	Dakar et Saint-Louis	50 heures
	Autres régions du Sénégal	52 heures

ANNEXE III

Tableau récapitulatif des principales conventions collectives applicables au Sénégal

N°s	Intitulé	Date de signature
1	Convention collective des ouvriers des boulangeries de la délégation de Dakar et dépendances[522]	28 mars 1949 (JO du 12/05/1949)
2	Convention collective des entreprises du bâtiment et des travaux publics[523]	6 juillet 1956 (JO AOF n° 2847 du 15/09/1956, p. 1771)
3	Convention collective du commerce[524]	16 nov. 1956 (JO AOF n° 2860 du 15/12/1956, p. 2313)
4	Convention collective des industries de la mécanique générale[525]	8 oct. 1957 (JO AOF n° 2921 du 23/11/1957, p. 2126)
5	Convention collective des auxiliaires de Transports[526]	16 déc. 1957 (JO AOF n° 2934 du 1/02/1958, p. 230)
6	Convention collective des banques et établissements financiers du Sénégal[527]	25 avr. 1958 (JO AOF n° 2956 du 7/06/1956, p. 1014)

522 Cette convention a fait l'objet d'extension suivant l'Arrêté n° 1506 du 21 octobre 1963, JO n° 3640 du 16 novembre 1963, p. 1528. *Adde,* Annexes catégorielles révisées en 1996.

523 Elle a fait l'objet de l'Arrêté d'extension n° 10893 IGTLS AOF du 18 décembre 1956, JO AOF n° 2863 du 29 décembre 1956, p. 2572. *Adde,* Annexes de classification des emplois du protocole d'accord du BTP, nov. 2006.

524 Cette convention a fait l'objet de l'Arrêté d'extension n° 3162 IGTLS AOF du 28 mars 1957, JO AOF n° 2882 du 13 avril 1957, p. 713.

525 Elle a fait l'objet de l'Arrêté d'extension n° 2535 IGTLS AOF du 27 mars 1958, JO AOF n° 2944 du 12 avril 1958, p. 653. *Adde,* Annexes, 1er janvier 1996.

526 Cette convention a fait l'objet de l'Arrêté d'extension n° 9681 IGTLS AOF du 26 novembre 1958, JO AOF n° 3007 du 13 décembre 1958, p. 2180. *Adde,* Annexes sur les salaires, 1996.

527 Elle a fait l'objet de l'Arrêté d'extension n° 9680 IGTLS AOF du 26 novembre 1958, JO AOF n° 3007 du 13 décembre 1958, p. 2179.

N°s	Intitulé	Date de signature
7	Convention collective nationale des industries textiles[528]	17 mai 1958 (JO AOF n° 2959 du 21/06/1958, p. 1084)
8	Convention collective des industries alimentaires[529]	19 juillet 1958 (JO AOF n° 2996 du 3/11/1958, p. 1889)
9	Convention collective de l'industrie des corps gras[530]	4 juillet 1958 (JO AOF n° 2984 du 22/09/1958, p. 1645)
10	Convention collective des industries chimiques[531]	12 juillet 1958 (JO AOF n° 2972 du 18/08/1958, p. 426)
11	Convention collective professionnelle des transports routiers[532]	17 déc. 1959 (JO Féd. Mali n° 45 du 3/01/1960, p. 74)
12	Convention collective fixant les règles générales d'emploi des travailleurs relevant de la profession cinématographique[533]	28 janv. 1960 (JO n° 3362 du 27/02/1960, p. 262)
13	Convention collective des industries extractives et de la prospection minière[534]	14 avr. 1960 (JO Féd. Mali n° 60 du 7/05/1960, p. 287)
14	Convention collective des industries polygraphiques[535]	28 sept. 1960 (JO n° 3422 du 31/12/1960, p. 1456)

[528] Elle a fait l'objet de l'Arrêté d'extension n° 9681 IGTLS AOF du 26 novembre 1958, JO AOF n° 3007 du 13 décembre 1958, p. 230.

[529] Cette convention a fait l'objet de l'Arrêté d'extension n° 899 IGTLS AOF du 31 janvier1959, JO AOF n° 3020 du 14 février 1959, p. 216.

[530] Elle a fait l'objet de l'Arrêté d'extension n° 901 IGTLS AOF du 31 janvier1959, JO AOF n° 3020 du 14 février 1959, p. 216 – JO n° 3007 du 13 décembre 1958.

[531] Convention ayant fait l'objet d'extension suivant l'Arrêté d'extension n° 900 IGTLS AOF du 31 janvier 1959, JO AOF n° 3020 du 14 février 1959, p. 216.

[532] Elle a fait l'objet de l'Arrêté d'extension n° 60-76 du 1er avril 1960, JO ex Fédération du Mali n° 56 du 9 avril 1960, p. 226.

[533] Convention ayant fait l'objet d'extension suivant l'Arrêté d'extension n° 7023 du 21 avril 1962, JO n° 3526 du 12 mai 1962, p. 777.

[534] Elle a fait l'objet de l'Arrêté d'extension n° 304 du 12 janvier 1961, JO n° 3430 du 28 janvier 1961, p. 102.

[535] Cette convention a fait l'objet de l'Arrêté d'extension n° 1136 du 28 janvier 1961, JO n° 3433 du 11 février 1961, p. 183.

N°s	Intitulé	Date de signature
15	Convention collective nationale des industries hôtelières du Sénégal[536]	29 sept. 1960 (JO n° 3422 du 31/12/1960, p. 1443)
16	Conditions de travail dans les professions agricoles et assimilées au Sénégal	Décret n° 61-367 du 6 sept. 1961 (JO n° 3477 du 23/09/1961, p. 1380)
17	Convention collective des Industries de la confection[537]	10 janv. 1963 (JO n° 3598 du 29/04/1963, p. 565)
18	Convention collective des transports aériens	16 nov. 1965 (JO n° 3813 du 4/04/1966, p. 363)
19	Conditions générales d'emploi des domestiques et gens de maison[538]	23 janv. 1968 (JO n° 4107 du 20/06/1970, p. 594)
20	Convention collective des entreprises d'Assurances	30 juil. 1977
21	Convention collective nationale interprofessionnelle du Sénégal[539]	27 mai 1982
22	Convention collective des journalistes et techniciens de la communication sociale du Sénégal	10 avr. 1991 (entrée en vigueur)
23	Convention collective nationale du personnel de l'enseignement privé du Sénégal	26 avr. 2000

536 Cette convention a fait l'objet de l'Arrêté d'extension n° 1171 du 28 janvier 1961, JO n° 3433 du 11 février 1961, p. 183.

537 Convention ayant fait l'objet d'extension suivant l'Arrêté d'extension n° 9904 du 4 juillet 1963, JO n° 3618 du 27 juillet 1963, p. 1032. *Adde*, Arrêté n° 4298 du 18 mars 1965 portant extension d'un avenant du 7 mars 1963 (Avenant publié au JO n° 3611 du 29 juin 1963, p. 871), JO n° 3736 du 10 avril 1965, p. 432.

538 Arrêté modifié par les Arrêtés n° 3006 du 23 mars 1972 (JO n° 4217 du 3 mars 1972, p. 551) et n° 10117 du 12 septembre 1975 (JO n° 4447 du 27 mars 1975).

539 Cette convention a fait l'objet de l'Arrêté d'extension n° 3105 du 21 mars 1983, JO n° 4952 du 16 octobre 1982, p. 504.

INDICATIONS BIBLIOGRAPHIQUES

I - Ouvrages généraux

- AUZERO (G.), DOCKES (E.), *Droit du Travail,* Paris, Précis Dalloz, 2017, 31e éd., 1650 p.
- COUTURIER (G.), *Droit du travail,* Paris, PUF, 1997, 2 tomes.
- GONIDEC (P.F.) et KIRCH (M.), *Le Droit du travail des T.O.M.*, L.G.D.J., 1958.
- ISSA-SAYEGH (J.), *Droit du travail sénégalais,* N.E.A. 1987, 732 p.
- KIRCH (M.), *Le Droit du travail africain* (2 tomes) Ediafric., 1975.
- RAY (J.-E.), *Droit du travail, Droit vivant,* Paris, Ed. Liaisons, 2017, 711 p.
- TAGUM FOMBENO (H.-J.) :
  - *Sécurité, Hygiène et médecine du travail en Afrique noire francophone,* Paris, Ed. L'Harmattan, 2009, 232 p.
  - *L'action des syndicats professionnels en Afrique noire francophone,* Paris, Ed. L'Harmattan, 2006, 366 p.
- TEYSSIE (B.), *Droit du travail : Relations collectives,* Paris, Lexis Nexis, 2014, 9e éd., 1064 p.
- TEYSSIE (B.), CESARO (J.-F.), MARTINON (A.), *Droit du travail : Relations individuelles,* Paris, Lexis Nexis, 2014, 3e éd., 900 p.

II - Thèses

- NDIAYE (I. Y.), *Les vicissitudes de l'entreprise et le sort de l'emploi,* Thèse UCAD 1989.
- NDOYE (N.), *Le licenciement pour motif personnel en France et au Sénégal (étude de droit comparé),* Thèse Université de Strasbourg 2012.
- NIANG CISSE (A.), *La responsabilité du travailleur,* Thèse UCAD 1995.
- SAMB (M.), *Les conventions collectives nationales et interprofessionnelles en Afrique noire francophone,* Thèse UCAD 1989.

III - Encyclopédies

- Encyclopédie Juridique de l'Afrique, *Droit des relations professionnelles (Travail, sécurité sociale et fonction publique)*, vol. 8, N.E.A., Abidjan, Dakar, Lomé, 1982.

IV - Sites internet

- Organisation Internationale du Travail :
  - www.ilo.org/public/french
- Droit communautaire :
  - www.ohada.org
  - www.ohada.com
- Droit national :
  - Journal officiel de la République du Sénégal : www.jo.gouv.sn
  - Assemblée Nationale : www.assemblee-nationale.sn
  - Gouvernement : www.gouv.sn
  - Ministère du Travail : www.travail.gouv.sn
  - Cour Suprême : www.coursupreme.sn
  - Service public sur les démarches administratives : www.servicepublic.gouv.sn
  - Jurisprudence francophone des cours suprêmes : www.juricaf.org
- Autres :
  - www.tagumjoel.com
  - www.onfp.sn

INDEX ALPHABÉTIQUE

TABLE DES MATIÈRES

Le Sénégal aux éditions L'Harmattan

Dernières parutions

L'ESTHÉTIQUE SOCIALE DES PULAAR
Socioanalyse d'un groupe ethnolinguistique
Sy Harouna
L'esthétique sociale pulaar est une mise en ordre éthique de la vie sociale. Elle est l'inventaire systématique de ce qu'il y a de beau et de laid dans le social relativement à ses valeurs, à ses normes, à ses règles et à ses codes qui commandent des postures, des relations, des rapports et des qualités appropriés. L'analyse des contradictions de la société pulaar du Fuuta Tooro a révélé des logiques et des stratégies fondées sur des rapports de castes et sur les représentations sociales que ces rapports produisent.
(31.00 euros, 304 p.)
ISBN : 978-2-343-11189-6, ISBN EBOOK : 978-2-14-002810-6

LE BAYNUNK GUNAAMOLO, UNE LANGUE DU SUD DU SÉNÉGAL
Analyse phonologique, morphologique et syntaxique
Diop Sokhna Bao - Préface de Denis Creissels
Le Sénégal est un pays multilingue avec des langues majoritaires et des langues minoritaires, de par le nombre de leurs locuteurs, mais également de par la quantité de travaux dont chacune dispose. Les langues majoritaires ont fait l'objet de nombreuses recherches, à la différences des langues minoritaires. Ce constat est à l'origine du choix porté sur la description de la variante gunaamolo du baynunk (parlé au sud du Sénégal, plus précisément à Niamone, dans la région de Ziguinchor) qui est une langue en danger très peu décrite. L'utilité et l'intérêt de ce travail résident dans la sauvegarde et la connaissance de cette langue et sa communauté. Elle peut servir aussi de référence à des recherches futures.
(Coll. Études africaines, 38.50 euros, 392 p.)
ISBN : 978-2-343-09614-8, ISBN EBOOK : 978-2-14-002913-4

DE L'HÉRITAGE ARABO-ISLAMIQUE SAINT-LOUISIEN
Une illustration par les œuvres d'Abbas Sall et d'Abdoulaye Fall Magatte
Fall Cheikh Tidiane - Préface de Samba Dieng et Postface de Mouhamed Habib Kébé
Cet ouvrage porte sur la réhabilitation du legs culturel arabo-islamique ouest-africain en général et saint-louisien en particulier. Revaloriser un pan du patrimoine culturel par l'entremise de l'imagination poétique locale de deux intellectuels demeure l'objectif principal de cette étude. Une partie descriptive constituée de la traduction d'une cinquantaine de poèmes suivie d'un volet analytique constitue la méthodologie de ce travail de recherche. La moisson tirée de ce travail préliminaire apporte quelques éclairages sur l'intérêt de la traduction de manuscrits arabes, notamment ceux produits par d'éminents ulémas du Sénégal, tels les deux poètes faisant l'objet de cette étude.
(Harmattan Sénégal, 35.00 euros, 340 p.)
ISBN : 978-2-343-11306-7, ISBN EBOOK : 978-2-14-003014-7

L'AGRICULTURE DU SÉNÉGAL SOUS LA COLONISATION
Diop Ismaïla
L'introduction de l'arachide au Sénégal au début du XXe siècle révolutionne le paysage agricole. La France décide alors de faire du Sénégal une colonie arachidière. Le Sénégal devient la troisième puissance arachidière du monde après les États-Unis et l'Inde. Cette monoculture extensive aboutit à un déficit vivrier chronique, une dégradation des sols, une dépendance vis-à-vis des importations de riz en provenance d'Asie. Pour y remédier, le rapport de la mission Roland Portères de 1952 recommande des mesures d'aménagement du territoire, de restauration des sols, de promotion de l'agriculture intégrée sérère.
(Harmattan Sénégal, 23.50 euros, 218 p.)
ISBN : 978-2-343-11129-2, ISBN EBOOK : 978-978-2-14-002836-6

CASAMANCE
À quand la paix ?
Bassène René Capain - Préface du père Nazaire Diatta
Malgré leur volonté et leur engagement affichés d'aller vers la fin du conflit armé en Casamance, la position des parties en guerre n'a jamais réellement évolué. L'État du Sénégal se dit prêt à négocier sur tous les points, sauf sur ceux relatifs à l'intégrité territoriale et l'unité nationale, alors que, de son côté, le MFDC soutient une position contraire en déclarant être disposé à ne négocier que sur la question se rapportant à l'indépendance totale de la Casamance. Cette situation montre que le conflit armé est encore loin de finir en Casamance.
(28.50 euros, 276 p.)
ISBN : 978-2-343-10426-3, ISBN EBOOK : 978-2-14-002593-8

PARCOURS D'UN JOURNALISTE AUTODIDACTE
Ndiaye Pape Ngagne - Préface de Mamoudou Ibra Kane
Pape Ngagne Ndiaye, par son style, est devenu un rendez-vous incontournable de l'espace audiovisuel sénégalais. L'émission « Faram Faccce » qu'il anime présentement sur TFM est très courue des hommes et femmes politiques pressés de se soumettre au feu roulant et nourri des questions du redoutable interviewer, unique dans son genre. Ce livre n'est pas seulement une autobiographie, mais aussi une réflexion thématique et une sélection rigoureuse de certains numéros de la célèbre émission qui se veut « un décryptage des questions majeures de l'actualité nationale ».
(37.00 euros, 360 p.) *ISBN : 978-2-343-09916-3, ISBN EBOOK : 978-978-2-14-002822-9*

DES FRANCENABE AUX MODOU-MODOU
L'émigration sénégalaise contemporaine
Fall Papa Demba - Préface du Professeur Abdoulaye Bara Diop
Principalement centré sur la France et ses anciennes colonies d'Afrique, le champ migratoire sénégalais s'est, de manière originale, progressivement étendu à des destinations naguère méconnues ou peu fréquentées (comme les États-Unis, l'Italie, l'Espagne, l'Afrique du Sud ou le Brésil). Peu à peu, les migrants sont devenus des acteurs incontournables du développement. La prise en compte de ces populations, et de leurs mouvements, devient donc nécessaire aux programmes et politiques de développement durable.
(Harmattan Sénégal, 40.00 euros, 559 p., Illustré en noir et blanc)
ISBN : 978-2-343-10796-7, ISBN EBOOK : 978-2-14-002539-6

« DOYEN » AMADY ALY DIENG, LE TRANSMETTEUR INTÉGRAL (1932-2015)
Économie biographique ou sémio-Histoire
Ngaïdé Abdarahmane
Amady Ali Dieng nous a quittés il y a un an. Pour lui rendre hommage et s'en rappeler les enseignements, l'auteur de cet ouvrage a décidé de compiler ses nombreux écrits ou interventions. Les quatorze textes qui composent cette anthologie sont représentatifs et significatifs de la personnalité, du style et des préoccupations d'Amady Ali Dieng. On y retrouve son style, son humour et son esprit critique.
(Harmattan Sénégal, 23.50 euros, 228 p., Illustré en noir et blanc)
ISBN : 978-2-343-10855-1, ISBN EBOOK : 978-2-14-002561-7

41 RULES TO BE HAPPY
Kane Babaly
Seeing that happiness is the goal towards which all men strive for, the author wrote this book to help the reader in treasuring the joyous of life and realizing his desires in entirety, to be fulfilled, to claw his way to the top and to assure him it will turn out well in the end. Moreover, this book intends to give the keys us to get the secret for reaching we want in this life. 41 rules to be happy is a little self help book which has 41 rules that are meant to allow every reader to live life in full potential.
(Harmattan Sénégal, 14.50 euros, 138 p.)
ISBN : 978-2-343-10904-6, ISBN EBOOK : 978-2-14-002583-9

SÉNÉGAL
Les limites du Plan Sénégal Émergent
Samb El Hadji Mansour
Cet ouvrage présente une analyse profonde des politiques publiques en décortiquant le Plan Sénégal Émergent (PSE) qui jusque-là n'a fait l'objet d'aucune analyse critique sérieuse. Le Sénégal est face à un défi, le défi de son émergence, un défi qu'il compte relever avec tous ses fils. Ce défi qui mobilise aujourd'hui tout le monde doit nous pousser à proposer de nouveaux chemins et à animer un débat nécessaire et incontournable dans tout processus d'émergence.
(Harmattan Sénégal, 27.00 euros, 276 p.)
ISBN : 978-2-343-09721-3, ISBN EBOOK : 978-2-14-002372-9

SÉNÉGAL
Dynamiques paysannes et souveraineté alimentaire
Le procès de production, la tenue foncère et la naissance d'un mouvement paysan
Diop Amadou Makhouredia - Préface d'Yves Guillermou ; Postface de Fodé Niang
Le présent ouvrage contribue à la compréhension des stratégies développées par la petite paysannerie et les dynamiques qui animent les exploitations agricoles familiales permettant la production de biens nécessaires à l'alimentation et l'entretien des familles. La capacité des paysans à prendre en main leurs propres préoccupations a été mise en évidence par l'émergence d'organisations, de groupements, d'associations et d'unions dans tout l'espace rural sénégalais.
(Harmattan Sénégal, 26.00 euros, 256 p.)
ISBN : 978-2-343-10852-0, ISBN EBOOK : 978-2-14-002457-3

HISTOIRE ET SOCIOLOGIE DES RELIGIONS AU SÉNÉGAL
Tamba Moustapha
Le Sénégal reste une exception dans le domaine religieux : 90 % de musulmans, 5 % de chrétiens et 5 % d'adeptes de l'animisme. C'est aussi le pays où les musulmans et les catholiques partagent le même cimetière, où les conjoints partagent des religions différentes, où les écoles privées catholiques comptent 60 à 70 % d'élèves de confession musulmane, etc. Ce phénomène n'est pas dû au hasard. L'histoire et la sociologie des religions permettent de l'expliquer amplement. Cet ouvrage souligne cette exception sénégalaise pour montrer qu'au moment où notre monde est en proie au fanatisme, à l'intolérance et au terrorisme religieux, le Sénégal propose un autre « modèle ».
(Coll. Études africaines, série Economie, 41.00 euros, 426 p.)
ISBN : 978-2-343-10424-9, ISBN EBOOK : 978-2-14-002506-8

FIGURES DU POLITIQUE ET DE L'INTELLECTUEL AU SÉNÉGAL
L.S. Senghor - M. Dia - A. Ly - CH. A. Diop A. Diouf & F. Mitterrand - J.R. De Benoist - A. Seck - TH. Fall - A. M. Samb - A.M. Samb JR - TH. Monod - H. Bocoum - G. R. Thilmans
Samb Djibril
Cet ouvrage réunit des personnalités politiques et/ou intellectuelles très diverses : Léopold Sédar Senghor, l'Immortel Noir ; Mamadou Dia, le brillant économiste ; François Mitterrand et Abdou Diouf, deux experts politiques, ou encore Théodore Monod, le savant probe. Ces figures sont autant de coryphées auxquels l'auteur a voulu rendre hommage, afin de rappeler que la terre africaine du Sénégal ne manque pas de princes de l'esprit ni de nourriture intellectuelle.
(26.00 euros, 266 p.)
ISBN : 978-2-343-10731-8, ISBN EBOOK : 978-2-14-002513-6

TÉLÉVISIONS AU SÉNÉGAL
Entre désert de contenu et sécheresse intellectuelle
Djimbira Cheikh Mouhamadou
« Il faut lire ce livre en considérant qu'il a été sciemment écrit dans l'intention de nuire à la société spectaculaire. Il n'a jamais rien d'outrancier. » Cette pensée de Guy Debord nous permet de comprendre à bien des égards, l'ouvrage de Cheikh Mouhamadou Djimbira qui est un plaidoyer pour la création de programmes audiovisuels de qualité.
(11.50 euros, 80 p.)
ISBN : 978-978-2-343-10790-5, ISBN EBOOK : 978-978-2-14-002528-0

UN SCOUT SÉNÉGALAIS
L'aventure citoyenne (deuxième édition)
Ndene Pascal - Préface de Jacques Moreillon
Lorsque nous parlons de l'adolescence, nous évoquons l'autonomie, la responsabilisation, la citoyenneté, le jeu, les relations avec les parents et avec les pairs. Toutes ces questions sont abordées dans ce livre qui montre avec humour le parcours éducatif d'un adolescent dans le scoutisme. Ce livre s'adresse à tous les jeunes, garçons et filles, aux parents et éducateurs de tout milieu social et culturel, ainsi qu'à tous les scouts et guides du monde.
(14.00 euros, 124 p.)
ISBN : 978-2-343-10965-7, ISBN EBOOK : 978-2-14-002526-6

LA PENSÉE DE CHEIKH AHMADOU BAMBA FACE AUX DÉFIS AFRICAINS
Sow Cheikh Mar
Cheikh Ahmadou Bamba Mbacké a su déterminer une nouvelle vision aux yeux de ses contemporains en formulant d'une façon très claire des idées novatrices capables de faire bouger le peuple. Cette conception de la société dans sa globalité a permis «à chaque individu de devenir un centre d'initiative, de création et de responsabilité à tous les niveaux : celui de l'économie, de la politique, de la culture ; une conception qui ne soit ni individualiste, ni totalitaire mais fondée sur les communautés de base».
(Harmattan Sénégal, 24.00 euros, 238 p.)
ISBN : 978-2-343-10021-0, ISBN EBOOK : 978-2-14-002284-5

LE MODERNISME EN ISLAM
Introduction à la pensée de Sayyid Amir Ali
Diagne Mbengue Ramatoulaye
« Les thèmes abordés par le Professeur Ramatoulaye Diagne dans sa lecture de la pensée d'Amir Ali ont tous un lien indéfectible avec le pluralisme et la paix. (...) Dans la lecture de son ouvrage, on arrive à comprendre que le modernisme d'Amir Ali est une sorte de renouveau dans la pensée islamique. C'est un mouvement d'intellection qui intègre, dans une cohérence architecturale, l'usage de la raison, l'esprit du soufisme pratique ghazalien et la finalité de la prière qui concilie l'ascèse de l'âme à la transformation positive des sociétés. » Abdoul Aziz Kebe, Ancien Chef du Département d'Arabe UCAD-DAKAR.
(Harmattan Sénégal, 15.00 euros, 144 p.)
ISBN : 978-2-343-09977-4, ISBN EBOOK : 978-2-14-002211-1

MA RENCONTRE AVEC ALLAH
De l'obscurité à la lumière
Mbengue Adama Ousmane
Cet ouvrage traite surtout de la question essentielle du Mahdi qui vient pour apporter les solutions idoines en s'appuyant sur la Sharia mouhammadiya et la Tariqah ahmadiya afin d'offrir à tout individu le meilleur profil dans la société idéale qu'il compte établir.
(Harmattan Sénégal, 14.50 euros, 134 p.)
ISBN : 978-2-343-10299-3, ISBN EBOOK : 978-2-14-002277-7

L'HARMATTAN ITALIA
Via Degli Artisti 15; 10124 Torino
harmattan.italia@gmail.com

L'HARMATTAN HONGRIE
Könyvesbolt ; Kossuth L. u. 14-16
1053 Budapest

L'HARMATTAN KINSHASA
185, avenue Nyangwe
Commune de Lingwala
Kinshasa, R.D. Congo
(00243) 998697603 ou (00243) 999229662

L'HARMATTAN CONGO
67, av. E. P. Lumumba
Bât. – Congo Pharmacie (Bib. Nat.)
BP2874 Brazzaville
harmattan.congo@yahoo.fr

L'HARMATTAN GUINÉE
Almamya Rue KA 028, en face
du restaurant Le Cèdre
OKB agency BP 3470 Conakry
(00224) 657 20 85 08 / 664 28 91 96
harmattanguinee@yahoo.fr

L'HARMATTAN MALI
Rue 73, Porte 536, Niamakoro,
Cité Unicef, Bamako
Tél. 00 (223) 20205724 / +(223) 76378082
poudiougopaul@yahoo.fr
pp.harmattan@gmail.com

L'HARMATTAN CAMEROUN
BP 11486
Face à la SNI, immeuble Don Bosco
Yaoundé
(00237) 99 76 61 66
harmattancam@yahoo.fr

L'HARMATTAN CÔTE D'IVOIRE
Résidence Karl / cité des arts
Abidjan-Cocody 03 BP 1588 Abidjan 03
(00225) 05 77 87 31
etien_nda@yahoo.fr

L'HARMATTAN BURKINA
Penou Achille Some
Ouagadougou
(+226) 70 26 88 27

L'HARMATTAN SÉNÉGAL
10 VDN en face Mermoz, après le pont de Fann
BP 45034 Dakar Fann
33 825 98 58 / 33 860 9858
senharmattan@gmail.com / senlibraire@gmail.com
www.harmattansenegal.com

L'HARMATTAN BÉNIN
ISOR-BENIN
01 BP 359 COTONOU-RP
Quartier Gbèdjromèdé,
Rue Agbélenco, Lot 1247 I
Tél : 00 229 21 32 53 79
christian_dablaka123@yahoo.fr

www.ingramcontent.com/pod-product-compliance
Lightning Source LLC
LaVergne TN
LVHW021134061026
849535LV00002B/243
9782343132723